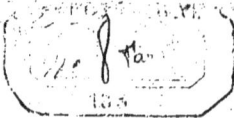

FACULTÉ DE DROIT DE L'UNIVERSITÉ DE BORDEAUX

LA

QUESTION D'ÉGYPTE

LE BASSIN DU NIL
EN DROIT INTERNATIONAL

THÈSE POUR LE DOCTORAT

Soutenue devant la Faculté de Droit de l'Université de Bordeaux

Le 20 Juin 1901, à 4 heures du soir

PAR

Roland GAIGNEROT

DOCTEUR EN DROIT

CHEF DE CABINET DE PRÉFET

ALBI

IMPRIMERIE NOUGUIÈS

33, Rue de l'Hôtel-de-Ville, 33

1901

LA QUESTION D'ÉGYPTE

LE BASSIN DU NIL EN DROIT INTERNATIONAL

FACULTÉ DE DROIT DE L'UNIVERSITÉ DE BORDEAUX

FACULTÉ DE DROIT DE L'UNIVERSITÉ DE BORDEAUX

LA

QUESTION D'ÉGYPTE

LE BASSIN DU NIL

EN DROIT INTERNATIONAL

THÈSE POUR LE DOCTORAT

Soutenue devant la Faculté de Droit de l'Université de Bordeaux

Le 20 Juin 1901, à 4 heures du soir

PAR

Roland GAIGNEROT

DOCTEUR EN DROIT

CHEF DE CABINET DE PRÉFET

ALBI

IMPRIMERIE NOUGUIÈS

33, Rue de l'Hôtel-de-Ville, 33

1901

LA QUESTION D'ÉGYPTE

INTRODUCTION

· Dans le siècle qui vient de finir, l'importance du droit des gens théorique s'est puissamment affirmée. Ceux qui ont cultivé cette branche de la science du droit, juristes, historiens, diplomates, hommes d'Etat, ont vu leur autorité grandir, et ont pu faire rentrer dans le domaine de la pratique internationale plus d'humanité et plus de justice. Nombreuses sont les conquêtes que les efforts de la doctrine ont ainsi remportées sur la barbarie.

Cette bienfaisante influence s'est arrêtée toutefois aux frontières de l'Empire Ottoman. En dépit du traité de Paris (1) qui admettait la Turquie dans le concert européen et eût dû lui assurer par conséquent les avantages correspondant à cette situation nouvelle, les relations de l'Europe avec cet Etat se sont très peu modifiées. Il semble qu'en ce qui le concerne on en soit resté toujours aux pratiques du temps des croisades, aux haines religieuses, Chrétienté contre Islam : or, entre deux sectes qui se heurtent, il n'y a pas de place pour le droit. La Turquie ne participe qu'imparfaitement aux avantages du droit des gens de l'Europe.

D'aucuns diront qu'elle ne mérite pas cette faveur, que la faiblesse de son gouvernement, l'état d'anarchie de ses

(1) Traité de Paris du 30 mars 1856. — Martens : *Nouveau Recueil général de traités*, XV, p. 770. — De Clercq : *Traités de la France*, VII, p. 59.

provinces, l'esprit haineux de ses populations musulmanes contre les chrétiens, autorisent les puissances à se conduire vis-à-vis d'elle sans tenir compte des principes. A ceux-là il pourra être répondu, non sans quelque apparence de raison, que cette décrépitude même de « l'homme malade », pleine de dangers pour tous, est, dans une large mesure, l'œuvre des puissances.

Quel est le gouvernement dont l'autorité pourrait résister à une intervention constante de l'étranger, surtout quand cette intervention dissout, démembre, ruine (1). En présence des humiliations de toute sorte que la Porte Ottomane a dû subir, la haine du musulman fanatique contre l'étranger, contre le chrétien, n'a fait qu'augmenter : d'où des persécutions et des massacres, que le gouvernement central n'a pu empêcher, car bafoué à l'extérieur, il a perdu

(1) Le premier coup porté à la Turquie par l'Europe fut l'affranchissement de la Grèce en 1830, couronnement de la révolte des Grecs qui, après trois années de lutte, obtinrent l'aide des puissances et virent la flotte ottomane anéantie àNavarin par les escadres alliées. — A la même date, la Serbie en exécution du traité russo-turc d'Andrinople (1829) devenait par firman du Sultan principauté tributaire de la Porte. — Le soulèvement de l'Herzégovine, puis de la Bosnie en juillet-août 1875 amena de nouvelles interventions : l'Autriche, la France, l'Italie et la Russie offrirent leur médiation que la Turquie accepta sous la condition de la soumission préalable des rebelles. Après bien des difficultés, après le massacre des Consuls européens à Salonique et des chrétiens en général en Bulgarie, après la déclaration de guerre contre la Porte de la Serbie et du Monténégro, puis celle de la Russie, intervint le traité turco-russe de San-Stefano du 3 mars 1878 que révisa le traité de Berlin du 13 juillet suivant. Ce traité (*Archives diplomatiques*, 1882-83, II, p. 284) déclara l'indépendance complète du Monténégro, de la Serbie et de la Roumanie ; il créa la principauté de Bulgarie, vassale et tributaire de la Porte ; il donna l'autonomie à la province turque de Roumélie orientale, et détacha de l'Empire Ottoman la Bosnie et l'Herzégovine pour en remettre l'administration à l'Autriche. — Entre temps l'Angleterre, après le traité de San-Stefano, s'était fait donner, par convention du 4 juin 1878 (*Archives diplomatiques*, 1882-83, II, p. 314) avec la Porte, l'administration de l'île de Chypre, moyennant quoi elle s'engageait à défendre le cédant contre tout nouvel empiètement de la Russie. — La Grèce de 1830 a vu ses frontières rectifiées par la volonté de l'Europe dans un sens avantageux. La guerre de 1897 avec la Turquie, dans laquelle elle a été cependant vaincue, l'a laissée intacte grâce à l'Europe, et elle peut espérer s'adjoindre la Crète dont l'administration a été confiée par les puissances en novembre 1898 au prince Georges de Grèce.

par suite à l'intérieur ce prestige nécessaire qui sait contenir les foules, diriger les courants d'opinions et permet de maintenir l'ordre dans les provinces les plus éloignées. Au point de vue pratique, il est donc permis de penser que les agissements de l'Europe en Turquie ont été plutôt malfaisants ; d'autant plus qu'elle est toujours arrivée dans ce pays trop tard pour faire œuvre bonne, et qu'elle n'a su empêcher ou prévenir ni les guerres sanglantes ni les massacres. En théorie l'attitude de l'Europe ne peut être défendue ; elle a fait de l'intervention permanente le pivot de sa politique en Turquie, violant en cela un des principes les plus sages, les plus respectés du droit des gens.

Ainsi à côté de la coutume internationale générale il s'en est formé une nouvelle, fille bâtarde de la première, spéciale à l'Empire Ottoman. La doctrine ne peut admettre cette dualité, car le droit est un ; elle ne peut que repousser des usages qui constituent sinon une marche rétrograde, du moins un arrêt dans la voie du progrès des relations entre Etats, et elle doit le faire avec d'autant plus d'énergie que cet oubli des principes rend la question d'Orient plus aiguë, plus insoluble ; car si les difficultés sont nées de l'ambition de certains Etats, et du désir des autres de maintenir l'équilibre européen, elles se sont trouvées singulièrement accrues dès l'instant où les puissances sont intervenues de concert à Constantinople.

Qu'un gouvernement fort et réformateur s'établisse sur les rives du Bosphore et la question des Balkans ne se pose plus. Cette éventualité a failli être réalisée en 1839 lors de la marche victorieuse contre les troupes turques du pacha d'Egypte Méhémet-Ali : les puissances se sont interposées. Depuis, leur attitude de chaque jour ne permet plus à un Sultan, fût-il énergique et imbu d'idées modernes, de faire sortir son pays de l'ornière où il se débat. Et les craintes de tous augmentent. Les puissances ont voué le gouvernement turc à la faiblesse ; d'autre part, chacune apportant ses ambitions personnelles, elles ont pris contact dans l'Empire Ottoman : en sorte qu'après avoir rendu impossible dans le passé toute solution pacifique du problème des Balkans, elles ont rendu infiniment probable la solution belliqueuse et sanglante.

Dans tout le cours de cet ouvrage, nous aurons l'occasion de constater que la plupart des difficultés en Orient découlent de la violation du traité de 1856 et des principes du droit des gens en général ; c'est en revenant à ces principes, en tenant compte des dispositions de ce traité, que nous pourrons trouver pour l'une de ces difficultés, la question égyptienne, une solution juridique.

La question d'Egypte n'est qu'une face de la question d'Orient. On a pu dire qu'il y a toujours eu et qu'il y aura toujours une question d'Egypte ; il n'y a dans cette affirmation qu'une part de vérité. Certainement le fertile bassin du Nil a de tout temps été ardemment convoité par les étrangers ; les peuples les plus divers en ont entrepris et réalisé la conquête ; les plus grands capitaines y sont allés cueillir les lauriers de la victoire : à cela se borne la question égyptienne dans le passé. Pour le présent et depuis le milieu du siècle dernier la même convoitise a poussé et pousse encore tous les grands Etats de l'Europe à porter toute leur attention du côté de l'Egypte, mais le désir de posséder un sol exceptionnellement riche ne tient plus depuis longtemps le premier rang parmi les mobiles qui les guident. Ils voient surtout dans l'Egypte un passage que tous désireraient occuper ou du moins que chacun voudrait préserver de l'occupation exclusive d'un rival. Pour eux l'Egypte c'est le canal de Suez, la route de l'Océan Indien et de l'Extrême-Orient ; c'est le Nil, la route de l'Afrique centrale. Celui qui sera le maître au Caire pourra, par ce seul fait, jouer un grand rôle dans la politique asiatique et dans la politique africaine.

Il y a de tout cela dans la question d'Egypte telle qu'elle se pose à l'heure actuelle, mais cela n'eût pas suffi à la poser. Les difficultés égyptiennes sont la conséqence de celles qui ont surgi depuis un peu plus d'un demi-siècle dans l'Empire Ottoman. L'Europe est intervenue en Egypte comme à Constantinople, pour les mêmes raisons, avec le même esprit de suite et la même injustice, et son intervention a donné les mêmes lamentables résultats ; quelles que soient ses convoitises, il n'y aurait pas eu de question d'Egypte, si le Gouvernement turc avait été fort, ou si, après la bataille de Nézib, les puissances n'avaient pas arrêté Méhémet-Ali dans sa marche sur Constantinople. Les deux questions ont les mêmes causes ; leur gravité a augmenté par suite d'agissements identiques ; l'une procède de l'autre ; il y a une question d'Egypte parce qu'il y a une question d'Orient.

Toutefois, ainsi que nous le verrons, la situation en Egypte est plus grosse de périls pour le présent, parce que l'intervention étrangère y a pris un caractère plus accentué depuis le jour où l'Angleterre s'y est installée et y exerce un protectorat de fait.

L'œuvre de l'avenir devra consister à faire succéder à cet état de fait le règne du droit. La chose importe à tout le monde civilisé, pour l'honneur des principes et pour l'intérêt de chacun. L'Egypte aux mains de l'Angleterre, c'est celle-ci maîtresse du canal de Suez et de la route du Pacifique, et en même temps toute puissante dans la Méditerranée où elle dictera sa loi. L'intérêt immédiat des puissances méditerranéennes est donc en jeu ; il en est de même pour celles qui ont des possessions en Extrême-Orient. Le monde entier est enfin intéressé au point de vue de l'équilibre à ce qu'une nation envahissante ne s'installe pas partout, dans les contrées les plus riches, dans les positions les plus fortes ; à ce que, poursuivant son but d'universelle domination, elle n'en vienne pas un jour à posséder tous les points stratégiques de quelque importance, et à pouvoir impunément imposer sa volonté à tous.

Poursuivre la solution de la question égyptienne, c'est certainement faire de la politique anti-anglaise ; mais c'est avant tout assurer la sécurité de demain, travailler pour la paix et pour la justice. Le jour où l'Angleterre aura évacué l'Egypte, où les autres puissances auront renoncé à toute prétention sur ce pays, une sérieuse cause de conflits internationaux aura disparu.

Nous voulons rechercher dans ce travail quelle est la

condition actuelle de l'Egypte en droit international, et ce que devra être dans l'avenir cette condition pour la sauve-garde des droits de tous et des intérêts du plus grand nombre. Pour cela nous établirons quels sont les droits de la Porte sur ce pays, Etat vassal ou province autonome ; puis nous étudierons la politique suivie par l'Europe dans les affaires d'Egypte de 1841 à 1882 ; cela fait, nous envisa-gerons le rôle joué par l'Angleterre dans la vallée du Nil depuis cette dernière date, et la valeur, au point de vue du droit, de l'occupation anglaise ; enfin après avoir déterminé les bases juridiques d'une action collective éventuelle des puissances en vue du règlement de la question d'Egypte, nous indiquerons quelle est la solution à la fois juridique et pratique qui pourra intervenir.

PREMIÈRE PARTIE

L'Égypte et la Porte

Quelle est en droit des gens la situation de l'Egypte ? Le problème est assez délicat à résoudre et il a donné lieu à des solutions diamétralement opposées. La grande majorité de la doctrine range sans discussion l'Egypte parmi les Etats vassaux ; les Ottomans veulent voir en elle une province de l'Empire ; certains auteurs la qualifient province vassale ; et d'autres la considèrent comme un Etat placé sous le protectorat de l'Angleterre ou sous le protectorat collectif de l'Europe (1). Notre tâche consistera à rechercher quelles sont celles de ces opinions qui peuvent satisfaire la vérité juridique. Nous déterminerons dans la première partie de cet ouvrage la situation de l'Egypte vis-à-vis de la Turquie. Est-elle sa vassale comme on le prétend généralement ? Pour nous faire une opinion sur ce point, il nous faudra indiquer nettement ce qu'est la vassalité. Cela fait nous aurons à étudier la situation de l'Egypte dans l'Empire Ottoman avant 1841, puis à cette date même ; enfin nous verrons si cette situation a changé depuis et dans quelle mesure elle a été modifiée.

(1) M. N. Politis dit : « L'Égypte est un État mi souverain, vassal de la Porte ottomane, sous le Protectorat de fait de la Grande-Bretagne, et au point de vue de son administration financière sous le Protectorat de droit des six grandes puissances ». Politis : La Caisse de la dette égyptienne ; ses pouvoirs ; sa responsabilité (*Revue générale de droit international public*, 1896, p. 245).

CHAPITRE PREMIER

Théorie de la vassalité

Sommaire. — *L'idée de vassalité est inséparable de celle d'Etat. — Les auteurs n'ont en général donné sur ce sujet que des explications très vagues. — Revue de la doctrine. — Recherche de la caractéristique de la vassalité. Raisons de logique. Raisons historiques. Raisons découlant de l'observation des faits. — La caractéristique de la vassalité c'est l'hommage. — L'Etat vassal n'est pas forcément mi-souverain, ou tributaire, ou protégé. — Définition de la vassalité.*

Province turque autonome ou Etat plus ou moins dépendant, l'Egypte peut être l'un ou l'autre, et c'est là un premier point à élucider.

Ecartons tout d'abord l'expression « province vassale » (1), qui a été appliquée à l'Egypte et qui nous paraît un nonsens. Jeter dans la discussion de pareils accouplements de mots, c'est vouloir l'obscurcir et s'exposer à des conclusions fausses. Une province est une partie d'un Etat qui au point de vue international n'a pas de vie propre ; elle peut devenir autonome, c'est à dire obtenir certains privilèges d'ordre interne ; mais elle ne peut être faite vassale sans cesser d'être province et sans devenir un Etat. Dire d'une province qu'elle est vassale outre que c'est commettre une erreur, c'est ne rien ajouter à la première idée ; toute province est bien moins encore que vassale, en droit des gens, puisqu'elle ne compte même pas. Il ne serait pas plus ridicule de parler d'Etat autonome, au contraire ; ici on ne commet-

_____

(1) M. Guillaumot dans son ouvrage *L'Egypte moderne en droit international* considère l'Egypte comme une province ottomane vassale du Sultan.

trait qu'un pléonasme, l'Etat étant autonome par essence, tandis que dans le premier cas, il s'agit d'un véritable non-sens, l'idée de vassalité étant inséparable de celle d'Etat, et la négation même de la notion de province. Distinguons parmi les Etats ceux qui sont vassaux, parmi les provinces celles qui ont obtenu une plus ou moins grande autonomie, mais ne parlons pas de « province vassale ».

D'ailleurs il nous paraît utile d'indiquer ici brièvement en quoi consiste la vassalité. La situation de l'Etat vassal est réglée dans la plupart des cas par un traité, par une convention, ou établie par la coutume ; or conventions et coutumes varient d'un cas à l'autre, et il n'est pas deux Etats vassaux dont la condition soit absolument la même ; en sorte qu'on n'a pas d'ordinaire une conception bien nette de l'idée de vassalité. C'est une notion qui n'est pas évidente, qui ne s'impose pas elle même ; dans la diversité il faut chercher le principe immuable, découvrir un critérium. En général, les auteurs ne l'ont pas trouvé ; si l'on excepte M. F. Despagnet, dans son *Essai sur les Protectorats*, aucun théoricien du droit des gens n'a approfondi la matière. Ceux qui ont esquissé un aperçu rapide de ce qu'est réellement la vassalité n'en ont pas donné du moins une vision nette. Ils se sont contentés de vagues définitions qu'ils n'ont pas discutées ; chacun a présenté la sienne, sans avoir critiqué celles de ses prédécesseurs, et sans prévoir qu'il serait possible d'en établir de meilleures. Une rapide revue de la doctrine, sur la question, va nettement montrer la vérité de nos dires.

Ecartons de suite la définition de M. Carnazza Amari qui fait reposer la notion de vassalité sur l'idée de tribut. « On « donne le nom d'Etat vassaux, dit-il, à ceux qui sont concé- « dés à titre de fiefs, avec obligation de rendre hommage à « l'Etat qui concède, au moyen du payement d'une redevance « déterminée comme reconnaissance de sa haute souverai- « neté » (1). Donc la vassalité serait caractérisée par cette double particularité, concession à titre de fief, payement d'un

(1) Carnazza Amari. *Droit international public*, 1, p. 262.

tribut en guise d'hommage, ce qui évidemment est erroné, puisqu'en admettant cette manière de voir, nous serions obligé de dénier le caractère d'Etats vassaux à des Etats qui l'ont été sans conteste. D'autre part on doit admettre que tout Etat peut concéder une de ses provinces à titre de fief et sans demander un tribut ; or dans ce cas le lien entre le cédant et le cessionnaire ne saurait être autre chose que celui qui unit le suzerain au vassal. Une définition qui ne s'applique pas à tous les cas à envisager est une définition évidemment défectueuse ; c'est pour cela que nous repoussons celle de M. Carnazza Amari.

S'il est faux de dire que le vassal doit être nécessairement tributaire, il est inexact de penser avec M. Neumann (1) qu'il n'est qu'une forme d'Etat mi-souverain, avec MM. Sirmagieff (2), Bonfils (3) et Pradier-Fodéré, qu' « on appelle Etat vassal ou feudataire celui dont la souveraineté dérive de celle de l'Etat supérieur » et « qui comme témoignage de cette filiation reste vis-à-vis de cet Etat dans un certain rapport de subordination » (4).

D'après le second de ces auteurs il suffirait pour qu'un Etat fût vassal que sa souveraineté dérivât de celle d'un autre, pour les deux derniers il faudrait de plus un rapport de subordination. Le terme dériver manque évidemment de précision : la souveraineté de la plupart des Etats de l'Amérique du Sud dérive de celle de l'Espagne ; dirons nous que les Etats sud-américains sont vassaux de ce pays ? non certainement et jamais pareille idée n'est venue à personne : c'est donc que la définition précitée n'est pas juste.

Y ajouter l'idée de subordination, de mi-souveraineté, c'est

(1) Neumann. *Éléments du droit des gens moderne*, p. 24.

(2) Sirmagieff. *De la situation des Etats mi-souverains au point de vue du droit international*, p. 187.

(3) Bonfils. *Manuel de droit international public*, p. 97.

(4) Pradier-Fodéré. *Traité de droit international public*, I, p. 195. — Dans la suite l'auteur dit bien que la subordination peut se réduire à l'hommage, à une reconnaissance honorifique ; cela fait d'autant plus ressortir l'inexactitude de sa définition.

aller trop loin à notre avis, à moins de prendre le mot de subordination dans un sens tellement large qu'il comprenne même le cas où il n'y a que subordination fictive, apparence de subordination. Jusqu'en 1818 le royaume de Naples fut vassal du Saint-Siège ; chaque année, le roi reconnaissait qu'il tenait sa souveraineté du Pape et il lui offrait un cadeau traditionnel d'une valeur dérisoire ; le lien entre les deux Etats n'était pas plus accentué, et on ne peut véritablement dire que l'un était subordonné à l'autre, encore moins qu'il était mi-souverain, chose que le roi de Naples n'aurait probablement pas soufferte. Vattel dit à ce sujet très justement : « lorsque l'hommage, laissant subsister l'in-« dépendance et l'autorité souveraine dans l'administration « de l'Etat, emporte seulement certains devoirs envers le sei-« gneur du fief ou même une simple reconnaissance honori-« fique, il n'empêche point que l'Etat ou le prince feudataire « ne soit véritablement souverain. Le roi de Naples fait hom-« mage de son royaume au Pape ; il n'en est pas moins « compté parmi les principaux souverains de l'Europe » (1).

Les définitions dont nous venons de nous occuper sont donc trop étroites en un sens, trop larges dans un autre ; nous ne pouvons nous en contenter.

Nous ne citerons que pour mémoire l'opinion de M. Heilborn, professeur à l'Université de Berlin qui s'inspirant de l'auteur anglais Stubbs (2) analyse ainsi la vassalité : « Le « vassal doit toujours au suzerain la fidélité, le service mili-« taire et le respect ; le suzerain est, dans tous les cas, tenu « de protéger et de défendre le vassal » (3), et qui de là conclut qu'un Etat qui ne peut fournir avec efficacité le service militaire ne saurait être vassal. Cette façon d'envisager la vassalité, non dans sa source juridique mais dans ses accessoires essentiellement variables, ne peut conduire qu'à l'erreur, ce qui apparaîtra avec évidence dans la suite.

---

(1) Vattel. *Droit des gens*, I, p. 56.

(2) Stubbs. *Suzerainety or the rights and duties of suzerain and vassal States.*

(3) Heilborn. *Revue générale de droit international public*, 1896, p. 34.

Laissant de côté la plupart des auteurs qui n'indiquent pas le sens du mot vassal, ou même semblent l'ignorer tout à fait, nous allons voir au contraire que Grotius, Vattel, Bluntschli et de Martens ont aperçu ce qui est véritablement de l'essence de la vassalité sans toutefois en donner une idée suffisamment nette.

Grotius parle peu sur notre sujet, et il ne faut pas s'en étonner outre mesure : il ne voit dans la vassalité qu'une forme surannée. Pour lui le vassal est « celui qui relève « d'un autre par un fief », ce qui revient à dire, d'une façon fort peu précise il est vrai, que l'idée de vassalité est telle qu'on la considérait avec le régime féodal, et que tout vassal est celui qui a reçu d'un suzerain une terre à titre de fief et qui par conséquent doit en échange l'hommage (1).

Vattel ne dit pas autre chose quand sous le titre « Etats feudataires » il écrit : « Les nations germaniques introdui- « sirent un autre usage, celui d'exiger l'hommage d'un Etat « vaincu ou trop faible pour résister. Quelquefois même une « puissance a donné des terres en fiefs et des souverains se « sont rendus volontairement feudataires d'un autre (2).

La même idée se retrouve chez F. de Martens : « La mi- « souveraineté peut trouver son expression dans les rela- « tions de vassal à suzerain semblables à celles qui existaient « au moyen âge » (3).

Avec Bluntschli, la notion de vassalité se précise, bien que pas encore très nette. « Lorsque la souveraineté d'un « Etat, dit-il, dérive de celle d'un autre Etat et que par suite « l'un d'eux pour reconnaître cette filiation reste vis-à-vis de « l'autre dans un certain rapport de subordination, le pre- « mier est dit Etat vassal, et l'autre Etat suzerain » (4). Toutes réserves faites au sujet du mot subordination sur lequel nous nous sommes déjà expliqué on voit que Blunts-

(1) Grotius. *De Jure belli et pacis*, I, p. 284.

(2) Vattel. *Droit des gens*, Livre I, ch. 1, § 8.

(3) F. de Martens. *Traité de droit international*, I, p. 332. Nous rejetons bien entendu, l'opinion de l'auteur dans la mesure où il considère la vassalité comme une forme de mi-souveraineté.

(4) Bluntschli. *Le droit international codifié*, p. 91, n° 76.

chli fait reposer l'idée de vassalité sur ces deux faits : l'Etat vassal tient sa souveraineté du suzerain, il reconnaît qu'il tient toujours sa souveraineté de lui. Cette définition manque encore de précision, mais se rapproche cependant beaucoup de la vérité.

Le seul ouvrage qui ne se borne pas à de vagues indications sur la vassalité et qui en donne une définition nette et catégorique, c'est l'*Essai sur les Protectorats* de M. F. Despagnet à l'opinion duquel nous nous rallierons. « La vas- « salité, dit-il, apparaît quand un Etat victorieux consent à « laisser à un peuple vaincu une existence indépendante à la « condition que ce dernier reconnaisse ne la tenir que du bon « vouloir et de la générosité de son vainqueur... Il y a aussi « vassalité quand un Etat concède un fief à titre de souve- « raineté, se réservant d'être toujours respecté comme l'au- « teur de cette concession et d'être traité en suzerain par son « feudataire... Dans l'un et l'autre cas, la vassalité suppose, « et c'est là sa caractéristique, la reconnaissance de la part de « l'Etat vassal qu'il tient sa souveraineté de son suzerain » (1), mais la mi-souveraineté du feudataire n'en résulte pas de plein droit.

Après cette rapide revue de la doctrine, nous allons essayer de montrer que la dernière opinion énoncée, adoptée par nous, repose sur des bases solides et a pour elle la raison et les traditions historiques.

Une définition de la vassalité doit s'adapter à tous les cas possibles, non seulement à ceux que l'on pourrait citer, mais à tous ceux à prévoir. Il nous faut rechercher un criterium dans ce qui est de l'essence même de la vassalité et non dans les circonstances accessoires, rechercher cette caractéristique immuable qui, dans la vassalité, a toujours existé et existera toujours. Ce n'est pas le tribut car nous concevons parfaitement un vassal qui ne paye aucune redevance ; un vassal peut être tributaire ou ne pas l'être : ce n'est là qu'un accessoire. Notre criterium n'est pas une idée de subordination, car, qui dit subordination dit mi

---

(1) F. Despagnet. *Essai sur les Protectorats*, p. 46 et 47.

souveraineté et tous les feudataires ne sont pas mi-souverains. Ce n'est pas d'avantage la nécessité de fournir le
service militaire : cela ne s'impose pas en théorie, et n'existe
pas toujours en réalité. Ce n'est pas cette particularité seule
d'une souveraineté dérivant de celle d'un autre, car on
comprend très bien qu'un Etat ait eu sa souveraineté par la
volonté d'un autre sans pour cela être son vassal. Et pourtant dans ces quatre idées de tribut, de redevance militaire,
de subordination et de filiation de souveraineté, il y a un
symptôme de vérité, et il le faut bien, puisque tous les
auteurs se sont appuyés sur l'une ou sur l'autre pour expliquer la vassalité : ce symptôme de vérité, c'est l'idée commune de lien entre le suzerain et le vassal, de lien prove-
nant de l'origine de la souveraineté de ce dernier, et entraî-
nant pour lui des obligations quelconques qui pourront
être très lourdes et presque exclusives de l'indépendance,
mais qui pourront aussi se réduire à un minimum essentiel
et permanent qu'il nous reste à déterminer.

Voyons d'abord, et en dehors de toute considération
historique, comment en pratique peut avoir germé dans le
cerveau des hommes d'Etat, l'idée de vassalité. Disons de
suite que cette sorte de lien entre Etats n'a certainement
jamais été qu'un pis aller pour le suzerain, un moyen de
voiler sa faiblesse ou son impuissance momentanée et de
conserver pour l'avenir au moins l'ombre d'un droit. Un
Etat vassal est une ancienne province de l'Etat suzerain, ou
un Etat vaincu que le vainqueur n'a pas annexé. Quand sa
force diminue, quand son unité se désagrège, quand ses
provinces se révoltent, un pays a deux moyens extrêmes
pour faire cesser cet état de choses, ou faire rentrer chacun
dans l'ordre, ce qui n'est pas toujours possible, ou abandonner les révoltés à leur sort et s'en désintéresser à jamais ;
en général il ne choisit ni l'un ni l'autre, et s'en tient au
juste milieu ; s'il ne peut conserver ses droits intacts, il
veut réserver l'avenir, sauver au moins les apparences, en
tout cas ne renoncer qu'au strict nécessaire ; suivant qu'il
sera plus ou moins fort, il conservera plus ou moins de ses
prérogatives ; il les abandonnera une à une, jusqu'au mo-

meut où une seule lui restera faute de laquelle ses droits seraient anéantis pour le tout. Un vainqueur trop faible pour conserver sa conquête ou ayant à compter avec la jalousie des autres puissants passera par les mêmes vicissitudes ; il ne pourra annexer le vaincu, mais il voudra cependant conserver le bénéfice de sa victoire au moins en partie ; il essayera d'obtenir un traité de protectorat, mais cela ne lui sera peut être pas possible ; et alors il devra se contenter de prérogatives moindres qui pourront se réduire presque à une illusion. Il nous reste à déterminer ce droit extrèmement limité, cette obligation excessivement restreinte qui conservent ou établissent entre l'Etat démembré et sa province révoltée, ou entre le vainqueur et le vaincu, le lien le plus menu, parfois même un fantôme de lien. Cela suffira pour qu'il y ait vassalité, et il y aura dans ce cas vassalité sans conteste puisqu'en l'espèce il ne saurait y avoir autre chose : nous touchons donc au but.

Ce qu'un Etat désire le plus, ce sont des concessions territoriales ; s'il ne peut en obtenir il se contente de droits divers qui permettent son ingérence chez autrui et préparent les voies à une annexion future ; si cette faveur lui est refusée, il se tourne vers les avantages pécuniaires ; et si enfin ceux-là mêmes sont inaccessibles il ne reste plus pour l'Etat ainsi déçu que des avantages purement moraux, qui n'ont rien de commun avec les intérêts mais qui sauvent les apparences et donnent au vainqueur au moins l'illusion d'avoir gagné quelque chose, et dans une hypothèse un peu différente, à l'Etat démembré l'illusion de n'avoir pas tout perdu. Parmi ces avantages, peut-il y en avoir un de plus platonique que l'aveu de la part du vaincu ou du révolté d'une chose évidente ? certainement non. Or la province émancipée dont nous parlions tout à l'heure tient sa souveraineté de l'Etat dont elle s'est séparée ; le pays vaincu auquel nous faisions allusion tient sa souveraineté du vainqueur qui la lui laisse ; que l'un ou l'autre avoue cette filiation de souveraineté évidente, ce sera bien la moindre concession qu'il puisse faire ; elle suffira cependant pour créer, entre celui qui avoue et celui qui reçoit l'aveu, un lien de droit, et ce lien ce sera la vassalité. Ce lien pourra être plus resserré, il pourra se compliquer à l'infini, aller presque même jusqu'à l'union intime, mais dès qu'il existera dans sa simplicité première, dans son expression rudimentaire, il y aura vassalité. La caractéristique de la vassalité, c'est l'aveu, l'hommage. Voilà où nous conduit le raisonnement ; nous arrivons à la même conclusion si nous nous appuyons sur les traditions historiques.

Nous n'entendons pas dire cependant que la vassalité n'est qu'une émanation, qu'une imitation du système féodal ; que l'une n'est que la fille de l'autre. Tout en admirant l'histoire pour ses enseignements féconds, pour ses avertissements salutaires, tout en l'aimant pour son irrésistible attrait, nous ne sommes pas de ceux qui veulent toujours chercher dans le passé l'origine de ce qui nous entoure : nous pensons plutôt que ce sont les circonstances analogues, les besoins identiques qui créent, à des siècles de distance, dans des civilisations et des pays bien différents, des institutions pareilles ; mais nous pensons aussi que si la tradition n'a souvent rien à voir dans la naissance de ces institutions, elle règne en maîtresse quand il s'agit de les expliquer, de les analyser. L'idée de la chose vient spontanément en même temps que le besoin ; mais les mêmes causes produisent les mêmes effets, et on connaît à peu près ce qui existe quand on sait ce qui a été. Dans le passé comme dans le présent, la vassalité est née à la suite de la révolte d'une province ou de la défaite d'un Etat, et aussi par la concession de terres en fief faite à un individu, chose que l'on ne conçoit plus maintenant dans la civilisation européenne du moins. Sauf cette exception la vassalité existe actuellement pour les mêmes raisons que jadis : elle doit avoir les mêmes caractères ; dans le passé l'hommage a été nécessaire et a suffi pour créer la vassalité : il doit en être de même dans le présent.

Si du domaine de la raison et de l'histoire, nous passons dans celui des faits, notre théorie devient inattaquable.

Que l'on envisage tous les Etats vassaux qui ont existé ou existent à l'heure actuelle, on verra que toùs, et exclusivement eux, ont tenu leur souveraineté du suzerain et ont avoué, reconnu, la tenir de lui. Tous n'ont pas dû le tribut, tous n'ont pas dû le service militaire, tous n'ont pas été mi-souverains, et d'autre qu'eux n'ont eu leur souveraineté que par le fait ou la volonté d'un autre. Mais chez tous, et chez eux seuls, on trouve la double caractéristique : filiation de souveraineté, reconnaissance de cette filiation.

L'Etat vassal, avons nous dit, peut être mi–souverain, ou ne l'être pas. La chose est admise par tous ; elle est du reste incontestable. Quand la vassalité se réduit à son minimum essentiel, à l'hommage, la souveraineté du vassal reste entière ; quand celui-ci, outre l'hommage, consent au suzerain des droits quelconques dans ses affaires intérieures ou extérieures, il devient mi–souverain. C'est ainsi que le Royaume de Naples vassal du Saint-Siège était souverain ; tandis que la Bulgarie, vassale de la Sublime-Porte est mi-souveraine.

L'Etat vassal, qu'il faut distinguer de l'Etat mi–souverain, doit être aussi différencié de l'Etat protégé. La situation particulière de ce dernier découle non d'un aveu, mais d'un contrat par lequel il s'assure la protection d'un puissant. Le plus souvent, la règle n'est pas absolue, l'Etat vassal va vers l'affranchissement complet ; l'Etat protégé au contraire marche à l'asservissement ; pour l'un c'est la vie qui commence, pour l'autre c'est le déclin qui s'accentue.

De ce que nous avons dit, nous pouvons tirer la définition suivante : l'Etat vassal est un Etat souverain ou mi–souverain, qui tient sa souveraineté d'un autre Etat son suzerain et qui reconnaît toujours la tenir de lui. Cette définition extrêmement simple nous paraît embrasser tous les cas, et indiquer bien nettement les différences entre la vassalité et les autres liens qui peuvent exister entre Etats. Ces précisions étaient nécessaires avant de rechercher quel est le lien qui unissait l'Egypte et la Porte avant 1841, quel est celui qui les unit aujourd'hui.

CHAPITRE II

Méhémet-Ali. — Les démêlés de la Porte et de l'Egypte de 1832 à 1841

SOMMAIRE. — *Méhémet-Ali.* — *Première campagne d'Asie-Mineure, 1832. Alliance turco-russe et traité d'Unkiar-Skelessi.* — *Deuxième campagne d'Asie-Mineure, 1839.* — *L'Europe intervient. Note du 27 juillet 1839.* — *Les moyens pacifiques n'aboutissent pas. Méhémet-Ali demande beaucoup. La Porte ne veut accorder que très peu.* — *L'Europe songe alors aux moyens coercitifs. La France, amie du Vice-Roi, s'isole. Les puissances signent le traité de Londres du 15 juillet 1840.* — *Méhémet-Ali ayant repoussé les propositions du Sultan est, aux termes du traité précité, contraint par la force. Il se soumet. Retraite de Syrie. Firman du 1er juin 1841.* — *Traité du 13 juillet 1841.* — *Appréciations sur la politique européenne en ces affaires.* ·

La question d'Egypte a commencé à se poser véritablement en 1832, et dès ce moment la situation du Vice-Roi a été tellement peu nette qu'on a pu se demander s'il était un Chef d'Etat ou un simple gouverneur de province. Cette seconde hypothèse qui est très exacte pour 1841 l'était-elle auparavant ? afin de trancher cette question, il nous paraît nécessaire de passer en revue les événements qui se sont produits de 1832 à 1841 dans le monde ottoman pour ce qui intéresse l'Egypte.

L'Egypte moderne est née en 1811 et a affirmé sa vitalité aux yeux du monde en 1832 ; elle est l'œuvre de Méhémet-Ali (1). Un obscur soldat albanais, illettré, mais aidé par

_____

(1) Méhémet-Ali est né à Kavala (Roumélie) en 1769. Il est mort en 1849 après être resté les deux dernières années de sa vie dans un état

une intelligence vive et par un prodigieux besoin d'activité, débarque au début du siècle dernier en Egypte, avec des troupes d'irréguliers dont il devient le chef ; tour à tour il lutte sous les ordres du gouverneur Kosrew-Pacha contre les Mameluks, puis, victime d'une injustice, avec les Mameluks contre son ancien supérieur. Il triomphe ; sa renommée grandit ; son autorité s'asseoit, solide ; la Porte est heureuse en 1805 de lui donner l'investiture du Pachalik. Désormais, deux seules influences contrebalancent la sienne ; à l'intérieur celle des Mameluks, pléiade de roitelets, toujours en opposition avec l'envoyé du Sultan et véritables maîtres du pays : il s'en débarrasse le 1er mars 1811 par des moyens violents mais sûrs ; à l'extérieur, celle de la Porte souveraine : en 1824, il lui enlève l'île de Candie ; en 1831, il lui cherche par voie détournée une querelle de forban, sous prétexte que le Pacha d'Acre favorise l'immigration dans sa province des cultivateurs égyptiens ; ce dernier, tel l'agneau du bon La Fontaine, s'excuse, plaide son bon droit : « Il a laissé passer des sujets ottomans de l'une des provinces du Sultan, dans une autre ; où est le mal ; les droits du souverain ont-ils été méconnus ? » Mais le Pacha du Caire n'a cure des discussions même concluantes ; il est guerrier, non avocat ; et il envoie son fils Ibrahim avec une armée de 24.000 hommes pour mettre les choses dans l'ordre. Saint-Jean d'Acre est enlevé le 27 mai 1832, puis Damas. Remarquons que l'agresseur, habile, ne s'attaque pas de front au Sultan qui est aussi le Khalife : toutefois ce dernier s'émeut et envoie des troupes contre celui qui se permet ainsi de faire la police de l'Empire et ressemble fort à un rebelle ; en même temps, il le déclare déchu de toutes ses dignités.

de démence qui l'écarta des affaires. Il avait fait exécuter de grands travaux nécessaires à l'agriculture qui, grâce à lui, prit un essor merveilleux. Sous son règne, le commerce avait suivi cette progression, et la richesse s'était considérablement accrue. L'armée organisée à l'européenne, la flotte déjà imposante, avaient permis au Vice-Roi de se faire respecter au dehors, tandis que sa fermeté et son talent avaient rendu possible en Egypte, le rétablissement de l'ordre et l'existence durable d'un véritable gouvernement.

Dès lors, c'est le Pacha qui a le beau rôle de celui qui se défend ; il ne ménage plus rien ; il bat l'armée impériale à Homs en juillet 1832 et l'écrase à Konieh en décembre. La Russie, appelée par la Porte, s'interpose alors. Mais le Pacha n'est pas prêt à céder, même après l'offre de la Syrie méridionale ; il la veut tout entière, et la seule solution possible, à laquelle la Porte est bien obligée de s'arrêter, c'est de laisser au vainqueur la possession de sa conquête(1).

Celui-ci jouit à ce moment d'une indépendance presque complète ; rien plus ne le gêne ni à l'intérieur, ni hors des frontières de ses possessions agrandies ; d'un foyer de désorganisation et d'anarchie, il a fait quelque chose de vivant, un être moral capable de compter dans le monde, une force qui obéira à son geste ; au néant il a donné une àme ; malheureusement cette âme se confond trop avec lui-même et l'Egypte la perdra sans qu'elle soit remplacée. Voilà l'œuvre de Méhémet-Ali.

Donc en 1833 il y a quelque chose de changé en Orient ; toutefois la cause de ce changement ce n'est peut être pas tant l'avènement de l'Egypte, que l'arrivée dans le Bosphore en février de la flotte moscovite et aux abords de Constantinople de 12000 Russes. Le Czar, imploré par le Sultan, se faisait son défenseur, et arrivant en ami et en sauveur, il asseyait son influence à Constantinople, cependant qu'il écartait l'éventualité d'une restauration de la Turquie dans son ancienne puissance par l'invasion égyptienne, et se ménageait par suite l'espérance de tirer, dans un avenir plus ou moins lointain, quelque avantage de sa situation dans cet Empire affaibli. Le traité d'Unkiar-Skelessi du 8 juillet 1833 était même venu préciser tout cela : et la double clause, par laquelle la Russie s'engageait à protéger la Turquie contre toute attaque et celle-ci à ouvrir le Bosphore à son puissant voisin tout en continuant à fermer les Dardanelles à tous les autres Etats, ne laissait pas que d'être une menace sérieuse pour l'Europe. On voyait poindre le recommencement de cette indéracinable question

_____

(1) Traité de Kutayeh, 14 mai 1833.

d'Orient. Et si aucune des grandes puissances ne disait mot en cette affaire, c'est que, pour l'instant, elles ne le pouvaient pas : l'Angleterre n'osait s'interposer seule ; quant à la France, elle ne pouvait que s'effacer, ne voulant pas s'aliéner la Russie en soutenant trop ouvertement Méhémet-Ali,. ni se brouiller avec l'Angleterre en coopérant à la politique russe, ni blesser Méhémet-Ali son ami, froisser l'opinion française et devenir suspecte à tous en soutenant les intérêts de la Porte.

Cependant, le sultan Mahmoud n'avait pas oublié l'humiliation que lui avait infligée le Vice-Roi révolté ; après avoir reconstitué son armée, il recommençait la lutte en 1839 contre son ancien adversaire et se faisait battre de nouveau à Nézib le 24 juin. La route de Constantinople était ouverte à Méhémet-Ali. Que fût il advenu s'il avait pu la suivre jusqu'au bout. Il est vraisemblable de penser que le Vice-Roi triomphant serait devenu Empereur et Khalife, et aurait su organiser l'Empire comme il l'avait fait pour une de ses parties. Qu'y eût-on perdu ? rien à ce qu'il semble. Le peuple ottoman, désormais capable de se défendre, n'eût pu malgré cela, vu ses défauts d'une part et de l'autre la puissance de l'Europe, entreprendre à travers notre continent quelque expédition musulmane : au contraire, la question d'Orient était close, l'équilibre européen affermi, les difficultés égyptiennes ne voyaient pas le jour ; il n'est pas jusqu'à la morale qui n'eût été satisfaite par l'arrivée à la tête d'une grande nation d'un homme vraiment capable de commander aux autres.

Seulement on trouve toujours, dans la sphère d'action des Etats comme dans celle des individus, celui qui entend laisser autrui dans la misère pour en profiter au moment opportun. C'est le rôle que se donna la Russie dans les affaires d'Orient : elle voulait que l'Empire ottoman demeurât un Etat faible ; aussi se prépara–t-elle à arrêter Méhémet-Ali en exécution des clauses du traité d'Unkiar-Skelessi. Elle n'attendit même pas le résultat des pourparlers engagés entre les deux parties ; elle ne prit pas garde aux intentions de la Porte qui, estimant « qu'il lui convenait

« d'arranger ses affaires avec le Pacha comme des musul-
« mans doivent agir entre eux et d'éviter l'intervention des
« Européens », était toute disposée à offrir à Méhémet-Ali
des conditions acceptables (1).

L'Europe, d'ailleurs, estima dangereuse l'action russe et,
sur l'initiative de la France, elle déclara qu'elle se chargeait
de régler la question : le 27 juillet 1839 les Ambassadeurs à
Constantinople, d'Angleterre, d'Autriche, de France, de
Prusse et de Russie remettaient à la Porte la note collective
suivante : « Les soussignés ont reçu ce matin de leus gou-
« vernements respectifs des instructions en vertu desquelles
« ils ont l'honneur d'informer la Sublime–Porte que l'accord
« sur la question d'Orient est assuré entre les cinq puissances,
« et de l'engager à suspendre toute détermination définitive,
« relativement aux ouvertures faites par le Vice-Roi
« d'Egypte, sans leur concours en attendant l'effet de l'inté-
« rêt qu'elles lui portent » (2).

Les nécessités présentes firent sans doute oublier au
Sultan combien un tel secours, impliquant un quasi-
protectorat collectif, était gros de périls pour l'avenir. Il
accepta de l'Europe. cette offre gracieuse qui écartait le
danger imminent ; d'ailleurs, le ton impératif de la note ne
permettait guère d'y répondre par un refus. « Les hauts
« dignitaires de la Sublime–Porte — écrivait le Grand Vizir
« dans une lettre de juillet 1839 à Méhémet-Ali — ont été
« d'avis que la participation des étrangers à une affaire entre
« suzerain et vassal est une chose assez peu convenable » (3),
mais, ajoutait-il, un refus eût été offensant et dangereux.

L'Europe entreprit donc son œuvre de pacification avec
le consentement de la Porte, et, dès le début, se trouva aux
prises avec les difficultés. S'il y avait eu entente sur le

---

(1) Opinion de la Porte au 17 juillet ; dépêche de lord Beauvale à
lord Palmerston, Vienne 30 juillet 1839 ; cité par Léon Faucher. « La
Question d'Orient d'après les documents anglais » (*Revue des Deux-
Mondes*, 1841, p. 882).

(2) Martens-Murhard. *Recueil de Traités.* Nouveau supplément, III,
1806-1839, p. 875.

(3) Eod. loc., p. 876.

principe de règlement en commun, il en fut tout différemment quand il s'agit du choix des moyens.

Méhémet-Ali, d'ailleurs, ne faisait rien pour faciliter une solution ; il demandait beaucoup. Il avait déclaré, dans une lettre à la Porte, qu'il était tout disposé à s'entendre, et le Grand Vizir avait pu lui écrire : « Nous nous sommes réjoui « en apprenant que Votre Altesse qui est un ancien feudataire « de l'Empire, qui lui a rendu des services plus réels que les « autres, qui pour cette raison est l'un des plus grands de « nos collègues, avait la noble pensée de faire cause commune « avec les membres les plus influents et les plus dévoués de « la nation musulmane et nous avons prié Dieu qu'il exauce « nos vœux communs d'union pour le bonheur de l'Em- « pire » (1). Le Pacha n'était pas dupe de ces protestations d'amitié quelque peu pompeuses ; il souhaitait peut être la paix et l'union, mais il voulait qu'on y mît le prix, et l'offre de la possession héréditaire de l'Egypte lui paraissait trop peu généreuse. Dans une note (2) remise aux représentants des puissances à Alexandrie, il posait ses conditions : possession avec hérédité de l'Egypte, de la Syrie et de Candie, destitution du Grand Vizir Chosrew-Pacha son ennemi personnel ; moyennant quoi, il s'engageait à rendre la flotte turque que le Capitan-Pacha lui avait livrée en entier. Et il terminait sa communication par cette phrase très nette et très digne : « Enfin je vous déclare que si on « n'agrée pas mes propositions, je ne ferai point la guerre, « mais je me maintiendrai dans ma position actuelle, et « j'attendrai. » C'était dire qu'on n'aurait raison de lui qu'en admettant ses prétentions ou en le contraignant par la force.

La Porte, d'autre part, ne voulait céder sur aucun point. En août 1839 elle adressait à son tour sa note aux puissances (3) ; elle y jugeait sévèrement les exigences de Méhémet-Ali et ses menées pour soulever la Roumélie et l'Anatolie ; elle chargeait l'Europe d'agir auprès du Pacha et de le con-

---

(1) Martens-Murhard. *Recueil de Traités.* Nouveau supplément, III, 1806-1839, p. 876.

(2) Eod. loc., p. 878.

(3) Martens-Murhard. Eod. loc. p. 879.

vier « à rentrer dans le devoir, à rendre la flotte turque, à
« renoncer à l'hérédité de la Syrie, à sa demande de destitu-
« tion de Chosrew-Pacha, à ses plans d'insurrection dans les
« provinces, et à attendre tranquillement et patiemment les
« résolutions que les grandes puissances jugeraient conve-
« nable de prendre et qui obtiendraient *probablement* la
« sanction du Sultan ».

L'Europe avait été quelque peu présomptueuse dans sa
note de juillet. Avec une belle assurance, elle y promettait
presque, à travers le vague d'un texte nuageux, une solution prochaine. S'était-elle imaginée que les deux principaux
intéressés s'inclineraient sans murmure devant sa volonté
pacificatrice ? sans doute, mais à tort : la note précitée de
Méhémet-Ali et celle de la Porte, dans laquelle le mot
« probablement » est caractéristique, ne pouvaient laisser
de doute à cet égard.

Déjà en août, il apparaissait qu'on n'éviterait pas l'emploi
des moyens belliqueux. C'est ce qui ne convenait pas à tous,
notamment à la France. Personne n'osait prendre de décision ; le temps passait ; la Porte s'impatientait et en appelait
encore aux puissances en octobre 1839 (1) ; elle appréciait
fort la bonne volonté de celles-ci, et leur en rendait justice,
mais un mois s'était écoulé sans résultat ; le nouveau Sultan,
à son avènement, avait pardonné au Pacha : ce dernier ne
répondait que « par la plus noire ingratitude », il gardait la
flotte et essayait de soulever les provinces. La magnanimité
d'Abdul-Medjid restait pourtant inépuisable : il demeurait
prêt à pardonner et à octroyer l'hérédité de l'Egypte, sans
plus. Cela ne changeait d'ailleurs rien à la situation.

Les premiers mois de 1840 se passèrent en pourparlers
entre les puissances, la France se montrant de moins en
moins disposée à l'emploi de la force et refusant d'approuver
un arrangement arrêté par les alliés, arrangement qui ne
laissait à Méhémet-Ali que l'Egypte et St-Jean d'Acre et qui
devait lui être imposé (2). Finalement, la Russie fit enten-

(1) Martens-Murhard, loc. cit., p. 880.
(2) Note de Thiers à Palmerston du 27 juin 1840, mentionnée dans un

dre à Londres qu'elle renoncerait aux avantages du traité d'Unkiar-Skelessi dès l'instant où les puissances prendraient une décision ferme et de nature à assurer au Sultan une paix définitive. Lord Palmerston accueillit avec joie ces ouvertures qui s'accomodaient si bien avec ses vues ; la France au contraire s'en émut non sans raison et Guizot fut envoyé à Londres par Thiers avec la mission de défendre les intérêts de Méhémet-Ali et de gagner du temps le plus possible.

Cependant en Orient les choses semblaient s'arranger : Khosrew-Pacha avait été remplacé, et Méhemet-Ali avait demandé à traiter avec la Porte. Ce fut ce qui décida les puissances. Elles virent dans ces deux faits l'œuvre de la France ; blessées de voir celle-ci réussir seule là ou elles avaient jusque là échoué de concert (1), craignant aussi de voir s'établir avec une force nouvelle en Orient la suprématie de l'influence française, elles signèrent sans nous en avertir (2) le traité de Londres du 15 juillet 1840, en prétendant que c'était la France qui, en repoussant l'emploi contre Méhémet-Ali de mesures coercitives, s'était séparée du concert européen.

Le traité de Londres auquel étaient représentées l'Angle-

memorandum remis par Palmerston à Guizot le 31 août 1840. (Martens-Murhard. *Nouveau Recueil général de Traités*, I, p. 166.)

(1) Lord Palmerston ne s'en est pas caché, en reprochant à la France d'avoir « pressé vivement et à plusieurs reprises la Porte de négocier avec Méhémet-Ali et de conclure un arrangement avec le Pacha non-seulement sans le concours des grandes puissances, mais encore sous la seule médiation de la France et conformément aux vues particulières du Gouvernement français. » (Memorandum de lord Palmerston remis à Guizot le 31 août 1840 : Martens-Murhard. *Nouveau Recueil général de Traités*, I, p. 178); ce qui d'ailleurs n'était vrai qu'en partie. Thiers déclara qu'il avait évité « avec le plus grand soin tout ce qui eût pu être considéré comme une tentative de mettre à l'écart les autres puissances ». (Thiers à Guizot, 5 octobre 1840. Martens-Murhard. eod. loc., p. 190.)

(2) « La France — écrivait Thiers quelques mois plus tard — avait quelque droit de penser que de si longues négociations ne se termineraient pas sans une dernière explication ; que la grande et utile alliance qui depuis dix ans la liait à l'Angleterre ne se dissoudrait pas sans un dernier effort de rapprochement ». (Thiers à Guizot. Martens-Murhard. eod. loc., p. 191.)

terre, l'Autriche, la Prusse, la Russie et la Turquie, formait
un ensemble de quatre pièces différentes. L'acte principal (1)
constatait l'accord des puissances en vue de déterminer
Méhémet-Ali à accepter les conditions qui lui seraient faites.
Si ce dernier ne se rendait pas à leurs observations bienveillantes, on devait recourir à la force. A cet effet, et « sur
réquisition du Sultan » des ordres devaient être donnés aux
commandants des forces navales alliées de la Méditerranée,
pour aider la Porte à interrompre les communications par
mer entre l'Egypte et la Syrie ; d'autre part, et en ce qui
concerne les opérations sur terre, les puissances convenaient
« de se rendre également à l'invitation du souverain et de
« pourvoir à la défense de son trône au moyen d'une coo-
« pération concertée en commun, dans le but de mettre les
« deux détroits du Bosphore et des Dardanelles ainsi que la
« capitale de l'Empire Ottoman à l'abri de toute agression ».
Les troupes employées à cet effet devaient demeurer à la
disposition du Sultan aussi longtemps qu'il le jugerait à
propos, et devaient se retirer simultanément dès qu'il
estimerait leur présence inutile. D'ailleurs il était convenu
que l'occupation éventuelle des Détroits ne serait qu'une
mesure exceptionnelle ne devant déroger en rien « à
« l'ancienne règle de l'Empire Ottoman en vertu de laquelle
« il a été de tout temps défendu aux bâtiments de guerre
« des puissances étrangères d'entrer dans les détroits des
« Dardanelles et du Bosphore ». Le Sultan s'engageait à
maintenir rigoureusement cette règle et les autres puissances à ne pas la violer : le traité d'Unkiar-Skelessi
devenait lettre morte.

Les conditions du Sultan relatives à Méhémet-Ali et
acceptées par les puissances étaient consignées dans l'acte
séparé (2) annexé à la convention du 15 juillet. Sa Hautesse
accordait à Méhémet-Ali et à ses descendants en ligne
directe l'administration du Pachalik d'Acre et de la Syrie
méridionale, mais à la condition d'une acceptation dans les

(1) Martens-Murhard. eod. loc., p. 156. — De Clercq. *Recueil des Traités de la France*, IV, p. 572.

(2) Martens-Murhard, I, p. 160. — De Clercq, IV, p. 575.

dix jours à partir du moment où un envoyé ottoman ferait part au Pacha de l'offre de son maître et seulement au cas où ce dernier remettrait entre les mains de l'agent du Sultan des instructions aux commandants militaires égyptiens ordonnant l'évacuation immédiate de la Syrie septentrionale, de l'Arabie et de la Crète. Passé le délai le Sultan ne promettait plus que l'Egypte avec l'hérédité et encore fallait-il que Méhémet-Ali acceptât dans une seconde période de dix jours ; suivaient les conditions dans lesquelles le Pacha aurait à administrer le pays. De toute façon ce dernier devait rendre la flotte turque et payer un tribut ; et s'il laissait s'écouler le second délai sans se soumettre, le Sultan retirait ses offres et reprenait sa liberté d'action.

La Porte, ainsi qu'il résulte du quatrième acte du traité (1) devait envoyer de suite l'agent chargé de porter ses propositions à Méhémet-Ali ; les consuls européens à Alexandrie devaient le seconder dans sa démarche, et les amiraux allaient recevoir des instructions pour appuyer les consuls.

Pendant que le messager ottoman partait pour Alexandrie, porteur des conditions du Sultan, les puissances commençaient à agir. Des émissaires débarquaient sur les côtes de l'Asie-Mineure, porteurs de proclamations signées par le commodore anglais Napier (2), adressées aux Syriens et les poussant à la révolte : « Habitants du Liban ! vous qui êtes « plus immédiatement sous mes yeux, je vous appelle ; levez- « vous et secouez le joug sous lequel vous gémissez.... » En même temps Napier, arrivé dans la rade de Beyrouth, annonçait officiellement par lettre au consul anglais (3) son intention de rétablir dans la ville l'administration ottomane, en attendant que la mesure fût étendue au reste de la Syrie.

(1) Martens-Murhard, I, p. 163. — De Clercq, IV, p. 578. — Le troisième acte du traité de Londres pose une exception de peu d'importance à la règle de fermeture des Détroits. V. Martens-Murhard, I, p. 162 ; De Clercq, IV, p. 577.

(2) A. Laurent, *Relation historique des affaires de Syrie*, 1840-42, I, p. 123.

(3) A. Laurent, eod. loc., p. 125.

Méhémet-Ali, cependant, ne se laissait pas intimider. Il refusait tout net les conditions de l'arrangement proposé par le Sultan, et déclarait que « ce qu'il avait conquis par la force ne pourrait lui être enlevé que par les armes » (1). L'envoyé de la Porte reprenait dans les premiers jours de septembre le chemin de Constantinople rapportant la réponse négative du Vice-Roi. Il ne restait plus qu'à mettre à exécution les dispositions du traité de Londres.

Le Sultan décida aussitôt qu'il devenait nécessaire de recourir aux mesures coercitives, pour la défense de « ses droits incontestables ». Il destitua à nouveau le Pacha, proclama le blocus des côtes d'Egypte et de Syrie, et pria ses alliés, ainsi qu'il avait été convenu, d'appuyer par leurs flottes les vaisseaux ottomans chargés de rendre le blocus effectif (2). Les puissances mirent immédiatement leurs forces navales en mesure de coopérer à l'action ottomane, et après la signature du protocole de Londres en date du 17 septembre 1840 (3), par lequel les alliés s'engageaient à ne poursuivre dans le règlement des affaires d'Egypte aucun avantage particulier et égoïste, les opérations s'engagèrent contre Méhémet-Ali.

Le Vice-Roi commença dès lors à connaître les amertumes de la défaite. Le Liban se souleva. Les armées égyptiennes furent repoussées en Syrie et durent se replier sur St-Jean-d'Acre qui fut prise bientôt. Méhémet-Ali, menacé jusque dans Alexandrie, signa avec le commodore Napier, le 27 novembre 1840 (4), un traité aux termes duquel il s'engageait à faire évacuer la Syrie et à rendre la flotte turque dès l'instant où il recevrait de la Sublime-Porte, notification officielle de sa confirmation dans le gouvernement héréditaire de l'Egypte ; en attendant, les hostilités devaient être

(1) Lettre de Suleïman-Pacha, major général des armées de Méhémet-Ali aux consuls européens à Beyrouth en date du 27 août 1840 : Laurent, op. cit., I, p. 128.

(2) Note de lord Ponsomby, Ambassadeur anglais à Constantinople de septembre 1840 ; Laurent, op. cit., I, p. 149.

(3) De Clercq, IV, p. 589.

(4) Laurent, I, p. 203.

suspendues de part et d'autre. Ce traité resta du reste lettre morte. Le Sultan protesta par note officielle du 8 décembre 1840 et déclara considérer la convention comme nulle et non avenue ; les puissances admirent d'autant plus facilement cette manière de voir que sir Napier avait agi ou resta censé avoir agi sans ordres ; les hostilités recommencèrent.

En décembre, Méhémet-Ali en appela à la France, sa seule amie, qui était restée nettement opposée aux agissements de l'Europe et avait énergiquement blâmé les entreprises de celle-ci dans le Liban. Dans une lettre au roi des Français (1), il expliquait sa conduite, mettait en relief les bienfaits de son administration en Syrie, faisait ses concessions dernières : « .... Si Votre Majesté le juge conve-
« nable, je suis prêt à me contenter du Pachalik d'Acre.
« Ce pays a résisté à tous les efforts que l'on a tentés pour
« le soulever contre moi. Votre Majesté trouvera peut être
« juste de me faire laisser l'île de Candie qui jouit depuis
« longtemps sous mon administration d'une prospérité
« inaltérable. Mais au contraire, si les hautes lumières de
« Votre Majesté la portent à croire que le moment des con-
« cessions est passé et que celui d'une résistance opiniâtre
« est arrivé, je suis prêt à combattre jusqu'au dernier
« moment et mes enfants aussi..... Je ne voudrais pas
« toutefois entraîner la France, à qui je dois tant, dans une
« guerre qui n'aurait d'autre but que mes intérêts person-
« nels,..... quoi qu'il arrive je prie le roi de me permettre
« de lui dire que ma reconnaissance pour lui et pour la
« France sera éternelle dans mon cœur, que je la léguerai
« à mes enfants et à mes petits-enfants comme un devoir
« sacré. »

La France, isolée, ne put entendre cet appel. Les hostilités continuèrent. Damas fut prise et les troupes égyptiennes durent battre en retraite pour rentrer en Egypte. Cette retraite, lamentable odyssée, bien que savamment conduite fut pour le Pacha le pire des désastres ;

(1) Laurent, I, p. 209.

elle rappelle en tous points la retraite de Russie ; des milliers d'hommes tombèrent d'épuisement et de faim sur cette voie douloureuse où le soleil de Syrie et le sable brûlant jouèrent un plus terrible rôle que les neiges de 1812 (1). Méhémet-Ali se soumit. Après avoir refusé de la Porte le firman du 13 février, il dut accepter celui du 1er juin 1841 et de décembre suivant qui réglèrent sa situation ; il conservait l'Egypte seule, à titre héréditaire; il perdait la Syrie et la Crète.

Le protocole de Londres du 10 juillet 1841, (2) dont le but était d'inviter la France à rerentrer dans le concert euro-péen, prit acte de la soumission de Méhémet-Ali. La France accepta les faits accomplis, en se joignant aux puissances pour signer la convention des Détroits du 13 juillet (3).

Ce fut la première immixtion de l'Europe dans les affaires d'Egypte. Il est facile de déterminer la politique suivie dans cette période par les puissances, et de l'apprécier.

La Russie a toujours espéré s'établir un jour à Constan-tinople et avoir un débouché dans la Méditerranée ; elle est murée dans la mer Noire puisqu'elle ne peut faire franchir les Détroits à ses navires de guerre ; son but, bien en conformité avec ses intérêts, est de sortir de cette situation en s'installant en maîtresse à l'endroit même où le passage lui est refusé. Le traité d'Unkiar-Skelessi permit à la Russie d'entrevoir la réalisation de son rêve. Mais l'Europe prit peur : une extension territoriale de l'Empire moscovite menaçait les Etats du centre et l'Angleterre qui craint perpétuellement pour l'Inde et fait de cette crainte la base principale de sa politique en Orient. D'autre part celle-ci et la France se souciaient peu de voir apparaître dans la Méditerranée un nouvel Etat avec lequel il faudrait compter.

(1) Sur 85,000 hommes qui avaient occupé la Syrie, 21,000 rentrèrent en Egypte.

(2) Lesur. *Annuaire historique*, 1841, Appendice, p. 153. — De Clercq, IV, p. 597.

(3) Lesur, eod. loc. — Martens-Murhard, II, 1841, p. 128. — De Clercq, IV, p. 598. — Par ce traité, le Bosphore et les Dardanelles devaient res-ter fermés aux vaisseaux de guerre étrangers tant que la Turquie se-rait en paix.

Or en 1839 le danger était pressant ; la Russie en vertu du
traité de 1833 allait à nouveau envoyer des troupes en
Turquie, la sauver, l'occuper temporairement pour mieux
la préserver ; cette occupation pouvait être longue ; il y
avait tout à craindre. Aussi les divers cabinets, sur la
proposition de la France crurent-ils devoir envoyer la note
du 27 juillet.

La France, outre la raison déjà indiquée, était sollicitée
par d'autres motifs pour agir comme elle le fit : elle avait en
Egypte une réelle influence, de sérieux privilèges, une colonie importante ; son intérêt était de ménager le Vice-Roi,
et son désir de ne pas le voir diminuer. C'est ce qui l'amena
à repousser toute idée d'emploi de la force. Dans les évé
nements qui se succédèrent, la France se fit le défenseur
de Méhémet-Ali ; l'Angleterre prit au contraire le parti du
Sultan, d'abord pour faire échec à l'influence russe à
Constantinople, puis pour annihiler celle que nous possé-
dions au Caire.

Tous les intéressés, hormis' la France, se trouvèrent
d'accord le jour où la Russie offrit de renoncer aux avantages retirés par elle du traité d'Unkiar-Skelessi, si on se
décidait à une action énergique. Le gouvernement du Czar
se vengeait ainsi de l'inspiratrice de la note du 27 juillet ;
il brouillait en même temps l'Angleterre et la France. Le
cabinet de Londres en acceptant n'avait plus de crainte
pour les Détroits ; d'autre part, il diminuait notre pays. La
Turquie se sentait sauvée. La Prusse et l'Autriche atteignaient leur but : elles voyaient s'évanouir le danger
moscovite ; les difficultés pendantes allaient être rapidement
réglées et avec leur concours ; elles ne demandaient pas
autre chose. Restait la France délaissée et profondément
froissée ; lord Palmerston prétendit qu'elle même s'était
mise hors du concert européen ; ce à quoi Thiers répondit
en démontrant qu'au contraire sa politique avait été une,
toujours la même et que celle des puissances avait varié (1).
Après le traité de Londres signé sans elle, il n'y avait plus

(1) Correspondance diplomatique entre la France et l'Angleterre au
sujet du traité de Londres de 1840. — Martens-Murhard, I, p. 164 et s.

pour la France à prendre qu'un seul parti, celui de s'isoler
et de s'armer ; c'est ce qu'elle fit ; non toutefois sans
continuer à plaider la cause de Méhémet-Ali et à agir
auprès de la Porte et au Caire pour amener une solution
pacifique dont l'Europe ne voulut pas.

Les alliés, ainsi que nous l'avons vu, recoururent à la
force et atteignirent leur but. Ils estimèrent toutefois, le
résultat acquis, que l'adhésion de la France était nécessaire ; en des termes de nature à ménager ses susceptibilités et à lui faire oublier son légitime ressentiment, ils
l'invitèrent par le protocole de Londres du 10 juillet 1841 à
se joindre au concert européen. « Dans l'intérêt de l'affermissement de la paix européenne », ainsi que disait le protocole, la France accepta l'invitation des puissances.

En définitive, en dehors de Méhémet-Ali, il n'y avait de
lésé par le résultat obtenu que la Russie. Elle n'avait retiré
aucun avantage immédiat et elle perdait au contraire la
situation prépondérante qu'elle s'était acquise à Constantinople en 1833. Certes la France n'avait pas vu s'accroître
son influence en Orient ; mais elle n'était en rien diminuée
sur les bords du Nil : évidemment impuissante contre
l'Europe coalisée, elle n'en avait pas moins été l'amie des
jours de détresse ; on lui en était reconnaissant. Le seul
résultat bien certain c'était la conservation de l'Empire
Ottoman dans sa décrépitude et son anarchie ; rien n'était
donc perdu pour les copartageants de l'avenir.

Que penser de l'action des puissances dans cette période
au point de vue des principes du droit international. Il ne faut
pas hésiter à la condamner radicalement. Seules la France
et la Russie avaient le droit et le devoir de s'interposer
entre le Sultan et le Vice-Roi : toutes deux en effet s'étaient
portées garantes de l'intégrité de l'Empire Ottoman, la
première dans l'article 5 du traité de Paris du 26 juin 1802 (1),
la seconde par le traité d'Unkiar-Skelessi du 8 juillet 1833.
Et encore pourrait-on dire, non sans raison, que l'arrivée de

_____

(1) Ce traité établissait entre les deux Etats une paix perpétuelle ;
l'article 5 était ainsi conçu : « La République française et la Sublime-
Porte se garantissent mutuellement l'intégrité de leurs possessions ».

Méhémet-Ali à Constantinople n'eût pas touché à l'Empire Ottoman qui serait seulement devenu plus fort sous un nouveau prince.

Quoi qu'il en soit, les autres puissances n'avaient été appelées ni par la Porte ni par Méhémet-Ali ; leur seul prétexte pour s'immiscer dans les affaires d'Orient était le maintien de l'équilibre européen, et il faut bien reconnaître que pour une fois le prétexte était une bonne raison. Seulement pour rester dans le droit, il leur eût fallu s'adresser à celui qui menaçait l'équilibre, c'est-à-dire à la Russie ; on craignait un protectorat russe en Turquie : le moyen légitime de l'éviter, c'était d'arrêter les armées du Czar. Tout le reste fut injuste.

Le Sultan accepta les faits accomplis ; il en arriva même, non sans raison, à apprécier hautement l'aide de l'Europe ; mais au début il dut accepter, contraint et forcé, cette aide dangereuse qu'il n'avait pas sollicitée (1). Quant à Méhémet-Ali, « Pacha d'Egypte », comme le donnent tous les auteurs, Chef d'État vassal, ainsi que nous l'établirons plus loin, il avait droit en cette qualité à la neutralité des Etats étrangers. A son égard, l'intervention fut nette, brutale, on serait tenté de dire plus, quand on songe que cinq grands pays ne craignirent pas de se dresser en face de la seule Egypte.

L'Europe n'eut donc pour excuse ni des engagements antérieurs, ni une demande de médiation, ni le droit de légitime défense. Chacun arriva dans cette aventure avec le désir d'entraver ceux des autres et le secret espoir de retirer quelque avantage proche ou lointain ; des intérêts furent en jeu, non des droits. Dans la suite des évènements ce fut l'esprit d'intrigue qui prit le pas sur l'esprit de justice : de mesquines rivalités passèrent avant tout. Deux fois l'Europe empêcha les deux adversaires de se réconcilier : en juillet 1839, ainsi que nous l'avons dit, le Divan était décidé à traiter, et c'était sur ces entrefaites que la Russie avait marqué son intention de rentrer en scène et que les puissances avaient lancé leur note collective ; nous avons,

(1) V. la lettre de Khosrew-Pacha à Méhémet-Ali de juillet 1839. Martens-Murhard, III, 1806-1839, p. 876 et supra, p. 22.

3

vu, d'autre part, que le traité de Londres avait été signé pour empêcher un rapprochement entre la Porte et Méhémet-Ali, et parce que cela eût été un succès pour la France (1). A ce moment, on était bien loin du droit ; d'un point de départ qui n'avait rien de très juridique, on en arriva par des moyens illégitimes à des conséquences détestables : il en est souvent ainsi. L'œuvre de l'Europe de 1839 à 1841 n'a pas été pacificatrice ; par elle les difficultés se sont prolongées, se sont compliquées au point de rendre fatale une lutte sanglante. Que dire d'autre part de ce moyen d'action qui consista à soulever le Liban ! Bref, à cette époque, les puissances ont apporté dans l'Empire Ottoman un trouble plus intense ; elles ont sinon semé, du moins cultivé la discorde ; leur récolte a été un renouveau de la question d'Orient, et la question d'Egypte.

(1) V. supra, p. 25.

CHAPITRE III

Situation de l'Egypte vis-à-vis de la Porte de 1833 à 1841

SOMMAIRE. — *De* 1833 *à* 1841 *l'Egypte est en fait un Etat. Elle l'est aussi en droit.* — *Dans les textes du traité de Londres Méhémet-Ali est considéré simplement comme un Gouverneur rebelle.* — *Firman du* 13 *février* 1841. *Il constitue une simple déclaration sans valeur.* — *Le firman du* 1er *juin* 1841 *fonde le droit. Il fait de l'Egypte une province privilégiée.*

Nous venons de voir ce que fut Méhémet-Ali et comment il se comporta à l'égard du Sultan. Eclairés ainsi par l'histoire, nous pourrons maintenant, en considérant les textes, déterminer quelle a été la situation de l'Egypte vis-à-vis de la Turquie avant 1841, puis ce qu'elle devint à cette date.

Il n'est pas niable que dans le passé et encore au début du siècle dernier, l'Egypte n'ait été qu'une province turque. Toutefois, sous Méhémet-Ali elle devint un Etat de fait ; elle remplissait pour cela toutes les conditions, et pour que sa situation fut tout à fait régulière sous ce rapport il ne manquait absolument que l'assentiment de la Porte.

Pour former un Etat — la doctrine est d'accord sur ce point malgré la variété des définitions — il faut les quatre éléments suivants : « 1º Une réunion d'hommes assez nombreux « pour qu'ils puissent subsister par eux mêmes en tant que « collectivité ; 2º Un territoire fixe sur lequel ce groupe « s'est établi d'une manière permanente ; 3º Une autorité « publique suffisamment assise et stable pour qu'elle dirige « l'Etat à l'intérieur et le représente dans ses relations « extérieures ; 4º Enfin un objectif véritablement social, « c'est-à-dire la conservation et le développement de la

« collectivité dans sa fonction politique et dans son indé-
« pendance » (1).

Sans parler du territoire et des habitants, l'Egypte dès
1811, après le massacre des Mameluks, avait en son Pacha
une autorité parfaitement décidée à faire régner l'ordre au
dedans, et à se faire respecter à l'extérieur ; enfin, après les
démêlés de 1832-33 avec la Turquie, il apparaît bien qu'en
face de Constantinople se dressait un être moral, ayant une
vie propre, un objectif spécial, un être conscient de son
existence et de sa force qui entendait non-seulement vivre,
mais s'affirmer au dehors et étendre ses frontières.

Que manquait-il à cet Etat pour joindre le droit au fait,
pour pouvoir exiger des autres qu'on comptât avec lui comme avec un égal ? Nous l'avons dit, il manquait l'approbation de la Porte, et celle-ci la donna : si nous ne possédons
pas à ce sujet de déclarations solennelles, nous avons l'aveu
contenu dans une correspondance officielle, et cela suffit.

Qu'on se reporte à l'année 1839, et qu'on consulte les dépêches et notes échangées à l'occasion des difficultés turco-
égyptiennes, et l'on verra dans une dépêche de juillet (2)
du Grand Vizir Khosrew-Pacha à Méhémet-Ali, que ce dernier est qualifié : « ancien feudataire de l'Empire » et « vassal » par opposition au Sultan « suzerain ». Le mot vassal
est même répété plus tard dans une note d'octobre 1839
adressée par la Porte aux puissances (3).

Il est vrai qu'il est parlé dans les mêmes pièces de la
« province d'Egypte », mais cela importe peu ; la Porte
était habituée depuis des siècles à se servir de cette expression ; d'autre part, en continuant à l'employer, elle espérait
peut être en tirer un jour avantage. Au contraire, substituer
à l'épithète de pacha, celles de vassal, de feudataire, c'était

(1) F. Despagnet. *Essai sur les Protectorats*, p. 8. — Définitions assez
semblables à celle-ci, mais moins précises, dans Bonfils, op. cit. p. 84;
Calvo, *Le droit international théorique et pratique*, I, p. 169 ; Sirmagieff, op. cit. p. 135 ; Geffcken, notes sur Heffter, *Le droit international de l'Europe*, p. 45.

(2) Martens-Murhard. *Recueil de traités*, Nouveau supplément (1806-
1839), III, p. 876.

(3) Eod. loc., p. 880.

de la part de la Turquie innover et dans un sens qui lui était défavorable ; c'était reconnaître une situation désavantageuse ; et comme il n'est pas permis de parler ici de contrainte, il n'est pas possible de nier qu'il y ait eu de la part de la Porte un véritable aveu.

Dès lors, en 1839, Méhémet-Ali était vassal du Sultan. Or, nous l'avons dit plus haut, l'idée de vassalité marche de pair avec celle d'Etat : tout pays vassal est un Etat. En 1839 donc, l'Egypte par rapport à la Turquie était un Etat vassal.

Tel était l'avis nettement indiqué de Thiers qui dans sa dépêche du 5 octobre 1840 à Guizot, Ambassadeur à Londres, s'opposant à la déchéance de Méhémet-Ali, écrivait entr'autres choses : « On a pu livrer aux chances de la guer-« re actuellement engagée, la question des limites qui doi-» vent séparer en Syrie les possessions du Sultan de celles « du Vice-Roi d'Egypte ; mais la France ne saurait aban-« donner à de telles chances l'existence de Méhémet-Ali « comme prince vassal de l'Empire. »

Cette situation ne se maintint du reste pas dans la suite. De l'aveu de la Porte le Pacha était devenu vassal : du consentement de Méhémet-Ali, l'Egypte redevint une simple province. Ainsi que nous l'avons vu, ce fut l'Europe, dont le rôle en Egypte semble avoir été de tout fausser, qui amena ce résultat.

En 1840, le Sultan se trouva après ses défaites, assuré de l'appui de l'Europe : il songea vraisemblablement à reprendre dans la vallée du Nil la situation qu'il y avait perdue et ses alliés ne s'y opposèrent pas ; ils avaient eu peur de Méhémet-Ali et n'étaient pas fâchés de le voir humilié et diminué, d'autant mieux que cela était désagréable à la France. Il n'est plus question de vassal ni de vassalité dans les différents actes du traité de Londres (1) ; les textes sont avec soin expurgés de semblables termes ; l' « ancien feu-« dataire » y redevient « Pacha d'Egypte », « délégué de Sa « Hautesse » comme devant ; on lui promet sous condition « l'administration du pachalik » que l'on assimile à « toute autre partie de l'Empire Ottoman ». Bref, on traite

(1) Martens-Murhard, I, p. 160 et s. — De Clercq, IV, p. 575 et s.

Méhémet-Ali, véritable Chef d'Etat, en Gouverneur rebelle

Tout ceci se fit plus net encore quand le Sultan eut « daigné ordonner que Méhémet-Ali-Pacha fût destitué de « son poste de Gouverneur de l'Egypte » (1), et lorsqu'en 1841 plusieurs firmans furent venus déterminer quelle serait désormais la situation de ce pays.

Le premier de ces actes le Hatti-Schériff du 13 février 1841 (2), consécration des promesses faites par le Sultan dans l'acte séparé de la convention de Londres du 15 juillet 1840, déclara « confirmer Méhémet-Ali dans le gouverne- « ment de l'Egypte », avec hérédité pour ses enfants mâles parmi lesquels le Sultan choisirait son successeur, puis pour les enfants mâles de ce dernier et ainsi de suite. Les lois ottomanes, les dispositions des traités conclus par la Turquie avec les puissances étrangères, dans le passé ou pour l'avenir, devaient s'appliquer à l'Egypte ; tous les impôts devaient être perçus « dans cette province... dont les « habitants font partie des sujets de la Sublime-Porte », au nom du Sultan ; les monnaies devaient porter son effigie et être de même titre, même forme et même poids que les pièces frappées à Constantinople. L'armée « destinée au « service de la Sublime-Porte » était fixée à 18,000 hommes ; le mode de recrutement en était minutieusement réglé ; la nomination des officiers supérieurs était réservée à la Porte. Le Gouverneur d'Egypte ne pourrait plus construire de bâti- ments de guerre sans la permission expresse du Sultan.

Celui-ci en octroyant ce firman entendait accorder une faveur ; il indiquait nettement que l'hérédité serait retirée si les conditions énoncées n'étaient pas remplies, et il spé- cifiait très bien ce que serait désormais Méhémet-Ali, dans la phrase suivante : « La prérogative de l'hérédité conférée « au Gouverneur de l'Egypte ne lui donnera aucun rang « ou titre supérieur à celui des autres Vizirs, ni aucun « droit de préséance, et il sera traité parfaitement sur le « même pied que ses collègues ».

(1) Note de la Porte à lord Ponsomby de septembre 1840. Laurent, *Relation historique des affaires de Syrie*, 1840-42 I, p. 149.

(2) Lesur, *Annuaire historique*, 1841, Appendice, p. 127.

Un second firman du même jour, 13 février (1), joignait à l'Egypte, sous l'administration de Méhémet-Ali
mais sans hérédité, les provinces soudanaises de Nubie, de
Darfour, de Kordofan et de Sennaar, avec toutes leurs
dépendances.

Ces actes étaient sans valeur ; ils constituaient, en dépit
de l'assurance de la Porte et de l'assentiment des puissances, de simples déclarations. Le Sultan des Ottomans, se
doublàt-il d'un Khalife, ne pouvait par décret faire d'un
Chef d'Etat, même vassal, un simple gouverneur de province, sans le consentement du principal intéressé dont la
souveraineté devait être respectée, tout en pouvant cependant se détruire elle-même.

Cette dernière hypothèse se réalisa : Méhémet-Ali écrasé
par les forces combinées de la Turquie et de l'Europe, en
présence de l'anéantissement de ses armées et des risques
courus par ses villes maritimes; menacé jusque dans son
palais, se soumit et accepta tout.

Un firman du 1er juin 1841 (2) confirma le Hatti-Scheriff du
13 février et conserva l'hérédité dans la famille de Méhémet-
Ali, mais en substituant au choix du Sultan, la succession
naturelle dévolue, suivant la loi ottomane du séniorat, toujours au plus âgé parmi les descendants du Pacha.

Un second firman de décembre (3) de la même année
donna à Méhémet-Ali le gouvernement des provinces soudanaises et fixa le montant du tribut. C'est ainsi que
l'Egypte redevint eñ 1841 une province de l'Empire, do'tée
d'ailleurs d'une autonomie partielle.

. Cette situation s'est-elle modifiée depuis ? On est tenté
d'admettre l'affirmative en lisant les auteurs qui donnent
communément l'Egypte comme Etat vassal et en exami-
nant les faits et gestes des Vice-Rois qui en bien des cas se
sont conduits en véritables Souverains ; puis on arrive vite
à la conviction complète par l'analyse des textes.

(1) Lesur, *Ann. hist.*. 1841, Appendice, p. 129.
(2) Lesur, *Ann. hist.*, 1841, Appendice, p. 130.
(3) Martens-Samwer, *Recueil de traités*, II, p. 490.

CHAPITRE IV

L'Egypte depuis 1841. — Le Fait

SOMMAIRE. — *Après 1841 les Vice-Rois d'Egypte ont continué à* *se conduire en véritables Souverains. La Porte a vainement* *protesté. — Discours prononcés au Conseil de la représen-* *tation nationale égyptienne. — Concession du Canal de* *Suez. — Voyage du Khédive en Europe en 1869. Circulaire* *ottomane du 17 juin 1869. Lettre du Grand Vizir à Ismaïl* *du 2 août. Lettre d'Ismaïl en réponse du 10 août. — Les* *puissances considèrent l'Egypte comme un Etat vassal.*

En fait, cela est indéniable, l'Egypte paraît être un Etat. L'attitude et les actes du Khédive et des puissances condui- sent forcément à cette conclusion.

Depuis 1840, les Vice-Rois ont fait assez peu de cas du Sultan, et dans les rares relations qu'ils ont eues avec lui, ils se sont conduits plutôt en Souverains d'ordre inférieur, qu'en Pachas gouverneurs de province.

A l'intérieur, celui qui en principe ne devait être dans la vallée du Nil qu'un simple administrateur a fait des lois et a rendu des décrets dont l'importance et la gravité sont considérables, puisqu'on a pu dire qu'il en résultait au profit de l'Europe une sorte de protectorat. Il a même donné à l'Egypte, de sa propre autorité, un semblant de constitution (1), en créant un « Conseil de la représentation nationale » chargé de délibérer sur les intérêts du pays.

Il est curieux et instructif au point de vue de la question qui nous occupe de lire les harangues solennelles qui ont

---

(1) Statut introduisant un système de gouvernement constitutionnel en Egypte, signé par Ismaïl. Novembre 1866. *Archives diplomatiques*, 1866, IV, p. 231.

été prononcées dans cette assemblée, discours des Vice-
Rois et adresses des représentants en réponse. Toutes ont
des allures de proclamations d'indépendance et renferment
des mots significatifs ; on y évite soigneusement de parler
du Sultan, et, entre le « Très Haut » et le Khédive, il semble
bien qu'il n'y ait place pour personne.

« Lorsque mon aïeul — déclara Ismaïl, à la première
« réunion de ces Etats — commença son glorieux règne, il
« est incontestable qu'il trouva ce pays en proie à toutes
« les agitations qu'un désordre permanent y avait créées.
« La sécurité publique y avait été remplacée par des
« troubles intérieurs qui, en arrêtant le développement de
« de son bien être, formaient un obstacle à son progrès et
« à sa civilisation. Ce grand homme de notre nation, protégé
« par la divine Providence, parvint à doter notre patrie
« d'institution qui formèrent le fondement de notre édifice
« social et assurent au pays un avenir prospère..... » Et le
Khédive saluait « les élus de la nation », chargés de « discuter les affaires purement intérieures du pays ».

Et les représentants de répondre en faisant l'éloge de
Méhémet-Ali qui « consacra tous les efforts de son génie à
« l'amélioration morale et matérielle de ses sujets et au
« développement de leurs légitimes aspirations..... et mit à
« profit tous les éléments propres à réaliser la patriotique
« et grande pensée de rendre à l'Egypte son antique et
« glorieuse place parmi les nations ».

Puis Ismaïl (1) à son tour recevait les remerciements de
la représentation nationale : « Votre Altesse s'est dévouée
« dès son avènement au rétablissement de l'ordre et à la
« régénération de son peuple », elle peut compter sur les
élus du pays dont « les sentiments seront toujours en com-

---

(1) Jusqu'au firman du 27 mai 1866, suivant la coutume musulmane,
l'ordre de succession a été réglé en Egypte d'après la loi du séniorat. C'est le plus âgé de la famille qui succède au prince défunt. — A
Méhémet-Ali a succédé son petit-fils Abbas qui régna de 1849 à 1854 et
fut plutòt hostile aux Européens. L'Egypte fut gouvernée ensuite de
1854 à 1865 par Saïd, fils de Méhémet-Ali, prince intelligent et éclairé
qui concéda à De Lesseps l'entreprise du Canal de Suez. Ismaïl qui lui
succéda était le dernier fils de Méhémet-Ali.

« plète harmonie avec les intentions du Chef de l'Etat » (1).

Et cela se renouvelle à chaque réunion suivante (2) ; la « patrie » dont il est toujours parlé ne paraît pas du tout dans l'esprit des orateurs être une parcelle du territoire turc, et en dehors du Khédive elle ne compte sur personne sinon sur la divine Providence.

En 1879, après la déposition d'Ismaïl, son successeur Tew⁻fik ne parlait pas autrement. Dans sa lettre du 2 juillet, où il chargeait Chérif-Pacha de former un ministère, il écrivait : « ..... Vous connaissez la situation ; en me confiant les des- « tinées de mon pays, la Providence m'a imposé des devoirs « que j'ai à cœur de remplir avec honneur et loyauté..... je « serai tout dévoué à mon pays, et j'ai le plus ardent désir « de répondre aux témoignages de sympathie avec lesquels « il a accueilli mon avènement et de le voir sortir de sa « situation anormale ».

Et après avoir manifesté l'intention de faire des réformes qu'il énumérait et qui paraissent excellentes, il ajoutait : « Pour être sûr d'atteindre ce but, objet de tous mes vœux, « j'ai besoin du concours de toute la nation, du patriotisme « de tous les fonctionnaires de l'Etat, et du dévouement « éclairé de tous ceux qui participeront avec moi, sous leur « responsabilité, à la direction des affaires publiques. Les « puissances et l'aide de Dieu ne me manqueront pas, je « l'espère... » Comme on le voit, ici encore, il n'était pas question du Sultan (3).

Hors du territoire, l'attitude du Vice-Roi n'a pas été moins indépendante. Il a conclu des emprunts à l'étranger sans aucune autorisation de la Porte ; il a passé des conventions avec diverses puissances sans demander d'ordres à Constantinople, et comme l'eût fait un Chef d'Etat ; il a voyagé en Europe et y a pris les allures d'un Souverain ; il a de tout temps eu le droit de légation passive et auprès de

---

(1) Séance du 25 novembre 1866, *Archiv. diplomat.*, 1867, I, p. 113 et s.

(2) Séances du 16 mars 1868, *Archiv. diplom.*, 1868, III, p. 1280 ; — du 1ᵉʳ février 1870, *Archiv. diplom.*, 1874, II, p. 253 ; — du 15 janvier 1873, *Archiv. diplom.*, 1875, I, p. 272.

(3) *Archiv. diplom.*, 1878-79, III, p. 357.

lui, au Caire, sont accrédités des Consuls généraux qui sont en même temps agents diplomatiques, et dont certains notamment lord Dufferin avaient le rang de ministres pléni-potentiaires, tandis qu'un de ses conseillers porte le titre de Ministre des Affaires étrangères.

En mainte occasion, et parfois à juste titre, la Porte a récriminé entre les actes des Vice-Rois ; mais ceux-ci ont rarement voulu tenir compte de ses observations auxquelles ils ont presque toujours opposé la force d'inertie. Chaque réclamation de Constantinople a le plus souvent obtenu du Caire une lettre infiniment respectueuse et pleine d'édi-flantes protestations de fidélité ; mais les actes signalés n'en ont pas moins continué à s'accomplir.

Ainsi pour le Canal de Suez, c'est le Vice-Roi qui, *proprio motu*, par acte du 5 janvier 1856, en concéda les travaux et l'exploitation à Ferdinand de Lesseps. Il est vrai que Saïd réserva les droits de la Porte en stipulant que le creuse-ment pourrait être commencé seulement après l'autorisa-tion du Sultan ; mais c'était pure formule sans portée dont on ne tint pas compte.

La Porte s'en plaignit amèrement : « ..... Quant à l'ensem-« ble du contrat en question, il n'existe qu'à l'état de pro-« jet. Vous savez qu'il n'a jamais été approuvé par la Subli-« me-Porte », écrivait le Grand Vizir Aali-Pacha dans une dépêche du 6 avril 1863 aux représentants de la Turquie à Paris et à Londres (1).

Il n'en demeure pas moins que les travaux commencés depuis longtemps continuèrent ; et quand en 1866, ils furent presqu'achevés (2), craignant d'être par trop ridicule par ses protestations tardives, la Porte, ayant obtenu des satisfactions illusoires sur des questions de détail, s'em-pressa de rendre son firman du 9 mars (3), qui approuvait le projet d'une œuvre déjà née, et suivant les propres

---

(1) *Archiv. diplom.*, 1863, III, p. 121.

(2) Le Canal a été inauguré le 17 novembre 1869.

(3) *Archiv. diplom.*, 1875, III. p. 313 ; 1867, I, p. 319. — De Clercq, IX, p. 108. — Martens, XVIII, p. 267.

termes du texte, donnait « l'autorisation souveraine à l'exécution » d'un canal à peu près terminé. .

Plus typique encore est l'affaire du voyage en Europe. Ce voyage dont le but était d'inviter les différents Souverains à la cérémonie d'inauguration du Canal de Suez exaspéra la Porte, qui, à ce moment là, exempte d'autres soucis, ne cacha pas sa colère. Ismaïl avait commandé des armes et des cuirassés ; il avait été reçu en véritable Chef d'Etat, et il faut convenir que ce voyage, dans ses péripéties comme dans son but, n'était pas le fait d'un simple Gouverneur de province. On put craindre un moment en Europe, tant l'excitation était grande à Constantinople, qu'une nouvelle guerre turco-égyptienne ne fût imminente (1).

Les choses n'en vinrent pas là : les puissances, l'Autriche en tête, firent tous leurs efforts pour empêcher une rupture. Mais la Porte exhala sa mauvaise humeur en trois documents, une circulaire à ses Ambassadeurs à l'étranger, et deux dépêches au Khédive. Nous citons en entier la circulaire du 17 juin 1869 (2) qui est une véritable déclaration de principes :

« Le voyage du Khédive d'Egypte en Europe, et le but
« que la rumeur publique donne à ce voyage, nous obligent
« à avoir l'œil ouvert sur la conduite de Son Altesse, et à
« vous mettre à même de rétablir la vérité dès que vous
« apercevrez que certaines erreurs, habilement exploitées,
« pourraient dénaturer la vraie position ou la nature et la
« portée des privilèges du Pacha.

« A cet effet je crois devoir vous rappeler que le seul acte
« constitutif qui ait fondé l'état de choses actuel en Egypte,
« est le firman de 1841. Or que dit ce firman ? Il accorde à la
« famille de Méhémet-Ali le gouvernement héréditaire de
« l'Egypte, et fixe les limites de ses immunités administra-
« tives ; il assimile les Gouverneurs de l'Egypte, sous tous
« les autres points, aux Gouverneurs généraux des autres
« provinces de l'Empire et déclare d'une manière très

---

(1) Consulter à ce sujet la correspondance diplomatique autrichienne, *Archiv. diplom.*, 1874, I. p. 288, 293, 311, 313, 326, 329.

(2) *Archiv. diplom.*, 1869, III, p. 1319.

« explicite que toute infraction aux conditions y contenues
« impliquerait la déchéance immédiate.

« Ainsi, dans notre hiérarchie, la position marquée aux
« Pachas d'Egypte par le firman en question, ne diffère en
« aucune manière de celle des autres Vizirs de l'Empire.

« Par un effet de pure munificence du Sultan, l'ordre de
« succession établi par le dit firman a subi une modification
« notable : c'est la descendance directe d'Ismaïl-Pacha qui
« se trouve maintenant appelée à la succession. Mais le
« firman impérial qui contient et consacre ce changement,
« maintient dans leurs forces et détails toutes les autres
« dispositions de l'acte primitif.

« Si Méhémet-Ali et ses successeurs, excepté Ibrahim-
« Pacha, ont obtenu le rang de Grand Vizir, et si Ismaïl-
« Pacha a reçu plus tard le titre de Khédive, cela n'a été
« qu'une faveur qui n'a modifié en rien les conditions
« fondamentales. Au contraire, cette faveur elle-même vient
« à l'appui de ce que nous avançons.

« En conséquence, il nous est impossible de rester indiffé-
« rent devant les assertions de tous les journaux de l'Europe,
« en présence de certains indices qui confirment ces asser-
« tions sur les velléités de Son Altesse de renouer des
« relations diplomatiques avec les puissances étrangères,
« de conclure des traités avec elles, de négocier une conven-
« tion internationale relativement à la neutralisation du
« Canal de Suez.

« Loin de nous la pensée de soulever la question égyp-
« tienne au moment où nous nous efforçons d'apporter
« toute notre modération et tout notre bon vouloir à l'œuvre
« laborieuse de la conservation de la paix. Mais on voudra
« bien convenir que le devoir le plus élémentaire, c'est-à-
« dire celui de notre propre conservation, ne nous permet
« pas de nous taire quand le Vice-Roi parle sur ce ton.

« Sa Majesté Impériale ne saurait ne pas protester contre
« la conduite d'un sujet qui aurait méconnu ses obligations
« à ce point. Aussi le gouvernement impérial a-t-il vu avec
« reconnaissance que dans toutes les cours où Ismaïl-Pacha
« est allé, il a reçu un accueil très distingué mais marquant
« sa position de premier sujet du Sultan.

« Nous espérons que la disposition bien accentuée des
« grandes puissances de ne pas suivre Son Altesse dans ses
« errements, disposition qu'elle vient de constater par elle-
« même, la rendra désormais plus circonspecte et moins
« rebelle aux devoirs qui lui incombent. Vous aurez à vous
« prononcer dans ce sens toutes les fois que la nécessité
« s'en présentera. ».

Cette lettre, signée du Grand Vizir Aali, était elle-même
suivie d'un post-scriptum ainsi conçu :

« Par le firman confirmant à Ismaïl-Pacha le titre de
« Khédive, Sa Majesté Impériale le Sultan avait daigné lui
« accorder quelques extensions de pouvoir en matière
« militaire et pour ce qui concerne la confection de lois
« d'administration intérieure, et la conclusion avec les
« agents étrangers de simples arrangements sur les affaires
« de douane, de police, de transit, d'administration des
« postes. Mais ces conditions ne modifient en rien les droits
« souverains de Sa Majesté, ni la sujétion absolue des
« Gouverneurs d'Egypte.

« D'ailleurs par la lecture de ce firman, qui vous a été
« envoyé par la dépêche du 12 juin 1867, vous verrez qu'il
« dit expressément que ces lois d'administration intérieure,
« doivent être basées sur les lois générales de l'Empire. Les
« arrangements en question ne doivent jamais revêtir la
« forme d'actes internationaux, ni se trouver sous aucun
« rapport en contradiction avec les droits souverains de Sa
« Majesté le Sultan, faute de quoi, ils seraient considérés
« comme nuls et non avenus..... »

La lettre du Grand Vizir à Ismaïl, en date du 2 août 1869
est plus importante encore (1). Elle critique amèrement
tous les actes du Khédive en même temps que son voyage :
son habileté à profiter des circonstances pour arracher à la
Porte quelque concession nouvelle ; la conduite étrange des
troupes égyptiennes en Crète lors de la guerre de 1866 (2) ;

_____

(1) *Archiv. diplom.*, 1869, III, p. 1321.

(2) En 1866, Ismaïl avait envoyé des troupes en Crète pour aider à
réprimer l'insurrection. Mais en même temps, il entrait en négociations
avec les chefs des Grecs de façon à embarrasser la Porte et à l'obliger

le désordre dans les finances ; le fait de n'avoir pas consulté la Porte avant d'entreprendre le voyage en Europe, et l'incorrection même de ce voyage d'un Gouverneur de province qui sans autorisation allait inviter des Souverains étrangers, à venir chez son Maître assister à des réjouissances :

« ..... La forme adoptée par Votre Altesse dans cette
« affaire est sous tous les points contraire, et au respect dû
« aux droits sacrés de notre Souverain et aux égards dus aux
« augustes Princes qu'elle s'est proposée d'inviter.

« D'un autre côté, il était du devoir des représentants de
« la Sublime-Porte à l'étranger de se mettre à la disposi-
« tion de Votre Altesse, comme à celle d'un des plus grands
« dignitaires de notre Empire. C'était par leur entremise
« que les relations officielles devaient avoir lieu. Il semble
« cependant que leur empressement à remplir ce devoir,
« loin d'avoir été agréable à Votre Altesse n'ait eu d'autre
« effet que de lui déplaire, et c'est avec peine que nous avons
« eu à constater toute la réserve qu'elle a cru devoir mettre
« dans ses rapports avec eux.

« Votre Altesse sait mieux que personne, et il est d'ail-
« leurs expressément stipulé dans les firmans impériaux,
« que, sauf les quelques privilèges établis en sa faveur,
« l'Egypte ne diffère en rien des autres provinces et que
« son administration ne peut entretenir de relations officiel-
« les directes avec les puissances étrangères.

« Les traités qui existent entre la Sublime-Porte et les
« autres Etats, aussi bien que les lois fondamentales de
« l'Empire doivent y avoir même force et même vigueur.

« Malgré ces principes fondamentaux, les voyages conti-
« nuels en Europe du personnage qui prend le nom et le
« titre de Ministre des Affaires étrangères (1) de l'Egypte,
« dans le but de faire des efforts pour obtenir en faveur de
« celle-ci le changement desdits traités, et de nouer avec

à lui donner, à lui ou à ses fils, la possession ou le gouvernement de
l'île. (Rapport de sir H. Drummond-Wolf à lord Rosebery, 5 juillet 1886.
Archiv. diplom., 1887, III, p. 159.)

(1) Nubar-Pacha.

« les puissances des négociations directes à cet effet, le
« grand soin qu'il met à cacher à nos représentants plus
« qu'à qui que ce soit l'objet de sa mission, son abstention
« de tout contact avec eux, constituent autant de faits
« aussi attentatoires aux droits de la Sublime-Porte que
« contraires à vos obligations et qu'on ne saurait tolérer
« plus longtemps ; car il est devenu évident aux yeux de'
« notre auguste maître que si les puissances, chez lesquelles
« le respect des droits et des traités est un principe immua-
« ble, si, dis-je, les puissances avaient montré la moindre
« disposition favorable, l'abolition de nos traités, leur rem-
« placement par d'autres, la suppression, en un mot, du
« contenu des firmans qui servent de base à l'existence et à
« la durée de l'administration actuelle de l'Egypte, étaient
« le but auquel on voulait atteindre.

« A l'intérieur aussi, les dépenses incalculables et écra-
« santes occasionnées par les commandes de vaisseaux cui-
« rassés, armes à feu et autres, soumettent les habitants de
« cette partie de l'Empire à des charges bien au-dessus de
« leurs moyens et les mécontentent contre l'administration.

« Ainsi qu'il a été dit plus haut, et nous ne saurions trop
« le répéter, Sa Majesté Impériale le Sultan, notre auguste
« Souverain, animé de la plus vive sollicitude pour le bien-
« être et la prospérité de l'Egypte et désireux de voir cette
« province jouir de ses privilèges, dans leurs limites légi-
« times, ne saurait jamais consentir à voir s'affaiblir les
« liens qui l'attachent à son Empire ».

Le Grand Vizir concluait : « Comme il serait impossible
« au gouvernement impérial de se désister d'une seule des
« dispositions contenues dans les firmans, il se verra quoi-
« qu'à regret, obligé de recourir à leurs dispositions, toutes
« les fois qu'il s'agira de prendre des mesures pour les
« rétablir dans leurs limites, pour réprimer les actes con-
« traires qui pourront se produire, et sauvegarder les droits
« et les traditions ». La menace était bien nette.

Le Khédive, dans sa réponse (1), fut d'une habileté con-

(1) Dépêche d'Ismaïl à Aali-Pacha du 10 août 1869. *Archiv. diplom.*,
1874, I, p. 302.

sommée. Il protesta de sa fidélité en termes touchants : la pensée ne lui était jamais venue d'agir hors des limites des firmans ; il avait conformé tous ses actes à la volonté et aux ordres de Sa Majesté ; ses troupes avaient soutenu le Sultan lors de l'insurrection de Crète, il les y avait envoyées spontanément et elles s'étaient comportées au mieux sans jamais ménager leurs efforts ; les égards qu'on lui avait témoignés lors de son voyage en Europe, il les devait surtout à l'honneur qu'il avait de dépendre de Sa Majesté, c'était « un des effets glorieux de la bienveillance dont elle daignait le combler » ; quant à la mission Nubar, on en connaissait depuis longtemps à Constantinople le but et les moyens.

Bref, Ismaïl, qui avait eu pour unique souci le bien de l'Egypte, était sans reproche.

Cette dépêche, dans laquelle le Khédive ne faisait aucune promesse positive, d'où était écarté tout mot compromettant, où l'Egypte était qualifiée « pays impérial » et les Egyptiens « sujets du pays impérial », se terminait par des conclusions qui, pleines de protestations de fidélité et de respect, n'en durent pas moins paraître au Divan infiniment audacieuses :

« ..... La fidélité et le dévouement dont je suis animé
« pour Sa Majesté Impériale sont inaltérables.... *Elle me*
« *rendra, et même, elle augmentera à mon égard la bien-*
« *veillance dont elle a bien voulu me combler.....* Du reste,
« après avoir terminé quelques affaires importantes qui
« intéressent les sujets du pays impérial, je compte me
« rendre à Constantinople, pour déposer mes hommages
« les plus respectueux aux pieds du trône de Sa Majesté et
« remplir envers elle mes devoirs de fidélité. » Un Chef d'Etat vassal n'aurait pas dit autre chose.

La Porte crut devoir dans une seconde dépêche (1), établir quelques précisions, et les puissances étant intervenues et Ismaïl ayant fait don au Sultan de ses cuirassés, l'incident se trouva clos par le firman de novembre

(1) Dépêche d'Aali-Pacha à Ismaïl du 29 août 1869. *Archiv. diplom.*, 1874, I, p. 317.

4

1869 (1). En définitive Ismaïl avait fait ce qu'il avait voulu.

Toutes les protestations de la Porte eurent le même sort. Elle n'a pas perdu l'occasion de rappeler que l'Egypte est « une province partie intégrante de l'Empire » au même titre que les autres vilayets. En fait, depuis 1841 comme auparavant, l'Egypte continue à vivre d'une vie propre et son chef à se conduire en souverain. La déposition d'Ismaïl, elle-même, n'a rien prouvé pour la Porte : le Sultan, là encore, a sanctionné, mais c'étaient les puissances qui avaient agi.

Celles-ci d'autre part ont toujours, sauf dans les documents de 1840 et 1841, considéré le Vice-Roi non comme un Gouverneur de province, mais comme un Chef d'Etat vassal. Elles n'ont vu ou n'ont voulu voir dans le Sultan qu'un suzerain et non pas un souverain de l'Egypte : c'est ainsi que lors des difficultés survenues à l'occasion du voyage d'Ismaïl en Europe, le Comte de Beust, Ministre des affaires étrangères d'Autriche, déclara à Constantinople au Grand Vizir « que les puissances européennes « et surtout le gouvernement français ne consentiraient « assurément ni à ce que l'Egypte s'affranchisse de la suze- « raineté de la Porte ni à ce qu'elle soit placée dans la « situation d'une simple province de l'Empire Ottoman » (2).

En 1879 ce n'est pas au Souverain de l'Egypte que les puissances menacèrent de s'adresser si Ismaïl refusait d'abdiquer, c'est à « la puissance suzeraine » ; et elles ne voulurent d'ailleurs « toucher ni au statut politique de l'Egypte, ni aux droits du Sultan » (3).

Remarquons qu'ici il n'était plus question seulement de prérogatives personnelles aux descendants de Méhémet-Ali, mais aussi du « statut politique de l'Egypte » ; dans la pensée de M. Waddington les privilèges et les droits accordés par les firmans s'adressaient au Khédive, mais

(1) V. infra, p. 55.

(2) Baron Orczy aux Ambassadeurs austro-hongrois à Paris, Londres et Florence, 14 novembre 1869. *Archiv. diplom.*, 1874, I, p. 351.

(3) Waddington à l'Ambassadeur de France à Constantinople. *Archiv. diplom.*, 1878-79, II, p. 336.

aussi au pays lui-même, chose dont la Porte n'avait jamais voulu et ne veut point encore convenir.

Toute la correspondance de M. Waddington aux Ambassadeurs de France à l'étranger laisse voir qu'il considérait Ismaïl comme autre chose qu'un Gouverneur de province ; il y repousse toute idée de laisser la Porte modifier « ce qui existe dans les Etats du Khédive » (1) ; il y déclare que la Porte n'a rien à voir dans ces « affaires purement égyptiennes », si ce n'est en ce qui concerne « les formalités de l'investiture pour Tewfik-Pacha » (2).

Peu importe, nous objectera-t-on, l'opinion de l'Europe ; c'est son intérêt qui lui a fait considérer ainsi la situation égyptienne ; et si l'on admet la bonne foi des hommes d'Etat européeas, ceux-ci ont pu se tromper dans leurs appréciations. L'objection est juste. Mais rappelons-nous que nous sommes dans le domaine du fait ; sur ce terrain nous avons pu voir l'Egypte agissant comme un Etat, l'Europe l'encourageant dans cette voie, et la Turquie protestant mais sans être entendue. Voyons maintenant, si le droit, devant lequel nous nous inclinerons, est favorable à la Turquie ou plutôt à l'Egypte.

(1) Dépêche de Waddington aux Ambassadeurs de France à Berlin et à Vienne, 23 juin 1879. *Archiv. diplom.*, 1878-79, II, p. 359.

(2) Waddington à l'Ambassadeur de France à Constantinople, eod. loc., p. 344.

CHAPITRE V

L'Egypte Etat vassal (1)

SOMMAIRE. — *Ismaïl et les faveurs du Sultan.* — *Firman du 27 mai 1866, changeant l'ordre de succession.* — *Firman de juin 1867. Le Vice-Roi devient Khédive.* — *Firman du 27 novembre 1869 restreignant les privilèges du Khédive.* — *Firman du 1ᵉʳ juin 1873. Cet acte fait-il de l'Egypte un Etat ? Opinion de M. Guillaumot. Opinion d'un diplomate ottoman.* — *Jusqu'en 1873, la charte de l'Egypte est non le traité de Londres mais le firman de juin 1841.* — *La communication des firmans aux puissances n'en a pas fait des actes internationaux irrévocables.* — *Le firman de 1873 pouvait donc donner à l'Egypte un statut nouveau et il l'a donné. Les privilèges sont accordés au pays même et non seulement à la personne du prince. Le Khédive est tel de plein droit. Attributions données aux Vice-Rois pour toujours. Il n'y a pas de la part de la Porte délégation mais abandon de droits.* — *L'Égypte est un Etat vassal. Le firman de 1873 est irrévocable. Ceux de 1879 et de 1892 sont de simples faits.*

En droit, nous l'avons dit, après les firmans de 1841, l'Egypte est une province privilégiée : nous n'avons pas à revenir sur ces actes impériaux dont nous avons déjà fait l'analyse. Depuis, plusieurs firmans ont été accordés aux

(1) Voir pour ce chapitre : L'Egypte et les Firmans, *Revue générale de droit intern. pub.*, 1896, p. 291 à 313. — Engelhardt, Considérations historiques et juridiques sur les Protectorats, *Revue de droit international et de législation comparée*, 1892, p. 374 et s. — F. Martens, La Question Egyptienne et le Droit international, *Revue de droit intern. et de législ. comp.*, 1882, p. 355 et s.

descendants de Méhémet-Ali, et ce sont ceux-là qu'il est nécessaire d'étudier.

Chacun d'eux jusqu'à celui de 1873 constate quelque nouvelle concession arrachée à la Sublime-Porte par le Khédive Ismaïl. Ce dernier rêvait la complète indépendance : pour y arriver par les moyens pacifiques, par la volonté même de la Porte, il usa de tous les procédés. Il gagna par des largesses l'entourage du Sultan ; il acheta à ce dernier ce qu'il ne pouvait en obtenir à titre gracieux ; il profita des moments de troubles, de la guerre de Crète notamment, pour demander encore.

Dans cette dernière circonstance il fut même exigeant outre mesure : une armée non limitée, une flotte, la permission de fonder un ordre, le droit de faire des lois, de conclure des traités, d'accréditer des Ministres près des cours étrangères, enfin le titre d'Aziz (1), lui parurent alors choses de nature à pouvoir lui être accordées (2), d'autant mieux qu'il avait depuis juillet 1866, 6,000 hommes en Crète au service du Sultan, mais qu'il pouvait d'un geste passer aux rebelles.

Pour cette fois, la Porte n'accorda rien et menaça le porteur de la lettre de le faire jeter hors de Constantinople si pareilles demandes se reproduisaient.

Ismaïl ne se tint pas pour battu et obtint quelques mois plus tard le firman de juin 1867. C'est à l'occasion de ce firman que dans sa lettre du 2 août 1869 au Khédive, le Grand Vizir Aali-Pacha écrivait : « ...A une époque où il se trouvait « au milieu de complications politiques de la plus haute « gravité, le gouvernement impérial ne s'était point refusé, « tout en les modifiant, à donner suite aux diverses deman-« des que Votre Altesse avait formulées et qui ne parais-« saient point, aux yeux du monde, conformes aux senti-« ments de loyauté que notre auguste maître était en droit « d'attendre d'elle » (3).

(1) Titre donné à Joseph dans le Koran.

(2) Rapport de Sir H. Drummond Wolf au comte de Rosebery du 5 juillet 1886, *Archiv. diplom.*, 1887, III, p. 160.

(3) Lettre du Grand Vizir au Vice-Roi, *Archiv. diplom.*, 1869, III, p. 1321.

La remarqùe était juste ; les moyens d'Ismaïl n'étaient pas toujours d'une exquise délicatesse. Mais il demandait tant et si à propos, qu'il obtenait quand même. Ce perpétuel quémandeur méritait de réussir.

Le firman du 27 mai 1866 (1) modifia l'ordre de succession. Il fut convenu que désormais on appliquerait le système communément usité en Europe, d'après lequel le fils aîné succède à son père, et les branches cadettes ne viennent qu'à défaut de représentants de la branche aînée, au lieu de la pratique musulmane du séniorat en vertu de laquelle c'est le plus âgé de la famille qui succède au défunt. De plus les gouvernements de Souakim et de Massaouah devaient être désormais transmis à titre héréditaire, comme le reste de l'Egypte. Enfin l'effectif de l'armée pouvait être porté à 40,000 hommes. Ismaïl paya le tout par une rente perpétuelle de 70,000 bourses qui fit monter le tribut à 150,000 bourses, soit 750,000 livres égyptiennes, près de 20 millions de francs.

Son titre de Khédive (souverain d'ordre inférieur) ne semble lui avoir coûté qu'un peu de diplomatie ; il lui fut donné par le firman de juin 1867 (2) dont nous avons parlé ci-dessus.

Nous admettrons que ce n'était qu'un titre n'impliquant aucune augmentation de pouvoirs. Mais avec ce titre, il recevait le droit « de faire des règlements spéciaux pour l'administration du pays », et celui de passer avec les puissances étrangères, en continuant à observer les traités impériaux, des conventions pour les douanes, la police des sujets européens, le transit, la poste, à la condition que ces accords n'eussent ni la forme, ni le caractère de traités internationaux et politiques, sinon ils devaient être non avenus ; aucune autorisation spéciale n'était nécessaire : il suffisait que la Porte fût avertie des conventions conclues dans les limites permises.

Dès ce moment, le Khédive avait donc tout au moins l'exercice de prérogatives de la souveraineté externe venant s'ajouter aux privilèges qui lui avaient été accordés ou

---

(1) *Archiv. diplom.*, 1866, IV, p. 170. — Martens-Samwer, XVIII, p. 240.

(2) *Archiv. diplom.*, 1868, II, p. 452. — Martens-Samwer, XVIII, p. 242.

qu'il s'était attribués à l'intérieur. Il devenait un singulier Gouverneur de province ; toutefois nous ne voulons pas affirmer qu'il fût dès ce moment un Chef d'Etat.

Dans le dernier document que nous venons d'analyser, le mot province n'est pas une seule fois écrit ; on le rencontre au contraire à profusion dans le firman du 27 novembre 1869 (1).

A ce moment la Porte était débarrassée de toute difficulté extérieure ; elle n'avait vraisemblablement pardonné à Ismaïl ni son habileté lors des affaires de Crète, ni les craintes qu'elle avait éprouvées lors du très récent voyage du prince en Europe. Elle le lui fit sentir en lui déclarant qu'elle entendait « surveiller le strict accomplissement des obligations de l'administration égyptienne », en lui rappelant que les ressources de la « province » devaient être employées pour ses besoins réels et non pour de folles dépenses, et que les emprunts à l'étranger devaient être spécialement autorisés par le Sultan.

Ismaïl fut encore heureux de donner les cuirassés qu'il avait commandés en Europe, pour que le Divan ne restreignît pas davantage ses privilèges. Il obtint du reste le droit d'emprunter sans conditions, le 10 septembre 1872 (2).

Nous en arrivons ainsi au très important firman de juin 1873 (3) qui est le véritable nœud de la question. Le problème se pose très nettement à nous de la façon suivante : après l'obtention de ce firman par Ismaïl, l'Egypte demeura t-elle une province ou devint-elle un Etat ? Deux thèses se sont fait jour sur ce point : chacune a conclu dans un sens différent ; toutes deux cependant admettent qu'à l'avènement de Tewfik, l'Egypte était encore ou était redevenue simple province ottomane.

M. Guillaumot, dans son livre *L'Egypte moderne en droit international*, déclare, sans en indiquer très nettement la raison, qu'à partir de 1873 l'Egypte devint « un Etat demi-

(1) *Archiv. diplom.*, 1874. I, p. 363.

(2) Rapport de sir H. Drummond Wolf à lord Rosebery, *Archiv. diplom.*, 1887, III, p. 163.

(3) *Archiv., diplom.*, 1875, I, p. 356. — Martens-Samwer, XVIII, p. 629.

indépendant », mais qu'après le firman du 30 juillet 1879 elle fut replacée au rang de simple vilayet. Il y aura lieu de voir si la chose est vraie, mais on peut contester pour l'instant qu'une simple déclaration d'un Etat puisse avoir pour vertu d'en asservir un autre. C'est pourtant ce qu'il faudrait admettre pour l'Egypte d'après la version que nous venons d'indiquer.

D'autre part la thèse consistant à dire que l'Egypte est encore et n'a jamais été qu'une province ottomane est soutenue dans un remarquable article de la *Revue générale de droit international public* (1) intitulé « L'Egypte et les firmans », article non signé et émanant d'un haut personnage ottoman. En voici la brève analyse pour ce qui concerne l'acte de juin 1873 :

Ce firman qui résume tous les autres a accordé en plus au Khédive des droits exorbitants, mais on peut « se con- « vaincre que le Sultan n'a pas entendu lui abandonner ses « droits souverains sur l'Egypte, qu'il a simplement voulu « lui en déléguer l'exercice. » (2)

Le Vice-Roi n'est qu'un délégué du Sultan ; ses privilèges sont plus étendus qu'en 1841, mais ils sont de même nature. De ce que le Khédive a reçu le droit de faire des lois, et de passer certaines conventions internationales, on ne peut conclure que l'Egypte soit un Etat. Le Sultan, souverain absolu, a simplement délégué une partie de ses droits absolus. Le mandat est illimité comme l'est le pouvoir du mandant.

« Mais voici qui est plus significatif encore. En déléguant « au Khédive l'exercice de ses pouvoirs souverains sur « l'Egypte, le Sultan s'est réservé, au moins implicitement, « le droit de les exercer lui-même toutes les fois qu'il le « jugerait à propos : en d'autres termes la délégation faite « au Khédive n'exclut pas l'ingérence de la Porte dans les « affaires intérieures de l'Egypte. Si contradictoire que « puisse paraître au premier abord cette interprétation « du firman de 1873, elle est cependant certaine et elle

---

(1) *Revue génér. de droit intern. publ.*, 1896, p. 291 à 313.

(2) *Revue génér. de droit intern. publ.*, 1896, p. 301.

« est celle du gouvernement égyptien et des puissances.

« Le gouvernement égyptien, quelque jaloux qu'il soit de
« son autonomie vis-à-vis de la Porte, n'a pas hésité à
« invoquer dans certains cas l'application en Egypte des
« lois promulguées à Constantinople ; quant aux puissances,
« si elles ont traité directement avec le Khédive pour le
« règlement des affaires financières, elles ont exigé une
« autorisation spéciale du Sultan pour habiliter le Khédive
« à signer les conventions relatives à la réforme judiciaire,
« et elles ont toujours admis que les traités de commerce
« conclus avec la Porte s'appliquaient de plein droit à
« l'Egypte sauf convention contraire.

« A coup sûr la situation ainsi faite à l'Egypte manque de
« clarté et de précision, mais on peut affirmer hardiment
« que l'équivoque a été voulue. Poussé à bout par son
« puissant Vali, en présence de l'Europe indifférente ou
« hostile, le Sultan a appelé à son aide toutes les ressources
« de la diplomatie orientale ; il a comme on dit vulgaire-
« ment joué au plus fin : il a donné et retenu » (1).

D'ailleurs le firman de 1873 n'est qu'une concession
gracieuse du Sultan qui peut être retirée. La charte de
l'Egypte, c'est le firman de 1841 intervenu après entente
avec les puissances et par conséquent irrévocable vu son
caractère contractuel. Le firman de 1841 fonde le droit :
celui de 1873 crée un état de fait. Ce dernier a, il est vrai,
été communiqué aux puissances qui n'ont, à son sujet,
formulé aucune objection ; mais cette approbation tacite ne
peut en faire un acte international. La Porte l'a communiqué à l'Europe, non pour convenir avec elle de principes
nouveaux, mais pour assurer chacun de ce que les privilèges contractuels de 1841 ne recevraient aucune restriction.
Les avantages accordés à Ismaïl en 1873, à titre gracieux,
étaient donc absolument révocables, et cela est si vrai que
les firmans du 30 juillet 1879 (2) et du 26 mars 1892 (3) les
ont révoqués.

(1) *Revue génér. de droit intern. publ.*, 1896, p. 302.

(2) *Livre Jaune*, Egypte, 1880, p. 367.

(3) *Archiv. diplom.*, 1894, I, p. 195.

La conclusion, c'est que « le firman de 1873, comme ceux « de 1879 et de 1892 n'ont pas en droit modifié la situation « faite à l'Egypte par le firman de 1841, et ne lui ont pas « donné la personnalité juridique que ce firman lui refuse. « L'Egypte n'est pas un Etat vassal ; elle est une province « privilégiée de l'Empire Ottoman dont elle fait partie « intégrante. »

Telle est la thèse que nous entendons réfuter en même temps du reste que celle de M. Guillaumot. En dehors de toute question d'intérêt national ou de toute préoccupation de politique extérieure — ces considérations ne doivent pas toucher le juriste — il nous a paru juste d'admettre que l'Egypte a été en 1873 et est restée depuis un véritable Etat.

Un point qui doit être élucidé avant tout, c'est celui de savoir si véritablement la situation de l'Egypte est réglée par un contrat international, et si c'est avec raison qu'on a pu écrire si souvent : « Le traité de Londres du 15 juillet 1840 est la charte constitutive de l'Egypte » (1).

Si l'on se reporte au texte de ce traité on s'aperçoit facilement qu'il se borne à ceci : le Sultan a indiqué aux puissances « les conditions de l'arrangement qu'il est dans l'intention d'accorder à Méhémet-Ali » ; celles-ci les ont approuvées, et s'engagent d'abord à essayer de les faire accepter par ce dernier, et s'il refuse, à les lui imposer par la force. L'Europe, la France n'en était pas à cette époque rappelons-le, s'est faite dans ces circonstances le gendarme de la Porte ; le raisonnement le plus subtil ne nous paraît pas pouvoir extraire autre chose du traité de Londres qui n'est la charte constitutive de rien du tout.

Où est donc ce contrat, par lequel la Porte se serait engagée à ne pas modifier après 1840-41 le statut de l'Egypte ? il est encore à trouver. D'autre part Méhémet-Ali

---

(1) F. Martens, « La Question égyptienne et le droit international », *Revue de droit intern. et de législ. comp.*, 1882, p. 359. — La même idée dans Benedetti, « *Essais diplomatiques ; la question d'Egypte* », p. 42. ; Guillaumot, op. cit. p. 147. ; Bonfils, op. cit., p. 97. — Selon Calvo, op. cit. 1, § 69 et Supplément, § 11, l'Egypte serait vassale et mi-souveraine depuis 1840 ; de même F. de Martens, op. cit., I, p. 133 ; Pradier-Fodéré, I, p. 179 et Bonfils, p, 97.

Chef d'Etat vassal ne s'est soumis qu'en juin 1841 ; il a abdiqué ses droits souverains — contraint et forcé du reste — en acceptant le firman du 1er juin, par une lettre au Grand Vizir du 25 du même mois (1). L'acte conventionnel qui fonde le droit, c'est ce firman signé par un souverain et accepté par l'autre, et établissant que désormais celui-ci ne serait que le délégué de celui-là (2).

Nous savons bien que c'est lord Palmerston (3) qui inspira le projet du firman du 13 février 1841 non accepté par Méhémet-Ali, et que celui du 1er juin fut arrêté par la Porte sur les indications de la Russie et de l'Autriche désireuses de voir le Vice-Roi obtenir des conditions plus favorables : cela prouve que les puissances intervinrent constamment en cette affaire, mais non que la situation de l'Egypte vis-à-vis de la Porte soit le résultat d'un pacte international intangible.

Que l'on ne nous oppose pas la note collective adressée le 13 mars 1841 par les puissances à la Porte et dont voici le passage essentiel : « Méhémet-Ali a reconnu, sans réserve « aucune, que tous les traités et que toutes les lois de l'Em- « pire devront s'appliquer à l'Egypte comme à toute autre « province de cet Empire ; il a souscrit aux ordres qui lui

---

(1) Rapport présenté au Marquis de Moustier, par la commission instituée à l'effet d'examiner les propositions faites par le gouvernement égyptien pour réformer l'administration de la justice en Egypte, daté du 3 décembre 1867, Archiv. diplom., 1870, I, p. 67 à 105.

(2) Avec nous Pensa, L'Egypte et le Soudan égyptien, p. 2 : « La loi constitutionnelle de l'Egypte est le firman d'investiture » ; et W. Kaufmann, « Le Droit international et la Dette publique égyptienne », Revue de droit intern. et de législ. comp., 1890, p. 560, note 2 ; cet auteur dit que si Méhémet-Ali avait accepté les conditions du Sultan fixées au traité de Londres du 15 juillet 1840, sa situation eût été garantie par acte international et eût été intangible ; mais comme il laissa s'écouler les délais sans se prononcer, ce fut le firman de 1841 qui fit le droit, en sorte qu'il n'y a en cette affaire pour le Sultan aucune obligation internationale. — Nous estimons d'ailleurs que, même si Méhémet-Ali avait accepté de suite, il n'en serait pas résulté pour l'Europe un droit d'empêcher la Porte de modifier à l'avenir le statut de l'Egypte : on ne peut déduire cette conclusion de la lecture du traité de Londres.

(3) Dépêche de lord Palmerston à lord Ponsomby, ambassadeur d'Angleterre à Constantinople du 15 octobre 1840. Martens-Murhard, Nouv. Rec. génér. de Trait., I, p. 205.

« ont été adressés par la Sublime-Porte pour régler en
« Egypte le système monétaire, la levée, le service et l'uni-
« forme des troupes, et la construction des bâtiments de
« guerre ; il a replacé sous les ordres de Sa Hautesse les
« forces de terre et de mer de l'Egypte dont la Sublime-
« Porte elle même vient de déterminer le nombre ; en un
« mot il se trouve légalement placé envers la Sublime-Porte
« dans la situation d'un sujet Gouverneur délégué d'une
« province faisant partie intégrante de l'Empire Ottoman.
« En partant de ce principe que la convention du 15 juillet
« était destinée à rétablir, c'est à l'autorité seule du Sultan
« qu'il appartient aujourd'hui de résoudre les questions
« d'administration intérieure qu'il reste encore à régler »(1).

Cet acte constate simplement que les affaires égyptiennes sont terminées et que Méhémet-Ali redevient Pacha ;
il n'ajoute rien ni au firman, ni au traité de Londres; si celui-
ci était destiné à « rétablir » un principe, c'était — qu'on
relise le texte — non par ses dispositions mêmes, mais par
les moyens d'action qu'il édictait. Le résultat obtenu,
« c'était à l'autorité seule du Sultan », à régler les détails ;
il n'avait plus besoin des forces de l'Europe, ni du consentement de celui qui n'était plus qu'un Pacha.

Quant à ce fait que la Porte a toujours communiqué aux
puissances les firmans divers relatifs à l'Egypte nous estimons qu'il ne prouve rien en l'espèce.

En 1879, quand les Ambassadeurs de France et d'Angleterre eurent imposé à la Porte les termes du firman du 30
juillet, M. Fournier notre Ambassadeur à Constantinople
écrivait à M. Waddington : « En somme on peut dire sans
« présomption que les difficultés soulevées à Constantinople
« a propos de l'Egypte ont tourné à son avantage et à l'affer-
« missement de son autonomie. Ses privilèges sont placés
« *désormais* sous la garantie de la France et de l'Angleterre,
« ainsi que des autres puissances qui vont être appelées à en
« prendre acte » (2). Voilà donc un diplomate autorisé qui

(1) Cité dans l'article « L'Egypte et les Firmans » *Revue génér. de droit
intern publ.*, 1896, p. 298.

(2) *Archiv. diplom.*, 1878-79. II, p. 381.

admettait que les libertés de l'Egypte ne procédaient pas avant 1879 d'un contrat international (argument du mot désormais), par suite que le traité de Londres n'avait pu empêcher le firman de 1873 d'être pleinement valable.

Bien mieux, nous avons l'aveu de la France et de l'Angleterre qui ont admis, au moins à un moment déterminé, le peu de valeur de l'adhésion donnée par les puissances aux firmans. Quand il s'agit en effet, sous le ministère Gambetta, de répliquer à la réponse faite par la Porte à la note anglo-française du 7 janvier 1882, les deux gouvernements eurent à discuter le texte de cette réplique. Un premier projet contenait la phrase : « ... L'autorité du Khédive telle qu'elle est établie « par les firmans du Sultan et acceptée par les puissances » ; Gambetta demanda et lord Granville accepta de remplacer ainsi cette phrase : « ... L'autorité du Khédive telle qu'elle « existe en vertu des firmans rendus par le Sultan et com- « muniqués aux puissances » (1).

Qu'on remarque bien la différence des deux rédactions : de la première il résulterait que l'autorité du Khédive a été établie d'un commun accord par la Porte et les puissances ; de la seconde il résulte que le Khédive tient son autorité des seuls firmans ; et s'il est fait mention de leur communication aux puissances, c'est seulement parce que celles-ci arguaient — la phrase qui suit immédiatement celle que nous envisageons en fait foi — de cette communication même, pour établir que les conventions diverses passées avec le Khédive dans la limite de ces firmans étaient opposables à la Porte dans tous les cas. En substituant la seconde rédaction bien moins favorable pour elles que la première, la France et l'Angleterre voulaient sans doute rétablir la vérité : nous retenons cet aveu.

Il ne faut voir dans la communication des firmans aux puissances que des manifestations de courtoisie faciles à comprendre et de l'habileté en même temps. En 1840 l'Europe a tiré la Turquie d'un fort mauvais pas : celle-ci croit devoir tenir son sauveur au courant des suites de l'affaire à

(1) Note remise par lord Lyons à de Freycinet le 2 février 1882, *Livre Jaune,* Egypte, III, p. 113.

l'occasion de laquelle elle a été sauvée : simple attention délicate.

D'autre part étant donné que l'Europe est très envahissante, qu'elle soutient volontiers avoir droit de s'occuper de l'Egypte, et qu'il serait bien difficile, si elle le demandait, de lui refuser communication officielle des firmans et bien humiliant de les lui communiquer de force, la Porte préfère prendre les devants : rien à reprendre à ce sujet. Cela ne l'a pas empêchée de déclarer que « le seul acte constitutif « qui ait fondé l'état de choses actuel en Egypte est le fir- « man de 1841 » (1).

Nous sommes maintenant bien à l'aise pour déclarer avec le savant auteur de l'article « L'Egypte et les firmans », que l'approbation tacite de l'Europe est impuissante à faire d'un firman un acte international.

Si les puissances ont le droit de s'occuper des affaires d'Egypte, ce n'est pas en vertu du traité de Londres : le firman de 1841, véritable « charte constitutive de l'Egypte », n'était pas une convention internationale, ne procédait pas d'un contrat international ; il était, quoique difficile à révoquer en fait, essentiellement révocable en droit, et la série des firmans a pu être valablement signée par le Sultan sans que leur communication aux puissances et l'adhésion de celles-ci en aient fait des actes internationaux irrévocables. Le firman de 1873 pouvait donc donner par lui seul à l'Egypte un statut nouveau. Il s'agit de rechercher maintenant s'il l'a donné.

De la lecture du firman (2), qui reproduit « en les élucidant, les modifiant, et les rendant plus complets tous les firmans et hatts impériaux » antérieurs, on retire bien l'impression qu'il y a désormais quelque chose de changé dans les relations de l'Egypte et de la Turquie, non seulement dans les détails mais dans le principe même. Les nouveautés abondent dans ce firman.

(1) Circulaire ottomane aux Ambassadeurs turcs à l'étranger du 17 juin 1869. V. supra, p. 44.

(2) Notons que le firman de 1873 est plus spécialement un Hatti-Schériff : il est signé de la main même du Sultan ; de cela seul on peut induire son importance particulière.

D'abord il en résulte que les privilèges accordés l'ont été non seulement au Khédive, mais au pays même.

Les divers firmans, dit le texte, ont accordé « des immu-« nités et des privilèges nouveaux en harmonie avec la « position du Khédiviat et le caractère des habitants ». Si en reconnaissant des privilèges au gouvernement égyptien le Divan a tenu compte des besoins, des désirs, des idées de la population, c'est que ces avantages ne s'adressaient pas seulement au prince mais à la nation.

Le mot nouveau, Khédiviat, a aussi sa valeur ; si dans la phrase ci-dessus il a trait à la fonction de Khédive, plus loin, par exemple quand il est parlé de « l'administration du « Khédiviat et du bien être de ses habitants », il désigne le pays même, et il est répété, avec ce sens, plusieurs fois dans le texte.

L'Egypte n'est plus une province, ce mot n'est pas une seule fois prononcé : c'est un Khédiviat. Khédive désignant un souverain d'ordre inférieur, Khédiviat ne peut se traduire que par pays souverain imparfait ; et si nous avons admis en ce qui concerne le Vice-Roi qu'il n'y avait là qu'un vain titre, il n'est pas logique d'en faire autant pour l'Egypte : les hommes sont les seuls à aimer les hochets, et c'est seulement à eux qu'on en donne. La province a été élevée au rang de Khédiviat : les privilèges et droits sont donc aussi pour elle. Cela a une grosse importance : on ne touche pas aux privilèges d'une province, comme aux pré-rogatives gracieusement concédées à un simple Gouverneur ; la Porte comprenait si bien la gravité de pareilles concessions qu'elle avait toujours parlé de « privilèges personnels ». Et enfin ce Khédiviat, souverain imparfait, ne serait-il pas juste de le qualifier Etat mi-souverain ?

Mais passons à d'autres arguments. Le firman de 1873 organise un système de régence pour le cas où le fils aîné d'un Khédive défunt serait mineur. On penserait voir désigner comme Régent quelque grand dignitaire ottoman : il n'en est rien. Le Khédive, à l'instar de tout autre monarque, choisira le Régent avant sa mort ; sinon, ce dernier sera nommé par le Conseil de Régence formé lui-même exclusivement de hauts fonctionnaires égyptiens.

De plus, la succession est de plein droit, ce qui n'avait jamais été dit d'une façon si nette. Ce n'est pas la volonté du Sultan qui fait le nouveau Khédive, mais le droit propre de ce dernier; celui-ci n'est pas nommé par Constantinople : il reçoit seulement l'investiture, tels les Grands Vassaux de France par exemple, qui étaient de véritables Chefs d'Etat, recevaient l'investiture du Roi : « A la mort du Khédive, si « son fils aîné est mineur, c'est-à-dire, s'il est âgé de moins « de dix-huit ans, comme il sera de fait, quoique mineur, « Khédive par son droit à la succession, son firman lui sera immédiatement octroyé » : ainsi s'exprime le Hatt de 1873.

Continuons : le Khédive outre les privilèges déjà acquis reçoit le droit de faire des lois, de passer des traités de commerce; il obtient « la disposition complète et entière des « affaires financières du pays ; il a pleine faculté de con- « tracter sans autorisation, au nom du gouvernement « égyptien, tout emprunt à l'étranger toutes les fois que « cela sera nécessaire. »

Au point de vue militaire, « le premier devoir du Khédive, « le plus essentiel et le plus important, étant la garde et la « défense du pays, il a autorisation pleine et entière de se « procurer, d'établir et d'organiser tous les moyens de « défense et de protection, suivant les nécessités du temps « et des lieux, d'augmenter ou de diminuer selon les besoins, « sans restriction, le nombre des troupes impériales « d'Egypte. »

Le Khédive peut donc s'armer comme il l'entend ; et si le firman parle de « troupes impériales », c'est pour bien spécifier que la Porte doit compter en temps de guerre sur le contingent égyptien. De plus le devoir du Khédive de garder et de défendre le pays est nettement indiqué. Ce devoir, qui a pour corrélatif le droit d'organiser les forces nécessaires à la défense, entraine bien aussi celui de se défendre sans autorisation en cas d'attaque, et même, vu la nécessité de prendre les devants dans la guerre moderne, d'attaquer en présence d'un danger imminent. Et voilà au Khédive le droit de déclarer la guerre.

Enfin quand le firman dit que le Vice-Roi a dans ses

attributions « le développement des intérêts matériels et autres » de l'Egypte, ne voit-on pas que, par cette formule si vague mais si compréhensive, va passer à l'actif des droits du Khédive tout ce qui n'a pas été expressément et spécialement retenu. Des intérêts non matériels, ce sont des intérêts d'ordre intellectuel, moral, politique ; pour les développer, il ne suffira pas de décrets ou de lois ; il faudra souvent des conventions internationales et de toutes natures.

Or le firman de 1873, qui « élucide et modifie » ceux qui l'ont précédé, autorise spécialement les traités de commerce, de douanes, de police, mais sans interdire les autres, et surtout sans reproduire les restrictions du firman de 1867 qui stipulait que les accords avec les Etats étrangers ne devaient avoir « ni la forme, ni le caractère de traités internationaux ou politiques ».

On peut donc soutenir que le droit de passer toutes sortes de traités vient s'ajouter aux autres prérogatives. Le devoir de défendre le pays pris comme point de départ nous aurait conduit aux mêmes conclusions.

Si l'on récapitule tous les avantages concédés ainsi au Khédive et au gouvernement égyptien représentant l'Egypte — nous pouvons opposer Khédive à gouvernement égyptien, le firman le fait lui-même — on voit qu'en 1873 l'Egypte avait l'exercice de la presque totalité des attributs de la souveraineté tant interne qu'externe ; la Porte s'était réservé des miettes : questions de monnaies, de drapeaux, de nomination de fonctionnaires.

Cela a-t-il suffi pour faire de l'Egypte un Etat : certainement non.

Nos Préfets peuvent prendre des arrêtés s'imposant à tous leurs administrés ; le Gouverneur général de Madagascar a une grande latitude pour organiser et assurer la défense de l'île ; un diplomate peut, lors d'un traité, représenter la France avec pleins pouvoirs : ils ne sont pas pour cela des Chefs d'Etat.

Ces personnages, même en réunissant leurs attributions, si haut placés soient-ils, sont des fonctionnaires, et ils pas-

sent ; ce sont des délégués, ils usent de droits qui ne sont
pas les leurs pour le compte du Souverain ; leur responsabilité ne touche qu'à un fait, ou à une série de faits
limités soit dans le temps soit dans l'espace ; elle n'est rien
à côté de celle de l'homme ou du groupe d'hommes chargés
pour toujours des destinées d'un pays.

Aux devoirs limités correspondent des droits limités :
cela pour le fonctionnaire. Des devoirs illimités découlent
des droits illimités : cela pour le Souverain.

Or le firman de 1873 — car nous n'avons pas tout dit —
dispose : « Le présent firman sera à l'avenir substitué aux
« autres firmans impériaux et ses dispostions ci-dessous
« énoncées seront pour toujours valables et exécutoires ».
Il ajoute en ce qui concerne l'hérédité, que « la règle sera
établie d'une manière définitive », et il dit enfin : « Nous
« mentionnons comme suit en les modifiant et en les éluci-
« dant tous les privilèges que mon gouvernement impérial,
« soit anciennement, soit à nouveau, a accordés au gouver-
« nement égyptien pour qu'ils soient maintenus constam-
« ment en faveur des Khédives qui se succèderont ».

Toute la responsabilité des affaires d'Egypte passe donc
aux Khédives pour toujours ; tous les droits aussi sauf ceux
qui sont spécialement retenus par la Porte ; et nous disons
la jouissance de tous les droits et non seulement l'exercice,
car si l'on cède à jamais l'exercice d'un droit, la jouissance
de ce droit est cédée du même coup.

Bien plus nette et plus brève sera d'ailleurs notre démonstration si nous nous attaquons directement à l'argumentation de « *l'Egypte et les Firmans* ». L'auteur ramène tout à
ceci : le Sultan n'a pas renoncé à sa souveraineté, il en a
seulement délégué l'exercice. Eh bien ! en l'espèce, on ne
peut pas dire cela. Le firman de 1873, répétons-le, concède
pour toujours des privilèges exorbitants. S'il y a délégation,
elle est sans aucun doute possible irrévocable ; or une
délégation irrévocable c'est une renonciation : la vérité de
cette constatation est d'ordre absolu et ne supporte de
contradiction d'aucune sorte.

Le Sultan a donc bien cédé en 1873 ses droits souverains

sur l'Egypte (1). Le Khédive au nom de son pays en a bénéficié.

Depuis juin 1873 l'Egypte est un Etat. Le firman rendu à cette date est irrévocable d'abord parce que cela est dit dans le texte même (2) ; ensuite parce que l'Egypte, devenue un Etat, ne peut plus perdre cette qualité sans y avoir expressément renoncé.

Le firman de 1879 (3) ne prouve rien ; il a révoqué celui de 1873, a-t-on dit : en fait peut-être, en droit non. Après la déposition violente d'Ismaïl, grande faute de l'Europe, de la France surtout, grande injustice pour ne pas dire d'avantage de la Porte, qui n'avait plus dans ses attributions le pouvoir de prendre pareille mesure, le droit se voile en Egypte.

En 1879, c'est le règne du fait qui commence : l'intervention franco-anglaise, puis l'intervention anglaise seule dominent tout ; les Khédives sont annihilés ; ce ne sont pas eux en vérité, mais les puissances qui ont accepté les firmans de 1879 et de 1892 (4) : or elles n'en avaient pas le droit. Sur l'intervention, contraire à tout principe de justice, on ne peut baser que des faits illégitimes : les deux firmans précités sont de simples faits.

Et maintenant, il est évident que la Porte s'est réservé certains droits sur l'Egypte. Si ce pays est un Etat, il n'est pas pour cela absolument indépendant ; il conserve des liens avec Constantinople.

L'Egypte est un Etat vassal. Sa souveraineté dérive de celle de la Turquie, et elle reconnaît la tenir de ce pays :

(1) Il ne faut pas s'étonner outre mesure du résultat obtenu sans raison apparente par Ismaïl. S'il faut en croire Sir H. Drummond-Wolf envoyé en Egypte en 1886 pour faire une enquête générale sur la situation du pays, le firman de 1873 coûta au Khédive des sommes énormes.

(2) A noter l'indication contraire dans les autres firmans.

(3) Firman du 30 juillet 1879 adressé à Tewfik, *Archiv. dipl.*, 1878-79, II, p. 371 ; *Livre Jaune*, Egypte, 1880, p. 367 ; et infra, 2e partie, chap. III.

(4) Firman du 26 mars 1892, *Archiv. diplom.*, 1894, I, p. 195. — Ce firman reproduit à peu près celui de Tewfik. Abbas n'y reçoit que le titre de Sédaret, sans l'adjonction du mot bilfil (effectif). Mais le mot province n'y est pas une seule fois écrit. V. infra, troisième partie, chap. IV.

à ce point de vue l'investiture donnée par le Sultan, et l'hommage, lettre envoyée ou visite faite par le nouveau Khédive à Constantinople, sont caractéristiques.

Nous ne pensons pas que l'Egypte soit, comme on l'a dit, sous le protectorat de la Turquie. En supposant qu'un tel lien ait existé, il est évidemment rompu ; depuis longtemps la Porte, ayant beaucoup a faire pour elle-même, est impuissante à protéger le pays et les droits de son vassal : l'occupation anglaise en est la preuve. Le Sultan comme suzerain n'en continue pas moins à devoir tout son appui au Khédive, comme celui ci en bon vassal lui doit en retour fidélité.

Nous avons déjà dit que l'Egypte est un Etat mi-souve- rain (1), la Porte ayant retenu dans ce pays certaines attributions qui sont déterminées dans le firman de 1873 et que nous avons indiquées. D'après le même texte, l'Egypte est de plus tributaire (2). Enfin en tant que vassale et mi-souveraine, elle est toujours partie intégrante de l'Empire Ottoman, en même temps que l'armée du Khédive n'est qu'une fraction des troupes impériales.

Voilà le droit. Depuis plus de vingt ans il est méconnu. Il semble que l'Angleterre veuille exercer sur les bords du Nil un véritable protectorat et même d'avantage. Nous verrons plus loin ce qu'elle a fait en Egypte, et nous rechercherons si en prolongeant son occupation « essentiel- lement temporaire », elle ne viole pas le droit et ne manque pas à ses devoirs les plus impérieux. Pour l'instant nous passerons en revue la série des événements qui amenèrent la Grande-Bretagne à s'établir dans la vallée du Nil ; nous étudierons ainsi la politique de l'Europe en Egypte de 1867 à 1883.

---

(1) Rappelons que la mi-souveraineté est une situation bien tranchée ; un Etat peut être vassal, protégé, tributaire, sans être pour cela mi- souverain.

(2) V. aussi le firman de décembre 1841, Martens-Samwer, II, p. 490.

DEUXIÈME PARTIE

L'Europe et l'Egypte de 1867 à 1883

Nous avons dit quel fut le rôle des puissances dans les affaires ottomanes en 1840 et en 1841 ; depuis et à partir de 1867, elles se sont immiscées à tout propos dans les affaires d'Egypte. La question de juridiction en ce qui concerne les Européens, la débacle financière, les désordres intérieurs ont servi tour à tour de prétexte à l'intrusion étrangère. Etudier l'action de l'Europe en Egypte de 1867 à 1883, c'est étudier l'histoire même de l'Egypte.

Cette histoire, dont la dernière étape ne peut satisfaire et encore à demi que la seule Angleterre, est décevante pour le juriste : elle n'est qu'une suite d'interventions, c'est-à-dire ainsi qu'on le comprendra par la lecture du chapitre que nous allons aborder, une série d'actes injustes commis par l'Europe en violation des principes du droit des gens.

CHAPITRE PREMIER

L'Intervention

SOMMAIRE. — *Unanimité de la doctrine pour condamner l'Intervention. Les exceptions admises par les auteurs n'en sont pas à proprement parler : ce sont des actes de légitime défense. — Définition de l'Intervention. — L'Intervention n'est pas légitimée par ce fait que son but, dans telles circonstances déterminées, est humanitaire ou civilisateur, même si elle est collective. — Elle doit être condamnée radicalement, sans restriction.*

L'unanimité de la doctrine a repoussé comme injuste l'intervention d'un Etat dans les affaires des autres (1).

L'Etat est par essence un être indépendant, souverain à l'intérieur de ses frontières, et cette double notion est exclusive de toute idée d'ingérence étrangère. « C'est le principe de non-intervention qui est le seul vrai, tandis que « celui d'intervention n'est qu'un droit exceptionnel fondé « sur des raisons spéciales, qui n'ont pas toujours été dans « la pratique des nations des raisons légitimes, et n'ont « souvent eu d'autres fondements que des intérêts égoïstes. « Or le droit des nations n'admet que des raisons fondées

---

(1) Les hommes d'Etat n'ont point dédaigné de se joindre aux auteurs pour condamner le principe de l'intervention. V. notamment la déclaration de lord Castlereagh du 19 janvier 1821 (*State papers*, IX, p. 1160) au sujet de l'intervention des puissances dans les mouvements insurrectionnels de Naples et de l'Italie ; la seconde déclaration du même, lors de l'intervention de la France en Espagne en 1823, (Calvo, *Droit international théorique et pratique*, I, §§ 146 et 147. — V. également la dépêche de Palmerston de janvier 1848, condamnant l'intervention en matière financière ; cité par Politis, *Les Emprunts d'Etat en droit international*, p. 9 et 220 ; par F. de Martens, *Traité de droit international*, I. p. 446 ; in-extenso dans *Phillimore*, II, p. 10.

« sur la justice » (1). Cette opinion de Heffter a été partagée par tous les auteurs du droit international, et M. Pradier-Fodéré, plus rigoureux encore, a nettement posé le principe d'équité : « Il n'y a pas de droit d'intervention, « parce qu'il n'y a pas de droit contre le droit. Le droit c'est « l'indépendance ; l'intervention est la violation de l'indé- « pendance » (2).

A vrai dire des exceptions ont été admises à la règle ainsi posée, comme le donne à entendre le passage précité de Heffter (3). Seulement si on étudie de près ces prétendues exceptions, on peut voir qu'elles n'ont de commun avec une intervention caractérisée que l'apparence. S'il est un reproche qu'on puisse justement faire aux juristes qui ont écrit sur le droit des gens, c'est de ne pas toujours suffisamment préciser la valeur des termes dont il se servent et spécialement de ceux qui sont d'un usage courant. Pour ce qui concerne l'intervention, on l'a généralement blâmée sans nous avoir dit toujours ce qu'elle est d'une façon nette.

Forcer un pays indépendant à changer de régime politique, voilà de l'intervention. Lui déclarer la guerre et envahir son territoire, cela n'en est point au contraire. Tout le monde est d'accord sur l'une et l'autre choses; et si le philosophe les repousse toutes deux au nom de la liberté et de l'humanité, le juriste condamne la première et admet la seconde au

(1) Heffter, *Le Droit international de l'Europe*, p. 109.

(2) Pradier-Fodéré, *Traité de Droit intern. publ.*, I, p. 547.

(3) MM. F. de Martens, Funck-Brentano et Sorel, Pradier-Fodéré, et Bonfils n'admettent cependant aucune exception. MM. Funck-Brentano et Sorel, dans leur *Précis de droit des gens*, estiment que l'intervention n'est pas un droit, parce qu' « il n'y a pas de droit contre le droit » ; en fait, disent-ils, on intervient mais c'est alors le règne de la force : on se trouve en présence d'actes illégitimes, contraires à tous les principes. — F. de Martens (*Traité de droit intern.*, I, p. 395) déclare qu'il n'y a pas de droit d'intervention : « admissible dans certains cas, dit-il, l'intervention se justifie pas des circonstances exceptionnelles mais non par le droit au sens juridique de ce mot ». — Ces auteurs vont d'ailleurs trop loin dans leur rigorisme; ils repoussent, comme injustes, puisqu'ils ne font pas de distinctions, des actes qui, comme nous le verrons ci-après, ne constituent pas des interventions, mais des actes de légitime défense.

nom du droit. Pourquoi ? Parce que d'une part, la constitution politique d'un Etat indépendant ne saurait blesser
en aucune façon les droits (1) de ses voisins, et que ceux-ci
par suite n'ont aucune bonne raison à fournir pour excuser
leur immixtion en cette affaire ; tandis que, d'autre part,
faire la guerre à un Etat, c'est, du moins en principe,
défendre son droit par le moyen le plus sûr qu'on ait
encore trouvé. Dans le premier des deux cas cités, l'Etat
agissant viole le droit d'autrui ; dans le second, il défend le
sien ; d'un côté il blesse la justice et il a contre lui la doctrine ;
de l'autre il a l'approbation de celle-ci et il mérite de l'avoir.

Si maintenant nous envisageons les différents actes qui
constituent de la part d'un Etat des immixtions dans les
affaires d'un autre, nous pouvons les ranger en deux caté-
gories, correspondant aux deux exemples donnés plus
haut : actes ayant pour objet de défendre un droit ou actes
légitimes de défense ; actes de nature à violer le droit d'autrui, ou actes injustes d'intervention.

Les auteurs n'ont pas maintenu, selon nous, cette démar-
cation assez nette ; ils ont vu parfois l'intervention là où elle
n'était pas, et se sont trouvés dans l'obligation d'admettre
des exceptions à un principe qui doit rester absolu. Toutes
leurs exceptions correspondent à des actes de défense, et
pour une fois, il ne sera pas banal de constater qu'elles
confirment la règle, à savoir que, dès qu'on agit au nom
d'un droit, on n'intervient pas au sens juridique du mot,
on use de son droit ou on le défend.

Dès lors on dira, sans être en désaccord avec la pensée des
auteurs, que l'intervention est l'ingérence d'un Etat dans
les affaires intérieures ou extérieures d'un autre Etat qui
n'a en rien violé ou menacé les droits (1) du premier, et qui
ne lui a pas donné le droit permanent ou exceptionnel de
s'occuper de ses affaires.

Tous les auteurs repoussent, et sans restrictions, l'intervention ainsi définie. Ils ont tous admis l'offre de bons offices,

---

(1) Nous disons droits et non point intérêts : il n'est pas inutile d'insister sur ce point, car, dans la pratique, on est trop souvent porté à
confondre l'un et l'autre.

la demande de médiation : rien que de très légitime dans de pareils procédés qui ne blessent aucun droit. Nous en dirions autant d'une immixtion étrangère consommée en vertu d'un traité. Nous ne trouvons rien à redire à l'acte d'un Etat qui s'oppose chez un voisin à un changement de constitution fait en violation de ses droits, qui arrête à l'étranger une guerre civile quand celle-ci blesse ses droits, ou bien dépasse les frontières et porte le trouble chez lui par des faits matériels. Nous adopterons la même solution en ce qui concerne le fait d'arrêter un Etat puissant et ambitieux qui menace la sécurité de tous. Tout cela ce n'est pas intervenir.

Nous suivrons F. de Martens (1) quand il dit qu'il est légitime de s'opposer à « la violation des traités, dès qu'ils « ont la valeur de lois générales obligatoires pour toutes les « nations » ; cela est vrai *a fortiori* pour le cas où le traité n'a qu'une valeur toute spéciale pour l'opposant seul.

Avec M. Engelhardt, visant par exemple les usages internationaux concernant la traite, la course, le blocus, etc., nous dirons que l'ingérence étrangère doit être admise « lorsque, sans résulter d'un engagement exprès, elle a « pour but d'assurer le respect d'une loi générale et absolue « établie par le *consensus gentium*, loi dont un Congrès est « ordinairement l'interprète et l'organe. Pour l'Europe du « moins, il s'agit alors d'un droit international nécessaire « que tout Etat doit observer lors même qu'il n'a point par- « ticipé à l'assemblée politique qui en a posé le prin- « cipe » (2).

Et cela est absolument juste ; un Etat, qui a renoncé à une pratique éventuellement utile pour lui, mais condamnée par les traités ou les usages et par l'assentiment tacite ou exprès de tous, est autorisé à empêcher un autre Etat d'user de cette pratique dans tous les cas : ce faisant il ne se borne pas à défendre des principes ; en renonçant à se servir d'une arme avantageuse dans la lutte économique

---

(1) F. de Martens, *Traité de Droit intern*, I, p. 398.

(2) Engelhardt, Le droit d'intervention et la Turquie, *Revue de droit intern. et de législ. comp.*, 1880, p. 365.

ou politique, il a entendu que les autres en fissent de
même ; tout acte en sens contraire, même dans une affaire
où il n'est pas partie, est de nature à l'atteindre indirectement dans ses droits, et au moins à lui faire craindre pour
sa sécurité future : en empêchant pareille éventualité il
ne fait qu'un acte légitime de défense.

Enfin nous admettrons avec M. Pradier-Fodéré (1) que la
prétendue intervention en vue du maintien de l'équilibre
entre Etats n'en est pas une, et constitue un acte absolument juste ; la contre-intervention, qui rentre presque
toujours dans ce cas, se trouve en même temps légitimée :
il s'agit, dans les deux hypothèses, pour l'Etat qui s'interpose, d'écarter un danger pour l'avenir, d'user de son droit
de défense.

On ne trouvera chez certains auteurs, qu'un seul cas où
l'intervention soit admise. C'est celui où l'intervenant agit
au nom du principe d'humanité ou au nom de la civilisation (2). Cette exception doit être repoussée ; elle ouvrirait la
porte à tous les abus, permettrait toutes les immixtions,
serait un masque pour tous les appétits, une excuse pour
tous les crimes. L'humanité, la civilisation, sont des mots
vagues, susceptibles de bien des déformations : dans les
affaires internationales, ils servent de prétextes et constituent bien rarement de bonnes raisons. Puis, et c'est
l'essentiel, le principe dominant en matière de droit des
gens, c'est que chaque Etat est maître chez lui ; son absolue
souveraineté doit être respectée tant qu'elle ne dépasse
pas abusivement les frontières, ou qu'elle ne viole pas
un droit acquis par un autre Etat ; il est libre de concevoir
à sa guise, sur l'étendue de son territoire, les idées

---

(1) Pradier-Fodéré, *Traité de droit intern. publ.*, I, p. 570.

. (2) Heffter, *Le droit international de l'Europe*, p. 111, admet l'intervention collective pour arrêter une guerre intestine qui désole un ou plusieurs pays. — Bluntschli, *Droit international codifié*, nº 478 donne pour
exemple la défense des chrétiens dans l'Empire Ottoman. — Engelhardt, loc. cit., légitime l'intervention pour le cas de « violation énorme » des droits de l'humanité : l'expression même dont se sert le savant
auteur montre combien il est difficile de préciser le champ de l'exception, et par suite d'éviter les abus.

d'humanité et de civilisation ; le progrès dans le domaine intellectuel et moral relève du seul droit interne, et l'étranger qui, même au nom des principes les plus beaux et les plus désintéressés, vient dicter la loi dans un pays qui ne dépend pas de lui, viole le droit.

Enfin nous estimons que le caractère collectif d'une intervention caractérisée ne peut en rien légitimer celle-ci (1). Le nombre des agents qui s'unissent pour fouler aux pieds le principe de justice importe peu : le droit n'en est pas moins violé.

Ayant déterminé ce qu'est l'intervention, acte abusif par essence et radicalement condamnable, il nous sera facile d'apprécier le rôle joué par les puissances en Egypte. Un précieux enseignement en découlera pour nous, c'est que la violation du droit, détestable en morale, produit parfois des effets désastreux dans la pratique. Il est réconfortant de constater, qu'en certaines circonstances, le respect de la justice marche de pair avec l'intérêt : en intervenant dans la vallée du Nil, les puissances, la France et l'Angleterre en première ligne, se sont préparé, d'un cœur léger, cet imbroglio qu'est la question d'Egypte, source de rancunes pour le présent, menace de conflits pour demain.

(1) F. de Martens, op. cit., p. 397, range au nombre des « circonstances exceptionnelles » qui, par des considérations de fait, peuvent excuser l'intervention sans toutefois la rendre légitime en droit, celle où il y a nécessité pour la communauté internationale à ce que cette intervention ait lieu, mais à condition qu'elle soit collective ».

CHAPITRE II

L'Intervention de l'Europe en Egypte dans les affaires judiciaires. — Les Tribunaux mixtes.

Sommaire. — *L'ingérence des puissances en Egypte, lors de la réforme judiciaire, constitue une intervention bien caractérisée. — Les Capitulations, leur application en Egypte. Abus de la juridiction consulaire. Rapport Nubar-Pacha d'août 1867. — Le gouvernement égyptien propose la création de tribunaux mixtes. Pourparlers avec les puissances. — Protestations de la Porte. L'Europe la rassure. — Divers projets sont présentés et rejetés. — Commission internationale de Constantinople, 11 janvier 1873. — Décret khédivial du 28 juin 1875. L'organisation nouvelle. Compétence extrêmement étendue des tribunaux de la réforme. Elle est encore augmentée en 1900 malgré l'opposition de l'Angleterre.*

Nous avons vu plus haut l'Europe intervenant à propos de l'Egypte dans les affaires ottomanes. Elle va s'immiscer maintenant dans les affaires intérieures de l'Egypte même, et en obtenant par une pression injuste le consentement du khédive, consentement vicié *ab ovo* et sans valeur juridique, elle modifiera à sa guise les institutions de ce pays.

Nous avons établi que de 1841 à 1873, l'Egypte n'a été qu'une province ottomane ; dans ces conditions, passer des conventions avec le Pacha ou entrer en pourparlers avec lui pour y arriver, en dehors des cas permis par le firman de 1867 et sans en référer avant tout à la Porte, c'était de la part des puissances de l'intervention bien caractérisée.

Et même si l'on tient compte de la quasi-indépendance de

fait dont jouissait Ismaïl, si l'on fait abstraction de Constantinople — ce qui est une pure hypothèse antijuridique — en imposant au Vice-Roi une aggravation des Capitulations alors qu'il avait voulu par ses avances aboutir à leur suppression, les puissances intervenaient, violaient le droit.

On sait que dans les pays musulmans ainsi que dans l'Extrême-Orient, les Européens jouissent d'importants privilèges particulièrement en matière de juridiction. Pour les Echelles du Levant ces privilèges sont constatés dans des traités conclus entre la Sublime–Porte et les Etats européens, traités appelés Capitulations, et dont la forme première fut, au xvie siècle, celle de simples chartes gracieusement octroyées par le Sultan.

Depuis très longtemps les Européens avaient donc le droit de résider en Egypte et d'y faire du commerce ; ils pouvaient librement y pratiquer leur religion et n'étaient. astreints à aucune taxe. Au point de vue juridictionnel, les meilleures garanties leur étaient données : entre étrangers la compétence était au Consul du défendeur ; entre étrangers et indigènes et en matière civile, l'affaire devait être portée devant le juge local, mais la présence du drogman attaché au Consulat de l'Européen était nécessaire ; en matière criminelle, il appartenait au juge du défendeur, indigène ou étranger, de dire le droit. Enfin pour l'exécution des jugements, il était interdit d'entrer dans le domicile d'un Européen, hors de la présence de l'Ambassadeur, du Consul ou du délégué de l'un d'eux (1).

On conçoit très bien la raison d'être des Capitulations qui permettaient aux chrétiens d'être jugés selon leurs lois et non d'après les règles musulmanes si différentes des leurs. La chose était donc excellente en principe, et ne prêtait à aucune critique puisqu'elle résultait de traités librement consentis.

(1) Voir à ce sujet le rapport « présenté au Marquis de Moustier par la Commission instituée à l'effet d'examiner les propositions faites par le gouvernement égyptien pour réformer l'administration de la justice en Egypte », en date du 3 décembre 1867. *Archiv. diplom.*, 1870, I, p. 67. Consulter également le rapport de sir H. Drummond-Wolf à lord Rosebery du 2 février 1886. *Archiv. diplom.*, 1887, III, p. 35.,

Seulement les privilèges engendrent souvent des abus ;
et en l'espèce il n'en avait pas été autrement. S'il faut en
croire le Ministre égyptien Nubar-Pacha, ces abus étaient
devenus en 1867 vraiment trop criants. « La juridiction
« qui régit les Européens en Egypte, qui détermine leurs
« relations avec le gouvernement ainsi qu'avec les habi-
« tants du pays, n'a plus pour base les Capitulations »,
écrivait-il dans son rapport au Khédive d'août 1867 (1) ;
« de ces Capitulations, il n'existe que le nom ; elles ont été
« remplacées par une législation coutumière arbitraire,
« résultant du caractère de chaque chef d'agence, législa-
« tion basée sur des antécédents plus ou moins abusifs,
« que la force des choses, la pression d'un côté, le désir
« de faciliter l'établissement des étrangers de l'autre,
« ont introduite en Egypte, et qui laisse actuellement le
« gouvernement sans force et la population sans justice
« régulière dans ses rapports avec les Européens ».

Et Nubar, faisant de la situation un sombre tableau,
ajoutait que l'Européen était nécessaire à l'Egypte pour sa
plus grande civilisation, mais qu'il exploitait le pays et
se faisait haïr ; il constatait qu'il n'y avait plus de justice
pour l'indigène, tandis que l'étranger était absous dans son
injustice ; et il prévoyait pour un avenir prochain la ruine
morale et matérielle du pays.

Le rapport concluait, on le comprend, à une réforme
radicale, consistant à remplacer la juridiction consulaire
par des tribunaux mixtes composés d'éléments indigènes et
européens (2).

En soumettant à l'approbation des puissances les conclusions de ce rapport, le Khédive, dont le pays sortait de plus

(1) Rapport présenté par Nubar-Pacha à Son Altesse le Khédive sur
la réforme judiciaire en Egypte, communiqué en août 1867 au Marquis
de Moustier, Ministre des affaires étrangères de France. *Archiv. diplom.*,
1870, I, p. 60.

(2) Des tribunaux mixtes, composés d'Européens et d'indigènes et pré-
sidés par un Egyptien, existaient déjà à Alexandrie et au Caire pour les
matières commerciales ; ils avaient été réorganisés par l'acte du 3 septembre 1861 : Lawrence-Wheaton, *Commentaire sur les éléments du droit
international et sur l'histoire du progrès du droit des gens*, IV, p. 183.

en plus de la barbarie, entendait recouvrer en matière judiciaire une autorité presque complète. Il pensait que la présence au sein des futurs tribunaux, de juges européens nommés d'ailleurs par lui, serait pour les puissances une garantie suffisante ; et il escomptait le moment où il verrait cesser, dans cette sphère, l'action envahissante des Consuls.

L'Europe était conviée à se prononcer sur un projet ; mais elle le modifia, le transforma, en fit tout autre chose que ce qu'on avait voulu au Caire et finalement imposa sa manière de voir ; c'est dans cette mesure qu'elle fit œuvre d'intervention, et qu'elle doit être blâmée.

La France fut consultée la première. Une commission française fut chargée d'étudier les propositions égyptiennes ; elle entendit Nubar-Pacha et après avoir obtenu une part plus large dans la nouvelle organisation à l'élément européen et quelques autres avantages, elle conclut à l'acceptation dans son rapport du 3 Décembre 1867.

Là-dessus des pourparlers s'engagèrent entre le cabinet de Paris, et celui de Londres qui, dans une note du 18 octobre 1867, s'était déclaré prêt à accepter le système proposé. Ceux-ci malgré le désir du Khédive ne voulurent pas consentir à l'abandon des usages qui étaient venus se greffer sur les dispositions des Capitulations en les modifiant (1). Ismaïl proposa alors la réunion à Alexandrie d'une commission internationale qui serait chargée de faire une enquête sur la situation de l'Egypte au point de vue de la juridiction et d'élaborer un projet de réforme (2). La France accepta cette idée le 22 avril 1869 (3). Cependant, sur le principe de la réforme tous les Etats s'étaient mis d'accord : le gouvernement grec était celui qui avait présenté le plus d'objections.

Toutefois, en avril 1869, la Porte avait protesté auprès des gouvernements anglais et français. En mai intervinrent de

(1) Correspondance diplomatique, *Archio. diplom.*, 1870, I, p. 106 et 107.

(2) *Archio. diplom.*, 1870, I, p. 108 et 109.

(3) Eod. loc. p. 110 et 111.

nouvelles protestations dans lesquelles il était dit que, ou bien les Capitulations seraient appliquées en Egypte comme elles l'étaient dans le reste de l'Empire, et tout serait pour le mieux ; ou bien on s'éloignerait des Capitulations, et alors il n'y avait aucune raison pour que la chose se bornât à l'Egypte et ne fît pas l'objet d'une convention d'ensemble entre la Porte et les gouvernements.

« Sur ce terrain, la Porte déclarait que tout acte, arrange-
« ment, ou décision tendant à placer l'Egypte dans une situa-
« tion différente de celle qui résultait des firmans en vigueur,
« serait accueillie par une protestation de sa part, et elle
« exprimait la conviction qu'aucun acte d'un caractère inter-
« national ne serait conclu entre l'Egypte et les puissances,
« sans le concours et sans la ratification du Sultan » (1).

La France et la Grande-Bretagne protestèrent de leurs bons sentiments vis-à-vis de la Porte ; elles se trouvèrent d'accord pour déclarer que « l'enquête n'engageait en rien
« la liberté d'action des cabinets, que par conséquent les
« délégués n'avaient pas mission d'élaborer un arrange-
« ment définitif en dehors de la Turquie, et qu'enfin l'inten-
« tion des puissances ne pouvait être de porter la moindre
« atteinte aux intérêts et aux droits du Sultan dans cette
« question » (2).

Il n'en demeurait pas moins, que jusque-là on avait agi constamment en dehors de la Porte.

On ne se hâtait du reste que lentement vers la solution de ces affaires judiciaires. Une commission réunie à Paris en mars 1870 modifia profondément le projet de Nubar. Ce dernier, de son côté, de concert avec le Grand Vizir, présen-tait un nouveau projet en avril de la même année.

La commission internationale qui devait aboutir ne com-mença ses travaux que le 11 janvier 1873, après la guerre franco-allemande ; réunie à Constantinople, et formée des

(1) Dépêche du comte Clarendon, Ministre des Affaires étrangères d'Angleterre à sir Elliot, Ambassadeur à Constantinople, d'août 1869. Archiv. diplom., 1870, I, p. 118.

(2) Dépêche du prince de la Tour d'Auvergne, Ministre des Affaires étrangères au marquis de la Valette, Ambassadeur à Londres, du 7 août 1869. Archiv. diplom., 1870, I, p. 117.

Ambassadeurs auprès de la Porte, elle termina ses·séances le 15 février après avoir élaboré un projet de règlement judiciaire (1).

La France n'accepta les dispositions de ce projet qu'avec quelques changements, dans deux déclarations signées au Caire le 10 novembre 1874 (2) et le 15 novembre 1875 (3), et ratifiées à Paris le 25 décembre suivant. Finalement un décret khédivial du 28 juin 1875 institua les tribunaux mixtes pour une période de cinq ans, et à titre d'essai, à partir du 1er janvier 1876. Les nouveaux codes, inspirés dans une large mesure de la législation française, furent mis en vigueur à partir du 18 octobre 1875. (4).

Nous n'entendons pas rentrer dans les détails d'organisation et de fonctionnement de la juridiction nouvelle. Trois tribunaux de première instance étaient créés à Alexandrie, au Caire et à Zagazig ; chacun était composé de sept juges dont quatre étrangers ; l'un de ces derniers présidait. Dans les affaires commerciales, le tribunal s'adjoignait deux négociants, un indigène et un étranger, choisis par voie d'élection. Les appels devaient être portés devant une Cour siégeant à Alexandrie, composée de onze conseillers dont sept étrangers et présidée par l'un de ces derniers. Le parquet comprenait un Procureur général et des Substituts. Les magistrats européens présentés par leurs gouvernements respectifs étaient nommés, ainsi du reste que les indigènes, par le Khédive au nom de qui la justice était rendue.

Les nouveaux tribunaux étaient compétents en matière civile et commerciale pour toutes contestations entre étrangers et indigènes, et entre étrangers de nationalité différente, en dehors du statut personnel. Ils connaissaient de toutes les actions réelles immobilières entre toutes person-

(1) *Livre Jaune* (janvier 1875). Négociations relatives à la réforme judiciaire en Egypte, p. 221. — De Clercq, XI, p. 389.

(2) *Archiv. diplom.*, 1876-77, I, p. 37.

(3) *Archiv. diplom.*, 1876-77, III, p. 138.

(4) Les puissances qui ont adhéré à la réforme judiciaire sont les suivantes : Allemagne, Angleterre, Autriche-Hongrie, Belgique, Danemark, Espagne, Etats-Unis, France, Grèce, Hollande, Italie, Portugal, Russie, Suède et Norwège.

6

nes, même appartenant à la même nationalité. En matière
pénale, ils n'étaient compétents qu'entre étrangers pour les
contraventions de simple police et certains délits limitati-
vement déterminés.

Les tribunaux consulaires restaient donc compétents,
dans la généralité des cas, pour les procès entre nationaux
d'un même pays et pour crimes et délits; puis pour les
questions de statut personnel dans tous les cas.

La France avait nettement stipulé que les Capitulations
demeuraient intactes et continueraient à s'appliquer pour
les points non touchés par la nouvelle organisation. Elle
s'était réservé le droit de revenir à l'état antérieur « sans
« attendre l'expiration de la période quinquennale d'es-
« sai » (1), et elle avait déclaré d'autre part, que si les puissances retiraient leur adhésion au nouvel ordre de choses,
le régime ancien revivrait de plein droit. Enfin il était
convenu qu'un juge de première ·instance serait français de
préférence pour le Caire ; il devait en être de même pour
l'un des membres du parquet ; si une deuxième chambre
était créée au Caire ou à Zagazig un troisième magistrat
français devait être choisi.

Il est certain que cette juridiction mixte a donné de bons
résultats au point de vue privé. Si les tribunaux consulaires
ne présentaient pas assez d'impartialité pour les indigènes,
les tribunaux locaux n'offraient pas assez de garanties aux
Européens : double écueil que les tribunaux de la réforme
ont évité.

Ceux-ci ont été souvent critiqués ; ils ont vu souvent leur
impartialité mise en doute. En réalité, ils ont jugé selon la
loi. Que l'on consulte le règlement d'organisation judiciaire (2), qu'on y lise l'article 10 : « Le gouvernement, les
« administrations, les Daïras (3) de Son Altesse le Khédive et
« des membres de sa famille, sont justiciables des tribu-

(1) Déclaration complémentaire au traité relatif à la juridiction consulaire en Egypte, datée du Caire du 15 novembre 1875. *Archio. diplom.*,
1876-77, III, p. 138.

(2) *Livre Jaune*, Egypte, janvier 1875, p. 221. — O. Borelli, *Choses politiques d'Egypte*, p. 524. — Dè Clercq, XI, p. 389.

(3) Propriétés khédiviales.

« naux mixtes dans les procès avec les étrangers », et l'article 11 : « Ces tribunaux, sans pouvoir statuer sur la pro-
« priété du domaine public, ni interpréter ou arrêter l'exé-
« cution d'une mesure administrative, pourront juger, dans
« les cas prévus par le code civil, les atteintes portées à un
« droit acquis d'un étranger par un acte d'administration »,
qu'on en rapproche l'article 4 du décret khédivial du 2 mai
1876 (1) : « Les actions qu'au nom et dans l'intérêt des créan-
« ciers en grande partie étrangers, la Caisse de la dette, et
« pour elle ses directeurs croiront avoir à exercer contre
« l'administration financière représentée par le Ministre
« des finances, pour ce qui concerne la tutelle des garanties
« de la dette que nous avons confiée à la direction de ladite
« Caisse, seront portées, dans les termes de leur juridiction,
« devant les nouveaux tribunaux qui suivant l'accord établi
« avec les puissances ont été institués en Egypte », et l'on
comprendra que, sans sortir de la légalité, les tribunaux
mixtes aient pu étendre aussi loin que l'on sait le champ de
leur compétence.

C'est ainsi qu'en 1880, le tribunal du Caire, puis la Cour
d'Alexandrie, ont déclaré nulle l'hypothèque consentie aux
créanciers de l'emprunt Rothschild sur les biens du domaine
public, en se basant sur ce que rien ne peut être changé, en
matière financière, aux dispositions légales qui régissent
l'Egypte, sans l'assentiment des puissances : « Alors même
« — disent les considérants de l'arrêt de la Cour — que
« l'intention attribuée à Son Altesse le Khédive eût été for-
« mellement exprimée dans le décret (15 novembre 1879) et
« qu'on ne pût pas douter qu'il ait voulu rendre inaliéna-
« bles, à l'égard de certains créanciers, des biens qui par
« leur nature et les dispositions de la loi étaient le gage
« commun de tous, il n'était pas loisible au Chef de l'Etat
« d'introduire sans l'assentiment des puissances signataires
« de la réforme une modification quelconque au système
« établi par les nouveaux codes » (2).

(1) Archiv. diplom., 1876-77, III, p. 220.

(2) Jurisprudence des tribunaux mixtes, 1880; et Guillaumot, L'Egypte
moderne en droit international, p. 248.

C'est ainsi qu'en 1884 le gouvernement égyptien ayant voulu, par décision du Conseil des Ministres, faire verser au Ministre des finances les fonds destinés à être remis à la Caisse de la dette pour l'amortissement de la dette unifiée, contrairement à la loi de liquidation, le tribunal du Caire donna raison aux Commissaires plaignants et les fonds détournés durent être rendus (1).

Notons enfin que dans les premiers mois de 1896 l'Angleterre et l'Egypte voulant réoccuper les provinces du Soudan, et ayant prélevé en vue de l'expédition une certaine somme sur les fonds de réserve de la Caisse de la dette, le tribunal du Caire, puis la Cour d'Alexandrie jugèrent, sur la plainte des porteurs de titres et de la minorité des Commissaires de la dette, que le gouvernement égyptien devait rembourser les sommes prises (2).

Le pouvoir d'appréciation qu'ont les tribunaux mixtes est exorbitant : à lui seul il suffit à empêcher en Egypte bien des réformes, à décourager bien des initiatives, et à paralyser tous les rouages de l'administration ; avec une telle institution, on se demande ce que deviennent les droits du Souverain légitime et on est tenté de penser qu'entre cette intervention permanente, et une véritable domination (3) européenne, il n'y a qu'une différence de mots.

Quoi qu'il en soit, les tribunaux de la réforme sont sans reproche ; ils jugent selon les textes légaux. Ce qu'il nous faut seulement condamner dans la question judiciaire égyp-

(1) Jugement du tribunal du Caire du 9 décembre 1884. *Archiv. diplom.*, 1885, I, p. 221.

(2) Jugement du tribunal du Caire du 8 juin 1896, *Revue génér. de droit intern. publ.*, 1896, p. 488. — Arrêt de la Cour d'Alexandrie du 2 décembre 1896, *Revue génér. de droit intern. publ.*, 1897, p. 124. — V. même *Revue*, 1896, chronique, p. 486. — et infra, troisième partie, chap. VI.

(3) Nous proposons d'appeler spécialement Etat dominant, l'Etat par rapport auquel un autre est mi-souverain. Un tel Etat peut parfaitement n'être ni suzerain, ni protecteur ; un terme différent est donc nécessaire. On pourra penser que le mot domination est un peu vague : cela est un bien ; comme l'expression mi-souveraineté il est destiné à embrasser une foule d'hypothèses différentes et il doit être très compréhensif.

tienne, c'est la pression des puissances exercée sur le Khédive pour lui faire accepter des choses qu'il voulait différentes, c'est l'isolement dans lequel elles ont, au début de cette affaire, tenu le Sultan.

Les tribunaux mixtes ont survécu aux événements qui ont amené l'Angleterre en Egypte, et ils ont contribué à empêcher cette dernière d'absorber complètement le gouvernement du pays.

L'Angleterre n'a pas pardonné à ces tribunaux leur attitude neutre, surtout lors des événements de 1896 dont nous venons de parler, et elle n'a pas tardé à manifester ses sentiments à ce sujet. En décembre 1897, le gouvernement égyptien a, sur son instigation, déclaré aux puissances qu'il était décidé à ne consentir au renouvellement des pouvoirs des tribunaux mixtes que si leur compétence était restreinte, c'est-à-dire si on leur enlevait pour l'avenir le droit d'apprécier d'une part les mesures prises par le gouvernement du Khédive en vue des intérêts généraux du pays, et de l'autre, celles que déciderait la Commission de la dette.

L'Europe n'a pas voulu suivre l'Angleterre dans cette voie. Les Consuls ont, au début de 1898, étudié la question avec des délégués du gouvernement égyptien et des tribunaux mixtes, et comme à la fin de l'année aucune solution n'était intervenue, les pouvoirs des tribunaux mixtes expirant le 1er janvier 1899, le gouvernement égyptien a demandé leur prorogation pour un an.

L'Angleterre, l'Italie et l'Autriche ont accepté aussitôt cette proposition. La France, la Russie et l'Allemagne n'ont donné leur adhésion à ce renouvellement d'un an que le 31 janvier 1899 et en exprimant toutes leurs réserves : l'Allemagne n'a accepté que sous la condition que le gouvernement égyptien adhérerait dans les trois mois au projet de renouvellement quinquennal.

Devant la résistance des trois puissances, l'Egypte a cédé le 16 février 1899. Les tribunaux mixtes subsistent, pour une période de cinq ans à partir du 1er février 1900 (1).

(1) *Revue politique et parlementaire*, 1898, « La réforme des tribunaux

Ce n'est pas tout ; contrairement à ce qu'avait voulu l'Angleterre, leur compétence a été étendue. Plusieurs projets de réforme avaient échoué dans le passé en 1880, en 1884, en 1890 ; la commission de 1898, à l'encontre de celles qui l'avaient précédée, ne se sépara pas sans résultat et fit œuvre utile.

Dans sa circulaire de décembre 1897, le gouvernement égyptien avait demandé la suppression de l'article 11 du Règlement d'organisation judiciaire, dont nous avons déjà eu à parler, et par conséquent la suppression de la compétence administrative des tribunaux de la réforme. La commission ne voulut pas le suivre dans cette voie, elle se borna à proposer des précisions : il serait convenu que les tribunaux mixtes ne pourraient apprécier un acte de souveraineté, ni une mesure d'intérêt général prise par le gouvernement en exécution et en conformité des lois ou des règlements d'administration publique ayant force obligatoire pour l'étranger. Sous ce rapport rien n'était changé en définitive.

Il en fut autrement pour ce qui concerne la compétence pénale. Ici la commission s'occupa spécialement de la banqueroute. Jusqu'alors les tribunaux mixtes, qui jugeaient en matière de faillite, étaient parfois amenés, à l'audience, à constater la banqueroute, mais ne pouvaient la poursuivre et devaient laisser ce soin aux tribunaux consulaires ou indigènes. Cela n'allait pas sans gros inconvénients ; aussi la commission proposa que, toutes les fois qu'il y aurait en jeu un intérêt mixte, la banqueroute fût de la compétence des tribunaux de la réforme. On ne devait pas faire d'ailleurs de distinctions entre banqueroute simple et banqueroute frauduleuse, et dans tous les cas l'infraction serait qualifiée délit.

La commission élabora ensuite des dispositions nouvelles en matière de faillite, et ses diverses propositions furent sanctionnées par décret khédivial du 26 mars 1900.

mixtes », p. 147. — H. Bablod, « Le renouvellement des pouvoirs des tribunaux égyptiens de la réforme », *Revue génér. de droit intern. publ.*, 1899, p. 341.

En définitive l'Angleterre est restée impuissante en face de la juridiction mixte ; celle-ci demeure en Egypte avec des pouvoirs plus grands, toute prête comme par le passé à arrêter, en s'appuyant sur les textes légaux, les entreprises britanniques dans la vallée du Nil. (1).

(1) Babled, « Le renouvellement des pouvoirs des tribunaux égyptiens de la réforme », *Revue génér. de droit intern. publ.*, 1899, p. 341 ; 1900, p. 214.

CHAPITRE III

L'Europe et les finances égyptiennes. — Le Ministère anglo-français. — Déposition d'Ismaïl.

SOMMAIRE. — *Folles dépenses d'Ismaïl. Le gouvernement égyptien est forcé en* 1876 *de cesser ses payements.* — *Intervention de l'Europe. La Caisse de la Dette. Le Contrôle.* — *La Commission d'enquête de* 1878. — *Ismaïl déclare qu'il veut gouverner avec et par son Conseil des Ministres. Le Ministère anglo-français. Suspension du Contrôle.* — *Émeute militaire du* 18 *février* 1879. *Note anglo-française du* 8 *mars. Attitude peu nette du Khédive.* — *Manifeste des Notables du* 7 *avril. Ministère Chérif-Pacha. Démission de la Commission d'enquête.* — *Ismaïl sanctionne le plan financier des Notables. Il résiste aux menaces de la France et de l'Angleterre qui le* 19 *juin l'invitent à abdiquer.* — *Déposition d'Ismaïl.* — *Firman de Tewfik,* 30 *juillet* 1879. — *Rétablissement du Contrôle.* — *Loi de Liquidation,* 17 *juillet* 1880. — *Les institutions financières européennes en Egypte et le droit.*

Le titre ci-dessus, que d'après la succession des évènements l'Histoire impose, est suggestif. C'est la marche ascendante dans la voie de l'injustice, marche fatale dès que le premier pas a été fait. Voir venir des gens chez vous qui prétendent contrôler vos actes, s'installent comme s'ils étaient les maîtres et finalement vous chassent : telle est l'histoire d'Ismaïl. Il est vrai qu'il n'était pas sans reproche.

Méhémet-Ali avait fait l'Egypte ; Ismaïl a causé sa perte. Il a apporté à son pays la ruine et la tutelle impérieuse et pesante de l'étranger que ses successeurs, par force, ont dû continuer à subir.

Avec ce prince s'ouvre l'ère des folles dépenses : achat de terres, construction de palais somptueux, fêtes luxueuses, largesses distribuées à Constantinople aux grands dignitaires pour gagner leur utile amitié, sommes versées au Sultan pour obtenir de nouveaux privilèges, tout cela amena l'Egypte à la déconfiture (1) ; les créanciers européens crièrent ; les puissances s'empressèrent à leur voix et n'eurent garde de laisser échapper cette nouvelle occasion d'intervenir.

La France et l'Angleterre, principales intéressées, jouèrent vite en ceci un rôle prépondérant. La plupart des créanciers étaient français ; et l'Angleterre avait de grands intérêts dans le Canal de Suez depuis qu'elle avait acheté, en novembre 1874, pour une somme de 100 millions les actions du Khédive. La question financière donna ainsi naissance à ce qu'on a appelé le *Condominium* anglo-français.

Donc en 1876, les emprunts ayant succédé aux emprunts, le crédit du gouvernement égyptien, ainsi que le crédit personnel du Khédive se trouvèrent épuisés (2), et les payements durent être suspendus ; l'échéance du 6 avril fut prorogée de trois mois. Sur les plaintes de leurs nationaux créanciers de l'Egypte, la France et l'Angleterre intervinrent au Caire à titre officieux et demandèrent des garanties ; on osa d'autant moins les leur refuser, que les intéressés

---

(1) M. Merruau, dans un article intitulé « L'Egypte sous le gouvernement d'Ismaïl-Pacha », *Revue des Deux-Mondes*, 1876, XVI, p. 920, dit que la colonie européenne contribua pour beaucoup à mettre le désarroi dans les finances. Les membres de cette colonie étaient en général, paraît-il, peu recommandables ; ils exploitaient indignement le Khédive, et pour des pertes souvent imaginaires, se faisaient allouer de sérieuses indemnités. De 1872 à 1876 une somme de 72 millions aurait été ainsi soustraite au Trésor égyptien.

(2) En 1872, le budget prévoyait 22 millions de francs d'excédent. Trois ans ont suffi à Ismaïl pour faire succéder la faillite à cette situation prospère. A l'avènement de ce prince la dette était de trois millions de livres égyptiennes ; en 1876 elle atteignait 90 millions de la même monnaie.

ayant demandé aux nouveaux tribunaux de déclarer en faillite le gouvernement égyptien et d'autoriser la saisie des biens du Khédive, les dits tribunaux se déclaraient compétents.

C'est dans ces conditions, sous l'impulsion des puissances dont le désir fut ou parut un ordre, que le Vice-Roi rendit les décrets de 1876 dont l'objet est de constituer au profit de l'Europe un droit permanent d'immixtion dans les affaires financières du pays, par l'intermédiaire de deux institutions : la Caisse de la dette et le Contrôle (1).

La Commission ou Caisse de la dette (2), composée d'Européens, fonctionnaires égyptiens nommés par le Khédive mais présentés par les gouvernements étrangers, est « chargée de recevoir les fonds nécessaires au service des « intérêts et de l'amortissement de la dette et de les desti- « ner exclusivement à cet objet ».

Les sommes versées ainsi à la Caisse, directement par les administrations qui sont libérées seulement par quittances signées des Commissaires, proviennent des revenus (impôts ou produits du domaine, de la Daïra-Sanieh, des chemins de fer et du port d'Alexandrie, etc.) désormais spécialement affectés au payement de la dette, auxquels viennent s'ajouter « les fonds de l'annuité due au gouvernement anglais et « représentant l'intérêt sur les actions du Canal de Suez ». Ces diverses sommes déposées à la Caisse ne doivent en aucun cas être employées à des opérations de crédit, de commerce, d'industrie, ou autres, mais peuvent être déposées à la Banque de France ou à la Banque d'Angleterre. En cas d'insuffisance de ces ressources, les Commissaires demandent le complément au Trésor ; pour le cas contraire ils lui versent l'excédent.

(1) Un décret du 7 mai 1876 (*Archiv. diplom.*, 1876-77, III, p. 223) a unifié la dette en 7 0/0. Un décret du 11 mai (eod. loc., p. 227) a créé un Conseil suprême du Trésor, composé d'indigènes et d'Européens, chargé d'aider à la préparation du budget, d'exercer une surveillance sur les recettes, les dépenses, les caisses de l'Etat, et de juger ses comptes. Cette institution qui n'a pas vu le jour a été remplacée par le Contrôle anglo-français bien plus gênant et humiliant pour l'Egypte. Et ceci prouve bien que les deux puissances ont imposé leur volonté au Khédive.

(2) Décret du 2 mai 1876, *Archiv. diplom.*, 1876-77, III, p. 220.

De cette façon les porteurs des titres de la dette unifiée sont payés avant tous autres ; et s'ils croient avoir à se plaindre à ce sujet du gouvernement égyptien, ils ont dans les Commissaires directeurs de la Caisse des mandataires légaux qui peuvent poursuivre l'administration financière représentée par le Ministre des Finances, devant les tribunaux mixtes.

Au début, la Caisse de la dette fut instituée pour cinq ans ; elle était administrée par un Français, un Autrichien, et un Italien (1), l'Angleterre ayant refusé d'être représentée. Elle devint ensuite permanente (2). Bientôt il fut décidé qu'un Commissaire anglais serait adjoint aux autres (3) et en mars 1877 sir Evelyn Baring (4) fut nommé. Depuis, à la suite de la conférence de Londres de 1884, l'Allemagne et la Russie ont obtenu d'avoir, elles aussi, un représentant au sein de la Commission de la dette.

Celle-ci a vu croître, en même temps que le nombre de ses membres, l'étendue de ses attributions ; un décret du 12 juillet 1888 lui a donné la garde d'un fonds de réserve général destiné à combler les insuffisances des revenus affectés au payement des intérêts de la dette et aussi les déficits éventuels de l'ensemble du budget, et pouvant servir avec l'autorisation des Commissaires à des dépenses extraordinaires (5).

La Caisse de la dette existe toujours ; le Contrôle a depuis longtemps disparu. Il ne faut pas d'ailleurs en rechercher la raison en ceci que ce dernier était, dans une large mesure, en contradiction plus flagrante avec le respect des droits de l'Egypte. Le Contrôle était anglo-français, la Caisse de la dette est internationale, voilà pourquoi celle-ci a survécu. Dans la suite de l'Histoire, on peut voir que l'Angleterre s'est souvent approprié des droits qui, obtenus soit par des

(1) Décret du 22 mai 1876. *Archiv. diplom.*, 1887, III, p. 62.

(2) Décret du 18 novembre 1876, art. 18. *Archiv. dipl*, 1876-77, III, p. 283.

(3) Même décret, art. 20, cod. loc.

(4) Sir Baring n'est autre que le très-influent lord Cromer représentant à l'heure actuelle, en Egypte, les intérêts anglais.

(5) *Revue génér. de droit intern. publ.*, 1896, p. 250.

moyens légitimes, soit par des procédés iniques, n'en étaient pas moins les nôtres ou ceux d'autrui ; elle n'a jamais osé braver l'Europe en face, ou du moins soutenir cette attitude jusqu'au bout.

Le décret du 18 novembre 1876 (1), instituait pour cinq ans deux Contrôleurs généraux l'un français, l'autre anglais ; ils étaient choisis et nommés par le Khédive, avec l'autorisation de leurs gouvernements afin que ce choix fut mieux éclairé. Tous deux devaient aider à la préparation du budget ; à cet effet on les appelait au sein du Conseil des Ministres où ils présentaient leurs observations sur le projet du Ministre des finances ; ce projet révisé ou non devait être ensuite soumis à l'approbation du Vice-Roi. Le budget devenu définitif, les Contrôleurs devaient veiller à ce qu'il fût strictement exécuté. Enfin, en dehors de ces attributions d'ensemble, chacun d'eux avait un rôle déterminé.

Le Contrôleur général des recettes surveillait la rentrée des revenus de toutes sortes et leur versement dans les caisses respectives ; il avait sous sa direction les agents chargés de la perception ; il proposait leur nomination et pouvait les suspendre ou les révoquer, dans certaines conditions déterminées ; il devait veiller à ce qu'on ne perçût que les impôts autorisés et sur rôles de recouvrement visés par lui, à ce que les revenus en nature fussent réalisés au mieux des intérêts du Trésor.

Le Contrôleur général de la comptabilité et de la dette publique s'occupait spécialement de l'exécution des règlements concernant la dette ; il devait revêtir de son visa pour qu'ils pussent être acquittés tous les mandats et ordonnances émanés des Ministres et des chefs d'administration, et il pouvait s'y refuser quand les crédits ouverts étaient dépassés ou tellement entamés que leur insuffisance en devenait manifeste ; à ces attributions, il joignait le contrôle de la comptabilité générale du Trésor et de toutes les caisses de l'Etat.

(1) *Archiv. diplom.*, 1876-77, p. 283.

Le même décret du 18 novembre donnait l'administration des chemins de fer et du port d'Alexandrie à un conseil international ; les revenus des chemins de fer et du port étaient affectés au service de la dette privilégiée.

Si à ce qui vient d'être dit, nous ajoutons que par le décret précité du 2 mai 1876, le Khédive s'engageait à ne modifier, si ce n'est pour les droits de douanes, aucun des impôts affectés à la dette, de façon à en diminuer le produit, sans l'assentiment des Commissaires directeurs, et à n'émettre à l'avenir ni bons du Trésor, ni titres nouveaux, ni emprunt (1), tant au nom de l'Egypte qu'au nom de la Daïra-Sanieh, sauf en cas d'urgence pressante et sur l'avis conforme des mêmes Commissaires, on comprendra en quel état de sujétion était tombé en 1876 le gouvernement égyptien.

Ce régime devint vite extrêmement pesant et vexatoire : le Khédive n'eut plus d'autre but que d'y échapper (2), et il rendit à cet effet le décret du 27 janvier 1878 ordonnant la réunion d'une commission d'enquête composée d'Egyptiens, chargée d'étudier les revenus de l'Egypte et de lui présenter un rapport avec des propositions de réformes.

Ismaïl comptait sans l'Europe. L'Angleterre et la France — les vues de M. Waddington (3), alors Ministre des affaires étrangères sont très nettes à cet égard — estimèrent qu'il y avait lieu d'engager le Khédive à remplir tout simplement ses obligations. Puis, d'accord en cela avec les Commissaires de la dette et les représentants des créanciers MM. Goschen et Joubert, les deux gouvernements agirent au Caire pour obtenir que l'enquête, faite par des Européens, portât aussi sur les dépenses. Finalement après une note collective de toutes les puissances intéressées dans la ques-

(1) Le gouvernement pouvait toutefois, pour que l'administration ne fût pas gênée outre mesure dans ses payements, avoir un compte courant en banque, à condition que le découvert de ce compte pendant l'année ne dépassât jamais cinquante millions de francs.

(2) Consulter pour ce qui va suivre la correspondance diplomatique relative à l'Egypte dans les *Archiv. diplom.*, 1878-79, II, où les documents du *Livre Jaune* sont reproduits.

(3) Dépêche de M. Waddington au Marquis d'Harcourt, Ambassadeur à Londres, 28 janvier 1878, *Archiv. diplom.*, 1878-79, II, p. 5.

tion qui se plaignaient de l'inexécution des sentences prises contre le gouvernement égyptien, on aboutit le 30 mars à un nouveau décret (1) qui satisfaisait pleinement les deux cabinets de Londres et de Paris.

Le Khédive avait désiré une enquête faite par des Egyptiens et destinée vraisemblablement à augmenter les recettes ; l'Europe lui imposait une enquête faite pas des Européens et ayant pour but spécial de contrôler et de diminuer les dépenses ! La chose est typique ; il est curieux de constater que chaque effort fait par les Vice-Rois d'Egypte pour diminuer le joug de l'Europe a été pour celle-ci une occasion de l'imposer pour l'avenir plus pesant et plus tyrannique.

La commission présidée par M. de Lesseps, avec comme vice-président M. Rivers-Wilson, et Riaz-Pacha, comprenait en outre les Commissaires de la dette.

Elle débuta en constatant que les employés recevaient leur traitement très en retard, sauf ceux qui, appartenant aux administrations financières, se payaient directement sur les sommes par eux perçues ; elle releva une foule de dépenses inutiles, ne correspondant à aucun service rendu, et dont profitaient surtout le Khédive et ses familiers. Le rapport Wilson du 11 mai (2) posa en principe que le bon fonctionnement des services publics indispensables étant absolument nécessaire, il fallait payer avant tous ceux qui étaient chargés d'en assurer la marche.

En conséquence le décret khédivial du 12 mai (3), établit la liste de ces services indispensables et des crédits destinés au bon fonctionnement de chacun d'eux ; sur cette liste ne figuraient plus « les subventions fournies au Khédive, aux « Princes, aux Daïras, les pensions de complaisance, les « dépenses non justifiées », en sorte que sans compter les fonctionnaires payés sur les revenus de leur administration, tous les autres avaient désormais la certitude de

---

(1) Décret du 30 mars 1878. *Archiv. diplom.*, 1878-79, II, p. 17.

(2) Rapport Rivers-Wilson au Khédive, *Archiv. dipl.*, 1878-79, II, p. 19.

(3) *Archiv. diplom.*, 1878-79, II, p. 22.

toucher leur traitement intégral, et la somme totale nécessaire au lieu d'être de 136,000 livres égyptiennes n'était plus que de 16,000 (1).

Le 6 août, Ismaïl reçut le rapport préliminaire de la Commission d'enquête (2). Le rapport mettait en relief le désordre de l'administration qui empêchait de se faire une opinion nette sur la situation, et partant de décider les réformes à accomplir et de préciser l'importance des déficits que seules de profondes modifications pourraient diminuer plus tard ; il montrait l'accroissement énorme des dettes qui s'élevaient à 6,276,000 livres sterling et atteindraient inévitablement 9,243,928 en décembre 1879, l'insuffisance des garanties offertes aux créanciers ; il concluait en demandant que des règles précises vinssent remplacer l'arbitraire, en déclarant la responsabilité du Khédive dans le déficit, et en priant ce dernier de faire à l'Etat l'abandon de ses biens et de ceux de sa famille : « avant de « songer à imposer aux contribuables des charges nouvelles « ou à demander aux créanciers de sacrifier une partie des « droits qu'ils tiennent de contrats ou de décrets, il est de « toute équité que le Chef de l'Etat seul responsable, puis- « que rien ne limitait l'exercice de son autorité, contribue « jusqu'à concurrence de sa fortune à combler le déficit « qu'a produit l'usage qui a été fait de cette autorité ».

Le Khédive accepta officiellement ces conditions dans une allocution à M. Rivers-Wilson qu'il reçut le 23 août : « J'ai lu — lui dit-il – le rapport de la Commission d'en- « quête que vous avez présidée..... Quant aux conclusions « auxquelles vous êtes arrivé je les accepte. Il s'agit « actuellement pour moi d'appliquer ces conclusions ; je « suis résolu de le faire sérieusement, soyez-en convaincu. « Mon pays n'est plus en Afrique ; nous faisons partie de « l'Europe actuellement. Il faut surtout ne pas se payer de « mots et, pour moi, je suis décidé à chercher la réalité « des choses. Pour commencer, et pour montrer à quel point

(1) Baron des Michels, Consul au Caire, à Waddington, 24 mai 1878. *Archiv. diplom.*, 1878-79, II, p. 18.

(2) *Archiv. diplom.*, 1878-79, II, p. 27.

« je suis décidé, j'ai chargé Nubar-Pacha de me former un
« Ministère..... Je veux que vous emportiez la conviction
« que si vous avez eu un travail difficile et pénible, vos
« efforts ne resteront pas stériles, car vous le savez, tout
« germe et mûrit vite sur cette vieille terre d'Egypte »(1).

C'était aussi habile que bien dit. Le Khédive était-il
sincère ? il faut penser que non. S'il ne se payait pas de
mots, il essayait visiblement d'en payer les autres. Mais
peut-on blâmer quelqu'un à qui on en impose par la force,
de se défendre par la diplomatie ? il faut répondre encore
négativement. Nous constaterons d'ailleurs que ce fut la
force qui l'emporta.

Quoi qu'il en soit, Ismaïl déclara le 28 août qu'il entendait désormais gouverner « avec et par son Conseil des
Ministres » (2), et les cabinets de Paris et de Londres firent
si bien qu'on introduisit dans le nouveau Ministère deux
Européens, un anglais et un français, M. Rivers-Wilson aux
finances et M. de Blignières aux travaux publics, avec des
attributions qu'ils firent accepter par le Khédive. Au 19
novembre, ce Ministère tripartite était constitué (3), et le
12 décembre le Contrôle était suspendu (4) avec cette condition qu'il renaîtrait ipso facto du jour où tomberait le
Ministère.

L'intervention financière déviait, se transformait, devenait
une intervention politique. La période critique de la question d'Egypte, l'ère non seulement des immixtions injus-
tifiées mais des lourdes fautes commençait. Ce ne sont pas
les hommes de 1882 qui doivent être tenus pour responsables
de ce qui est arrivé à cette date : s'ils ont eu la pesante
charge de liquider une situation née des erreurs et des

(1) *Archiv. diplom.*, 1878-79, II, p. 127.

(2) Rescrit d'Ismaïl à Nubar. *Archiv. diplom.*, 1878-79, II, p. 131.

(3) Il est à remarquer que ce Ministère, composé presqu'exclusivement de chrétiens, et présidé par un arménien, devait être fatalement
impopulaire en Egypte. — V. l'article de Gabriel Charmes « Un essai
de gouvernement européen en Egypte », *Revue des Deux-Mondes*, 1879,
XXXIV, p. 778.

(4) Décret khédivial, *Archiv. diplom.*, 1878-79, II, p. 148.

iniquités passées, ils ont plutôt droit à de la reconnaissance.

Le nouveau gouvernement commença par préparer un projet de liquidation comprenant une réduction de l'intérêt de la dette consolidée et du capital de la dette flottante ; puis il licencia une partie de l'armée et mit en demi-solde 2.500 officiers.

Il en résulta l'émeute militaire du 18 février 1879 : M. Wilson et Nubar furent insultés, enfermés au Ministère des finances où le Vice-Roi vint les délivrer avec la force armée. Ce dernier, en présence de l'impopularité du Ministère impuissant à calmer les esprits, déclara qu'il prendrait la responsabilité de l'ordre s'il était associé au gouvernement et si Nubar en partait. Nubar s'empressa alors de démissionner.

Mais les deux gouvernements d'Occident quelque peu inquiets, et soupçonnant d'autre part Ismaïl, peut-être non sans raison, d'avoir préparé les événements y compris l'émeute du 18, chargèrent leurs Consuls au Caire de déclarer qu'ils étaient décidés à agir d'accord en ce qui concerne l'Egypte, et qu'ils ne toléreraient aucune modification aux derniers arrangements. Deux bâtiments de guerre, l'un anglais, l'autre français, partirent en même temps pour Alexandrie. Le Khédive se borna dans ces conditions à demander à prendre part au Conseil des Ministres, et comme la chose lui fut refusée, il déclara qu'il laissait aux deux Ministres européens la responsabilité d'un nouvel échec et il persista à refuser la réintégration de Nubar dans le cabinet (1). Les deux Consuls reçurent alors la mission de lui remettre la note suivante, qui met bien en relief la politique du *condominium* envahissante et impérieuse :

« Les soussignés, Agents et Consuls généraux de France et « de Grande-Bretagne, ont été chargés par leurs gouverne- « ments de faire à Son Altesse le Khédive les déclarations « suivantes :

« 1º Les gouvernements français et anglais acceptent « l'expression de la volonté du Khédive de se conformer

_____

(1) *Archiv. diplom.*, 1878-79, II, p. 159 à 169.

7

« aux décisions de la France et de la Grande-Bretagne et
« en prennent acte.

« 2° Il est entendu que dans aucun cas le Khédive ne
« pourra assister aux délibérations du Conseil des Ministres.

« 3° Le prince Tewfik sera nommé Président du Conseil.

« 4° Les deux membres européens du cabinet auront
« conjointement le droit d'opposer un veto absolu à toute
« mesure qu'ils désapprouveraient.

« 5° En considération de ces concessions, les deux gouver-
« nements s'abstiendront d'insister pour la rentrée au
« Ministère de Nubar-Pacha qui déclare lui-même, qu'à
« moins d'une invitation du Khédive, il désire ne plus faire
« partie du cabinet.

« 6° Son Altesse comprendra la sérieuse. responsabilité
« qu'elle assume en provoquant ces nouveaux arrange-
« ments, et la gravité des conséquences auxquelles elle
« s'exposerait si elle ne savait pas en assurer l'entière exé-
« cution, et si des difficultés entravaient la marche du gou-
« vernement, où si l'ordre public venait à être troublé une
« seconde fois » (1).

Le Khédive ne pouvait qu'accéder à ces conditions. C'est
ce qu'il fit le 9 mars, en renouvelant « l'expression de sa
« ferme volonté de se conformer aux décisions des gou-
« vernements français et anglais et de maintenir intact le
« rescrit du 28 août 1878, sauf les modifications dont il
« était convenu » (2). Mais ce que lui même ne pouvait
refuser, il pensa s'en débarrasser par une manifestation des
vœux du pays : vraisemblablement il provoqua cette manifestation, mais on peut croire aussi qu'elle fut en partie
spontanée (3).

(1) Note du 8 mars, *Archiv. diplom.*, 1878-79, II, p. 172.

(2) *Archiv. diplom.*, 1878-79, II, p. 174.

(3) Gabriel Charmes (*Revue des Deux-Mondes*, 1879, XXXIV, p. 778 à
812) assigne à la chute du Ministère européen, outre les diverses causes
que nous indiquons : l'hostilité du Khédive qui ne voulait pas d'un cadastre montrant qu'il n'avait abandonné qu'une partie de ses propriétés ;
l'hostilité de la classe dominante vis-à-vis des Européens qui vivaient
des largesses du Khédive ou l'exploitaient, et aussi l'hostilité des tribunaux mixtes dont la toute puissance se trouvait très diminuée.

Bref le 7 avril, Ismaïl était en mesure de présenter aux Consuls un plan financier à lui remis par les Notables, joint à un manifeste repoussant l'idée de toute banqueroute même partielle et demandant un Ministère indigène, une Chambre élue, et le rétablissement du Contrôle. En même temps il annonçait la démission de Tewfik et son remplacement par Chérif-Pacha.

Les Consuls protestèrent aussitôt, en déclarant au Vice-Roi « qu'ouvrir des négociations au sujet d'un plan finan- « cier que ses Ministres ne connaissaient même pas, ce « n'était plus gouverner *avec et par son Conseil des Minis-* « *tres* » (1) ; tandis que le Khédive installait son Ministère indigène et adressait à Chérif un important rescrit : « Le « plan financier — y était-il dit — préparé par le Ministre « des Finances qui déclare le pays en état de déconfiture, « qui supprime les lois que le pays considère comme « sacrées, qui lèse des droits acquis, a achevé de soulever « contre le cabinet le sentiment national » (2) ; il ajoutait que le nouveau but à atteindre devait être de réaliser le plan financier des Notables, et que le Contrôle serait rétabli.

Tout cela se passait le 7 avril. Le 8, la Commission d'enquête qui n'avait pas interrompu ses travaux démissionnait après avoir signé un rapport (3) constatant la déconfiture de l'Egypte qui se trouvait dans la nécessité absolue de conclure un arrangement avec ses créanciers, fixant à 300.000 livres égyptiennes la dotation du Khédive et de sa famille, demandant la confection d'un cadastre et le remaniement des impôts dans un sens indiqué.

Ce rapport non présenté au Vice-Roi était imprimé et distribué par les soins des Commissaires et aux frais du gouvernement égyptien : Chérif s'empressa de le faire saisir, cependant que, le 22 avril, Ismaïl sanctionnait le projet financier des Notables. La démission de la Commis-

---

(1) Lettre au Khédive, *Archiv. diplom.*, 1878-79, II, p. 199.

(2) *Archiv. diplom.*, 1878-79, II, p. 102.

(3) *Archiv. diplom.*, 1878-79, II, p. 213 à 272.

sion d'enquête avait été acceptée par le Vice-Roi sur la proposition de Chérif dont le rapport avait été très sévère pour ses prédécesseurs surtout en ce qui concerne le projet financier de M. Rivers-Wilson.

C'était un coup d'Etat ; la révolte ouverte contre l'intervention européenne.

Le 25 avril, M. Waddington notre Ministre des affaires étrangères constatait avec amertume : « il est impossible de « ne pas considérer la résolution du Khédive comme un « manque d'égards volontaire envers les deux puissances ». Et de même qu'aux conseils avaient succédé les démarches officieuses et à celles-ci les avis officiels, maintenant, après les conditions imposées, arrivaient les menaces.

Le 3 mai les Consuls de France et d'Angleterre déclaraient en effet au Khédive que la prospérité de l'Egypte, à laquelle les deux nations étaient intéressées, n'était possible qu'avec une direction éclairée, que « si Son Altesse. refusait de « suivre les conseils donnés, en persistant à décliner les « services des Ministres européens mis ·à sa disposition par « la France et l'Angleterre, il ne resterait aux deux puis- « sances qu'à rechercher les moyens les plus propres à « assurer à l'Egypte les conditions d'un bon gouverne- « ment » (1).

Le Khédive protesta aussitôt de sa bonne volonté ; il se défendit d'avoir voulu manquer d'égards envers les puissances et argua de ce qu'il avait simplement cédé à la poussée de l'opinion. Chérif d'autre part répondait à la note en faisant le bilan du précédent Ministère qui avait négligé le Khédive, avait fait des réformes impopulaires et augmenté le désordre dans l'administration, et il concluait : « L'expérience, qui de bonne foi a été faite d'un cabinet « dans lequel entrait comme Ministres des Européens, est « trop contraire au sentiment national pour n'être pas « envisagée comme une innovation des plus dangereuses »(2). C'était un refus net aux demandes anglo-françaises.

(1) Godeaux, Consul au Caire, à Waddington, 5 mai 1879, *Archiv. diplom.*, 1878-79, II, p. 306.

(2) *Archiv. diplom.*, 1878-79, II, p. 317.

Entre temps, le Khédive avait créé un Conseil d'Etat formé d'indigènes et d'Européens, et les puissances avaient protesté contre le décret du 22 avril acceptant le projet financier des Notables.

Les menaces étaient restées sans effet : on eut recours à l'exécution. Le 19 juin les deux Consuls (1) déclarèrent au Khédive que leurs gouvernements l'invitaient à abdiquer en faveur de son fils Tewfik et à quitter l'Egypte ; s'il s'y refusait les deux puissances devaient s'adresser au Sultan, et dans ces conditions on ne lui garantissait plus rien, ni liste civile pour lui, ni succession au gouvernement de l'E-gypte pour les siens (2).

Le Khédive pâlit, paraît-il, en entendant cette sentence. Il en appela à son suzerain. Celui-ci crut sans doute venger les humiliations de 1832 et de 1839 en destituant Ismaïl ; il se faisait simplement l'exécuteur des œuvres détestables des deux puissances occidentales auxquelles l'Allemagne et l'Autriche avaient tenu à honneur de venir se joindre au dernier moment.

Le Khédive déchu avait lui-même préparé sa perte ; ses dépenses exagérées, sa faiblesse, puis sa fermeté trop tardive rendaient presque fatale une telle fin ; il n'en demeure pas moins que sa déposition fut au point de vue du droit un abus inqualifiable, et en politique une faute, de celles qui sont pour longtemps irréparables. Les successeurs d'Ismaïl n'ont pas oublié la leçon de 1879 : ils sont devenus des instruments dociles entre les mains de ceux qui ont cru devoir violer le droit jusqu'au bout. L'Europe, la France tout spécialement, peut admirer maintenant le résultat de sa politique.

D'ailleurs, Ismaïl déposé, de nouvelles difficultés naquirent au sujet des conditions dans lesquelles régnerait son successeur.

Le Sultan avait, en destituant le Khédive, retiré le firman

---

(1) Le 23 juin 1879, les Consuls allemand et autrichien ont fait une déclaration identique.

(2) Waddington à l'Ambassadeur de France à Constantinople, *Archiv. diplom.*, 1878-79, II, p. 366 et 367.

de 1873 (1), et dans sa lettre à Tewfik du 25 juin (2) il spéci-
fiait bien que l'Egypte était une « province partie inté-
« grante de l'Empire Ottoman ».

La France et l'Angleterre protestèrent aussitôt auprès de
la Porte, arguant de ce que le firman de 1873, communiqué
officiellement aux puissances et accepté par elles, avait un
caractère nettement international et ne pouvait être modifié sans le consentement de tous. Le 1ᵉʳ juillet les deux
Ambassadeurs demandèrent avec insistance que le firman
de Tewfik leur fût soumis et ne fût définitivement signé
qu'après avoir été discuté (3). Le 19 ils rejetèrent comme
inacceptable le premier projet de firman (4) que leur présentait Carathéodory-Pacha, ministre des affaires étrangères et qui « réduisait le Khédiviat à l'état de vilayet » (5).

Aux termes de ce texte, le Khédive, tout en étant choisi
parmi les descendants mâles de Méhémet-Ali, aurait été
nommé par le Sultan au lieu d'être investi de plein droit
comme le portait le firman de 1873. Il aurait perdu le droit
d'emprunter, celui de passer des conventions avec les puissances étrangères, si ce n'est pour le règlement des questions pendantes, financières ou non. Le firman indiquait
nettement que les privilèges obtenus par Ismaïl avaient été
accordés non au pays mais à la personne du Prince.

A l'occasion d'une entrevue qu'eurent les deux Ambassadeurs avec Carathéodory, M. Fournier, notre Ambassadeur
à Constantinople, écrivait les lignes suivantes que nous
citons pour bien montrer quelles étaient les vues des différents intéressés : « J'avais déclaré au Ministre des affaires
« étrangères que je ne pouvais quant à moi accepter la dis-
« cussion de son projet de firman, parce qu'il était précisé-

(1) Nous avons vu que ce firman faisait de l'Egypte un véritable Etat,
et que pour cette raison, aussi bien que d'après ses dispositions mêmes,
il était irrévocable.

(2) *Archiv. diplom.*, 1878-79, II, p. 350.

(3) Waddington à Fournier, Ambassadeur à Constantinople, 1ᵉʳ juillet, eod. loc., p. 352.

(4) Projet de firman du 19 juillet 1879, eod. loc., p. 361.

(5) Fournier à Waddington, 20 juillet, cod. loc., p. 359.

« ment ce que nous avions la volonté qu'il ne fût pas. Il fai-
« sait du Khédive un Vali. On lui laissait le titre, non le
« pouvoir. On faisait de l'Egypte une province turque comme
« toute autre ; or les relations de la France, de l'Angleterre,
« de l'Europe avec l'Egypte ne pouvaient admettre le retrait
« d'institutions concédées par la Porte, sur lesquelles les
« rapports avec ce pays s'étaient établis depuis 1866 et 1873,
« et qui arbitrairement révoquées, mettraient en péril un
« nombre considérable d'intérêts de premier ordre présents
« et à venir. J'engageai le Ministre à renoncer à la suppres-
« sion de concessions faites à l'Egypte et non à Ismaïl, et à
« donner l'investiture à son successeur par un firman qui
« se bornerait à se référer au firman de 1873 » (1).

Le 26 juillet, dans une nouvelle conférence entre les Ambassadeurs et Carathéodory-Pacha, il fut convenu que rien
ne serait changé au firman de 1873 en ce qui concernait le
mode de succession, et que le Khédive pourrait désormais
emprunter seulement pour le règlement de la question
financière. Quant aux conventions, il continuerait à pouvoir les conclure librement sauf à les communiquer à la
Porte avant leur promulgation. Enfin dans les titres du
Khédive, au mot Sedaret (Grand Vizir), on devait ajouter,
comme dans le firman de 1873, le mot bilfil (effectif, en
activité) (2).

Un nouveau projet de firman (3) fut en conséquence
préparé à la Porte sur les bases que nous venons d'indiquer.

Pour ce qui concerne la communication au Sultan, avant
toute promulgation, des conventions conclues entre l'Egypte
et les puissances, les deux Ambassadeurs demandèrent que
l'on précisât, et la Porte indiqua que sa sanction ne serait

(1) Fournier à Waddington, 22 juillet 1879, *Archiv. diplom.*, 1878-79, II,
p. 360.

(2) Fournier à Waddington, 26 et 29 juillet 1879, *Archiv. diplom.*, 1878-
79, II, p. 363 et 366.

(3) Projet de firman du 27 juillet 1879, *Archiv. diplom*, 1878-79, II, p.
371. — Martens-Samwer, *Recueil de Traités*, 2º série, VI, p. 508. — *Livre
Jaune*, Egypte, 1880, p. 362.

pas nécessaire pour que de tels actes fussent absolument valables, mais qu'elle entendait déclarer nuls ceux qui pourraient porter atteinte aux traités politiques de la Turquie ou à ses droits souverains sur l'Egypte.

Cette précision faite, le projet de firman du 27 juillet, arrêté d'un commun accord par le Ministre des affaires étrangères du Sultan et les Ambassadeurs de France et d'Angleterre, devint le firman du 30 juillet 1879 (1).

Tewfik a donc succédé à son père Ismaïl le 25 juin 1879. Il s'est empressé le 4 septembre de rétablir le Contrôle avec MM. Baring et de Blignières, en leur donnant les pouvoirs les plus étendus, le droit de siéger au Conseil des Ministres, d'exiger la communication de tous documents et avec cela l'inamovibilité sauf vis-à-vis de leurs gouvernements respectifs (2).

Pour mettre un terme au désordre financier, l'Angleterre et la France ont décidé la réunion d'une commission de liquidation formée d'Européens et d'indigènes. Cette commission, convoquée par décret khédivial du 31 mars 1880, s'est réunie au Caire et a présenté un projet de loi de liquidation que le Vice-Roi a signé sans changement le 17 juillet et qui a rétabli l'ordre dans les finances égyptiennes (3).

Si l'on cherche maintenant à dégager le rôle qu'a joué le droit dans ces affaires financières, on constate qu'il est singulièrement effacé. Plus que partout ailleurs, il est facile en la matière de mettre en relief l'injustice de l'intervention. La doctrine est unanime à la condamner. Plus énergiquement qu'elle encore lord Palmerston l'a repoussée en des termes qui doivent être cités :

« Confier ses capitaux à des gouvernements étrangers — « a écrit l'éminent homme d'Etat — c'est faire une spécula- « tion ; souscrire à un emprunt ouvert par un gouverne- « ment étranger, acheter à la bourse des obligations étran- « gères, c'est une opération commerciale ou financière ; le

(1) *Livre Jaune*, Egypte, 1880, p. 367.

(2) Décret du 15 novembre 1879, *Archiv. diplom*, 1878-79, II, p. 386.

(3) *Livre Jaune*, Egypte, 1880. Toutes les puissances qui ont contribué à la création des tribunaux mixtes ont adhéré à la loi de liquidation.

« risque qui se joint à toutes les opérations de ce genre
« étant également inséparable des souscriptions aux
« emprunts d'Etat, les créanciers ne devaient pas perdre de
« vue l'éventualité de la banqueroute, et ne doivent s'en
« prendre qu'à eux même s'ils perdent leur argent... Il ne
« peut exister pour un gouvernement aucune obligation
« juridique de défendre les intérêts et les droits de ses natio-
« naux à l'égard d'un Etat en déconfiture » (1).

C'est là le langage du bon sens. Quand des spéculateurs
vont se ruiner à l'étranger dans des opérations hasardeuses,
le gouvernement de leur pays n'est pas tenu de leur faire
restituer le montant de leurs pertes ; il ne le doit même pas,
car ce faisant, il sortirait absolument de son rôle. Celui qui
spécule, risque ; et celui qui, ayant risqué, perd est simplement un joueur malheureux ; il n'y a pas là matière à une
question internationale. Contre l'intervention en pareil cas,
point n'est besoin de faire valoir l'argument toujours victorieux du principe d'indépendance des Etats qui doit être
universellement respecté : celui que nous venons de donner
suffit.

Or en Egypte, les créanciers étrangers étaient des spéculateurs ; ils jouaient, et prévoyaient si bien les risques, qu'ils
en faisaient payer au Khédive la prime d'assurance sous la
forme d'intérêts fabuleux. Après cela, dans une affaire où
on eût a peine conçu des pourparlers diplomatiques et où
on alla jusqu'à bouleverser tout l'organisme interne d'un
pays, on ne comprend guère l'attitude des puissances ; en
droit, elle est à condamner radicalement ; mais même en
pratique, on ne peut l'expliquer que par le désir illégitime
de s'implanter en Egypte, chacun bien entendu arrivant
avec le secret espoir d'éliminer un jour les autres.

Et qu'on ne parle pas du consentement du Khédive. Evidemment il a accepté bien des choses, mais il ne pouvait
faire autrement, à moins d'être brisé : ce qui lui est d'ailleurs arrivé à la première velléité de résistance sérieuse.

On pourra dire qu'en droit international, le consentement

---

(1) Dépêche de janvier 1848. Cité par Politis, *Les emprunts d'Etat en
droit international*, p. 19 et 221. — V. également Phillimore, II, p. 10.

même obtenu par violence n'en reste pas moins valable, et on pourra donner en exemple le traité qui vient terminer une guerre et que le vaincu n'est pas libre de refuser. Cela est vrai : mais la guerre est considérée, en principe toujours, comme un moyen légitime, comme la dernière ressource de celui dont les droits sont ou vont être violés ; la guerre en théorie n'est pas tant un acte de brigandage qu'un moyen de police ; c'est un fléau mais il est parfois nécessaire ; nous devons voir en elle, avant tout, un acte de légitime défense.

L'intervention, au contraire, c'est une attaque par définition et une attaque injustifiée venant d'un puissant et visant un faible : acte injuste et acte vil, voilà ce qu'est l'intervention. Sur cette base étayée par un consentement extorqué, qui oserait soutenir qu'on pût fonder quelque chose de bon et de juridique ? la conscience et la raison protesteraient contre une conclusion pareille.

D'ailleurs tout en acquiesçant du bout des lèvres aux réformes qu'on lui imposait, par son attitude et ses actes, le Khédive protestait ; le refus était concomitant de l'acceptation, et cela ôtait à ceci toute valeur. De l'analyse des événements faite plus haut, il ressort bien qu'Ismaïl a toujours cherché à recouvrer son indépendance et l'Europe au contraire à la lui diminuer ; chaque effort fait par le Vice-Roi pour rentrer dans ses droits a servi de prétexte aux puissances pour affermir et étendre leur tutelle ; la question financière prit souvent la seconde place dans les préoccupations des hommes d'Etat.

On peut dire que le Khédive a consenti à l'ingérence européenne, spécialement à l'établissement de cette sorte de protectorat à deux qu'était le *condominium*. Il n'en demeure pas moins que ce consentement incomplet ne pouvait effacer le vice initial de l'intervention puisqu'il procédait de celle-ci, ni par suite créer une situation juridique, mais seulement un état de fait.

L'établissement de la Caisse de la dette, l'organisation du Contrôle, le Ministère européen, la Commission d'enquête, la déposition d'Ismaïl, la loi de liquidation, les firmans postérieurs à celui de 1873 sont des faits, de simples faits ; certains ont résisté aux révolutions et au temps, mais aucune prescription n'a couru pour eux ; le jour où reviendrait le règne du droit en Egypte, il suffirait au Khédive de vouloir, pour faire disparaître aussitôt les derniers vestiges de ce passé.

Veut-on maintenant envisager ce qu'a produit ce *condominium* dont nous venons d'apprécier l'origine et les moyens, on se trouve en présence d'assez piteux résultats.

Si les créanciers, peu intéressants répétons-le, ont vu leur situation s'améliorer, il n'en a pas été de même de l'Egypte. En annihilant l'autorité centrale, on a désorganisé le pays. Un témoin oculaire, M. Monge, gérant du Consulat de France au Caire, dans une dépêche du 3 juillet 1881 à Barthélemy-Saint-Hilaire, alors Ministre des Affaires étrangères, dit : « L'indiscipline n'a fait qu'augmenter dans l'armée. L'anar-« chie fait de rapides progrès dans tout le pays même chez « le fellah. Il y a quelques années l'autorité du Mudir dans « le village était respectée, et personne ne se serait avisé de « lui résister. Aujourd'hui il n'en est plus de même, le Mu-« dir n'a plus d'action sur le fellah » (1).

Le ressort de l'Etat égyptien était brisé. Des difficultés de 1879 l'autorité khédiviale est sortie tellement amoindrie qu'elle a été nulle dans ce qui a suivi ; l'ingérence étrangère a entraîné la révolte militaire et les massacres d'Alexandrie ; ceux-ci à leur tour ont amené l'occupation anglaise.

(1) *Archiv. diplom.*, 1880-81, IV, p. 158.

CHAPITRE IV

La politique anglo-française en Egypte pendant le Ministère Ferry (1).

SOMMAIRE. — *Le Parti National. La manifestation militaire du 1er février 1881. Satisfactions données à l'armée. — Généralités sur la politique de l'Europe en Egypte pendant les années 1881 et 1882. — Déclaration anglo-française du 8 mars : le Khédive peut compter sur l'appui des deux Etats. — Emeute militaire du 9 septembre 1881. — Pourparlers entre Barthélemy-Saint-Hilaire et lord Granville ; ils se mettent d'accord pour engager la Porte à ne pas agir. — Celle-ci n'en envoye pas moins une mission en Egypte. — Note anglo-française au Khédive du 8 octobre. — Deux navires anglais et français se rendent devant Alexandrie et en partent seulement en même temps que la mission ottomane — Politique de l'Angleterre et de la France d'après les dépêches de lord Granville et de Barthélemy-Saint-Hilaire.*

L'année 1880, nous l'avons dit, fut consacrée à régler la question financière : l'apaisement sembla à ce moment s'être fait. Ce n'était qu'une apparence ; en réalité l'hostilité aux étrangers demeurait entière ; les rancunes, en se cachant, s'amoncelaient prêtes à s'unir et à créer quelque mouvement de révolution. Le Parti national, dont on ne parlait pas encore, existait déjà, sinon comme groupe d'hommes organisé, du moins en tant qu'opinion généralement pensée. C'est ce parti, auquel appartenait de cœur le Khédive et dont on a nié bien à tort l'existence et la raison

---

(1) Les textes que nous citerons dans ce chapitre et dans les suivants, d'après les *Archives diplomatiques*, figurent, pour la plus grande partie, dans les Livres Jaunes, dont ils sont extraits.

d'être, sous prétexte qu'il ne renfermait pas la masse inerte des' fellahs mais la classe supérieure et les habitants des villes, qui, au nom de la partie vivante de l'Egypte et pour délivrer le pays, le troubla pendant deux années et le jeta dans les bras de l'Angleterre.

En face des diplomates et des fonctionnaires européens, à côté d'un Khédive humilié et amoindri, il ne restait plus en Egypte après 1879 qu'une force organisée, l'armée : ce fut elle qui incarna, dans sa forme turbulente, dangereuse et inconsciemment antipatriotique, le Parti national, et qui commença l'action.

En janvier 1881 la nomination au grade de colonel d'un Circassien amena une protestation de trois autres colonels arabes. Ceux-ci, emprisonnés sur l'ordre du Ministre de la Guerre, furent délivrés le 1er février par leurs troupes et exigèrent ensuite le renvoi du Ministre, chose qu'on leur accorda aussitôt. Cette première manifestation, dans laquelle se montra en première ligne le colonel Arabi-Pacha, se termina de la sorte par la victoire des manifestants (1).

Pour calmer les esprits, le Khédive crut devoir en outre augmenter la solde des militaires de tout grade et charger une commission d'élaborer un projet de loi sur l'armée (2). Ces mesures produisirent le meilleur effet, mais redoublèrent les exigences des officiers qui manifestèrent le désir de voir l'armée portée à 18.000 hommes, et demandèrent la construction de forts aux environs du Caire et sur les côtes méditerranéennes, puis la réunion d'une Chambre des Notables (3). L'état des finances ne permettait pas de prendre en considération ces demandes, et même le maintien en service des 2.000 officiers qu'Ismaïl avait nommés paraissait impossible. Aussi, quand la commission instituée par le Khédive eut décidé de porter à 18.000 hommes

(1) De Ring, Consul de France au Caire, à Barthélemy-Saint-Hilaire, Ministre des Affaires étrangères, *Archiv. dipl.*, 1880-81, IV, p. 136 et 137.

(2) Monge, gérant du Consulat de France au Caire, à Barthélemy-Saint-Hilaire, 22 avril, *Archiv. dipl.*, 1880-81, IV, p. 143.

(3) Monge à Barthélemy-Saint-Hilaire, 30 mai 1881, *Archiv. dipl.*, 1880-81, IV, p. 150.

l'effectif de l'armée, le Ministre de la Guerre, celui-là même
qui avait été porté au pouvoir par les manifestants de
février, ne crut pas devoir ratifier cette proposition, et dut
démissionner (1).

Dès lors l'audace du parti militaire ne connut plus de
bornes : on hésita de moins en moins à recourir à l'émeute,
on parla sérieusement de déposer le Khédive, les conspira-
tions succédèrent aux intrigues, sans que personne ait paru
songer que l'Egypte était guettée à l'extérieur par d'âpres
convoitises ; tout cela pour en arriver à Tel-el-Kébir, à la
déroute, à l'occupation étrangère.

L'Europe est restée impuissante en face des événements
qu'elle n'a pu arrêter. Dans le passé, les gouvernements
européens s'étaient facilement entendus au sujet des affaires
égyptiennes, et, certainement bien malgré eux, ils en
étaient arrivés à ruiner et à désorganiser un pays riche et
paisible. Quand il fut question de réparer le mal, l'entente
cessa ; non pas d'ailleurs que, par un retour tardif aux
principes, on voulût réprouver toute intervention, au contraire ; seulement les moyens d'action manquaient en
dehors de l'emploi de la force.

Il est facile à un Etat puissant de dicter sa loi à un Etat
faible mais digne de ce nom d'Etat ; la diplomatie est très
à l'aise dans ce rôle : conseils, promesses, représentations,
menaces conduisent au but. On ne peut rien obtenir au contraire d'un groupe en pleine anarchie autrement que par la
violence. Pour rétablir l'ordre en Egypte en 1881, il fallait
une action armée ; elle était nécessaire et légitime ; le Khédive avait perdu toute autorité ; il en était de même et par
contre-coup des Consuls qui n'avaient jamais dirigé les événements que par le Khédive : la diplomatie ne pouvait donc
plus rien.

Le laisser faire eût paru la solution logique pour quiconque blâme l'intervention sans restriction aucune ; mais
qu'en eût-il résulté ? A coup sûr la chute de Tewfik, la formation d'un gouvernement militaire et le massacre des

---

(1) Monge à Barthélemy-Saint-Hilaire, 3 juillet 1881, eod. loc. p. 158.

Européens. L'hypothèse est tellement juste qu'elle s'est réalisée en partie. Or, protéger nos nationaux, c'était un devoir ; les protéger à main armée c'était une nécessité ; l'envoi de troupes en Egypte, dès 1881, c'était un acte de défense légitime, ce n'était pas une intervention ; à la condition bien entendu qu'on se bornât à la protection des intérêts européens. Ajoutons que le Khédive acceptait l'immixtion étrangère qui seule pouvait le préserver à la fois des entreprises des factieux et de celles de la Porte contre sa personne et contre sa couronne : sous ce rapport encore les puissances pouvaient agir sans qu'il y ait intervention.

C'est justement dans ces circonstances que l'Europe, dont l'ingérence dans la vallée du Nil avait été presque constante depuis 1867, se rallia à une politique d'abstention (1). Non pas du reste qu'elle ait voulu se montrer plus généreuse envers une bande de factieux qu'envers un Etat organisé. D'autres mobiles la guidaient.

Si dans la pratique internationale les Etats pensent peu aux droits des autres, ils s'inquiètent fort en revanche de leurs propres intérêts. Or, arriver en Egypte avec des troupes, c'était dans la pensée de chaque gouvernement diminuer ses forces utiles en cas de guerre européenne, c'était irriter la Porte, froisser des susceptibilités, éveiller des craintes, peut-être porter à l'état aigu la question d'Orient et amener une guerre générale.

Tout cela était d'autant plus plausible qu'il était difficile de s'entendre sur le principe d'un envoi de troupes, et très facile de se fâcher au sujet du règlement des détails et de la mise à exécution d'un tel projet. Aussi, au lieu d'agir on discuta : les cabinets échangèrent des dépêches, les diplomates se réunirent à Constantinople. Comme en définitive il n'y avait qu'une solution, l'emploi de la force et qu'à priori on écartait ce moyen, il était fatal que l'Europe se bornât à des discussions oiseuses ; jusqu'au jour où l'Angle-

---

(1) Nous disons abstention, car toutes les démarches faites au Caire devaient fatalement être vaines. Seul un envoi de troupes pouvait amener le rétablissement de l'ordre. Tout ce qu'on put faire en dehors de là équivalait à une abstention.

terre, toujours la plus pratique, voyant que les puissances n'aboutissaient à rien, vraisemblablement bien renseignée sur la valeur des troupes égyptiennes et sur les risques à courir, rassurée sur l'attitude éventuelle de l'Europe dont les divisions étaient une garantie pour elle, certaine que la France s'abstiendrait, crut le moment venu de régler elle-même la question égyptienne et comme bien l'on pense de la régler à son unique profit.

Une seule puissance n'aurait pas hésité, dès le début, à rétablir l'ordre en Egypte par une démonstration militaire. On a pu même penser que, de concert avec le Khédive, elle avait elle-même préparé les désordres pour se donner une raison de les réprimer et en tirer avantage (1). Cette puissance c'était la Turquie, à qui on ne permit pas de poursuivre ses combinaisons.

En janvier 1881, les menées du Parti national, puis en février, la première manifestation militaire avaient causé quelque inquiétude à Paris et à Londres. Notre Consul au Caire, M. de Ring était rentré en France pour s'entretenir avec Barthélemy-Saint-Hilaire de la situation, et en mars, les représentants des deux puissances avaient été chargés d'assurer le Khédive et ses Ministres de l'appui de leurs gouvernements (2).

Tel est le premier remède que l'on trouva pour rétablir l'ordre en Egypte ; mauvais à l'excès, il ne put donner le résultat qu'on en attendait. L'appui de l'étranger était impuissant à relever l'autorité du Khédive, il ne pouvait que le rendre suspect et par conséquent augmenter le désarroi. C'est précisément ce qui arriva : la manifestation du 9 septembre parut surtout être dirigée contre Tewfik.

Il avait été impossible de tenir compte de toutes les exigences du parti militaire ; d'où nouveau mécontentement. Le 9 septembre, les officiers du Caire prirent prétexte d'une mesure déplaçant l'un des régiments de la garnison

(1) Opinion de M. Malet, Consul anglais au Caire (Malet à Granville, 23 septembre 1881, *Archiv. dipl.*, 1880-81, IV, p. 213).

(2) Barthélemy-Saint-Hilaire à Monge, Consul de France au Caire, le 8 mars 1881, *Archiv. dipl.*, 1880-81, IV, p. 141.

pour demander la démission des Ministres. Une véritable émeute suivit. Arabi, à la tête de 2.500 hommes et avec 18 canons, entoura le palais du Khédive et ne se retira qu'après avoir obtenu le renvoi du Ministère et la formation d'un nouveau gouvernement avec Chérif-Pacha. Aux représentations du Consul anglais menaçant Arabi d'une action immédiate des puissances, celui-ci avait répondu que l'armée était assemblée pour défendre par les armes les libertés du peuple égyptien (1).

Ceci ne se passa pas sans grande émotion en Europe ; et la situation parut aux deux principaux intéressés des plus menaçantes. L'Ambassadeur anglais à Paris, M. Adams, fut chargé par lord Granville d'en entretenir Barthélemy-Saint-Hilaire, et il déclara à celui-ci que « le gouvernement « de Sa Majesté Britannique attachait une grande impor-« tance à ce que, dans la crise qui se déroulait, les deux « cabinets maintinssent une attitude pacificatrice et cal-« mante » (2).

Le Ministre français, qui partageait cette manière de voir, répondit : « Il n'y a pas de crise que la France et l'Angle-« terre ne puissent surmonter si elles restent unies, et elles « le seront étroitement dans celle que traverse aujourd'hui « l'Egypte » (2).

Les deux interlocuteurs envisagèrent ensuite les divers moyens dont on pouvait user en l'espèce : Barthélemy-Saint-Hilaire se déclara prêt à se concerter à ce sujet avec lord Granville ; il fit allusion à l'établissement d'un contrôle militaire franco-anglais ; en revanche, craignant une occupation définitive de l'Egypte et une agitation dangereuse dans le monde musulman du nord de l'Afrique, il se montra nettement hostile à un envoi de troupes turques dans la vallée du Nil, du moins aussi longtemps que les deux cabinets alliés ne le provoqueraient pas. (3).

(1) Cookson, gérant du Consulat anglais au Caire, à lord Granville, 10 septembre 1881, *Archiv. dipl.*, 1880-81, IV, p. 161.

(2) Barthélemy-Saint-Hilaire à Challemel Lacour, 11 septembre 1881, *Archiv. dipl.*, 1880-81, IV, p. 171.

(3) Adams à lord Granville, *Archiv. dipl.*, 1880-81, IV, p. 175.

8

Lord Granville reconnaissait le bien fondé de ces craintes, mais elles le touchaient moins, son pays n'étant pas puissance musulmane en Afrique; aussi admettait-il qu'il deviendrait peut-être nécessaire de laisser agir la Turquie. Il fit savoir à Paris qu'il ne verrait aucun inconvénient à ce que le Sultan envoyât auprès du Khédivé, pour le soutenir ou le conseiller, un général turc, si du moins c'était aussi l'avis de la France (1). Barthélemy-Saint-Hilaire préféra s'en tenir à ce qu'il avait déjà dit, et il déclara à M. Adams que la « suze-« raineté du Sultan sur l'Egypte était reconnue par la « France et l'Angleterre, mais que pour lui, il était opposé « à demander au Sultan d'exercer ses pouvoirs comme « suzerain à moins que cela ne soit absolument nécessaire. « ... Il préférait de beaucoup l'idée, qu'il avait déjà « exprimée, d'un contrôle militaire commun avec un géné-« ral français et un général anglais... » (2).

Sur ce dernier point il ne paraît pas que lord Granville ait répondu, et son silence peut être interprété dans le sens d'un refus. Pour le surplus, il se rallia à la manière de voir du gouvernement français et, sur ses instructions, lord Dufferin Ambassadeur à Constantinople, tout en assurant le Sultan du « désir du gouvernement anglais de maintenir le *statu quo* en Egypte sans autre restriction à ses droits souverains » (3), lui conseilla le 15 septembre de ne pas expédier de troupes, et laissa entendre le 19 à la Porte que l'envoi au Caire d'un général turc serait aussi mal vu à Londres qu'à Paris.

Ali-Fuad délégué par le Sultan n'en partit pas moins le 2 octobre, chargé d'apporter au Khédive l'approbation de celui-ci pour ses derniers actes ; lord Dufferin dut en manifester à la Porte toute la surprise de son gouvernement et, en

(1) Granville à Adams, 12 septembre, *Archiv. dipl.,* 1880-81, IV, p, 176.

(2) Adams à Granville, *Archiv. dipl.,* 1880-81, IV, p. 177. — Chérif-Pacha devenu premier ministre venait de faire le même jour une démarche, auprès des Consuls anglais et français au Caire, pour les prier d'intervenir auprès de leurs gouvernements en vue d'éviter une occupation ottomane.

(3) Granville à Dufferin, eod. loc., p. 188.

même temps que son collègue français, la prier d'abréger autant que possible le séjour en Egypte de l'envoyé otto-man et de son escorte.

L'Angleterre et la France étaient donc toujours parfaite-ment d'accord. Le 15 septembre Barthélemy–Saint-Hilaire avait écrit à son représentant au Caire M. Sienkiewicz : « ... Soutenez avec énergie Chérif–Pacha et l'autorité du « Khédive, en vous tenant toujours d'accord avec les repré- « sentants de l'Angleterre » (1).

Lord Granville avait de son côté, le 29 septembre, renou-velé à notre Chargé d'affaires à Londres l'expression de son désir « d'agir en étroite et cordiale coopération avec la France », et ses actes étaient parfaitement en conformité avec ses paroles (2). Ce fut lui-même qui rédigea la note adoptée par le gouvernement français dont les deux Consuls, MM. Malet et Sienkiewicz, don-nèrent le 8 octobre 1881 lecture au Khédive : « Nous « avons reçu des instructions de nos gouvernements « pour aider Son Altesse le Khédive à maintenir l'indépen- « dance de l'Egypte telle qu'elle est établie par les firmans des « Sultans, et on désire que nous intervenions, en cas de néces- « sité, pour restreindre toute tentative de contrôle de la part « des envoyés turcs, au sujet de l'action du Ministère pour « essayer de rétablir la confiance dans le pays et la disci- « pline dans l'armée » (3).

La Porte ne tenait d'ailleurs aucun compte des observa-tions des deux puissances, et ses délégués poursuivaient leur mission.

Pour appuyer l'action de leur propre diplomatie, les cabinets de Londres et de Paris décidèrent d'envoyer chacune un vaisseau de guerre devant Alexandrie, ce qui émut grandement Chérif-Pacha qui manifesta des craintes au sujet de l'ordre. La Porte protesta énergiquement, mais il lui fut répondu que les deux cuirassés arrivés en Egypte

---

(1) *Archiv. dipl.*, 1880-81, IV, p. 184.

(2) Granville à Lyons, Ambassadeur à Paris, *Archiv. dipl.* 1880-81, IV, p. 200.

(3) Malet à Granville, *eod. loc.*, p. 242.

étaient destinés à protéger éventuellement les Européens, et qu'ils partiraient seulement le jour où le Sultan rappellerait Fuad-Pacha. La Porte se résigna. Le 18 octobre les envoyés turcs partirent du Caire ; le surlendemain les deux cuirassés quittaient à leur tour Alexandrie.

Les cabinets de Londres et de Paris avaient, pendant cette première période de l'époque que nous envisageons, pris bien soin d'indiquer nettement la politique qu'ils entendaient suivre et suivaient en Egypte. Lord Granville s'en était expliqué le 4 octobre avec Musurus-Pacha, ambassadeur ottoman. « Nous sommes désireux, avait-il dit, d'agir « dans une cordiale entente avec la France relativement « aux affaires d'Egypte. Quelles que soient les rumeurs ou « les impressions qui puissent exister, nous n'avons aucun « désir de faire des démarches en vue d'une occupation ou « d'une annexion du pays par l'Angleterre, encore moins « désirons nous le voir occupé par une autre puissance. « Nous avons à cœur de maintenir le *statu quo* et de « soutenir les droits du Sultan, mais nous nous opposerions « à toute tentative pour l'extension de ses droits, ou leur « emploi à la diminution de l'autonomie égyptienne, ainsi « qu'à toute ingérence de sa part dans l'administration « intérieure de l'Egypte » (1).

Le 18 octobre lord Granville parlait au prince Lobanow, Ambassadeur de Russie, dans des termes identiques, et il ajoutait : « Des circonstances pourraient surgir il est vrai « qui amèneraient un changement de politique nécessaire ; « mais en l'état de choses actuel, et à moins d'un change- « ment matériel dans la situation, nous poursuivrons la « même politique » (2).

Plus nette encore était la dépêche du 4 novembre 1881 à M. Malet (3) : « ..... La politique du gouvernement de la « Reine à l'égard de l'Egypte n'a d'autre but que la prospé- « rité du pays et le plein développement de la liberté qui

(1) Granville à Dufferin, *Archiv. dipl.*, 1880-81, IV, p. 231.

(2) Granville à F. Thornton, Ambassadeur à Saint-Pétersbourg, cod. loc., p. 281.

(3) *Archiv. dipl.*, 1880-81, IV, p. 291 à 293.

. « lui a été conférée par les différents firmans du Sultan, et
« dont le dernier est celui de 1879..... Il paraît à peine
« nécessaire de s'appesantir sur notre désir de conserver à
« l'Egypte la jouissance du degré d'indépendance que lui
« ont garanti les firmans du Sultan. Le gouvernement de
« l'Angleterre se mettrait en opposition avec les traditions
« les plus chères de l'histoire nationale, s'il venait à avoir
« le désir de diminuer cette liberté, ou de faire modifier les
« institutions qui lui doivent leur origine.....

'« Le lien qui unit l'Egypte et la Porte est, à notre avis,
« une précieuse sauvegarde contre toute intervention étran-
« gère. Si ce lien était rompu, l'Egypte pourrait, dans un
« avenir très rapproché, se trouver exposée à des dangers
« causés par des ambitions rivales. Nous visons donc à
« maintenir ce lien tel qu'il existe aujourd'hui. L'unique
« circonstance, qui pourrait nous forcer à nous départir de
« la ligne de conduite ci-dessus indiquée, serait l'apparition
« d'un état d'anarchie en Egypte. Nous nous fions au
« Khédive, à Chérif-Pacha et au bon sens du peuple égyptien,
« pour empêcher pareille catastrophe ».

M. Malet était invité à remettre copie de cette dépêche au
Ministre des Affaires étrangères, tout « en lui faisant savoir
« qu'elle avait été écrite pour dissiper tous les doutes qui
« auraient pu s'élever au sujet des intentions du gouver-
« nement de la Reine. »

M. Barthélemy-Saint-Hilaire, de son côté, avait indiqué
nettement, dans sa dépêche du 17 octobre à M. Sienkiewicz (1),
dépêche que nous citons en entier et dont nous ne partageons
pas l'optimisme, quelle était dans la question égyptienne
l'attitude des deux puissances et la raison d'être de cette
attitude :

« J'ai lu vos dernières dépêches avec grande attention et
« avec un vif intérêt. La prépondérance incontestable de la
« France et de l'Angleterre en Egypte tient à des causes
« d'une force irrésistible.

« La France a, dans ce pays, comme dans toute cette

(1) Archiv. dipl., 1880-81, IV, p. 276.

« partie de l'Orient, des traditions séculaires, qui lui ont
« constitué un prestige et une autorité qu'elle ne peut pas
« laisser s'amoindrir. A la fin du siècle dernier, notre expé-
« dition, moitié scientifique, moitié militaire, a ressuscité
« l'Egypte qui, depuis lors, n'a pas cessé d'être l'objet de
« notre sollicitude et de celle de l'Europe. C'est un officier
« français qui a organisé l'armée égyptienne. Sous Méhé-
« met-Ali en 1840, la France risquait une guerre euro-
« péenne pour soutenir les droits du Vice-Roi. Quinze ans
« après, elle a entrepris et achevé en quelques années le
« Canal de Suez qui a ouvert une voie nouvelle au com-
« merce de l'univers ; et le développement prodigieux du
« trafic, qui y passe déjà, prouve combien cette œuvre était
« utile. Enfin la France a, sur toutes les parties du sol
« égyptien, une colonie très nombreuse qui a droit de
« compter sur la protection la plus efficace.

« L'Angleterre a, de son côté, une position qui sans être
« identique n'en est pas moins considérable. Si sa colonie
« n'est pas, à beaucoup près, aussi nombreuse, si sa part
« n'est pas aussi importante dans l'œuvre du Canal de Suez,
« c'est elle qui en forme presque toute la clientèle, puisque
« ses bâtiments de toute sorte qui y passent composent à
« peu près les 4/5 du trafic total. De plus, le Canal, qui joint
« la Méditerranée à la Mer Rouge, est désormais pour la
« Grande-Bretagne la voie indispensable qui la met en
« rapport avec cette incomparable colonie de 250.000.000 de
« sujets qu'elle possède dans les Indes.

« On peut donc dire que la France et l'Angleterre, tout en
« ayant en Egypte des intérêts de nature fort différente, y
« ont pourtant des intérêts égaux, et de là vient pour les
« deux pays la nécessité impérieuse de s'accorder pour la
« défense de ces intérêts. Les deux puissances protectrices
« de l'Egypte ne sauraient lui manquer sans se manquer
« essentiellement à elles-mêmes, sans manquer à la civili-
« sation et à l'humanité.

« Ces vérités, qui doivent éclater à tous les yeux, se mani-
« festent depuis quelques années par la restauration
« inespérée des finances égyptiennes, à laquelle les deux

« puissances ont concouru dans une égale proportion. Les
« Contrôleurs généraux anglo-français ont rétabli le crédit
« et fait renaître une confiance qui promet, à un pays
« presque ruiné, une prospérité de plus en plus étendue.
« Pour les créanciers européens de l'Egypte, c'est une
« fortune qu'ils n'attendaient plus. Ces créanciers sont
« surtout anglais et français, mais les autres nations avaient
« pris part aussi aux emprunts de l'Ex-Khédive, et par
« conséquent, ce ne sont pas l'Angleterre et la France
« seules qui profitent de ces excellents résultats.

« Cet exemple de la restauration financière n'est pas le
« seul que l'on puisse citer, mais il suffit pour démontrer
« tout ce que peut produire la bonne intelligence de deux
« nations puissantes et civilisées, si elle s'applique, avec la
« même énergie et la même impartialité, à d'autres objets et
« à d'autres branches de l'administration publique.

« Ces considérations supérieures et décisives doivent tra-
« cer aux agents de la France et de l'Angleterre la ligne de
« conduite qu'ils ont à suivre, dans leurs rapports mutuels
« et dans leurs rapports avec le gouvernement khédivial.
« Bien comprises et bien appliquées, elles doivent prévenir
« bien des luttes et adoucir bien des froissements qui peu-
« vent naître dans les affaires et les incidents de chaque
« jour.

« Le but auquel doivent tendre les agents des deux pays,
« c'est de toujours maintenir la balance égale et de faire à
« la concorde indispensable tous les sacrifices qu'elle exige.
« Il faut tâcher que, dans tous les services auxquels partici-
« pent les Anglais et les Français, la part soit identique
« autant que possible, et quand, par la nature des choses,
« elle ne peut pas l'être, il faut au moins que des compensa-
« tions équitables rétablissent l'équilibre. Il ne doit pas y
« avoir de rivalités ; il ne doit y avoir qu'un concours sym-
« pathique et une émulation qui rapprochent les personnes,
« loin de les diviser.

« Les deux nations, outre leurs intérêts propres, ont un
« devoir éminent à remplir envers le peuple égyptien ; et
« pour elles ce doit être là une obligation sérieuse pour

« s'unir de plus en plus étroitement. On ne peut se dissi-
« muler que, depuis plus de soixante ans que la civilisation
« pénètre sous toutes les formes en Egypte, elle y a déposé
« des germes qui s'accroissent de jour en jour et qui ne
« peuvent manquer de se développer. Il ne nous serait pas
« aisé de juger d'ici, quelle est au juste la puissance de ces
« aspirations légitimes, ni comment on pourrait les satis-
« faire. Mais ces aspirations sont trop réelles, et à certains
« égards trop justifiées, pour qu'on puisse les négliger, ni
« surtout songer à les étouffer.

« Ce qu'est précisément le parti dit national en Egypte,
« de quels éléments il se compose, quelles sont ses deman-
« des raisonnables, comment peut-on y faire droit, c'est là
« ce que doivent spécialement nous apprendre nos agents
« qui, placés sur les lieux, voient les choses de plus près, et
« sont les seuls à les bien voir ; c'est une étude à laquelle
« vous vous appliquez avec le zèle le plus intelligent et qui
« vous mettra à même de nous fournir les lumières qui nous
« manquent. La réunion des Notables, qui aura lieu dans
« deux mois, vous offrira une occasion précieuse dont vous
« saurez faire usage.

« Mais quels que soient les progrès qu'à faits l'Egypte
« depuis un demi-siècle, il est de la dernière évidence que,
« pour se gouverner elle-même, elle a besoin longtemps
« encore de la tutelle de la France et de l'Angleterre. Par
« elle seule, elle ne pourrait surmonter les difficultés de tout
« genre qui s'opposent à sa régénération et qui ne peuvent
« pas disparaître au gré de désirs impatients et peu ré-
« fléchis.

« La réforme sera longue et pénible ; mais si quelque
« chose peut en hâter la marche et en garantir le succès,
« c'est certainement l'intervention de deux peuples fort éclai-
« rés, dont l'expérience peut tant profiter à un peuple moins
« avancé. C'est un rôle que la France et l'Angleterre ont
« assumé déjà en partie et qu'elles sont forcées d'assu-
« mer tous les jours davantage. Plus l'Egypte sera riche,
« tranquille, régulièrement administrée, plus les deux
« nations qui lui auront procuré tous ces biens seront enga-

« gées à continuer leur œuvre. La prospérité de l'Egypte
« n'a rien d'incompatible avec la coopération de la France
« et de l'Angleterre ; et c'est dans cette prospérité même,
« qu'elle pourra trouver plus tard l'indépendance adminis-
« trative à laquelle elle vise. »

Notre Ministre était certainement trop optimiste dans ses
appréciations sur le rôle joué par les deux puissances en
Egypte. La tutelle étrangère, nous devons le constater, avait
été plutôt malfaisante. Quoi qu'il en soit la France entendait la continuer, pour conserver l'influence qu'elle avait
depuis longtemps dans ce pays et pour protéger plus efficacement ceux de ses nationaux qui s'y étaient établis.

Quant à l'Angleterre, son rôle se bornait à s'accoler à la
France pour ne pas la laisser seule maîtresse dans la vallée
du Nil. Voir l'armée turque débarquer en Egypte ne lui
aurait pas déplu ; elle y eût gagné sans doute d'être délivrée
d'un gros souci. Mais elle préféra se ranger à l'avis de la
France pour ne pas perdre son amitié, rester à côté d'elle en
Egypte pour mieux veiller ainsi sur l'avenir. Toutefois, en
repoussant l'intervention turque, elle ne voulut pas que les
droits de la Porte parussent méconnus.

Sa note du 4 novembre est un programme net et sincère ;
en proclamant son respect pour les droits du Sultan, l'Angleterre entendait conserver, fortifier cet obstacle à une
annexion de l'Egypte par notre pays ; elle consolidait ainsi
une barrière qui devait évidemment se dresser devant elle,
comme devant les autres Etats : indice certain qu'elle était
bien plus préoccupée des ambitions de la France que des
siennes propres.

En 1881 la France convoitait peut-être l'Egypte. L'Angleterre ne pensait qu'à détourner les convoitises de son alliée,
et sûre que cette dernière ne permettrait jamais son établissement dans la vallée du Nil, elle avait mis de côté toute
ambition personnelle. Telle était la situation, pour ce qui
concerne la question égyptienne, au moment où tomba le
ministère Ferry.

CHAPITRE V

La politique anglo-française en Egypte sous le Ministère Gambetta

SOMMAIRE. — *Gambetta et la politique de l'action.* — *Hésitations de lord Granville.* — *Note anglo-française au Khédive du 7 janvier* 1882. — *Protestation de la Porte et réponse des gouvernements alliés.* — *Effet produit par la note en Egypte. Le Khédive manifeste l'intention d'y répondre pour en repousser les termes et l'esprit. Le parti national la critique sévèrement. La Chambre des Notables réclame le droit de voter le budget.* — *L'accord entre Lord Granville et Gambetta sur la politique à suivre en Egypte n'était qu'apparent. Le malentendu éclate à la chute du Grand Ministère.*

Quand Gambetta arriva au pouvoir, en novembre 1881, les difficultés égyptiennes parurent devoir rentrer, grâce à son énergie, dans la période des solutions.

Le Ministre français se hâta de proposer à l'Angleterre de rechercher avec la France les moyens les plus propres « soit à prévenir une crise s'il était possible d'en empêcher « l'explosion, soit à y remédier si elle était inévitable » (1). Le meilleur de ces moyens consistait d'après lui à soutenir, même par la force, le gouvernement de Tewfik et à dire bien haut que ce dernier pouvait être assuré de l'appui des deux puissances.

Lord Granville, hostile à toute intervention armée, répondit assez froidement qu'il entendait marcher d'accord avec la France, mais qu'il lui paraissait grave de discuter sur

---

(1) Gambetta à Challemel Lacour, Ambassadeur à Londres, 15 décembre 1881, *Livre Jaune*, Egypte, 1881-82, III, p. 3.

les mesures à prendre en cas d'événements et que c'était là hâter le péril au lieu de le conjurer ; tandis que Gambetta, insistant, proposait d'assurer au moins le Khédive de l'appui des deux gouvernements, afin « d'affirmer, avec « plus de précision encore que par le passé, la ferme volonté « de la France et de l'Angleterre de rester unies à l'avenir, « comme elles l'étaient dans le présent, pour parer à toutes « les complications que l'on pourrait redouter de voir se « produire en Egypte » (1).

C'est vraiment à ce moment là que naît le désaccord entre les deux puissances occidentales. Elles restaient décidées à agir de concert et ne se suspectaient pas davantage que par le passé : seulement alors que le gouvernement français désirait une action en Egypte, l'Angleterre y était radicalement opposée. La politique de Gambetta était celle d'un homme énergique qui n'entendait pas reculer devant les exécutions nécessaires ; celle de lord Granville était la politique d'un homme prudent ; il ne voulait pas se lancer dans des aventures et entendait se borner aux conseils, aux avis, voire même aux menaces, mais sans aller plus loin. L'entente devenait donc impossible : si elle parut durer ce ne fut qu'une apparence.

La dernière proposition de Gambetta ne fut acceptée que sous condition. Lord Granville n'y adhéra qu'en précisant nettement, dans une entrevue avec Challemel Lacour, « que les instructions communes n'entraîneraient aucun « engagement d'action effective, et qu'elles auraient pour « but unique d'exercer une action morale sur le Khédive, « en l'assurant une fois de plus de l'accord des deux puis- « sances » (2) ; en même temps il faisait préciser, par son Ambassadeur à Paris lord Lyons, qu'« il ne devait pas être « considéré comme s'engageant par là à quelque mode « particulier d'action, si une action devenait nécessaire » (3).

(1) Gambetta à Challemel Lacour, 30 décembre 1881, *Livre Jaune*, Egypte, III, p. 4

(2) Challemel Lacour à Gambetta, 6 janvier 1882, *Livre Jaune*, Egypte, III, p. 22.

(3) Lord Lyons à Gambetta, 6 janvier, cod. loc. p. 23.

Notre Ministre des affaires étrangères prit acte le lendemain de l'adhésion de l'Angleterre : « ..... nous constatons
« avec plaisir que le gouvernement de la Reine ne se
« réserve que sur le mode d'action à employer par les deux
« pays, le jour où l'action serait jugée nécessaire, et c'est
« une réserve qui nous est commune » (1).

C'est dans ces conditions que la note du 7 janvier 1882,
rédigée par Gambetta et acceptée par lord Granville, fut
remise au Khédive par les deux Consuls. Cette note était
ainsi conçue :

« Les gouvernements de France et d'Angleterre considè-
« rent le maintien de Son Altesse sur le trône, dans les
« conditions consacrées par les firmans des Sultans et que
« les deux gouvernements ont officiellement acceptées,
« comme pouvant seul garantir, dans le présent et pour
« l'avenir, le bon ordre et le développement de la prospérité
« générale en Egypte, auxquels la France et l'Angleterre
« sont également intéressées. Les deux gouvernements,
« étroitement associés dans la résolution· de parer, par
« leurs communs efforts, à toutes les causes de complications
« intérieures et extérieures qui viendraient à menacer le
« régime établi en Egypte, ne doutent pas que l'assurance
« publiquement donnée de leur intention formelle ne
« contribue à prévenir les périls que le gouvernement du
« Khédive pourrait avoir à redouter, périls qui d'ailleurs
« trouveraient certainement la France et l'Angleterre unies
« pour y faire face ; et ils comptent que Son Altesse elle-
« même puisera dans cette assurance la confiance et la
« force dont elle a besoin pour diriger les destinées du
« peuple et du pays égyptien » (2).

La note du 7 janvier n'eut pas l'importance que lui attribuait son promoteur. Son premier effet fut de susciter les
protestations de la Porte. Le Ministre des Affaires étrangères du Sultan qui, dès le 6 janvier, avait été informé de ce
qui se préparait à Paris, avait laissé entendre à notre

---

(1) Gambetta à lord Lyons, 7 janvier, *Livre Jaune*, cod. loc. p. 24.

(2) Gambetta a Sienkiewicz, Agent et Consul général de France au
Caire, 7 janvier 1882, *Livre Jaune*, Egypte, III, p. 27.

Ambassadeur à Constantinople que l'envoi de la Note ne paraissait pas justifié par les circonstances, et que son Maître verrait avec plaisir qu'il ne fût pas donné suite à ce projet (1). Gambetta fit répondre que la Porte interprétait mal le caractère de la manifestation anglo-française annoncée, qui avait pour unique objet de fortifier l'autorité des firmans en vertu desquels gouvernait Tewfik (2).

Les Ambassadeurs ottomans à Paris et à Londres n'en firent pas moins une démarche auprès des deux gouvernements alliés ; ils représentèrent que l'état de l'Egypte était prospère et tranquille, et que partant, rien ne justifiait l'attitude qui venait d'être prise par les deux cabinets occidentaux ; enfin que, dans tous les cas, leurs observations au Khédive eussent dû être faites par l'intermédiaire de la Porte.

Gambetta répondit qu'il n'avait eu d'autre souci que le maintien du *status quo* et que, ne voulant rien introduire de nouveau en Egypte, il avait pensé inutile d'avoir recours à la Turquie ; au surplus, il laissa entendre que la prospérité de l'Egypte était due aux arrangements financiers dans lesquels la France et l'Angleterre étaient parties, et que celles-ci, par suite, devaient veiller à leur conservation quelque peu menacée par les prétentions des Notables. Il se déclara d'ailleurs prêt à donner, « après les faits accomplis », communication officielle de la Note à la Turquie, si le cabinet anglais n'y voyait pas d'inconvénient. Finalement, il ne cacha pas à Essad-Pacha son mécontentement des observations de la Porte ; il insista sur les tendances que celle-ci témoignait depuis quelque temps et qui étaient de nature, si elles s'aggravaient, à altérer ses bons rapports avec ses alliés les plus anciens ; enfin il exprima ses regrets et ses appréhensions au sujet de la voie dans laquelle la Porte paraissait vouloir s'engager (3).

(1) Tissot, Ambassadeur à Constantinople, à Gambetta, 6 janvier, *Livre Jaune*, Egypte, III, p. 21.

(2) Gambetta à Tissot, 7 janvier 1882, *Livre Jaune*, Egypte, III, p. 28.

(3) Gambetta aux Ambassadeurs de France à Londres et Constantinople, et à M. Sienkiewicz, 18 janvier 1882, *Livre Jaune*, Egypte, III, p. 60.

« La France et l'Angleterre n'ont cessé d'invoquer l'auto-
« rité des firmans — écrivait-il le 20 janvier à M. Tissot,
« Ambassadeur à Constantinople,— et c'est en somme l'œu-
« vre de la Porte qu'elles défendent en annonçant leur ferme
« volonté de maintenir les situations acquises contre toutes
« les compétitions. On ne comprend pas que le gouverne-
« ment turc ait pu prendre ombrage d'une déclaration aussi
« conservatoire et aussi conforme au langage qu'il a tenu
« lui-même à différentes reprises. Une démarche qui ne
« visait à aucune innovation, et qui, vu les circonstances,
« devait être accomplie promptement, ne comportait pas
« une procédure aussi détournée que celle que la Porte eût
« souhaité nous voir employer » (1).

Lord Granville partageait, sur cette question, l'opinion de
Gambetta, et il fut décidé que les représentants des deux
puissances à Constantinople répondraient à la Porte par
une déclaration identique dont les termes restèrent à
déterminer (2).

Au Caire, l'effet produit par la Note ne fut pas celui qu'on
attendait. L'opinion voulut y voir « une appréciation défavo-
« rable de la Chambre des Notables, un acte de défiance vis-
« à-vis du Parti national, et une menace d'intervention injus-
« tifiée » (3). Le gouvernement du Khédive manifesta l'intention d'y répondre pour en contester l'opportunité (4), ce
qui donne la mesure du plaisir avec lequel il reçut à ce
moment les assurances protectrices des deux puissances
alliées. Rien ne fut modifié en Egypte ; les événements
continuèrent à se précipiter ; la Chambre des Notables
demanda le droit de voter le budget, ce qui était un coup
droit à la France et à l'Angleterre.

En effet, depuis le 18 novembre 1876, le budget était préparé par le Conseil des Ministres, assisté des deux Contrôleurs comme conseillers financiers, et ces derniers avaient la

(1) Gambetta à Tissot, 20 janvier, *Livre Jaune*, Egypte, III, p. 65.

(2) Gambetta à Challemel Lacour, 24 janvier, eod. loc., p. 85.

(3) Sienkiewicz à Gambetta, 10 janvier 1882, *Livre Jaune*, Egypte, III, p. 29.

(4) Sienkiewicz à Gambetta, 11 janvier, eod. loc., p. 31.

haute main sur le budget, puisque le Khédive pouvait toujours renvoyer les Ministres qui leur faisaient de l'opposition. Avec le nouveau mode proposé au contraire, le dernier
mot devait rester à la Chambre irresponsable qui naturellement était décidée à voter le budget sans tenir compte
des observations des Contrôleurs : c'était la suppression
indirecte du Contrôle que les délégués égyptiens proposaient
en définitive, en réponse à la note du 7 janvier.

. En dehors de la Chambre, la situation n'était pas non plus
améliorée, et s'il faut en croire M. Sienkiewicz lui-même, le
trouble était partout (1). L'armée était en pleine révolte,
Arabi conservait son attitude de factieux, la plus complète
mésintelligence existait entre le Khédive, le Ministère et la
Chambré. Le Parti national se prononçait de plus en plus.
chaque jour contre Tewfik, à qui l'on ne pardonnait pas
d'être le protégé des deux puissances occidentales.

La Note était restée sans effet ; elle n'avait effrayé personne et, moins que tout autre, Arabi qui admettait bien la
possibilité d'une intervention des grandes puissances, mais
considérait comme impossible une intervention franco-
anglaise (2). Le seul résultat acquis, c'est qu'on avait décon-
sidéré un peu plus le Khédive aux yeux de ses sujets.

Ainsi la diplomatie française paraissait avoir subi un
piteux échec: les réalités étaient encore bien au-dessous
des apparences. Nous nous rappelons les réserves faites
par l'Angleterre au moment de l'envoi de la Note ; Gambetta ne leur avait pas donné toute l'importance qu'elles
méritaient; elles ôtaient toute valeur à la manifestation
solennelle du 7 janvier.

Les deux gouvernements étaient peut-être sincères quand
ils parlaient de leur complet accord ; ce qui est certain, c'est
que cet accord n'existait pas dans la réalité des choses. On
dut s'en rendre compte à Londres, le jour où l'on émit l'idée
de rédiger une seconde note explicative de la première,
idée qui fut assez mal accueillie par Gambetta, lequel

(1) Sienkiewicz à Gambetta, 17 janvier 1882, *Livre Jaune*, Egypte, III,
p. 52.

(2) Sienkiewicz à Gambetta, 18 janvier., eod. loc. ,p. 59.

constata que ou bien une seconde note répèterait celle du
.7 janvier et serait inutile, ou bien elle la contredirait et
serait alors un encouragement direct aux adversaires de
l'ordre de choses établi en Egypte (1).

L'entente était cependant désirée des deux côtés : « il me
« semble à présent indispensable qu'aucune divergence ne
« puisse être relevée dans le langage des agents des deux
« puissances au Caire » écrivait Gambetta le 13 janvier à
Challemel Lacour. Et d'autre part lord Granville déclarait à ce dernier le 16 « qu'il attribuait la plus grande im-
« portance à ce que l'entente de la France et de l'Angleterre
« soit non seulement réelle, mais apparente » (2).

En fait, les deux gouvernements pensaient qu'il fallait
avant tout conserver le Contrôle et par suite empêcher tout
empiètement de la Chambre des Notables sur les pouvoirs
des Ministres et de leurs collaborateurs européens. Ils ne
s'entendaient que sur cette question et sur la nécessité de
faire croire à leur entente.

Sur le point capital, les mesures à prendre en cas d'événements graves, éventualité que l'on pouvait craindre
chaque jour étant donné l'état des esprits au Caire et d'ailleurs dans toute l'Egypte, les divergences de vue, en dépit
des apparences, étaient complètes.

A Paris, il ne fut plus possible de conserver de doutes à
cet égard après le 17 janvier. La veille Challemel Lacour
avait vu lord Granville, et de son entretien avec le Principal
Secrétaire d'Etat il rapportait des impressions plutôt pessi-
mistes (3) : « Il est à peu près certain aujourd'hui pour moi,
« — écrivait-il à Gambetta — que, si le cabinet de Londres
« a envisagé l'éventualité d'une action effective des deux
« puissances à l'appui de la note collective, ç'a été en défini-
« tive pour l'écarter. La réserve formulée d'abord par lord
« Granville et dont je vous avais communiqué le sens par

(1) Gambetta à Challemel Lacour, 13 janvier 1882, *Livre Jaune*, Egypte,
III, p. 34.

(2) Challemel Lacour à Gambetta, 16 janvier, eod. loc., p. 51.

(3) Challemel Lacour à Gambetta, 17 janvier 1882, *Livre Jaune*, Egypte,
III, p. 58.

« mon télégramme du 6 courant, réserve qui ne nous avait
« pas paru absolument conforme aux termes dans lesquels
« lord Lyons vous avait notifié le même jour l'adhésion du
« Principal Secrétaire d'Etat à votre projet, exprimait réelle-
« ment la vraie pensée du gouvernement de la Reine. Lord
« Granville entendait en effet, que la note collective ne
« devait être considérée que comme un engagement pure-
« ment platonique, qui n'impliquait la promesse d'aucune
« sanction. Lorsque j'ai exprimé, comme vous m'en aviez
« chargé, à lord Granville, combien vous aviez été touché du
« bon vouloir avec lequel il s'était prêté à la démarche que
« vous lui proposiez de faire en commun, il m'a dit *qu'il*
« *n'avait jamais pensé que la note proposée par vous pût*
« *être d'aucune utilité,* mais il avait tenu à vous donner
« un témoignage du désir qu'avait le gouvernement anglais
« de se montrer d'accord avec la France ».

Gambetta avait estimé, non sans raison, que si les deux
puissances voulaient maintenir leur situation en Egypte, il
leur fallait agir avec énergie. Jusqu'au dernier moment, il
avait cru que l'Angleterre, malgré ses résistances visibles,
finirait par le suivre dans cette voie, et entre les deux
réponses de lord Granville, l'une transmise par Challemel
Lacour, l'autre par lord Lyons, réponses identiques, mais
différemment comprises par les deux Ambassadeurs, il
s'était seulement attaché à la dernière plus favorable à ses
vues, et il faut bien le reconnaître plus officielle.

Or si celle-là disait, que « les instructions communes
« n'entraîneraient aucun engagement d'action effective, et
« qu'elles avaient pour unique but d'exercer une action
« morale sur le Khédive » (1), celle-ci disait seulement que
le gouvernement de Sa Majesté « ne devait pas être con-
« sidéré comme s'engageant à quelque mode particulier
« d'action, si une action devait être trouvée nécessaire » (2).

Gambetta pensait donc que, le jour où il serait urgent de
prendre une décision ferme, on pourrait discuter sur le

---

(1) Challemel Lacour à Gambetta, 6 janvier 1882, *Livre Jaune*, Egypte,
III, p. 22.

(2) Lord Lyons à Gambetta, 6 janvier, eod. loc., p. 23.

9

mode d'action à choisir, mais que, sur le principe d'action, l'accord était déjà chose faite. C'est ainsi que pour justifier la nature pacifique de la Note, il faisait remarquer « qu'il « n'y était parlé d'aucun projet immédiat d'intervention « armée, l'état des choses restant ce qu'il était » (1) ; ce qui impliquait bien qu'il fallait y sous-entendre au moins des visées d'immixtion armée pour plus tard.

M. Sienkiewicz pensait absolument de même quand il écrivait : « ... la moindre démonstration de la part des « Européens peut donner lieu à de graves complications,... « quoi qu'il en soit, nous devons être prêts pour toutes les « éventualités que la note du 7 janvier avait en vue » (2).

Gambetta s'était trompé, ainsi que nous venons de le voir d'après les explications de Challemel Lacour ; l'explosion de la vérité le laissait dans un étonnement extrême, et le 20 janvier, dans une lettre à M. Tissot, il répétait encore : « Cependant lord Lyons a été beaucoup moins « réservé dans sa lettre du 6, où il n'écartait pas l'hypothèse « d'une action ultérieure, et dans l'entretien qu'il a eu « avec moi le 17 par suite des ordres de lord Granville » (3).

Que voulait l'Angleterre ? Elle n'avait encore sur l'Egypte aucune visée personnelle et exclusive. Seulement, à une action anglo-française, elle préférait de beaucoup une action commune des grandes puissances (4). Son désir était toujours de marcher d'accord avec la France, n'eût-ce été que pour la contenir.

Lord Granville n'avait pas perdu une occasion de manifester hautement ses intentions à cet égard ; il avait approuvé la note du 7 janvier pour être agréable à Gambetta, et le vague dans les réserves faites, sans doute

---

(1) Gambetta à Challemel Lacour, 13 janvier 1882, *Livre Jaune*, Egypte, III, p. 34.

(2) Sienkiewicz à Gambetta, 17 janvier 1882, eod. loc., p. 53.

(3) Gambetta à Tissot. 20 janvier 1882, eod. loc., p. 63.

(4) Opinion de M. Sienkiewicz d'après ses conversations avec sir Malet, Consul général anglais : Dépêche à Gambetta, 21 janvier 1882, *Livre Jaune*, Egypte, III, p. 81. — Et Challemel Lacour à Gambetta, 24 janvier, eod. loc., p. 84.

voulu, ne devait avoir d'autre but que de cacher un désaccord qui existait en réalité et ne devait pas paraître. Le
Ministre anglais ne voulait pas de l'emploi de la force, parce
qu'il en avait comparé les périls aux avantages à en retirer,
avantages à peu près nuls, puisqu'il eût fallu les partager
avec la France. Un *condominium*, dans l'esprit du gouvernement anglais, ne devait pas valoir une expédition armée.

C'est que jamais on n'aurait cru, à ce moment-là, qu'il suffirait de débarquer une poignée d'hommes pour mettre en
déroute l'armée égyptienne, dont la réputation restait établie depuis Méhémet-Ali. L'Angleterre croyait encore à la
force de l'Egypte ; et elle n'était pas la seule. Voici en effet
ce qu'écrivait à Gambetta, le 29 janvier, M. Sienkiewicz,
Agent et Consul général de France au Caire :

« Sans revenir sur les difficultés de toutes sortes que sou-
« lèverait ou entraînerait une intervention, il n'est pas su-
« perflu de rappeler, qu'en Egypte même, elle pourrait ren-
« contrer des obstacles plus sérieux peut-être qu'on ne le
« croit généralement. Les esprits sont en ce moment telle-
« ment surexcités et familiarisés même avec l'idée d'une
« lutte contre l'étranger, que l'on devrait, selon toute appa-
« rence, s'attendre à une résistance, dans le cas surtout où
« ce seraient des troupes françaises ou anglaises qui débar-
« queraient en Egypte. Déjà tout un plan de défense est
« arrêté ; des officiers supérieurs inspectent les forts de la
« côte et se distribuent les commandements. Que le fana-
« tisme s'en mêle, et les colonies étrangères, sauf celle d'A-
« lexandrie, pourraient se trouver dans une situation péni-
« ble. Le moment est donc très défavorable à une interven-
« tion par cela seul que l'on s'apprête à la repousser. Ce n'est
« guère que dans le cas où toutes les grandes puissances
« s'accorderaient à reconnaître qu'une intervention est né-
« cessaire, qu'elle pourrait avoir lieu dans des conditions
« avantageuses » (1).

M. Sienkiewicz ne dépeignit à Gambetta la situation sous
ce jour, qu'au moment où ce dernier quitta le Ministère ;

_____

(1) Sienkiewicz au Ministre des Affaires étrangères à Paris, 29 janvier
1882, *Livre Jaune*, Egypte, III. p. 95.

on peut se demander pourquoi notre représentant au Caire attendit la chute de son Chef pour lui donner sa véritable pensée, d'ailleurs radicalement erronée, mais en contradiction formelle avec ce qu'il lui avait laissé croire jusque-là.

Quoi qu'il en soit, l'Angleterre, sans doute renseignée dans les mêmes termes par M. Malet, sur la force toute d'apparence, on le vit bien à Tel-el-Kébir, de l'armée égyptienne, s'affermit dans ses idées de non-intervention.

Gambetta, voyant que la situation empirait au Caire, chargea, le 23 janvier, Challemel Lacour de pressentir lord Granville sur le point de savoir si le moment n'était pas venu de se concerter et de prendre certaines mesures d'action « exigées par un état de choses qui ne s'améliorait pas en « se prolongeant » (1). Lord Granville répondit à Challemel Lacour qu'il voulait d'abord causer avec Gladstone de la situation, mais il eut l'occasion de dire que « toutes les « combinaisons étaient également mauvaises », ce qui était en définitive un refus de participer à une politique d'action. Notre Ambassadeur ne put que lui répondre, « que « sans doute on pourrait faire à tout des objections, mais « que la pire des combinaisons serait certainement celle qui « admettrait une intervention quelconque, soit des puissan- « ces, soit de la Porte, au détriment de l'influence anglo- « française » (2).

Gambetta avait défini ainsi le but de sa politique en Egypte : « Elle se résume dans le maintien de l'organisation « actuelle du pays, soit au point de vue de l'équilibre finan- « cier, que les puissances sont résolues à défendre après « l'avoir péniblement affermi, soit au point de vue du régi- « me politique et des situations acquises, qu'il s'agit de pro- « téger contre les compétitions intérieures ou extérieures, « et dont le maintien nous paraît lié aux intérêts généraux « de l'Egypte et du peuple égyptien » (3).

(1) Gambetta à Challemel Lacour, 23 janvier 1882, *Livre Jaune*, Egypte, III, p. 82.

(2) Challemel Lacour à Gambetta, 25 janvier, cod. loc., pp. 86 et 87.

(3) Gambetta à Sienkiewicz, 17 janvier 1882, *Livre Jaune*, Egypte, III, p. 56.

Gambetta avait compté beaucoup sur l'effet moral de la Note, pour maintenir le *statu quo* et consolider l'ordre de choses établi ; ensuite, il avait pensé user de la force, de concert avec l'Angleterre, le jour où il serait nécessaire d'y recourir. Il laissait le pouvoir après un double échec immérité : son énergie n'avait rien amélioré en Egypte, et n'avait eu d'autre résultat que le désaccord avec l'Angleterre. Et pourtant sa politique était la bonne. Il n'y avait qu'un seul moyen de trancher les difficultés égyptiennes, c'était l'action énergique ; mais il fallait pour cela le concours de l'Angleterre, si du moins on voulait éviter de graves complications. Tout autre mode de conduite semblait devoir mener l'Egypte à l'anarchie : on ne pensait pas encore, même pas à Londres peut-être, qu'à l'anarchie succèderait l'occupation anglaise.

CHAPITRE VI

Les événements d'Egypte du 1ᵉʳ Février au 1ᵉʳ Juin 1882. Politique de M. de Freycinet et des puissances.

SOMMAIRE. — *La politique de M. de Freycinet : pas d'action armée ; pas d'intervention turque.*

La Chambre des Notables déclare qu'elle votera le budget. Elle refuse sa confiance au Ministère Chérif qui démissionne. — Arabi, Ministre de la Guerre. — Lord Granville propose une action même armée de l'Europe. Ses motifs. M. de Freycinet accepte, mais réserve la question d'action armée. Pourparlers entre les cabinets de Paris, de Londres et du Caire. — Complot des officiers circassiens. Manifestation ministérielle du 10 Mai. — Décisions prises par les deux puissances. Notes des 14, 15 et 19 Mai. — Démission des Ministres. — L'anarchie au Caire.

Politique de la Porte. Son attitude lors du complot des officiers circassiens, puis lors de l'envoi devant Alexandrie de la flotte combinée. — Elle discute d'abord dans les chancelleries, puis elle intrigue au Caire. Télégramme ottoman du 21 Mai au Khédive.

Politique des quatre puissances (Allemagne, Autriche, Italie, Russie). — Leur attitude en présence des différents actes des deux puissances.

Au 31 Mai, M. de Freycinet propose à lord Granville la réunion d'une conférence internationale.

Il n'est pas possible de caractériser d'une façon précise cette période. Pendant ces quelques mois, l'Europe attend, intéressée, peut-être anxieuse ; la Turquie continue à tenir son rôle d'éternelle protestataire toujours éconduite, de byzantine toujours dupée ; l'Egypte se traîne lamentablement du désordre à l'anarchie, de l'anarchie à la révolution ; la France renonce à la politique de Gambetta et devient tout à fait hostile à une action armée ; l'Angleterre gagne tout ce que perd sa rivale et alliée, elle prépare habilement l'avenir et aura bientôt sa récompense. Rien encore ne fait prévoir l'issue des difficultés égyptiennes, mais on doute de plus en plus qu'elle ne soit favorable à la France.

Le premier acte de M. de Freycinet fut d'abandonner de la façon la plus nette la manière de voir de son prédécesseur, pour se rallier à celle de lord Granville. Le mot d'ordre ne fut plus d'agir mais de temporiser.

Notre nouveau Ministre des Affaires étrangères en décida ainsi, dès la première entrevue qu'il eut le 3 février 1882 avec l'Ambassadeur d'Angleterre lord Lyons. Il se fit préciser l'opinion de lord Granville sur la Note, telle que nous la connaissons déjà (1), et il déclara que, lui aussi, répugnait à toute action militaire, et qu'il réservait expressément l'adhésion du gouvernement français à toute proposition d'immixtion armée.

D'autre part, comme Gambetta, M. de Freycinet se déclara opposé à l'envoi éventuel de troupes turques en Egypte. Finalement il tomba d'accord avec son interlocuteur sur trois points principaux, qu'il indiquait ainsi à son Ambassadeur à Londres : « 1º Nous réservions notre adhésion à « toute action effective ultérieure ; 2º nous répugnions à « l'emploi de moyens coercitifs ; 3º nous étions contraires « à l'envoi de troupes turques en Egypte » (2).

Toute trace de dissentiment disparaissait donc entre les deux gouvernements, et le complet accord des premiers jours réapparaissait.

_____

(1) Lord Lyons dit que lord Granville « avait entendu expressément réserver non-seulement le mode d'action, si une action ultérieure était jugée nécessaire, mais le principe même de toute action ; qu'en d'autres termes le gouvernement anglais n'avait pas voulu s'engager d'avance à une action matérielle quelconque ». — De Freycinet à Challemel Lacour, 3 février 1882, *Livre Jaune*, Egypte, 1882, III, p. 115.

(2) De Freycinet à Challemel Lacour, 3 février, *Livre Jaune*, Egypte, 1882, III, p. 116.

Lord Granville, voyant que M. de Freycinet était tout à fait décidé à maintenir l'entente, accentua du coup sa politique qui, nous l'avons déjà dit, avait consisté seulement jusque là à marcher avec la France pour la gêner dans son expansion en Egypte et l'arrêter le jour où elle deviendrait inquiétante. S'il ne pensa pas, à ce moment, à lui substituer dans la vallée du Nil son propre pays, il trouva l'heure venue de l'en écarter suffisamment pour la rendre inoffensive ; son moyen fut de remplacer l'influence française par l'influence de l'Europe tout entière dans laquelle la première s'enliserait. Il prit pour prétexte les agissements de la Chambre des Notables.

Celle-ci venait de voter un projet de règlement qui lui donnait le droit d'approuver le budget et éliminait par suite le Contrôle, les deux Contrôleurs devant désormais, si le règlement devenait définitif, se trouver seulement en présence d'une Chambre irresponsable, sur laquelle il leur serait impossible d'avoir aucune autorité et qu'ils ne pourraient faire renvoyer par le Khédive, comme les Ministres, le jour où elle refuserait de s'incliner devant leurs conseils.

La Chambre ne s'était pas bornée d'ailleurs à cette manifestation platonique ; elle tenait à ce que son projet fût approuvé par le Khédive, et elle répondait au Président du Conseil Chérif-Pacha, qui invoquait les conventions internationales, que « les puissances étrangères n'avaient, en aucune « façon, à s'immiscer dans les affaires intérieures du pays ». Cela fait, elle déclarait à Chérif qu'il n'avait plus sa confiance ; celui-ci, « pour éviter au Khédive le désagrément « d'une nouvelle manifestation militaire » (1), donnait sa démission ; et dans la nouvelle combinaison, le portefeuille de la guerre ainsi que celui de la marine étaient confiés à Arabi.

Lord Granville proposa donc d'entrer en pourparlers avec les puissances, pour étudier la meilleure conduite à suivre au sujet des affaires d'Egypte, sur les bases suivantes : « maintien des droits du Souverain et de ceux du Khédive

_____

(1) Sienkiewicz à de Freycinet, 2 février 1882, *Livre Jaune*, Egypte, III, p. 114.

« en Egypte, aussi bien que des libertés du peuple égyptien
« telles qu'elles sont garanties par les firmans du Sultan, et
« d'autre part, stricte observation des engagements inter-
« nationaux du pays. » Il ne repoussait même plus toute
pensée d'action comme auparavant, et déclarait que « si cette
« éventualité venait à se produire, le désir du gouvernement
« de Sa Majesté britannique serait que l'intervention repré-
« sentât l'action collective de l'Europe et que dès lors le Sul-
« tan fût partie dans toute mesure ou discussion » (1).

Pourquoi le noble lord, si hostile à une action anglo-française, ne trouvait-il aucun inconvénient à une action européenne ? Il faut selon nous rechercher la cause de cette contradiction apparente, dans le fond même de la politique
anglaise.

Dans la vallée du Nil, l'Angleterre contenait la France,
rien de plus ; elle ne voulait pas que l'Egypte devînt une
autre Tunisie, et elle estimait n'avoir rien à gagner à une
expédition dont elle aurait fait les frais avec sa rivale.
Mais elle eût vu avec plaisir l'Europe la remplacer dans son
rôle de contre-poids ; elle y eût trouvé toutes sortes d'avantages ; moins de soucis, moins d'occasion de brouilles ou de
querelles, meilleur espoir de voir l'influence française s'a-
moindrir et disparaître. Sans compter, et cette idée apparaît bien dans la proposition de lord Granville, qu'on pouvait espérer se décharger sur la Turquie des corvées
ennuyeuses et coûteuses, faire batailler en Egypte, dans
l'intérêt de tous, les troupes ottomanes, et peut-être même
créer par contre-coup des difficultés à la France, en Algérie
et en Tunisie, ce qui occuperait celle-là, et laisserait à sa
voisine d'outre-Manche le champ plus libre dans la sphère
internationale.

M. de Freycinet s'empressa d'accepter la proposition de
lord Granville ; il fut entendu, entre lui et lord Lyons, que
« nous réservions notre adhésion à toute intervention mili-
« taire en Egypte, et que cette question devrait être exa-

---

(1) Résumé d'un télégramme du comte Granville à lord Lyons, daté
du 6 février 1882, communiqué le 7 février à M. de Freycinet, *Livre Jaune*,
Egypte, III, p. 122-3.

« minée le jour où la nécessité d'une telle intervention
« serait démontrée » (1).

Quoi qu'il en soit, on allait de suite s'adresser aux puissances, et quelles que dussent être les décisions à prendre,
il était clair qu'elles seraient arrêtées, non plus par les
deux seuls Etats occidentaux, mais par l'Europe : la France
renonçait ainsi à la situation exceptionnelle qu'elle avait
eue jusque-là en Egypte.

Certes M. de Freycinet pensait différemment sur ce point;
il estimait que l'appel à l'Europe ne diminuerait en rien le
rôle de la France, et voici comment il s'exprimait le 12 mai
à la Chambre des députés :

« Nous sommes préoccupés, et nous l'avons toujours été,
« de conserver à la France la situation particulière, la situa-
« tion privilégiée qu'elle a en Egypte, l'influence prépondé-
« rante que lui ont acquise les concours de toute nature
« qu'elle a prodigués à ce pays depuis plus d'un siècle, l'in-
« fluence que lui assure la présence d'une colonie française
« qui porte haut et ferme et avec dignité le drapeau de la
« patrie.

« ... Mon premier soin, vous devez le penser, a été de me
« mettre immédiatement en rapport avec l'Angleterre, sans
« laquelle la France n'est pas habituée à marcher en Egypte,
« parce que, depuis de longues années, un accord intime
« s'est établi entre les deux puissances, et que jusqu'ici, je
« n'hésite pas à le dire, cet accord a porté les meilleurs
« fruits...

« A côté de cet accord intime avec l'Angleterre, nous
« emploierons également la voie du concert européen. Nous
« estimons que lorsque les faits qui s'accomplissent en
« Egypte prennent une importance de nature à avoir un
« retentissement sur l'équilibre européen — car il n'est pas
« indifférent, vous le sentez bien Messieurs, que l'Egypte
« soit aux mains de telle ou telle puissance — lorsque les
« faits qui s'accomplissent en Egypte ont des conséquences
« manifestement politiques, et que ces conséquences peu-

---

(1) De Freycinet à Challemel Lacour, 8 février 1882, *Livre Jaune*,
Egypte, III, p. 125.

LA QUESTION D'ÉGYPTE 139

« vent influer sur l'équilibre entre Etats, nous estimons que
« c'est le concert européen qui doit prononcer ; nous croyons
« qu'il ne serait point juste et qu'il serait imprudent que
« ces questions fussent discutées et réglées en dehors du
« concert de l'Europe.

« Nous sommes donc disposés à nous entendre avec les
« grandes puissances, pour la solution de la question égyp-
» tienne, comme nous nous sommes entendus sur toutes
« les questions qui ont nécessité une modification plus ou
« moins considérable dans l'état des choses en Orient.

« N'ayez nul souci, Messieurs, des conséquences que peut
« avoir cette consultation européenne. Les grandes puis-
« sances sont unanimes à reconnaître que la situation de la
« France et de l'Angleterre est prépondérante en Egypte ;
« elles le reconnaissent, elles le proclament, et elles ne font
« aucune difficulté à abandonner aux deux cabinets de
« Londres et de Paris la direction de cette politique. C'est
« donc un fait qui est aujourd'hui acquis — et ce fait a son
« immense portée au point de vue de la tranquillité future
« — c'est un fait acquis, dis-je, dans la solution de la ques-
« tion égyptienne, que l'avis de la France et de l'Angleter-
« re, d'accord entre elles, devra prévaloir. Loin donc qu'il y
« ait un embarras ou un inconvénient quelconque, dans
« cette consultation suprême de l'Europe, nous y trouve-
« rons au contraire une grande force pour faire face à tou-
« tes les éventualités qui pourraient se produire » (1).

Les événements ont démontré depuis, à quel point étaient
illusoires les espérances de notre Ministre des affaires
étrangères.

D'ailleurs du 8 février, date de l'entente sur le principe
de l'appel aux puissances, au 11 mai, jour où étaient
prononcées les paroles plus haut citées, les événements
avaient marché en Egypte et nécessitaient, si du moins
les deux Etats alliés ne voulaient pas voir disparaître
leurs privilèges, des mesures immédiates.

La Chambre des Notables avait persisté dans ses vues

(1) Séance du 11 mai à la Chambre des Députés. *Journal officiel*, 12
mai, Chambre, p. 569.

premières. Elle réclamait le droit de voter le budget, et permettait seulement aux Contrôleurs de participer, avec voix délibérative, à sa préparation confiée à une commission formée d'un nombre égal de Ministres et de Députés (1). Toutefois, elle renonçait au « droit de discuter le « tribut dû à la Porte, le service de la dette publique, ou « n'importe quelle obligation de l'Etat résultant de la dette, « ou de la loi de liquidation, ou encore des conventions con- « clues entre les puissances étrangères et le gouvernement « égyptien » (2).

Rien n'était donc changé, déclarait aux Consuls Mustapha-Fehmi, Ministre des affaires étrangères : les puissances continuaient à n'avoir rien à démêler dans l'administration intérieure, et « le règlement enlevait d'une façon absolue, au « vote de la Chambre, tous les crédits nécessaires au service « de la dette publique » (3). Tel n'était pas tout à fait le cas, s'il faut en croire les Contrôleurs qui ne partageaient pas cet optimisme.

Ils firent remarquer que le Contrôle n'avait pas à s'occuper seulement des revenus affectés, car alors il eût fait double emploi avec la Caisse de la Dette : « La véritable raison « d'être du Contrôle, déclarèrent-ils, est d'éviter, par une « action sur la marche générale de l'administration, le retour « des crises financières dont les créanciers auraient inévita- « blement à souffrir, malgré l'affectation à leurs créances de « gages spéciaux » (4). Ils n'adhérèrent au projet que sous réserve, et en revendiquant « le droit d'émettre leur opinion, « sur toutes les questions d'administration intérieure qui « touchent aux intérêts financiers du pays » (5).

(1) Article 35 du règlement de la Chambre des Délégués égyptiens, *Livre Jaune*, Egypte, III, p. 135 — et Note de Mustapha-Fehmi, Ministre des Affaires étrangères du Khédive, à MM. Sienkiewicz et Malet du 8 février 1882, eod. loc., p. 138.

(2) Article 34 du règlement de la Chambre des Délégués. *Livre Jaune*, Egypte, III, p. 135.

(3) Note de Mustapha-Fehmi aux Consuls, *Livre Jaune*, Egypte, III, p.138.

(4) Note des Contrôleurs aux Consuls du 12 février 1882, eod. loc., pp. 139 et 140.

(5) Note des Contrôleurs à Mahmoud-Pacha-Sami, Président du Conseil égyptien, 8 février, eod. loc, p. 140,

Le Président du Conseil s'empressa de répondre en acceptant sans réserve cette manière de voir : il y avait eu malentendu ; certainement, aux termes du décret du 15 novembre 1879, les Contrôleurs avaient en matière financière « les « pouvoirs d'investigation les plus étendus sur tous les servi- « ces publics, et le Ministère avait formellement promis de « veiller à la stricte et fidèle exécution des dispositions « législatives dont faisait partie le décret et qui réglaient la « dette du pays » (1).

Vaincu sur le terrain diplomatique, le Parti national essayait de préparer sa revanche sur un autre terrain. Les armements continuaient; la création de deux nouveaux régiments portait à 15,800 hommes les forces de l'armée khédiviale.

En mai, de nouvelles difficultés naissaient, avec le prétendu complot contre Arabi des officiers circassiens, qui étaient condamnés à la dégradation et à l'envoi au Soudan. La Porte en prenait prétexte pour s'immiscer dans les affaires égyptiennes ; le Khédive, sollicité en sens divers par tout le monde, usait de son droit de grâce, suivant l'avis des Consuls et malgré l'opposition de son Ministère, qui du coup entrait en révolte déclarée contre lui (2).

Le 10 mai, une véritable révolution se faisait au Caire ; le Ministère, accusant Tewfik d'être le jouet aussi bien des puissances que de la Porte, en complet désaccord avec le Khédive et ne voulant pas démissionner, se permettait, contrairement aux lois et à tous les usages, d'en appeler au pays et de convoquer la Chambre qui se prononcerait. La conséquence à peu près fatale de cette manifestation paraissait devoir être la déchéance du Khédive (3) ; celui-ci se borna à protester contre l'irrégularité de la mesure.

En présence de ces événements, on ne pouvait guère plus se contenter de discuter sur ce qu'il conviendrait de faire

(1) Mahmoud-Pacha-Sami aux Contrôleurs généraux, 9 février 1882 *Livre Jaune*, Egypte, III, p. 141.

(2) *Livre Jaune*, Egypte, IV, p. 48 à 61.

(3) Sienkiewicz, Agent et Consul général de France au Caire, à de Freycinet, 10 mai 1882, *Livre Jaune*, Egypte, IV, p. 63.

plus tard, sur le mode d'action le plus pratique et le
plus commode, ni même d'échanger des vues avec les diverses puissances plus ou moins intéressées : il fallait agir au
plus tôt ; l'influence européenne en Egypte était en jeu et
peut-être même aussi la sécurité des Européens.

La première mesure à prendre, c'était d'arrêter les éléments turbulents du Parti national en les intimidant ; la
seconde c'était d'écarter la Porte ; la troisième consistait
à atteindre ce double but autant que possible sans dangers et sans dépenses. M. de Freycinet se chargea de préparer la combinaison qui devait combler tous ces _desi-
derata_, et le 12 mai, il fut en mesure de la soumettre à lord
Granville.

Les deux Etats enverraient chacun six navires suffisamment légers pour qu'ils pussent pénétrer dans le port
d'Alexandrie ; trois au moins des bâtiments français arri-
veraient avec un nombre égal de vaisseaux anglais, « de
manière à ce que l'accord complet des deux pays éclatât à
tous les yeux ». On soutiendrait le Khédive autant qu'il
serait possible ; les deux Consuls ne reconnaîtraient que lui
comme autorité légale, et n'entreraient en relations avec
un gouvernement de fait, que dans la mesure où cela serait
indispensable pour assurer la sécurité des Européens.

On pouvait prévoir, qu'en présence d'une telle attitude, la
Porte protesterait, peut-être même agirait ; pour éviter une
pareille éventualité, on devait « l'inviter à s'abstenir quant
à présent de toute intervention ou ingérence en Egypte », et
prier les différents gouvernements d'insister à Constantinople dans le même sens.

Ce n'était pas tout : il pourrait arriver que la démonstration franco-anglaise restât sans effet, et dût être complé-
tée par des mesures d'exécution ; dans ce cas, on ne se servirait ni de troupes françaises ni de troupes anglaises, mais
on débarquerait un contingent ottoman, cela bien entendu
en dehors de toute immixtion turque, les troupes, chargées
éventuellement de rétablir l'ordre en Egypte, devant y opérer sous le contrôle des deux puissances, pour un but et
dans des conditions que celles-ci se chargeraient de déterminer.

Quant au projet de lord Granville tendant à envoyer au Caire trois généraux, un anglais, un français et un ottoman, pour améliorer la situation, M. de Freycinet estimait qu'il manquait d'opportunité : ou bien les commissaires, disait-il, auraient un mandat en blanc, et ce serait dangereux pour les deux gouvernements ; ou bien on leur donnerait des instructions précises, et outre que la rédaction en serait délicate, il faudrait les communiquer aux puissances, en vue d'un concert général ; cela prendrait du temps, et il était indispensable d'agir vite (1).

Lord Granville ne fit aucune difficulté pour accepter les propositions de M. de Freycinet ; il ne voulut y ajouter qu'une chose, que n'accepta du reste pas ce dernier, c'était de prier les puissances de faire représenter leur pavillon dans la manifestation navale devant Alexandrie. On voit qu'il restait fidèle à sa politique : multiplier le nombre des intervenants en Egypte pour diminuer l'action de la France. M. de Freycinet, en donnant à la Turquie, dans ses propositions du 12 mai, le rôle que nous venons d'indiquer, comblait d'ailleurs les vues du Ministre anglais dont la satisfaction dut être sans réserve. Lord Salisbury n'avait cessé, depuis le début des difficultés égyptiennes, de préconiser l'appel au Sultan, nous l'avons vu dans ses pourparlers avec Barthélemy-Saint-Hilaire et avec Gambetta ; il conservait toujours sa manière de voir. Sa proposition d'envoyer en Egypte trois commissaires, dont un ottoman (2), procédait de cette politique.

A ce propos, dans une conversation avec lord Lyons, M. de Freycinet avait eu occasion de demander au représentant de l'Angleterre si on se bornerait à user de l'influence morale de la Porte, et si son gouvernement était décidé à répudier nettement, d'accord avec la France, toute immixtion ottomane ; et lord Lyons, revenant quelques jours après apporter la réponse de lord Granville, avait déclaré que ce-

(1) De Freycinet à Tissot, Ambassadeur de France à Londres, 12 mai 1882. *Livre Jaune*, Egypte, 1882, IV, p. 69 et s.

(2) Tissot à de Freycinet, 24 avril 1882, *Livre Jaune*, Egypte, 1882, IV, p. 45.

lui-ci ne souhaitait pas une action turque, mais ne voulait pas cependant se lier les mains sur ce point, car si la
nécessité d'une telle action apparaissait, « tout en recon-
« naissant l'intervention turque mauvaise, il pensait qu'elle
« le serait moins qu'une autre, et que dès lors il convien-
« drait de ne pas se l'interdire » (1). Au 12 mai, M. de Freycinet, tout au moins en apparence, avait fini par se rallier à
la manière de voir de lord Granville.

L'entente établie sur un programme déterminé, il s'agissait d'en appliquer les données. Les deux gouvernements
commencèrent par envoyer à la Sude les bâtiments qui devaient aller ensuite croiser devant Alexandrie. Les Contrôleurs reçurent l'ordre de n'assister au Conseil des Ministres
que s'ils y étaient convoqués, de ne pas prendre part aux
délibérations, et de se borner à entendre ce qui s'y dirait,
afin d'en informer, par l'intermédiaire des Consuls, leurs
gouvernements respectifs (2). Enfin il fut envoyé, à MM. Malet et Sienkiewicz, deux notes identiques.

La première note, du 14 mai, concernait Arabi : il devait
être averti que « si l'ordre était troublé, l'Angleterre, la
« France, l'Europe et la Turquie seraient contre lui et le
« tiendraient pour personnellement responsable ; que si au
« contraire, il demeurait fidèle au Khédive, sa personne et
« ses actes seraient jugés avec indulgence » (3). La seconde
note, du 15 mai, était destinée à avertir les deux Consuls des
décisions prises, et à intimider en même temps les partisans du désordre ; elle était ainsi conçue : « Une escadre
« anglo-française se réunit à la Sude et entrera bientôt à
« Alexandrie. Nous nous réservons d'employer tels autres
« moyens que nous jugerons nécessaires pour faire respec-
« ter l'ordre et maintenir l'autorité du Khédive. Vous vous
« concerterez avec votre collègue, pour faire de ce télé-

(1) De Freycinet à Tissot, 4 mai 1882, *Livre Jaune*, Egypte, IV, pp. 49
et 50.

(2) De Freycinet à Sienkiewicz, 12 mai 1882, *Livre Jaune*, Egypte, IV,
p. 71.

(3) Tissot à de Freycinet et de Freycinet à Tissot, 14 mai 1882, eod.
loc., pp. 81 et 84.

« gramme l'usage que les circonstances vous paraîtront
« demander » (1).

. Les deux gouvernements pensaient bien d'ailleurs qu'il
ne serait pas nécessaire de recourir aux mesures d'exécution ; les deux amiraux, commandant les flottes alliées,
devaient agir avec la plus grande circonspection, et le
Ministre de la Marine de France avait ainsi formulé ses instructions à l'amiral Conrad : « Une fois arrivé à Alexandrie,
« vous vous mettrez en communication avec le Consul
« général, qui vous indiquera, s'il y a lieu, ce que vous pour-
« rez avoir à faire pour donner un appui moral au Khédive.
« Vous vous abstiendrez, jusqu'à instructions contraires, de
« tout acte matériel de guerre, à moins que vous ne soyez
« attaqué ou que vous n'ayez à protéger la sécurité des Eu-
« ropéens » (2).

L'effet produit au Caire, par l'attitude des deux puissances,
fut excellent. Sans doute l'annonce de l'arrivée de l'escadre
combinée produisit une vive excitation parmi les officiers ;
mais elle parut être un sage avertissement pour les chefs du
Parti national : Arabi déclara que les Européens n'avaient
rien à craindre, et le 16 mai, tous les Ministres se rendirent
auprès du Khédive, pour protester de leur dévouement envers Son Altesse (3).

Ce n'était pas là le résultat souhaité par les alliés. Le
maintien au pouvoir d'Arabi et de ses partisans laissait les
choses en l'état, et la révolution, qui paraissait calmée pour
l instant, renaîtrait évidemment à la première occasion ; ce
que l'on voulait aussi bien à Paris qu'à Londres, c'était un
nouveau Ministère (4) ; on prit des mesures en conséquence.

Le 19 mai, MM. Malet et Sienkiewicz reçurent de nouvelles instructions plus précises : ils devaient déclarer que le
but de l'action franco-anglaise était de maintenir le *statu
quo*, et pour cela, de rétablir avant tout l'autorité légitime

(1) De Freycinet à Sienkiewicz, 15 mai 1882, *Livre Jaune*, Egypte, IV,
p. 86.

(2) De Freycinet à Sienkiewicz, 19 mai 1882, eod. loc., p. 108.

(3) Sienkiewicz à de Freycinet, 16 mai 1882, eod. loc., p. 90.

(4) De Freycinet à Sienkiewicz, 16 mai 1882, eod. loc., p. 91.

du Khédive ; ils devaient inviter celui-ci à profiter de l'arrivée des escadres pour renvoyer son Ministère, et le remplacer par des hommes présentant les garanties nécessaires et que l'on pourrait ranger autour de Chérif-Pacha ; enfin ils devaient laisser entendre, que si tout se passait bien et tranquillement, on userait d'indulgence envers Arabi et ses amis, dont la personne, les biens et les grades seraient respectés, le changement de cabinet ne devant avoir aucun caractère de vengeance ou de représailles (1).

Le Ministère apprit ce que l'on préparait contre lui ; peut être aussi reçut-il de Constantinople quelqu'encouragement ou quelque promesse (2) : ce qui est certain c'est que, le 22 mai, il changea absolument d'attitude. Arabi déclara qu'il ne quitterait pas l'Egypte ; le Président du Conseil laissa entendre que les chefs de l'armée se retireraient dans l'intérieur seulement après le départ des escadres; enfin les préparatifs de défense furent repris avec activité.

Lord Granville proposa de télégraphier aux puissances, pour demander, de concert avec elles, une action armée du Sultan (3), moyen que le Ministre français préféra réserver pour un cas extrême.

C'est dans ces conditions, que les deux Consuls au Caire firent, le 25 mai, auprès du Président du Conseil, la démarche prévue dans les instructions du 19. Toutefois, outre la démission du Ministère, ils demandèrent, d'après les nouveaux ordres reçus par eux, l'éloignement temporaire de l'Egypte du colonel Arabi, et l'envoi dans l'intérieur de deux autres officiers supérieurs, en donnant à ces conditions le caractère d'ordres dont l'accomplissement était exigé (4).

Le Khédive ayant approuvé la démarche des Consuls, il ne restait plus aux Ministres qu'à se déclarer ouvertement rebelles ou à démissionner. Ils estimèrent plus sûr pour leur

(1) De Freycinet à Sienkiewicz, 19 et 20 mai 1882, *Livre Jaune*, Egypte, IV, pp. 109 et 111.

(2) Opinion de M. Sienkiewicz, dépêche à M. de Freycinet du 23 mai 1882, eod. loc., p. 109.

(3) Tissot à de Freycinet, eod. loc., p. 121.

(4) Sienkiewicz à de Freycinet, 25 mai 1882, eod. loc., p. 124.

personne, de choisir la seconde hypothèse. Le 26 mai, ils
adressèrent à Tewfik leur démission collective, en le blâmant
vivement d'avoir accepté, en violation des droits du Sultan,
l'ingérence des Consuls et les termes de leur communication, et ils accentuèrent leur protestation dans une
seconde note, remise également au Khédive, où il était dit
que, ou bien les questions qui divisaient l'Egypte étaient
d'ordre intérieur, et dans ce cas elles n'intéressaient que
le gouvernement égyptien, ou bien elles concernaient la
politique générale, et alors c'était au seul Sultan suzerain
qu'il appartenait de les trancher (1).

Les Ministres partis, les officiers rentrèrent en scène : les
masses peuvent oser ce qu'il n'est pas permis de risquer
aux individus. Donc les officiers signifièrent au Khédive
qu'il fallait reprendre Arabi, et le Khédive, « craignant pour
sa vie » (2), dut accepter le rappel de l'ancien Ministre (3).
La situation devenait des plus critiques ; au Caire on
signalait ostensiblement des pétitions demandant la déposition de Tewfik ; des partis se formaient autour du nom
du prince Halim ou de l'ancien Khédive Ismaïl ; la situation
du Vice-Roi devenait si dangereuse, que les Consuls recevaient l'ordre de ne pas l'engager à demeurer dans sa capitale (4).

Il était donc bien évident que l'influence morale des
escadres et les bons offices des Consuls demeuraient sans
effet, et que rien ne faisait plus espérer une solution pacifique. M. de Freycinet estima que, suivant les prévisions de
la note du 23 mai (5), le moment était venu de se concerter avec la Turquie et les puissances, pour arrêter les
mesures à prendre, et il se prononça, en demandant l'adhé-

---

(1) Malet à Granville, 26 mai 1882, *Livre Jaune*, Egypte, IV. p. 127.

(2) Renseignements reçus par le comte Kalnoky : Duchàtel, Ambassadeur à Vienne, à de Freycinet, 29 mai 1882, *Livre Jaune*, Egypte, IV,
p. 145.

(3) Sienkiewicz à de Freycinet, 28 mai 1882, eod. loc., p. 142.

(4) De Freycinet à Sienkiewicz, eod. loc., p. 147.

(5) V. infra, p. 157 et s.

sion de lord Granville à ses vues, pour la réunion d'une conférence internationale (1).

Pendant que la situation empirait ainsi dans la vallée du Nil, la Porte, sollicitée par les sentiments les plus divers, froissée de l'attitude prise par l'Angleterre et par la France en Egypte, désireuse de recouvrer dans ce pays les anciens droits abandonnés, partagée entre son ambition, son orgueil et ses justes appréhensions, protestait d'une part en Europe, intriguait de l'autre au Caire et à Alexandrie, et en définitive n'obtenait aucun résultat appréciable, si ce n'est les avertissements impérieusement amicaux qu'elle s'attirait de Londres ou de Paris.

Nous avons vu (2) que la Porte avait vivement protesté contre la note de Gambetta du 7 janvier, prétextant qu'elle était inutile, et que, dans tous les cas, elle eût dû parvenir au Khédive par son entremise. Cette première réclamation avait produit peu d'effet sur les deux cabinets, qui, pour justifier leur conduite, s'étaient appuyés sur les conventions internationales et sur leurs déclarations relatives à leur respect des droits du Sultan suzerain, déclarations renouvelées dans la Note même. Ils avaient offert toutefois à la Porte de lui donner communication officielle du texte, si cela pouvait lui être agréable (3).

En avril, à l'occasion du soi-disant complot des officiers circassiens, le bruit de l'arrivée d'une mission turque avait circulé avec persistance au Caire. Il est vrai qu'on déclarait à Constantinople qu'il n'avait jamais été question d'un pareil projet (4). Pourtant il y avait dans cette vague information une part de vérité, c'est que la Porte suivait avec intérêt cette affaire ; si bien que le 6 mai, le Grand Vizir, s'appuyant sur les firmans, protestait avec énergie contre la peine de la dégradation infligée à des officiers supérieurs tenant leurs grades du Sultan.

(1) De Freycinet à Tissot, 30 mai 1882, *Livre Jaune*, Egypte, IV, p. 148.

(2) V. supra, p. 124 et s.

(3) De Freycinet à Tissot, Ambassadeur à Constantinople, 10 février 1882, *Livre Jaune*, Egypte, III, p. 127.

(4) De Montholon à de Freycinet, 24 avril 1882, eod. loc., IV, p. 44.

Le Khédive était perplexe : pour se préserver de l'ingérence abusive des Consuls, il venait lui-même de s'adresser
à Constantinople ; et par crainte de Constantinople, il cherchait un appui auprès des Consuls ; inutile de dire que ces
derniers, plus pressants et mieux soutenus, avaient fini par
faire prévaloir leurs vues. L'affaire des Circassiens s'était
terminée par le simple bannissement des condamnés, à la
suite d'une mesure gracieuse du Khédive (1). Pour cette fois
encore, la Porte se trouvait éconduite.

On en arriva ainsi jusqu'au 15 mai, date à laquelle les
deux puissances, comme nous l'avons vu, ayant décidé
d'envoyer des escadres devant Alexandrie, en avertirent le
gouvernement turc, en lui recommandant de s'abstenir de
toute manifestation, du moins pour le moment (2).

A la Porte, où l'on était déjà très préoccupé par les difficultés d'Anatolie (3), quand Saïd-Pacha reçut de M. de
Noailles cette communication, son émotion fut, paraît-il,
très vive, et il dit son anxiété d'avoir à porter la nouvelle
de la décision des deux puissances à son maître, « qui y
« verrait certainement la plus grande atteinte à ses droits
« de Souverain et à son prestige devant les peuples mu-
« sulmans ».

M. de Noailles s'empressa de répondre au Ministre, qu'on
n'entendait porter aucunement atteinte aux droits du
Sultan et que la preuve en serait donnée sous peu (4).

D'autre part, M. de Freycinet voyait à Paris, le 17 mai, l'Ambassadeur ottoman Essad-Pacha ; il essayait de lui démontrer
que les deux Etats occidentaux agissaient en Egypte
pour la défense de leurs intérêts matériels, ce qui n'impliquait pas la nécessité d'une immixtion ottomane bien inutile, puisqu'il était question non de modifications constitu-

(1) Sienkiewicz à de Freycinet, 9 mai 1882, *Livre Jaune*, Egypte, IV,
p. 60.

(2) De Freycinet à de Noailles, Ambassadeur de France à Constantinople, eod. loc., p. 86.

(3) Le 15 mai, la Porte avait informé le Khédive que les difficultés
d'Anatolie l'empêchaient de s'occuper des affaires d'Egypte. V. Sienkiewicz à de Freycinet, eod. loc., p. 88.

(4) De Noailles à de Freycinet, eod. loc., pp. 91 et 92.

tionnelles, mais du maintien du *statu quo* ; et il protestait des bonnes intentions des deux gouvernements alliés, qui n'avaient jamais eu la pensée de manquer d'égards au Sultan ou de le blesser dans sa dignité (1).

La Porte ne pouvait se heurter de front à l'Angleterre et à la France. Toute sa politique consista dès lors à discuter sur l'opportunité de l'envoi de l'escadre combinée, et à intriguer en Egypte, dans un but d'ailleurs assez difficile à définir, car on ne comprend guère ce qu'elle aurait pu ressaisir de son ancienne autorité ; elle ne devait se faire d'illusion, ni sur la patience des deux gouvernements à son sujet, ni sur l'efficacité d'un soulèvement égyptien contre les Européens.

Quoi qu'il en soit, la Porte, par des communications aux Ambassadeurs à Constantinople, et par une circulaire du 17 mai adressée à ses représentants auprès des grandes puissances, protesta à nouveau contre l'action anglo-française, disant que l'ordre était rétabli en Egypte, que l'envoi d'une escadre était inutile et portait atteinte tant aux droits du Sultan qu'à son prestige, qu'au surplus, même en supposant menacés les intérêts matériels de la France et de l'Angleterre, c'était au Sultan qu'il appartenait de les faire respecter, dans une « province qui fait essentiellement partie « intégrante de l'Empire Ottoman », et où les mesures à prendre ne pouvaient justement être prises que par l'intermédiaire de la Porte.

« La domination séculaire de Sa Majesté Impériale le Sul-« tan sur l'Egypte — terminait la circulaire — l'identité des « mœurs, des lois, des institutions, et par dessus tout le » droit international, tout concourt à désigner l'action indé-« pendante du souverain légitime, comme étant la seule « capable d'écarter les froissements et les rivalités, de con-« cilier tous les intérêts et de faire entendre la voix de la « raison et de l'apaisement en Egypte » (2).

(1) De Freycinet à de Noailles, 17 mai 1882, *Livre Jaune*, Egypte, IV, p. 97.

(2) Circulaire du Ministre des Affaires étrangères de Turquie, aux Ambassadeurs ottomans, en date du 17 mai 1882, eod. loc., p. 104 et s.

Saïd-Pacha essaya même de l'intimidation dans une conversation avec M. de Noailles : il ne lui dissimula pas, que son maître pourrait prendre de graves résolutions, quand il apprendrait l'arrivée des vaisseaux anglo-français devant Alexandrie, et il lui confia que Sa Majesté avait donné l'ordre de tenir prêts tous les bateaux disponibles et de réunir le plus de troupes qu'il se pourrait (1).

Ni la circulaire, ni les menaces n'eurent pour effet de modifier les vues des deux puissances occidentales. M. de Freycinet eut seulement l'occasion de renouveler à Essad-Pacha, venu pour lui communiquer les réflexions de la Porte, l'expression de son désir de ne pas être désagréable au Sultan. « Nous n'agissons seuls actuellement — lui « déclara-t-il — que parce que nos seuls intérêts, les inté- « rêts des Européens, sont en cause ; les intérêts des « Musulmans et les droits du Sultan n'ont pas été menacés « par les désordres : on ne s'expliquerait donc pas que la « Porte vînt les protéger. » Et il ajouta qu'il ne s'agissait, ni d'opérations militaires en Egypte, ni d'occupation du territoire, ni de modification au *statu quo* constitutionnel, et que si pareille question venait à se poser, on demanderait certainement au Sultan son concours pour la résoudre (2).

Le Sultan fut-il satisfait de la réponse, ou estima-t-il dangereux d'insister?... Ce qui est certain, c'est que le 19 mai la Porte s'engageait à ne pas créer d'obstacles aux puissances occidentales, ce qui veut dire qu'elle cessait de protester mais non pas qu'elle se résignait ; les discussions en Europe terminées, les intrigues au Caire eurent toute l'attention et occupèrent tous les soins de la Porte.

Le 21 mai, elle adressa au Khédive un télégramme, dans lequel elle s'efforçait de faire considérer, comme sans portée, l'arrivée des escadres devant Alexandrie, s'exposant ainsi à détruire tout l'effet moral sur lequel on comptait : l'envoi des navires anglais et français n'était, disait-elle, qu'une simple excursion pareille à celle qui se faisait chaque

(1) De Noailles à de Freycinet, 18 mai 1882, *Livre Jaune*, Egypte, IV, p. 101.

(2) De Freycinet à de Noailles, 19 mai 1882, eod. loc., p. 107.

année ; ni la Porte ni les puissances n'en avaient été averties ; les navires devaient partir sous peu ; si les deux Etats d'Occident avaient quelque chose à demander ils s'adresseraient à la Porte qui déciderait.

Le Khédive avait sans doute sollicité cette déclaration, et le Parti national s'en trouva fortifié. C'est alors que le Ministère égyptien, changeant d'attitude, ainsi que nous l'avons vu, se prononça nettement contre l'action des deux puissances et demanda l'éloignement de la flotte anglo-française (1).

A ce moment-là, le désarroi au Caire était tel, que le Khédive aussi bien que ses Ministres, en hostilité ouverte avec lui, n'avaient plus d'autre espoir qu'une action de la Porte. Tewfik demandait l'envoi d'une commission ottomane (2). Le Ministère, qui ne voulait point accepter les indications des Consuls et avait rompu avec le Khédive, déclarait qu'il s'inclinerait seulement devant l'autorité du Sultan.

A Constantinople on était quelque peu embarrassé ; et pour ne pas écarter les bonnes volontés, on soutenait d'une part les officiers en les encourageant dans leur résistance, tandis que de l'autre on félicitait le Khédive à l'occasion de la démission du Ministère (3), et que le Sultan, dans une réception où il avait « paru être intentionnellement bienveillant et gracieux » pour M. de Noailles, lui déclarait que la formation d'un nouveau Ministère en Egypte serait, sans nul doute, le premier pas sérieux vers l'apaisement (4).

L'attitude de la Porte était tellement équivoque, qu'en Egypte, on l'interprétait dans un sens tout favorable à Arabi, et que les deux gouvernements d'Occident crurent devoir charger leurs Ambassadeurs à Constantinople de faire remarquer au Sultan combien la façon d'agir du

(1) Sienkiewicz à de Freycinet, 22 mai 1882, Livre Jaune, Egypte, IV, p. 115. V. supra p. 146.

(2) Sienkiewicz à de Freycinet, eod. loc., p. 140.

(3) Sienkiewicz à de Freycinet, 27 mai 1882, eod. loc., p. 132 et s.

(4) De Noailles à de Freycinet, 28 mai 1882, eod. loc., pp. 133, 134 et 135.

gouvernement ottoman accroissait les difficultés. En conséquence, ces derniers prièrent Sa Majesté de démentir au Caire les intentions qu'on lui prêtait, de désapprouver la conduite des Ministres démissionnaires, d'affirmer l'autorité du Khédive et d'appeler les chefs militaires à Constantinople, pour les mettre en demeure d'expliquer leur langage et leur conduite (1).

En définitive, l'attitude de la Porte restait sans profit pour elle. Son prestige n'en augmentait pas en Egypte ; elle devait toujours, en dernière analyse, s'incliner devant la volonté des cabinets de Londres et de Paris. Certes, elle conservait sa suzeraineté sur l'Egypte ; chacun se plaisait à protester de son respect pour ses droits reconnus par tous ; mais dans la question égyptienne, son rôle devenait chaque jour plus effacé et plus infime.

L'influence de la France et de l'Angleterre ne s'en accroissait d'ailleurs pas ; toutes deux restaient perplexes et ne savaient trop comment résoudre les difficultés qui se compliquaient chaque jour, sans en appeler à l'Europe. La Porte s'agitait dans le vide ; les deux puissances occidentales, pour qui une mutuelle suspicion était une cause d'union intime, hésitaient et piétinaient sur place : l'Europe entrait en scène.

Les puissances avaient toujours admis que la France et l'Angleterre avaient des intérêts primordiaux en Egypte, et par suite, pouvaient, sans leur porter ombrage, conserver dans ce pays une situation prépondérante et agir en conséquence. Mais elles n'entendaient pas toutefois laisser toute latitude aux deux Etats alliés, et se désintéresser complètement de ce qui se faisait sur les bords du Nil.

Déjà, sous le Ministère de Gambetta, un échange de vues avait eu lieu entre l'Allemagne, la Russie, l'Autriche et l'Italie, au sujet de ce qu'il conviendrait de faire si la situation empirait ; et les quatre gouvernements étaient tombés d'accord pour repousser l'hypothèse de la descente sur les bords du Nil de forces anglo-françaises, et

---

(1) De Freycinet à de Noailles, 28 mai 1882, *Livre Jaune*, Egypte, IV, p, 136.

pour préconiser l'envoi, après entente préalable de la Porte avec les cabinets de Paris et de Londres, de régiments turcs que l'on appuyerait au besoin par une démonstration navale de la flotte des deux alliées (1).

Quelques mois plus tard, le 2 février, les quatre puissances prenaient sur cette question une attitude très nette, en faisant tenir à la Porte une déclaration verbale conçue à peu près en ces termes : « Le cabinet de..... est d'avis que « le *statu quo* en Egypte, tel qu'il a été établi par les firmans « du Sultan et par les arrangements européens, doit être « maintenu, et que ce *statu quo* ne saurait être modifié, sans « une entente préalable entre les grandes puissances et la « puissance suzeraine » (2).

On comprend dès lors l'empressement avec lequel les quatre puissances accueillirent les ouvertures qui leur furent faites par la France et l'Angleterre, le 12 février (3), sur les bases arrêtées entre M. de Freycinet et lord Granville (4).

A Vienne, le comte Kalnoky reçut, « avec un plaisir marqué », la communication que vint lui faire l'Ambassadeur de France ; et il déclara qu'il considérait l'accord européen « comme le mode le plus pratique de règlement des diffi- « cultés égyptiennes et la plus sûre garantie du maintien « de la paix générale » (5).

A Berlin, le chancelier de Bismarck ne cacha pas d'avantage sa satisfaction et fut d'une expansion extrême ; « il dit « avoir éprouvé une vive appréhension, quand il avait vu la « France et l'Angleterre prendre l'initiative d'une démarche « qui pouvait les engager dans une action isolée en Egypte,

(1) Comte d'Aubigny, Chargé d'affaires de France à Berlin, à Gambetta, 10 janvier 1882, *Livre Jaune*, Egypte, III, p. 30.

(2) Tissot, Ambassadeur à Constantinople, à de Freycinet, 3 février 1882, *Livre Jaune*, Egypte, III, p. 114.

(3) De Freycinet aux représentants de la République Française à Berlin, Vienne, Saint-Pétersbourg et près le gouvernement italien, 12 février 1882, *Livre Jaune*, Egypte, III, p. 142.

(4) Voir supra, p. 136 et s.

(5) Comte Duchàtel, Ambassadeur à Vienne, à de Freycinet, 14 février 1882, *Livre Jaune*, Egypte, III, p. 143.

« parce qu'il était personnellement convaincu qu'une action
« entreprise dans ces conditions amènerait des froissements
« entre les deux puissances, et qu'un conflit, ou même la
« menace d'un conflit entre la France et l'Angleterre, pro-
« voquerait une perturbation désastreuse pour la prospérité
« du monde entier » (1) ; et il ajouta que le moyen le plus
simple de triompher des difficultés égyptiennes, c'était de
confier à la Turquie le soin de les apaiser, ce qui était aussi
le sentiment du gouvernement austro-hongrois (2).

Enfin à Rome, le Ministre des Affaires étrangères, Mancini,
dans une conversation avec M. de Reverseaux, préconisa
une déclaration européenne assurant au plus tôt le Sultan
et le gouvernement du Caire « que toutes les puissances
« étaient d'accord pour maintenir l'ordre de choses établi
« par les firmans et par les conventions internationales, et
« pour ne pas tolérer l'anarchie ou le désordre, dans un
« pays où étaient représentés tant d'intérêts européens » (3).

Peut-être se méprit-on, dans les différents cabinets, sur la
portée des avances ainsi faites par l'Angleterre et par la
France. Le gouvernement allemand y voulut voir l'offre
d'une conférence, qui pourrait se réunir dans l'une des grandes capitales, et cela fournit à M. de Freycinet l'occasion de
déclarer qu'il s'agissait simplement de pourparlers entre les
cabinets (4), et de faire indiquer nettement à Berlin quelle
avait été la pensée des deux gouvernements alliés : on avait
voulu simplement éviter des malentendus pouvant résulter
du groupement des quatre puissances en face des deux autres, et « constater l'accord unanime des gouvernements sur
« la base du maintien des arrangements existants » ; l'entente étant établie sur ce point, le but poursuivi à Paris et à
Londres était atteint ; il ne restait plus qu'à attendre les
événements, sauf à échanger des vues quand cela paraîtrait
nécessaire, en évitant les manifestations trop marquées qui

(1) Baron de Courcel, Ambassadeur à Berlin, à de Freycinet, 16 février
1882, Livre Jaune, Egypte, III, p. 146.

(2) Duchâtel à de Freycinet, 15 février 1882, eod. loc., p. 145.

(3) De Reverseaux à de Freycinet, 19 février 1882, eod. loc., p. 148.

(4) De Freycinet à de Courcel, 28 février 1882, eod. loc., p. 152.

donneraient aux fauteurs de troubles en Egypte plus d'importance qu'ils n'en méritaient, et grossiraient les complications au lieu de les aplanir (1).

Tels furent les éclaircissements donnés à Berlin par M. de Courcel, et acceptés par les divers Etats intéressés, qui reconnurent même, que « la France et l'Anglerre avaient en « Egypte des intérêts majeurs leur donnant droit à une po- « sition privilégiée » (1), et ne virent aucun inconvénient à l'action anglo-française, pouvu qu'elle ne portât pas atteinte aux intérêts des autres puissances (2). .

Dans ces conditions, quand, le 14 mai, les cabinets de Paris et de Londres eurent pris la décision d'envoyer une escadre combinée devant Alexandrie, M. de Freycinet ne jugea pas à propos de prier les autres puissances d'envoyer aussi des navires (3), et lord Granville s'étant rangé à l'opinion du ministre français, ils se bornèrent à mettre les Etats intéressés au courant des mesures prises.

Les Ambassadeurs de France et d'Angleterre annoncèrent donc, aux divers gouvernements, la concentration des deux escadres à la Sude ; ils déclarèrent que le but de la démonstration était de fortifier l'autorité du Khédive et de sauvegarder en Egypte l'ordre de choses légal et reconnu par l'Europe ; puis ils demandèrent aux gouvernements près desquels ils étaient accrédités, dé se joindre aux deux Etats occidentaux, pour recommander à la Porte de s'abstenir, tant qu'on ne lui ferait pas de nouvelles propositions, de toute ingérence dans la vallée du Nil (4).

Cette note du 15 mai fut mal reçue en Europe ; on lui reprocha, à Saint-Pétersbourg et à Vienne, de constater un

(1) De Courcel à de Freycinet, 1er mars 1882, *Livre Jaune*, Egypte, III, p. 153.

(2) De Giers, Ministre des Affaires étrangères de Russie, au prince Orloff, Ambassadeur à Paris. Note communiquée à M. de Freycinet le 13 mai 1882, *Livre Jaune*, Egypte, IV, p. 72.

(3) De Freycinet à Tissot, Ambassadeur à Londres, 14 mai 1882, cod. loc., p. 81.

(4) De Freycinet aux Ambassadeurs de la République Française à Berlin, Vienne, Saint-Pétersbourg et au Chargé d'Affaires de France près le gouvernement italien, 15 mai 1882, cod. loc., p. 87.

fait accompli, alors qu'une décision aussi grave que celle d'une démonstration navale eût dû être prise, seulement après consultation de tous les intéressés (1).

A Vienne, le Comte Kalnoky ne cacha pas à M. Duchâtel que l'envoi d'une escadre était, selon lui, une « mesure dangereuse », dont il n'envisageait pas les résultats sans quelque inquiétude, et qu'il croyait devoir en conséquence se renfermer dans une extrême réserve (2).

Le gouvernement allemand, tout en laissant voir qu'il était toujours d'accord avec Londres et Paris pour la question d'Egypte, déclara nettement qu'il ne voulait cependant pas se séparer des deux gouvernements orientaux, et que tout en essayant de les ramener à d'autres vues, il s'abstiendrait comme eux, jusqu'à nouvel ordre, d'appuyer officiellement à Constantinople le langage des deux gouvernements alliés (1).

D'autre part, la flotte italienne se rassemblait à Messine, et le bruit courait qu'elle allait partir pour Alexandrie (3). Il n'était pas jusqu'à la Grèce qui ne s'émût : le 19 mai, deux navires de guerre grecs se dirigeaient vers les côtes égyptiennes (4).

L'impression était donc fâcheuse en Europe. La constatation s'en imposait, et il était tout à fait désirable, dans l'intérêt même du rétablissement de l'ordre en Egypte, que le désaccord des puissances ne s'accentuât pas et même disparût.

Aussi le 23 mai, l'Angleterre et la France envoyèrent-elles une nouvelle note aux différents cabinets ; la brusque décision prise au 12 mai y était expliquée : « Les événe-« ments, qui ont motivé cette détermination, ont été si « prompts, le danger qui semblait menacer nos nationaux « si pressant, que le temps nous a matériellement manqué « pour nous concerter au préalable avec les autres puis-

---

(1) De Courcel à de Freycinet, 20 mai 1882, *Livre Jaune*, Egypte, IV, p. 112.

(2) Duchâtel à de Freycinet, 16 mai 1882, eod. loc., p. 93.

(3) *Livre Jaune*, Egypte. IV, pp. 95 et 97.

(4) *Livre Jaune*, Egypte. IV. p. 108.

« sances » ; et la note ajoutait : « Personne n'a pu se mé-
« prendre sur le caractère et le but de cette démonstration :
« les déclarations faites, aux parlements de Paris et de
« Londres, ont prévenu tout doute à cet égard. Nous som-
« mes allés en Egypte, non pour faire prévaloir une
« politique égoïste et exclusive, mais pour sauvegarder,
« sans distinction de nationalités, les intérêts des diverses
« puissances européennes engagés dans ce pays, ainsi que
« pour maintenir l'autorité du Khédive telle qu'elle a été
« établie par les firmans du Sultan reconnus de l'Europe.
« Les deux gouvernements ne se sont jamais proposé de
« débarquer des troupes ou de recourir à une occupation
« militaire du territoire. Notre intention est, aussitôt que
« la tranquillité sera rétablie et l'avenir assuré, de laisser
« l'Egypte à elle-même et de rappeler nos escadres. Si,
« contrairement à notre attente, une solution pacifique ne
« peut être obtenue, nous nous concerterons avec les puis-
« sances et avec la Turquie, sur les mesures qui nous
« auront apparu comme les meilleures » (1).

Cette nouvelle communication fut reçue partout avec une
satisfaction marquée. Le comte Kalnoky déclara qu'elle lui
faisait « le plus grand plaisir », et que d'ailleurs il n'avait
jamais eu l'intention d'entraver l'action anglo-française.
« Nous avons seulement, dit-il, manifesté, par certaines
« observations, notre inquiétude au sujet des conséquences
« que pourrait avoir, à Constantinople, la décision prise par
« les deux puissances occidentales d'envoyer une escadre
« à Alexandrie » (2).

En sorte que, le 28 mai, quand M. de Freycinet et lord
Granville prièrent le Sultan de blâmer officiellement les
Ministres égyptiens démissionnaires, et de mander auprès
de lui les chefs militaires, l'Europe se trouva toute
prête à leur donner son appui, d'autant mieux qu'il

---

(1) De Freycinet aux représentants de la République Française à Berlin, Vienne, Saint-Pétersbourg, Constantinople, et près le gouvernement italien, 23 mai 1882, *Livre Jaune*, Egypte, IV, p. 118.

(2) Duchâtel à de Freycinet, 26 mai 1882, *Livre Jaune*, Egypte, IV,
p. 126.

s'agissait en l'espèce d'une mesure toute pacifique. Au 30
mai, les quatre Ambassadeurs avaient reçu l'ordre d'appuyer auprès de la Porte la démarche de leurs deux
collègues (1).

Les événements marchaient d'ailleurs plus vite que la
diplomatie. Au Caire, la situation, au lieu de s'améliorer,
empirait de jour en jour. Fidèle aux promesses du 23 mai,
M. de Freycinet venait de proposer à lord Granville la
réunion d'une conférence internationale.

(1) De Noailles à de Freycinet, 30 mai 1882, *Livre Jaune*, Egypte, IV,
p. 152.

CHAPITRE VII

Les événements d'Egypte en juin 1882.
La Conférence de Constantinople.

SOMMAIRE. — Raison d'être de la Conférence. Son but. Les puissances en acceptent le principe. — La Porte proteste au contraire, et envoie en Egypte la mission Dervish-Pacha. Elle cède toutefois devant l'insistance des puissances. — Note anglo-française du 19 juin. La Conférence se réunira à Constantinople le 22 juin. — Changement d'attitude de la Porte. Elle ne veut plus de la Conférence. Circulaire ottomane du 20 juin. L'Europe passe outre.

Les massacres d'Alexandrie du 11 juin. L'anarchie augmente en Egypte. — Lord Granville propose d'y faire envoyer des troupes turques. La France accueille assez froidement cette proposition. La Turquie la repousse radicalement.

La Conférence se réunit le 23 juin. — La Porte proteste contre elle, puis s'y fait représenter. — Travaux de la Conférence. Son impuissance. Elle tient sa dernière séance le 14 août.

La conférence, dans l'opinion de M. de Freycinet, était le moyen le plus pratique d'assurer le concert européen, en perdant le moins de temps possible. Selon lui, elle devait régler à l'avance, avec une indiscutable autorité, les conditions dans lesquelles devrait s'exercer l'emploi des « moyens coercitifs, si de tels moyens devenaient indis- « pensables » ; elle devait être formée de la réunion des Ambassadeurs des grandes puissances et de la Turquie dans l'une des Capitales (1).

_____

(1) De Freycinet à Tissot, 30 mai 1882, Livre Jaune, Egypte, IV, p. 148.

La France et l'Angleterre avaient été impuissantes à rétablir l'ordre en Egypte : le concert européen était appelé à envisager à son tour les difficultés égyptiennes, et à les résoudre.

Le gouvernement anglais s'empressa d'adhérer aux propositions de la France, en indiquant, comme siège de la conférence, Constantinople, et le 31 mai, il fit part à ses Ambassadeurs auprès des puissances, des décisions prises d'un commun accord par les cabinets de Londres et de Paris (1). Le 2 juin, les cabinets intéressés furent saisis par une note identique. Constantinople était définitivement choisie, et les négociations devaient s'engager sur les bases suivantes :

« 1º Maintien des droits du Sultan et du Khédive, ainsi « que des engagements internationaux et des arrangements « qui en résultent, soit avec la France et l'Angleterre seu- « les, soit avec les deux nations réunies à la Porte.

« 2º Respect des libertés garanties par les firmans du « Sultan. .

« 3º Développement prudent des institutions égyptien- « nes » (2).

La proposition anglo-française fut accueillie avec faveur par les quatre puissances, qui en acceptèrent de suite le principe, mais ne voulurent pas prendre d'engagement ferme avant de s'être concertées (3). Toutefois, leur unanimité à ce sujet donnait à leur adhésion partielle tout son effet.

Tout autre fut l'attitude de la Porte, qui ne cacha pas son mécontentement, et s'empressa de protester. Elle avait manifesté l'intention d'envoyer un navire de guerre à Alexandrie ; cela avait même donné à M. de Freycinet l'occasion

---

(1) Granville aux Ambassadeurs anglais à Constantinople, Berlin, Rome, Saint-Pétersbourg et Vienne. *Livre Jaune*, Egypte, IV, p. 154.

(2) De Freycinet aux Ambassadeurs de la République Française à Berlin, Vienne, Saint-Pétersbourg, Constantinople, et au Chargé d'Affaires de France près le Gouvernement italien, 2 juin 1882, *Livre Jaune*, Egypte, IV, p. 159.

(3) *Livre Jaune*, Egypte, V, pp. 4 à 7.

de déclarer que, si cette mesure était destinée à montrer l'accord de la Turquie avec la France et à donner plus de poids aux déclarations qu'on avait demandées à la Porte, il la voyait prendre avec plaisir (1). Le 2 juin, celle-ci avait décidé que le navire ottoman porterait un envoyé du Sultan, chargé d'une « mission d'apaisement et de conciliation » (2). Le 3 juin, Saïd-Pacha, Ministre des Affaires étrangères, dans une circulaire à ses Ambassadeurs (3), annonçait le départ pour l'Egypte du Maréchal Dervish-Pacha, et protestait en même temps contre la réunion de la conférence, dont le projet venait de lui être communiqué par les Ambassadeurs des deux puissances.

· Il était dit dans cette circulaire, que la mission ottomane suffirait à rétablir l'ordre dans la vallée du Nil, que par suite la réunion d'une conférence était sans utilité, que dans tous les cas le règlement des affaires d'Egypte appartenait au Sultan, en vertu des prérogatives reconnues par l'Europe elle-même, et que cette considération devait primer toutes les autres. Aussi la Porte pensait-elle, que les puissances, se rendant à sa manière de voir, dans « leur haute « et bienveillante sollicitude pour les droits et les intérêts de « l'Empire aussi bien que pour le *statu quo* en Egypte, » renonceraient volontairement à l'idée de réunir une conférence. Saïd-Pacha s'était expliqué dans le même sens avec les deux Ambassadeurs d'Angleterre et de France, venus le même jour auprès de lui pour l'entretenir de la question, ainsi qu'avec les quatre autres Ambassadeurs qu'il avait priés de se rendre à la Porte (4).

Dervish-Pacha partit le 4 juin. A Constantinople, on comptait beaucoup sur le succès de sa mission et on aurait voulu avant tout en attendre le résultat (5) ; mais on n'en pensait pas de même à Paris et à Londres.

(1) De Freycinet à de Noailles, 30 mai 1882, *Livre Jaune*, Egypte, IV, p. 150.

(2) De Noailles à de Freycinet, eod. loc., V, p. 1.

(3) *Livre Jaune*, Egypte, V, p. 2.

(4) De Noailles à de Freycinet, 4 juin 1882, eod. loc., p. 9.

(5) Même citation, p. 12.

M. de Freycinet déclara à Essad-Pacha, venu pour lui apporter la réponse de son maître, que la conférence était la meilleure solution ; elle ne pouvait selon lui qu'augmenter les chances de succès de la mission, en montrant l'union de l'Europe et de la Turquie en vue des mesures ultérieures que pourrait nécessiter un échec de Dervish-Pacha ; et si cette dernière éventualité se produisait, la conférence permettrait alors de prendre des mesures immédiates et pourtant soigneusement étudiées (1).

Lord Granville, de son côté, répondit dans le même sens à l'Ambassadeur ottoman à Londres. Les deux gouvernements s'adressèrent ensuite aux puissances pour les prier d'intervenir à Constantinople, (2) et celles-ci, après un échange de vues, appuyèrent à la Porte, le 9 juin, la demande de l'Angleterre et de la France. Il leur fut répondu par les mêmes arguments (3), qu'Essad-Pacha, dans une seconde démarche auprès de M. de Freycinet, avait développés à nouveau, sans d'ailleurs ébranler notre Ministre des affaires étrangères. Celui-ci avait montré à l'Ambassadeur ottoman, tous les dangers de décisions prises à la hâte, en dehors d'un concert européen, décisions que les événements pourraient rendre cependant nécessaires et urgentes (4).

L'attitude de la Porte n'avait d'autre raison que son désir de ne pas laisser trancher par l'Europe une question qu'elle considérait, à tort du reste, comme d'ordre intérieur ; ses appréhensions, il faut le reconnaître, n'étaient pas peu justifiées, les précédentes interventions de l'Europe ayant été pour la Turquie des opérations désastreuses. Pour calmer ses craintes, on spécifia bien que la conférence s'occuperait exclusivement des affaires d'Egypte, sans toucher en rien aux autres questions intéressant l'Empire Ottoman (5). Le 16 juin, dans une note à leurs

(1) De Freycinet à Tissot, 5 juin 1882, *Livre Jaune*. Egypte, V, p. 10.

(2) *Livre Jaune*, Egypte, V, pp. 12, 13 et 15.

(3) De Noailles à de Freycinet, *Livre Jaune*, Egypte, V, p. 21.

(4) Circulaire de M. de Freycinet à ses Ambassadeurs, eod. loc., p. 20.

(5) De Noailles à de Freycinet, 14 juin 1882, eod. loc., p. 32.

Ambassadeurs à Constantinople, M. de Freycinet et lord Granville, déclaraient qu'à leur avis, le Sultan ne pouvait plus faire d'objections à la conférence, puisqu'elle devait se tenir à Constantinople et qu'il y était invité, et admettaient que le gouvernement ottoman, reconnaissant l'urgence absolue de prendre des décisions fermes, allait accepter leur proposition (1).

La Porte fut ébranlée par tant d'insistance, d'autant mieux que l'arrivée de la mission à Alexandrie, le 7 juin, n'avait pas empêché l'émeute sanglante du 11 ; et l'Ambassadeur ottoman à Londres put déclarer à lord Granville, que le Sultan ne voyait aucun inconvénient à la réunion de la conférence à Constantinople, qu'il ne voulait pas s'y faire représenter, mais que toutefois il répondrait, de la façon la plus satisfaisante possible, aux demandes que pourraient formuler les représentants de l'Europe (2).

Dans ces conditions, la France, l'Angleterre et l'Allemagne estimèrent que l'on pouvait donner suite au projet, et le 19 juin, M. de Freycinet et lord Granville firent tenir à leurs Ambassadeurs auprès des quatre cours, une note proposant pour le 22 juin, la réunion à Constantinople des représentants des six puissances, afin de régler les questions posées en Egypte par les derniers événements, sur les bases indiquées dans les communications identiques adressées le 12 février et le 2 juin (3) par la France et par l'Angleterre aux quatre puissances (4).

Toutefois, le même jour, la question qui semblait résolue, se reposait avec une nouvelle force par suite du changement d'attitude de la Porte, qui désavouait son Ambassadeur à Londres, lequel, disait-elle, s'était mal exprimé ou

(1) De Freycinet aux Ambassadeurs de la République Française à Berlin, Vienne, Saint-Pétersbourg, Rome, 16 juin 1882, et de Freycinet à de Noailles, 16 juin 1882, *Livre Jaune*, Egypte, V, pp. 40 et 41.

(2) Tissot à de Freycinet, 16 juin 1882, eod. loc., p. 45.

(3) Voir supra, pp. 136 et s., 154 et 161.

(4) De Freycinet à Tissot, 19 juin 1882, *Livre Jaune*, Egypte, V, p. 56. — De Freycinet à ses Ambassadeurs à l'étranger, eod. loc., p. 57. — Tissot à de Freycinet, 19 juin, eod. loc., p. 61.

avait été mal compris ; elle déclarait donc n'avoir jamais accepté le principe de la conférence.

Non seulement elle ne voulait pas s'y faire représenter, mais encore elle persistait à la trouver inutile, et Saïd-Pacha déclarait aux Ambassadeurs des six puissances, qu'en présence des bonnes nouvelles reçues d'Egypte, qui faisaient présager le prompt rétablissement de l'ordre, la réunion projetée devenait tout à fait inopportune (1) ; il envoyait en même, temps aux Ambassadeurs ottomans à l'étranger, une circulaire dans laquelle il développait sa manière de voir, disant que la mission Dervish–Pacha commençait à porter ses fruits, que la réunion d'une conférence, tendant au même but que la mission, ferait double emploi avec elle, et même pourrait présenter des inconvénients de nature à la rendre stérile. Il ne refusait pas toutefois d'échanger des vues avec les puissances ; bien au contraire, par une entente avec elles, il espérait assurer d'une façon plus efficace le maintien du *statu quo* en Egypte ; mais pour cela de simples pourparlers, dans chaque capitale, lui semblaient suffisants, sans qu'il fût besoin de recourir à une conférence (2).

Les puissances étaient trop engagées les unes envers les autres pour céder à l'opposition de la Porte ; elles décidèrent de passer outre à ses observations quelque peu tardives (3), sauf toutefois l'Autriche qui, en présence de la situation nouvelle, préféra ne pas se prononcer et attendre (4). Le 22 juin se passa sans qu'on pût constituer la conférence. M. Kalnoky, qui en toute cette affaire, la lecture des dépêches y relatives en fait foi, avait eu une attitude hésitante, n'envoya à son Ambassadeur à Constantinople l'ordre d'as-

---

(1) De Noailles à de Freycinet, 19 juin 1882, *Livre Jaune*, Egypte, V, p. 61.

(2) Dépêche de Saïd-Pacha à l'Ambassadeur ottoman à Paris, communiquée à M. de Freycinet, du 20 juin 1882, eod. loc., p. 64.

(3) Amiral Jaurès, Ambassadeur à Saint-Pétersbourg, à de Freycinet, 20 juin 1882. — De Reverseaux, Ambassadeur à Rome, de Courcel, Ambassadeur à Berlin, à de Freycinet, 20 juin 1882, *Livre Jaune*, Egypte, V, pp. 67 et 68.

(4) Baron Duchâtel, Ambassadeur à Vienne, à de Freycinet, 21 juin 1882, eod. loc., p. 71.

sister à la conférence, que le 23. C'est ce jour-là que les représentants des six puissances, munis de l'autorisation de leurs gouvernements respectifs, se réunirent chez leur doyen l'Ambassadeur d'Italie (1).

L'Europe allait se trouver en présence des plus grandes difficultés. La situation en Egypte n'avait fait qu'empirer depuis le jour où M. de Freycinet avait proposé à lord Granville la réunion de la conférence. L'arrivée de Dervish-Pacha en Egypte était restée sans effet, et le 11 juin, à Alexandrie, on était passé des manifestations à l'action.

Une rixe entre un indigène et un maltais avait été le point de départ d'une mêlée générale ; des bandes furieuses d'arabes armés de bâtons, avaient parcouru les rues, pillant les maisons, assaillant les Européens ; les Consuls d'Angleterre, d'Italie et de Grèce avaient été blessés, de nombreux étrangers tués (2). La panique avait suivi le massacre ; les Européens se hâtaient de partir et se réfugiaient à bord des vaisseaux de guerre de leur nation, qui arrivaient chaque jour à Alexandrie ; le Khédive quittait le Caire pour cette dernière ville où sa vie était plus en sûreté ; les Consuls partaient après lui, et M. Sienkiewicz resté seul, rejoignait à son tour Alexandrie le 17 juin. Le nouveau Ministère Ragheb-Pacha, constitué le 18, était incapable de rétablir l'ordre ; l'omnipotence d'Arabi et de l'armée dominait tout. Au 23 juin, l'anarchie était à son comble à Alexandrie ; le Ministère pas plus que les deux Contrôleurs n'avaient plus aucune autorité ; ces deux derniers venaient de décider qu'ils n'assisteraient plus au Conseil des Ministres (3).

Telle était la situation en Egypte, au moment où la Conférence de Constantinople commençait ses travaux.

---

(1) De Noailles à de Freycinet, 23 juin 1882, Livre Jaune, Egypte, V, p. 78.

(2) Kleczkowsky, Consul de France à Alexandrie, à de Freycinet, 11 et 13 juin 1882, Livre Jaune, Egypte, V. pp. 22 et 27 à 29. — Rapport des médecins d'Alexandrie du 14 juin, eod. loc., V, p. 34.

(3) Sienkiewicz à de Freycinet, 23 juin 1882, Livre Jaune, Egypte, V p. 80.

Dans quels sens allait-elle les diriger? Evidemment, ce qui importait, c'était de prendre une décision rapide et ferme ; compter sur l'effet moral produit en Egypte par la réunion de la Conférence, était une naïveté ; si l'on voulait rétablir l'ordre, assurer la sécurité des Européens, obtenir des réparations pour les victimes du 11 juin, le seul procédé possible était l'action soit anglo-française, soit collective, d'abord pacifique, mais appuyée par la présence d'une flotte et au besoin par un débarquement de troupes.

Le meilleur procédé selon nous, eût été un ultimatum de l'Europe, suivi d'un débarquement de troupes internationales, et d'une occupation temporaire, suffisante pour permettre au Khédive de recouvrer son autorité, d'organiser un gouvernement stable et de mettre avant tout Arabi et ses complices dans l'impossibilité de nuire. Seulement les puissances ne voulaient pas se lancer dans cette aventure.

L'Angleterre pensait toujours à une action turque ; il faut reconnaître que c'était là le mode le plus normal, le plus légitime de procéder ; mais on pouvait craindre qu'il ne fût bien lent et bien peu sûr ; d'autre part il déplaisait toujours fort à la France, dont la situation dans le nord de l'Afrique n'a rien à gagner aux manifestations ottomanes dans la vallée du Nil.

Quoi qu'il en soit, lord Granville avait pris l'initiative de soumettre aux puissances un projet conforme à ses vues, et M. de Freycinet, pour continuer l'accord, avait consenti à se joindre à lui, en estimant d'ailleurs qu'il s'agissait « d'un « simple projet de proposition à soumettre éventuellement « à la Conférence » (1). D'après ce projet, on inviterait le Sultan à remettre au Khédive des forces suffisantes, que ce dernier dirigerait lui-même et qui le mettraient en mesure de rétablir son autorité. Ces troupes ne séjourneraient en Egypte qu'un mois, sauf demande différente du Khédive, acceptée par les puissances ; les frais faits par elles devaient être supportés par le gouvernement égyptien ; enfin, le Sultan devait promettre qu'elles ne serviraient qu'à main-

---

(1) De Freycinet aux Ambassadeurs français à l'étranger, 16 juin, *Livre Jaune*, Egypte, V, p. 40.

tenir le *statu quo*, et en aucun cas à porter atteinte aux libertés consenties par les firmans, ou aux arrangements conclus avec l'Europe (1).

Au moment où la Conférence se réunissait, l'Angleterre était plus que jamais décidée à soutenir ce projet ; la France, sans le repousser, le voyait évidemment avec défaveur, et M. de Freycinet avait donné comme instructions à son Ambassadeur à Constantinople, pour le cas où il viendrait en discussion : « je vous recommande expressément d'in- « sister, pour que cette intervention soit réglée de manière « à ne pas dégénérer abusivement en une occupation plus « ou moins prolongée, au détriment de l'indépendance de « l'Egypte » (2) ; quant à la Turquie, elle laissait entendre qu'elle ne consentirait en aucune façon à envoyer des troupes dans la vallée du Nil (3).

On ne s'étonnera pas, dans ces conditions, si l'on songe d'autre part aux divisions profondes existant en Europe, qu'on ait discuté à Constantinople sans aboutir.

En prévision d'une action armée, il était nécessaire que ceux qui iraient en Egypte n'abusassent pas de leur situation spéciale, pour réclamer des droits exclusifs sur ce pays. A ce sujet, M. de Freycinet proposa le 16 juin, à lord Granville, un projet de déclaration (4), qui, accepté par le Ministre anglais le 17 (5), fut soumis aux puissances le lendemain et accepté également par elles à la date du 20 (6).

Cette déclaration, connue sous le nom de Protocole de désintéressement, signée à Constantinople par les plénipotentiaires à la Conférence, était ainsi conçue : « Les « gouvernements, représentés par les soussignés, s'enga- « gent, dans tout arrangement qui pourrait se faire par suite « de leur action concertée pour le règlement des affaires

---

(1) De Freycinet aux Ambassadeurs français à l'étranger, 16 juin, *Livre Jaune*, Egypte, V, p. 40.

(2) De Freycinet à de Noailles, 21 juin 1882, eod. loc., p. 72.

(3) Tissot à de Freycinet, 22 juin 1882, eod. loc., pp. 74 et 75.

(4) De Freycinet à Tissot, eod. loc., p. 46.

(5) Tissot à de Freycinet, 17 juin 1882, eod. loc, p. 49.

(6) *Livre Jaune*, Egypte, V, pp. 58, 59, 61, 67.

« d'Egypte, à ne rechercher aucun avantage territorial, ni
« la concession d'aucun privilège exclusif, ni aucun
« avantage commercial pour leurs sujets, que ceux que
« toute autre nation ne puisse également obténir » (1).

Les grandes puissances s'engageaient ainsi d'une façon
nette, à ne pas essayer d'acquérir en Egypte une situation
particulière, de nature à diminuer les libertés de cette
dernière et à nuire à l'influence des autres. Malheureusement les promesses ne sont pas toujours scrupuleusement
tenues : le Protocole de désintéressement était destiné à
être violé.

La Conférence se réunit le 23 juin. On avait perdu un
temps précieux à discuter dans les chancelleries sur le principe même de sa réunion. Quand elle fut constituée, les
diplomates continuèrent, dans son sein, à discuter sans résultat ou du moins sans résultat pratique.

Dès la première séance, on décida d'exprimer à la Porte
le regret des puissances de ne pas voir à la conférence de
représentants de la Turquie, et l'espoir d'obtenir bientôt sa
collaboration (2). La Porte y répondit, le lendemain, par
de nouvelles protestations : la mission Dervish-Pacha avait
produit le meilleur effet ; les officiers avaient fait leur soumission et protesté de leur dévouement tant au Sultan qu'au
Khédive ; l'ordre était rétabli ; la conférence était inutile (3).

Certainement il y avait dans les dires de la Porte beaucoup d'exagération. Quoi qu'elle en ait dit, l'ordre n'était pas
rétabli en Egypte ; la sécurité n'y régnait pas davantage que
par le passé ; l'armée, dirigée par des ambitieux sans scru-
pule, restait toujours factieuse et toute puissante, en face
d'un Khédive sans autorité et d'un gouvernement sans
énergie. Le bouleversement avait été si grand, l'état d'anar-

(1) *Livre Jaune*, Egypte, V, p. 94.

(2) De Noailles à de Freycinet, 26 juin 1882, *Livre Jaune*, Egypte, V,
p. 84

(3) De Noailles à de Freycinet, 24 juin 1882, *Livre Jaune*, Egypte, V,
p. 82. — Dépêche du Ministre des Affaires étrangères de Turquie à
l'Ambassadeur ottoman à Paris, du 26 juin, communiquée le 27 à M. de
Freycinet, eod. loc., p. 87.

chie restait si accusé, qu'il fallait d'autres mesures que l'envoi d'un fonctionnaire pour remettre les choses dans l'ordre. Seule une action armée pouvait contenir les colonels égyptiens assez longtemps pour permettre d'établir solidement un gouvernement fort, impossible tant que l'armée resterait un Etat dans l'Etat. On ne répondit donc pas en Europe aux communications de la Turquie, et la Conférence continua.

On y convint que, pendant la durée de ses travaux, les puissances s'abstiendraient de toute entreprise isolée en Egypte, sauf le cas de force majeure, tel que la nécessité de protéger les nationaux (1) ; ce qui n'empêcha pas l'Angleterre de bombarder, le 11 juillet, la ville d'Alexandrie, sans provocations, sans même que l'assiégé se défendit d'une façon sérieuse.   •

Puis on aborda la question de l'envoi en Egypte des troupes turques ; on discuta la forme et les conditions de l'expédition projetée, son but bien exact, les termes dans lesquels on saisirait la Porte. On en était ainsi arrivé à la huitième réunion et au 15 juillet ; ce jour-là on signa et on transmit au Divan la note demandant l'envoi des troupes (2) : la veille, l'amiral Seymour avait débarqué 2,000 hommes à Alexandrie !

La Porte commença alors à comprendre qu'elle était la dupe de ses propres habiletés. et qu'en définitive, en gênant le concert européen, elle avait travaillé pour l'Angleterre. Le 20 juillet, elle adhéra à la Conférence. Ses représentants y prirent place le 24 et ils admirent le principe de l'envoi de troupes ottomanes. Le 26 ils acceptèrent (3) la proposition de la Conférence, telle qu'elle était formulée, en exprimant l'espoir qu'une action militaire des puissances en Egypte ne serait plus considérée comme nécessaire. Le 7 août, dans un acte officiel signé de tous les plénipotentiaires, ils déclarèrent

(1) Troisième réunion. — De Noailles à de Freycinet, 27 juin, *Livre Jaune*, Egypte, V, p. 91.

(2) De la quatrième à la huitième réunion, eod. loc., pp. 91, 98, 106, 109, 133.

(3) Dixième et onzième réunions, eod. loc., pp. 156 et 159.

que la Turquie était prête à agir militairement dans le Delta. Mais à ce moment, la flotte qui portait les troupes anglaises de l'Inde n'était plus qu'à trois journées de Suez !

L'impuissance de la Conférence était telle, en face de l'audace et de la duplicité britanniques, que le 30 juillet, le représentant de la Russie reçut de son gouvernement l'ordre de ne plus assister aux séances, « puisque on y « discutait pour ainsi dire dans le vide, tandis qu'en dehors « de son action, de graves mesures militaires étaient « prises » (1). Toutefois, il était autorisé à continuer à délibérer avec ses collègues, au sujet de la protection du Canal.

Dès le 24 juin, lord Granville avait saisi M. de Freycinet de la nécessité de prendre des mesures immédiates pour la protection du Canal de Suez, et M. de Freycinet avait répondu qu'il n'en était pas partisan et qu'elles seraient nuisibles ; la Compagnie estimait en effet qu'une occupation pourrait entraîner la rupture du canal d'eau douce, et déterminer des actes d'hostilité contre le canal maritime (2). Le bruit avait alors circulé avec persistance, que l'Angleterre allait occuper le Canal (3), et qu'elle serait en cela aidée par l'Italie (4).

Après le 11 juillet, l'Angleterre ayant renouvelé ses propositions, M. de Freycinet avait répondu à lord Lyons, qu'il lui paraissait bon de soumettre la question à la Conférence qui déléguerait une ou plusieurs puissances pour appliquer les mesures décidées, et il avait déclaré que si la France avait mandat de l'Europe, le Parlement français n'hésiterait vraisemblablement pas à l'accepter, tout en restant sans doute déterminé à n'agir en aucune façon en Egypte, si ce n'est dans la mesure de ce mandat (5).

C'est ainsi que la question de la protection du Canal vint

---

(1) Amiral Jaurès à de Freycinet, 2 août 1882, *Livre Jaune*, Egypte, VI, pp. 6 et 7.

(2) De Freycinet à Tissot, 24 juin 1882, eod. loc., p. 81.

(3) De Freycinet à de Noailles, 26 juin, eod. loc., p. 84.

(4) Tissot à de Freycinet, 26 juin, eod. loc., p. 85.

(5) De Freycinet à Tissot, 13 juillet 1882, eod. loc., p. 127.

devant la Conférence, le 17 juillet. Les deux puissances occidentales demandaient qu'on désignàt celles qui seraient chargées, « le cas échéant », de prendre les mesures nécessaires, et qui, une fois le choix arrêté et le mandat accepté, décideraient à leur guise du mode et du moment de l'action, en observant les engagements pris dans le Protocole de désintéressement (1).

Les plénipotentiaires à la Conférence manifestèrent le désir de consulter avant tout leurs gouvernements (2). Ceux-ci laissèrent entendre qu'ils ne feraient aucune opposition à une action de la France et de l'Angleterre, mais se montrèrent hostiles à l'idée de mandat. L'Allemagne et l'Autriche, notamment, déclarèrent d'une façon nette, qu'un mandat gênerait aussi bien les mandants que les mandataires, et qu'elles ne voulaient d'ailleurs en aucune façon prendre une part de responsabilité dans des événements qu'elles ne dirigeraient pas (3).

A la séance du 2 août, l'Ambassadeur d'Italie proposa d'organiser simplement, pour la surveillance du Canal, un service naval international de police, et de décider que pour chaque cas spécial où ce système serait insuffisant, les puissances se concerteraient avant d'agir : les représentants d'Autriche, d'Allemagne et de Russie adhérèrent aussitôt à cette proposition (4). La Turquie ne donna son adhésion que le 5 août, quand on eut convenu que les mesures arrêtées ne seraient que provisoires (5). L'Angleterre se rangea à son tour, le 11 août, à l'avis des puissances (6). Enfin, le

(1) De Freycinet au comte d'Aunay, Chargé d'Affaires de France à Londres, du 16 juillet 1882, *Livre Jaune*, Egypte, V, p. 135.

(2) Neuvième réunion. De Noailles à de Freycinet, 19 juillet 1882, eod. loc., p. 144.

(3) Duchâtel à de Freycinet et d'Aunay à de Freycinet, 21 juillet 1882, eod. loc., pp. 150 et 151.

(4) Douzième séance. De Noailles à de Freycinet, 2 août 1882, eod. loc., VI, p. 7.

(5) Treizième séance. De Noailles à de Freycinet, 5 août 1882, eod. loc., p. 17.

(6) Quinzième séance. De Noailles à Duclerc, Ministre des Affaires étrangères, 11 août, eod. loc., p. 20.

14 août, la France ayant adhéré et tout le monde étant d'accord, il fut convenu que les commandants des forces navales sur les lieux seraient chargés, par leurs gouvernements respectifs, de fixer les règles à établir pour la mise à exécution du projet que la Conférence venait d'adopter (1).

Le même jour, les plénipotentiaires exprimaient l'avis que le moment leur semblait venu de suspendre les travaux de la conférence, mais les représentants ottomans s'étant prononcés en sens contraire, aucune décision à ce sujet n'était prise. Cette séance du 14 août n'en devait pas moins être la dernière.

La Conférence était terminée. Son œuvre était nulle ; sur aucun des points traités par elle, elle n'avait pu aboutir ; son seul résultat heureux avait été, comme le pensait le Comte Kalnoky (2), d'aider au maintien des bonnes relations entre toutes les puissances. Le temps perdu par l'Europe en discussions oiseuses avait été merveilleusement utilisé par l'Angleterre, qui s'installait en Egypte, tandis que la France en était définitivement écartée, et que les autres intéressés, ici victimes de leurs défiances réciproques et de leurs jalousies, là dupes de leurs combinaisons tortueuses, assistaient, sans oser rien dire, impassibles tant étonnés, à l'établissement sur les bords du Nil, de la puissance britannique.

(1) Seizième séance. De Noailles à Duclerc, 14 août 1882, *Livre Jaune*, Egypte, VI, p. 28.

(2) Duchàtel à Duclerc, 18 août 1882, eod. loc., p. 34.

CHAPITRE VIII

Les événements d'Egypte et la politique
européenne, de juin à octobre 1882. —
L'Angleterre en Egypte.

SOMMAIRE. — *Attitude de l'Angleterre dans les derniers jours
de juin : elle se prépare visiblement à une action armée. —
M. de Freycinet ne veut pas y participer. Il le déclare
nettement le 5 juillet à lord Lyons. — Ultimatum de l'Angleterre et réponse du gouvernement égyptien. Bombardement d'Alexandrie (11 juillet). Nouveaux massacres. —
Intentions de l'Angleterre, d'après les déclarations de ses
hommes d'Etat, et d'après la note du 2 août. — Politique
de M. de Freycinet, d'après son discours à la Chambre des
Députés du 18 juillet. Discours Gambetta. — Discours
Clémenceau, 29 juillet. — La Porte résolue, sur les instances
de l'Europe, à envoyer des troupes en Egypte, en est empêchée
par les manœuvres tortueuses de l'Angleterre qui commence
à parler en maîtresse dans la vallée du Nil. — Tel-el-
Kébir : 13 septembre. — Les Anglais au Caire : 15 septembre. — La Porte s'informe du moment où l'Angleterre
évacuera l'Egypte. — L'Europe, confiante dans les engagements pris dans le Protocole de désintéressement, a laissé
faire la Grande-Bretagne.*

Tandis que les diplomates réunis à Constantinople discu-
taient, ainsi que nous venons de le voir, de la façon la
plus vaine, les événements s'étaient précipités en Egypte.

Au 26 juin, il était apparu nettement que l'Angleterre
avait des visées particulières et se disposait à agir pour
son propre compte. En Europe, on disait qu'elle allait

occuper le canal de Suez (1). En Egypte, sa politique, pour la première fois, se séparait de celle de la France : le Contrôleur français M. Brédif avait reçu l'ordre d'assister au Conseil des Ministres, si on le convoquait ; le Contrôleur anglais M. Colvin avait reçu des instructions contraires ; enfin selon les propres expressions de M. Sienkiewicz, « l'attitude des Anglais semblait annoncer une action « très prochaine, sinon immédiate, de leur part » (2).

Puisque l'ordre semblait renaître, que le Ministère était reconstitué, n'était-il pas plus que jamais utile que les deux Contrôleurs assistassent aux réunions du Conseil ? Et l'abstention de l'Angleterre n'est-elle pas l'indice que cette dernière pensait déjà à la suppression de l'institution anglo-française, pour éloigner la France et rester seule maîtresse ? Notre voisine, très habile, proposait et soutenait, à la Conférence, le projet d'une action de la Turquie, et pendant qu'à Constantinople, on étudiait, avec le plus grand soin et sous toutes ses faces, cette proposition qui ressemblait fort à une diversion, elle hâtait ses flottes vers Alexandrie.

Le 28 juin une escadre anglaise arrivait à Gibraltar, et l'une des huit frégates qui la composaient appareillait immédiatement pour les côtes d'Egypte (3). A Alexandrie, on considérait une action anglaise comme de plus en plus probable (4). Le 2 juillet, trois nouveaux navires anglais arrivaient à Gibraltar (5). Lord Granville déclarait pourtant encore à M. Tissot qu'il espérait que les deux amiraux présents devant Alexandrie recevraient, en cas d'événements, les mêmes instructions.

L'Angleterre était évidemment décidée à l'action : la France désirait avant tout l'éviter. M. de Freycinet eût voulu une solution pacifique et il invitait dans ce but M. de

---

(1) De Freycinet à de Noailles, 26 juin 1882, *Livre Jaune*, Egypte, V, p. 84.

(2) Sienkiewicz à de Freycinet, 26 juin 1882, eod. loc, p. 85.

(3) *Livre Jaune*, Egypte, V, p. 94.

(4) Sienkiewicz à de Freycinet, 28 juin, *Livre Jaune*, Egypte, V, p. 93.

(5) *Livre Jaune*, Egypte, V, p. 98.

Vorges, qui avait succédé à M. Sienkiewicz, à user de toute son influence sur les autorités égyptiennes, pour qu'elles s'abstinssent de tout ce qui pourrait amener une collision, et notamment de construire de nouveaux travaux de défense, ce qui, craignait-il, pourrait servir à l'Angleterre de prétexte à un bombardement (1).

La divergence de vues entre les deux États occidentaux s'accentuait de plus en plus ; les Anglais habitant Alexandrie avaient été prévenus de s'embarquer au premier ordre ; « tout paraît disposé pour une action prochaine des « Anglais, avec ou sans nous », écrivait, le 4 juillet, notre Consul général en Egypte à M. de Freycinet (2).

Le même jour, les deux gouvernements étaient amenés à discuter la conduite à tenir et à constater leur désaccord. Lord Lyons faisait savoir à M. de Freycinet, que l'amiral Seymour était autorisé à remettre aux Egyptiens un ultimatum en vue d'arrêter leurs travaux de défense, et pour le cas où cet ultimatum resterait sans effet, à ouvrir le feu contre ces ouvrages.

Le lendemain M. de Freycinet, après délibération en Conseil des Ministres, faisait répondre à lord Granville que « nous ne pouvions pas nous associer à cet ultimatum : « 1º parce qu'il devrait entraîner à des actes offensifs qui ne « seraient pas en rapport avec l'attitude prise par la France « aux regards de la Conférence ; 2º parce que de toutes « façons, de tels actes ne pouvaient, en vertu de la Consti- « tution, être accomplis qu'avec l'autorisation du Parle- « ment ; qu'en conséquence, l'amiral Conrad avait ordre « de déclarer à l'amiral Seymour, que si l'ultimatum était « néanmoins présenté, la division française se verrait dans « la nécessité de quitter le port d'Alexandrie, tout en res- « tant d'ailleurs dans les eaux égyptiennes. » M. de Freycinet ajoutait que l'attitude de la France n'avait rien de contraire au sentiment d'amitié qui la liait à l'Angleterre (3).

(1) De Freycinet à de Vorges, 4 juillet, *Livre Jaune*, Egypte, V, p. 103.
(2) De Vorges à de Freycinet, 4 juillet, cod. loc., p. 104.
(3) De Freycinet à Tissot, 5 juillet, cod. loc., p. 104.

Celle-ci poursuivait son but. Le 6 juillet, l'amiral Seymour adressait une note à Ragheb-Pacha, pour l'inviter à ne faire aucun travail de fortification et à s'abstenir d'obstruer le port d'Alexandrie, mesure qui, d'après les bruits en circulation, était projetée par l'Egypte. Puis il faisait ses préparatifs militaires, cependant que les Européens s'embarquaient en hâte (1). Le 9, ces derniers recevaient avis de quitter Alexandrie dans les 24 heures ; l'amiral anglais, avec huit grands cuirassés, prenait ses positions de combat (2) ; et le 10 au matin, les travaux de défense continuant, il notifiait au Gouverneur d'Alexandrie qu'il ouvrirait le feu le lendemain, au lever du soleil, à moins qu'on ne lui livrât les forts (3).

La réponse du gouvernement égyptien mérite d'être citée ; elle était ainsi conçue : « L'Egypte n'a rien fait qui ait « pu justifier l'envoi des flottes combinées. L'autorité civile « et militaire n'a à se reprocher aucun acte autorisant la « réclamation de l'amiral. Sauf quelques réparations urgen- « tes aux anciennes constructions, les forts sont à cette « heure dans l'état où ils se trouvaient à l'arrivée des flot- « tes. Nous sommes ici chez nous, et nous avons le droit et « le devoir de nous y prémunir contre tout ennemi qui « prendrait l'initiative d'une rupture de l'état de paix, lequel « selon le gouvernement anglais n'a pas cessé d'exister. « L'Egypte, gardienne de ses droits et de son honneur, ne « peut rendre aucun fort ni aucun canon, sans y être con- « trainte par le sort des armes. Elle proteste contre votre « déclaration de ce jour, et tiendra responsable de toutes « les conséquences directes et indirectes qui pourront résul- « ter d'une attaque des flottes ou d'un bombardement, la « nation qui, en pleine paix, aura lancé le premier boulet « sur la paisible ville d'Alexandrie, au mépris du droit des « gens et des lois de la guerre » (4).

(1) De Vorges à de Freycinet, 7 juillet 1882, *Livre Jaune*, Egypte, V, p. 111.

(2) De Vorges à de Freycinet, 9 juillet, eod. loc., V, p. 113.

(3) De Noailles à de Freycinet, et de Vorges au même, 10 juillet 1882, eod. loc., pp. 115 et 117.

(4) Plauchut, « L'Egypte et l'occupation anglaise », *Revue des Deux-Mondes*, 1888, novembre-décembre, pp. 904 et s.

La Porte protesta de son côté dans une note à lord Dufferin, et voulut croire que la menace ne serait pas exécutée (1). Le 11 au matin, le bombardement n'en commença pas moins (2). Les forts répondaient avec mollesse ; les obus égyptiens ne portaient pas. A six heures du soir, tout était terminé, « les murailles étaient démolies, quatre cents canons jonchaient le sol, démontés ou brisés, et le plus grand nombre des servants étaient morts depuis longtemps à leur poste de combat ». Un débarquement immédiat s'imposait, mais l'amiral Seymour n'avait pas les troupes nécessaires (3) ; en sorte que la populace d'Alexandrie, ivre de revanche, se rua dans les quartiers européens, et les scènes de pillage et de meurtre du 11 juin recommencèrent, tandis que l'armée d'Arabi quittait la ville (4). Le 16 juillet, Alexandrie brûlait encore (5).

D'aucuns penseront que le bombardement précipité d'Alexandrie était un acte de barbarie, inopportun et inutile ; lord Granville voulut y voir un acte de légitime défense, un « cas de force majeure » (6), et éprouva même le besoin de déclarer, qu'il ne devait entraîner aucune conséquence, et ne cachait aucune arrière-pensée de la part du gouvernement britannique (7). D'autre part il exprima son regret de n'avoir pas vu la France s'associer en ces circonstances à l'Angleterre, et dit qu'il attachait toujours le plus grand prix à l'entente des deux puissances (8).

(1) Dépêche du Ministre des Affaires étrangères de Turquie à l'Ambassadeur ottoman à Paris, communiquée à M. de Freycinet le 11 juillet 1882, *Livre Jaune*, Egypte. V, p. 121.

(2) De Vorges à de Freycinet, 11 juillet, eod. loc., p. 120.

(3) De Vorges à de Freycinet, 9 juillet, eod. loc., p. 113.

(4) De Vorges à de Freycinet, 13 juillet 1882, *Livre Jaune*, Egypte, V, p. 128.

(5) De Vorges à de Freycinet, 16 juillet, eod. loc., p. 136.

(6) Communication du gouvernement anglais relative aux conditions dans lesquelles des troupes turques pourraient être envoyées en Egypte, *Livre Jaune*, Egypte, VI, p. 13.

(7) De Freycinet à ses Ambassadeurs à l'étranger, 11 juillet, *Livre Jaune*, Egypte, V, p. 118.

(8) Tissot à de Freycinet, 13 juillet. eod. loc., p. 130.

Cependant, l'amiral Seymour, ayant reçu les renforts attendus, débarquait 2,000 hommes de troupes, et lançait, le 17 juillet, une proclamation promettant le rétablissement de l'ordre et invitant le commerce à reprendre (1). Dervish-Pacha, dont la mission n'avait plus de raison d'être, partait furtivement d'Alexandrie le 19 juillet (2). Le 25, un ordre du Khédive destituait Arabi. L'Angleterre, qui avait déclaré le 18 que les troupes débarquées n'avait d'autre mission que le maintien de l'ordre (3), n'en faisait pas moins savoir le 28, que, si elle acceptait la coopération éventuelle des troupes turques, elle restait décidée « à poursuivre ses propres mesures » (4).

C'est que, de l'autre côté de la Manche, il y avait deux courants d'opinion. La presse de Londres voulait l'action et demandait qu'on poursuivît Arabi (3), et il y avait, dans le Parlement et dans le gouvernement même, des personnes, entre autres M. Goschen, qui partageaient cette manière de voir et ne cachaient pas qu'il fallait non seulement rétablir l'ordre, mais jeter les bases d'un protectorat anglais. Le gouvernement britannique, du moins dans ses déclarations, était moins ambitieux ; les principaux Ministres avaient été appelés à l'occasion d'une demande de crédits à exposer leur politique devant la Chambre des Communes ; ils étaient prêts, disaient-ils, à accepter tous les concours, mais n'hésiteraient pas, en cas de nécessité, à agir isolément ; en ce qui concerne la France, ils tenaient à maintenir l'alliance aussi étroite que par le passé ; enfin ils repoussaient, comme non fondée, toute accusation de visées ambitieuses ; leur but était seulement de rétablir l'ordre, ainsi que l'autorité du Khédive, et ils avaient l'intention formelle de soumettre au concert européen le règlement définitif de la question égyptienne (5).

Toutefois, l'Angleterre entendait rester en Egypte jus-

---

(1) De Vorges à de Freycinet, 17 juillet *Livre Jaune*, Egypte, V, p. 138.

(2) De Vorges à de Freycinet, 19 juillet, eod. loc., p. 145.

(3) D'Aunay, chargé d'affaires de France à Londres à de Freycinet, 18 juillet, eod. loc., p. 142.

(4) De Freycinet à d'Aunay, 28 juillet, eod. loc., p. 162.

(5) D'Aunay à de Freycinet, 31 juillet, *Livre Jaune*, Egypte, VI, p. 1.

qu'à nouvel ordre, et à la note ottomane à la Conférence du 27 juillet (1) demandant le retrait des troupes anglaises, le jour où le contingent turc arriverait à Alexandrie, elle répondait le 2 août :

« Le gouvernement britannique ne peut retirer ses trou-
« pes, ni ralentir ses préparatifs. L'inaction prolongée du
« Sultan, en face d'une situation telle qu'elle se présente
« en Egypte, a imposé à l'Angleterre, aussi bien dans
« l'intérêt général que dans le sien propre, le fardeau
« qu'elle a maintenant entrepris de supporter.

« L'arrivée et la coopération des forces turques en Egyp-
« te, seront agréées par le gouvernement de Sa Majesté,
« pourvu que le caractère de cette intervention, soit défini
« d'une manière satisfaisante et dégagé de toute ambi-
« guité, par des déclarations préalables du Sultan.

« Le gouvernement de Sa Majesté a l'honneur de faire
« connaître à la Conférence, qu'une fois le but militaire
« visé atteint, il réclamera le concours des puissances,
« pour les mesures à prendre en vue du futur et bon gou-
« vernement de l'Egypte » (2).

La France, tout au contraire de l'Angleterre, était de plus en plus hostile à une action armée : les rôles avaient changé depuis le Ministère Gambetta. Dans la séance de la Chambre des Députés du 18 juillet, M. de Freycinet avait été amené à expliquer et même à défendre sa politique (3).

Il n'avait jamais été partisan d'envoyer des troupes en Egypte ; non pas qu'il n'y ait jamais songé ; au contraire, mais il s'était demandé, « non sans angoisse », s'il était juste de « s'introduire à main armée dans un autre pays « et d'y imposer violemment sa volonté », surtout au moment où on ne pouvait guère craindre que pour le Contrôle,

---

(1) Réponse du gouvernement ottoman à la note identique du 15 juillet, (note des puissances demandant à la Porte l'envoi en Egypte de troupes turques) en date du 27 juillet 1882, *Livre Jaune*, Egypte, VI, p. 11.

(2) Observations du gouvernement britannique au sujet de la réponse du gouvernement turc, eod. loc., p. 12.

(3) Séance du 18 juillet, *Journal officiel*, 19 juillet 1882, Débats parlementaires, Chambre, p. 1313.

pour le payement de la dette et peut-être pour les biens de
nos nationaux. Depuis le 11 juin, les choses avaient changé,
et après les derniers événements, l'action armée devenait
légitime. Seulement il paraissait téméraire, dans l'état où
se trouvait l'Europe, que la France voulût trancher une
pareille question, de sa propre autorité, avec sa seule
force ; ne valait-il pas mieux « essayer d'abord de la résou-
« dre avec le concours de l'Europe entière, pour ne pas
« s'exposer au risque de la résoudre contre l'Europe ? »

Et M. de Freycinet se défendait d'avoir fait une politique
d'indécision et d'incohérence : « Je n'ai eu qu'une pensée
« c'était de maintenir l'alliance anglaise, qui, pas un seul
« jour, n'a été ébranlée. » L'idée de la Conférence, celle de
la démonstration navale, avaient été mises en avant par
l'Angleterre, et toujours on avait tenu à avoir au moins le
consentement tacite de l'Europe, à marcher d'accord avec
elle, car la question d'Egypte, n'étant qu'une face de la
question d'Orient, intéressait tout le concert européen ; on
avait donc réuni la Conférence, et elle avait pensé à une
action armée de la Turquie : la réponse de la Porte à ce
sujet n'était pas encore parvenue.

Pour le canal de Suez, M. de Freycinet attendait la décision de la Conférence, et il se déclarait prêt à envoyer
des troupes avec l'Angleterre si le mandat lui en était
donné. Il terminait en disant que toute sa politique en
Egypte avait consisté à rechercher une solution s'appuyant,
tant sur l'alliance anglaise, que sur le concert européen.

Il faut convenir que l'idée maîtresse de la politique de
M. de Freycinet était dépourvue de grandeur ; la France avait été en somme le satellite de la Grande-Bretagne, nous ne savons trop s'il ne faudrait pas dire la dupe ;
quant à une politique, depuis le Grand Ministère , la
France avait cessé d'en avoir une : elle avait suivi son
« alliée », rien de plus.

Gambetta répondit au Président du Conseil, et en lui, on
sentit vibrer l'âme fière de la France. De sa bouche, on comprit pourquoi l'alliance anglaise avait été nécessaire, pourquoi elle n'était pas humiliante. Il condamna l'immixtion

turque dangereuse pour l'Egypte, dangereuse pour nous. Il
repoussa l'idée de la France mandataire de l'Europe ; ce
n'était pas là, selon lui, le rôle qui convenait ; nous devions
agir en notre propre nom ou nous abstenir tout à fait ;
quant à l'attitude vis-à-vis de l'Angleterre, il indiquait ainsi son opinion : « Au prix des plus grands sacrifices ne rom-
« pez jamais l'alliance anglaise...... Je livre toute ma pen-
« sée, car je n'ai rien à cacher, ce qui me sollicite à l'allian-
« ce anglaise, à la coopération anglaise dans le bassin de
« la Méditerranée et en Egypte, c'est que ce que je redoute
« le plus, entendez-le bien, outre cette rupture néfaste, c'est
« que vous ne livriez à l'Angleterre, et pour toujours, des
« territoires, des fleuves et des passages où notre droit de
« vivre et de trafiquer est égal au sien. Ce n'est donc pas
« pour humilier, pour abaisser, pour atténuer les intérêts
« français, que je suis partisan de l'alliance anglaise ; c'est
« parce que je crois qu'on ne peut efficacement les défen-
« dre que par cette union, par cette coopération. S'il y a
« rupture, tout est perdu » (1).

Gambetta avait nettement compris ce que réservait l'avenir : les faits allaient montrer bientôt la justesse de ses
vues. Sous le ministère Freycinet comme sous le sien,
l'alliance anglaise était inévitable ; seulement en janvier
1882, c'était l'Angleterre qui s'accolait à la France de peur
que celle-ci ne s'emparât de l'Egypte, tandis qu'en juillet
les rôles étaient renversés. L'Angleterre, ambitieuse plus
âpre et moins généreuse, se souciait peu de la surveillance
jalouse de son alliée gênée en Europe par ses craintes et
ses souvenirs ; elle avait débarqué des troupes en Egypte,
et elle s'y installait.

Quelques jours après la séance dont nous venons de
parler, le 29 juillet, M. de Freycinet revenait à la tribune
de la Chambre, demander des crédits pour la défense du
Canal de Suez ; l'Angleterre, disait-il, désirait notre coopération ; la lui refuser c'était rompre avec elle ; nous ne
devions d'ailleurs débarquer de troupes que si la circulation

(1) Séance du 18 juillet, *Journal officiel*, 19 juillet. Débats parlementaires, Chambre, p. 1317.

se trouvait manifestement menacée, et naturellement il n'était aucunement question d'agir sur le territoire égyptien. M. Clémenceau répondit en combattant l'ouverture de crédit, et son discours entraîna la chute du Ministère et la retraite définitive de la France dans la question d'Egypte (1).

Au 1er août 1882, la situation était la suivante. La France renonçait à toute immixtion belliqueuse en Egypte, à toute action isolée au sujet de la protection du Canal. La Porte, cédant aux vœux de la Conférence, armait une flotte et préparait des troupes, 12,000 hommes environ, avec une lenteur calculée qui, vu l'ambiguité coutumière de ses intentions, inquiétait quelque peu M. de Noailles, et lui faisait dire : « Si les Turcs vont en Egypte, il ne sera jamais facile de savoir ce qu'ils y vont faire » (2). Les puissances comptaient sur la Turquie pour rétablir l'ordre dans le Delta et y contrebalancer l'influence anglaise ; en ce qui concerne le Canal, elles semblaient se décider pour une protection collective.

L'Angleterre étendait son occupation, faisait venir des troupes de l'Inde, et refusant, sur une demande de la Turquie, de retirer ses forces d'Egypte et de cesser ses préparatifs, elle se déclarait prête toutefois à accepter la collaboration de la Porte, et à signer avec elle une convention militaire (3). En présence de l'attitude hostile des bandes rebelles et de la nécessité impérieuse de protéger la libre navigation du Canal, elle annonçait de nouvelles mesures et de nouveaux armements qui, disait-elle, « suf- « firaient d'eux-mêmes pour le rétablissement, tant de « l'autorité du Khédive que d'un ordre stable en Egypte » (4). Une fois que le but militaire visé serait atteint, elle devait

---

(1) *Journal officiel* du 30 juillet 1882.

(2) De Noailles à de Freycinet, 1er août 1882, *Livre Jaune*, Egypte, VI, p. 4.

(3) Tissot à de Freycinet, 1er août, eod. loc., p. 6, et Note anglaise, p. 12.

(4) Communication du gouvernement anglais relative aux conditions dans lesquelles des troupes turques pourraient être envoyées en Egypte, *Livre Jaune*, Egypte, VI, p. 13.

réclamer le concours des puissances, pour les mesures à prendre en vue d'organiser au mieux le futur gouvernement du pays.

Dans le Canal, une flotte anglaise avait mission de veiller au maintien du *statu quo*, et ne devait user de la force et débarquer des troupes, que pour protéger les sujets britanniques, ou empêcher des actes hostiles, par exemple l'obstruction du passage (1).

L'action anglaise se faisait sentir de plus en plus. Désormais, la Grande-Bretagne dirigeait les événements en Egypte. Le 10 août elle obtenait de la Porte, sauf ratification du Sultan, une proclamation déclarant Arabi rebelle, et préparait avec elle un projet de convention militaire ; le même jour les troupes de l'Inde débarquaient à Suez (2).

Certes, le gouvernement anglais continuait à repousser toute idée d'occupation indéfinie, et Gladstone pouvait dire aux Communes : « S'il y a une chose que nous ne ferons « pas, c'est bien celle-là ; ce serait en désaccord absolu « avec les principes professés par le gouvernement de Sa « Majesté, avec les promesses qu'il a faites à l'Europe, et « avec la manière de voir de l'Europe elle-même » ; mais dans la pensée de chacun, de l'autre côté de la Manche, l'Angleterre devait avoir désormais en Egypte un rang à part, privilégié, et le premier Ministre ne le cachait pas : « Après tout ce qui a eu lieu, le rétablissement du *statu quo* « ne peut plus être considéré comme le but vers lequel « nous tendons. J'admets qu'un champ plus large nous soit « ouvert ; mais c'est pour cela qu'il ne serait pas opportun « de faire, dans l'état actuel de la question, des déclarations « au sujet des résultats que, conformément à nos enga- « gements formels, nous voulons obtenir avec l'intervention « et l'appui de l'Europe, et que la volonté d'une seule « puissance ne saurait atteindre » (3).

Le 16 août, un acte signé du Khédive autorisait les

---

(1) Note remise par lord Lyons à M. de Freycinet, 5 août 1882, *Livre Jaune*, Egypte, VI, p. 15.

(2) *Livre Jaune*, Egypte, VI, p. 19.

(3) D'Aunay à Duclerc, 11 août 1882, cod. loc., p. 22.

Anglais à opérer militairement dans le Canal de Suez (1);
et le 20, les troupes britanniques arrivaient sur les bords du
Canal et occupaient Port-Saïd et Ismaïlia (2).

En même temps, la Turquie renonçait à intervenir, en
présence de l'attitude de l'Angleterre, qui contrairement à
ses déclarations, contrairement à ce qu'elle avait accepté à
la Conférence, ne voulait pas de la coopération turque, et
malgré ses protestations officielles, faisait tous ses efforts
pour l'empêcher. N'avait-elle pas émis la prétention d'exiger que le contingent turc fût limité à 5 ou 6,000 hommes,
qu'il n'arrivât pas par la voie de terre, mais débarquât
ailleurs qu'à Alexandrie, que toute opération militaire fût
soumise à l'approbation des généraux anglais, que les forces
ottomanes quittassent l'Egypte en même temps que les
troupes anglaises (3) ! Certainement on comptait à Londres
— et cela jette un jour cru sur le caractère de la politique
anglaise à ce moment — que ces conditions inacceptables
ne seraient pas acceptées. Le Sultan suzerain serait allé
sur les terres de son vassal, avec une armée ridicule,
qu'eussent commandée des généraux anglais ; on lui posait
des conditions, même pour la façon dont ses troupes
devraient se rendre sur le terrain des opérations ; on commençait par lui dire qu'elles ne devraient pas passer par la
Syrie, puis qu'elles ne pourraient pas débarquer à Alexandrie. L'Angleterre donnait des ordres au Sultan, en vue
d'une action de ce dernier sur un territoire dépendant de
lui !

A la Porte, on ne voulut pas accepter pareille humiliation : lord Dufferin, sans doute muni d'instructions à cet
égard, refusa toute discussion (4), et la convention militaire
resta non ratifiée. Le Sultan signa bien, le 6 septembre, la
proclamation déclarant Arabi rebelle, pièce toute en faveur
de l'Angleterre, justifiant le bombardement d'Alexandrie,

(1) De Vorges à Duclerc, 16 août, *Livre Jaune*, Egypte, VI, p. 29.

(2) De Vorges à Duclerc, 20 août, eod. loc., pp. 34 et 35.

(3) De Noailles à Duclerc, 11 et 13 août 1882, *Livre Jaune*, Egypte, VI,
pp. 21 et 26.

(4) De Noailles à Duclerc, 20 août, eod. loc., p. 35.

l'action militaire de la Grande-Bretagne, et se prononçant énergiquement en faveur de Tewfik (1) ; mais on ne parla plus d'expédition turque.

Le 13 septembre amenait la bataille de Tel-el-Kébir. Arabi était en pleine déroute ; 2,000 arabes étaient tués et 40 canons pris (2). L'armée anglaise occupait Zagazig, et le 15 septembre, elle entrait au Caire où elle s'emparait d'Arabi. Le 20, lord Dufferin faisait entendre à la Porte, non sans « assurances amicales », que son gouvernement considérait un envoi de troupes ottomanes en Egypte comme n'ayant plus sa raison d'être (3). Et le 25, la Porte répondait, en félicitant le gouvernement de la Reine, d'avoir mené à bien la tâche entreprise en Egypte, « pour y rétablir l'ordre et en « même temps le respect du traité de 1841 et des firmans qui « consacrent le droit de l'Empire Ottoman », et en demandant à quelle date devrait s'effectuer l'évacuation des troupes anglaises (4).

Lord Granville avait déclaré que l'entente anglo-française subsistait ; en Europe on croyait généralement aux promesses anglaises ; M. de Giers avait déclaré à notre Chargé d'affaires à Saint-Pétersbourg, qu'il était « confiant dans l'enga- « gement pris par la Grande-Bretagne en signant le Proto- « cole de désintéressement, et dans les déclarations si « solennelles de M. Gladstone » (5). Quoi qu'il en soit, l'Angleterre victorieuse occupait l'Egypte ; sans peut-être avoir l'intention de l'annexer, elle entendait y dominer sans conteste et seule ; sa pensée la plus chère fut dès lors d'arriver à la suppression définitive de ce qui restait de l'influence française dans ce pays.

(1) De Noailles à Duclerc, 6 septembre 1882, *Livre Jaune*, Egypte, VI, p. 45.

(2) *Livre Jaune*, Egypte, VI, p. 46.

(3) De Noailles à Duclerc, 20 septembre 1882, eod. loc., p. 50.

(4) De Noailles à Duclerc, 29 septembre 1882, eod. loc., p. 51.

(5) Ternaux-Compans à Duclerc, 27 septembre 1882, *Livre Jaune*, Egypte, VI, p. 51.

CHAPITRE IX

Suppression du Contrôle anglo-français

SOMMAIRE. — *L'ordre rétabli en Egypte. — L'Angleterre songe à la suppression du Contrôle. — La question des indemnités aux victimes d'Alexandrie. L'Angleterre rejette le projet des Contrôleurs à ce sujet. Le nouveau projet anglo-égyptien ne tient aucun compte de leurs attributions. — Cependant le Contrôleur anglais a reçu de son gouvernement l'ordre de ne pas reprendre ses fonctions. — Pourparlers entre la France et l'Angleterre. — Le 23 octobre 1882, lord Granville propose de remplacer les Contrôleurs, par un Conseiller financier unique, qui doit naturellement être anglais. — Les Contrôleurs ne sont pas convoqués à la réunion du Conseil des Ministres. — Dépêche de lord Granville, du 30 décembre. Dépêche de M. Duclerc du 4 janvier 1883. La France renonce au Contrôle. — Considérations sur la politique de la France en Egypte pendant l'année 1882.*

L'action de l'Europe en Egypte, à l'époque que nous étudions, s'exerçait, en dehors du mode normal de la diplomatie, par trois principaux organes : les Tribunaux mixtes, la Caisse de la Dette, le Contrôle. L'Angleterre ne se dissimulait pas que ce serait autant de moyens de résistance à sa politique exclusive ; son but fut dès lors de s'en débarrasser. Seulement, se heurter à ce moment-là à l'Europe même, surtout après de récentes et solennelles promesses, eût été folie de la part de la Grande-Bretagne qui se contenta de poursuivre la disparition du Contrôle anglo-français : ici la France seule était directement intéressée, et les votes récents de notre parlement, disait assez qu'elle ne voulait pas de guerre. L'Angleterre le savait comme tous, et elle agit en conséquence.

Le Khédive était rentré au Caire après l'armée anglaise ; il y avait été reçu par des réjouissances et des illuminations ; et il avait dû assister, ayant à sa droite le Premier Ministre Chérif-Pacha, et à sa gauche l'amiral Seymour, à la revue des troupes britanniques passée par le général Wolseley (1). Le 29 septembre, il recevait M. Raindre, qui venait remplacer M. de Vorges comme chargé de l'Agence et du Consulat général de France en Egypte, et il échangeait avec lui des paroles particulièrement amicales et courtoises (1). L'ordre était rétabli en Egypte, le commerce reprenait, les Européens rerentraient, tout revenait à l'état normal.

Le Contrôle avait cessé de fonctionner depuis juin, mais il subsistait toujours ; près du gouvernement reconstitué, les deux Contrôleurs allaient pouvoir reprendre leur place. C'est ce moment que l'Angleterre choisit, pour porter le premier coup à l'institution dont elle avait décidé la fin.

Après les émeutes d'Alexandrie, des pourparlers avaient été engagés entre les différents cabinets, au sujet des indemnités à obtenir pour les victimes des troubles. Les deux Contrôleurs avaient, dès le 7 août 1882, proposé la réunion d'une commission internationale, chargée d'allouer et de distribuer les sommes considérées comme la juste compensation des préjudices causés aux Européens, en juin puis en juillet. Cette commission devait compter les quatre Commissaires de la dette, et des délégués de l'Allemagne, de la France, de la Grande-Bretagne, de la Russie et de l'Egypte. Le projet, transmis à Londres par M. Malet, Consul au Caire, et communiqué sur l'ordre de lord Granville à M. Duclerc, notre Ministre des affaires étrangères, successeur de M. de Freycinet, fut accepté par les divers intéressés, qui, au 19 octobre, eurent tous donné leur adhésion.

L'Angleterre alors se ravisa. Sur ses conseils, un projet différent de celui des Contrôleurs fut préparé par les soins du gouvernement égyptien ; elle manifesta alors l'intention

_____

(1) Raindre à Duclerc, 30 septembre 1882, *Livre Jaune*, Egypte, VI, pp. 52 et 53.

de substituer ce dernier projet à celui qu'elle avait cependant formellement accepté le 7 septembre.

M. Duclerc protesta. La question était d'importance mal-
grè ses apparences modestes. En revenant sur ce qui était
acquis, l'Angleterre, d'accord avec l'Egypte, faisait face à
l'Europe ; en écartant le projet des Contrôleurs, elle mani-
festait ses intentions à l'égard du Contrôle, c'est-à-dire à
l'égard de la France. On pouvait déjà supposer, avec raison,
qu'elle allait entreprendre, dans la vallée du Nil, une politique anglaise et anti-européenne.

Le projet anglo-égyptien (1) accentuait encore, par son
contenu, cette orientation nouvelle. Son article 4 était conçu
en ces termes : « Un décret ultérieur, rendu d'un commun
« accord entre les puissances représentées à la commission
« de liquidation et notre gouvernement, déterminera par
« quels moyens et avec quelles ressources, il serait fait face
« àu règlement des indemnités qui seront accordées ; » or,
c'était au Contrôle qu'il appartenait, d'après les habitudes
suivies, de décider en pareille matière.

C'est ce que fit remarquer M. Duclerc, le 12 octobre 1882,
dans un entretien avec M. Plunkett, Ministre d'Angleterre à
Paris : « L'arrangement visé par le contre-projet égyptien —
« lui dit-il — ne tient pas compte du Contrôle et se réfère à
« une organisation nouvelle, dont la commission de liqui-
« dation fournirait les bases. Une pareille combinaison
« impliquerait des changements aux conventions passées
« en 1876 et en 1879, par la France et par l'Angleterre avec
« l'Egypte, changements qui ne saüraient être ni consa-
« crés, ni même préjugés incidemment d'une autre ques-
« tion spéciale. Le gouvernement de la République estime
« dès lors, qu'il est préférable à tous égards de s'en tenir à
« l'accord établi dans les premiers jours de septembre, sur
« le projet originaire dont le gouvernement anglais a spon-
« tanément reconnu les avantages et l'opportunité ».

M. Duclerc, en transmettant à son Ambassadeur à Londres
les termes de cette conversation, précisait sa pensée en

(1) *Archiv. dipl.*, 1884, II, p. 161.

disant que, de cet article 4, « on pourrait inférer l'abroga-
« tion du Contrôle et l'organisation immédiate d'un système
« nouveau », et il ajoutait : « En déclarant avec franchise
« que de telles questions ne sauraient être réglées par voie
« incidente, nous affirmons de nouveau l'existence actuelle
« d'institutions consacrées en 1876 et en 1879, et nous
« ouvrons la porte aux propositions nouvelles que l'Angle-
« terre aurait à nous faire, si elle était décidée de son côté,
« à s'abstenir de tout acte qui impliquât ;pour l'avenir le
« maintien du Contrôle » (1).

M. Plunkett s'empressa, pour tranquilliser le gouvernement français, de montrer à notre Ministre des Affaires étrangères une dépêche de lord Granville, datée du
9 octobre, dans laquelle ce dernier déclarait que la substi-
tution d'un nouveau projet à celui des Contrôleurs, n'impliquait en aucune façon l'abrogation du Contrôle (2) ; et les
deux gouvernements s'entendirent au moins sur ce point,
que la question des indemnités ne serait pas tranchée par
les tribunaux mixtes, principe qui fut consacré par décret
khédivial du 7 novembre.

Les pourparlers continuèrent, le cabinet de Londres pressant celui de Paris de renoncer à la suppression de l'article
4, et de faciliter ainsi un rapide règlement de la question
des indemnités. Finalement, après une démarche de M.
Raindre auprès du gouvernement du Caire, celui-ci se déclara prêt à accepter, dans certaines limites, les conditions
de la France, et le 13 janvier 1883, le Khédive signa le décret
attendu, dans le texte duquel ne figuraient pas les dispositions spécialement repoussées par M. Duclerc (3).

Ce n'était du reste qu'un triomphe apparent pour notre

(1) Duclerc à Tissot, *Archiv. dipl.*, 1884, II, pp. 149 et 150.

(2) Duclerc à Tissot, 23 octobre 1882, *Archiv. dipl.*, 1884, II, p. 156.

(3) *Archiv. dipl.*, 1884, II, p. 184. La Commission devait comprendre
deux délégués égyptiens, l'un Président, l'autre Vice-Président, un délégué pour chacune des grandes puissances, pour les Etats-Unis et
pour la Grèce ; un délégué unique représentait l'ensemble des autres
Etats intéressés. L'article 6 disposait : « Il sera pourvu ultérieurement
« à la fixation de l'époque, et aux voies et moyens du payement des
« indemnités accordées par la Commission ».

diplomatie, et il ne faudrait pas en conclure que le Contrôle se trouvât de la sorte affermi. Au contraire, c'est parce qu'il n'existait déjà plus au 13 janvier, que l'Egypte, nous voulons dire l'Angleterre, n'avait plus fait aucune difficulté à la suppression de l'article 4, qui n'aurait fait que constater vaguement une chose bien nettement acquise. Par des moyens différents, mais toujours détournés, l'Angleterre était arrivée au but.

Dès le mois d'octobre, elle avait commencé sa véritable lutte contre le Contrôle. Le 7 octobre, le Consul anglais, M. Malet, reçut avis de l'arrivée de M. Colvin, le Contrôleur anglais ; mais on lui apprenait en même temps que, provisoirement, ce dernier ne reprendrait pas ses fonctions. M. Raindre, avisé à son tour par son collègue, en informa immédiatement son Ministre (1).

M. Duclerc, à qui avait été dévolue la pénible mission de liquider notre situation en Egypte, s'émut de la nouvelle qui lui parvenait du Caire, et fit demander des explications par M. Tissot (2), notre Ambassadeur à Londres, explications qu'on ne se hâta pas de donner.

L'Angleterre comptait ne pas encore quitter l'Egypte ; en réponse à la note turque du 25 septembre (3), elle disait que l'évacuation pourrait se faire complète, seulement le jour, où, les forces égyptiennes étant réorganisées et l'ordre absolument rétabli, le Khédive serait en mesure de répondre de la sécurité générale (4). Quant aux intentions du gouvernement anglais au sujet du Contrôle, c'était toujours d'Egypte que l'on apprenait quelque chose à ce sujet. M. Malet avait eu une entrevue avec M. Raindre, et ce dernier résumait ainsi les considérations développées par son collègue : « Lord Granville jugerait, depuis quelque « temps déjà, que le *consortium* anglo-français, s'exprimant « sous la forme du Contrôle, créerait au gouvernement de

---

(1) Raindre à Duclerc, 7 octobre 1882, *Livre Jaune*, Egypte, VI, p. 54.

(2) Duclerc à Tissot, 7 octobre 1882, eod. loc., p. 55.

(3) V. supra, p. 186.

(4) De Noailles à Duclerc, 9 octobre, eod. loc., p. 58.

« la Reine l'obligation d'intervenir plus intimement qu'il
« ne lui conviendrait dans les affaires intérieures de l'Egyp-
« te ; on aurait donc peut-être pensé à Londres, que le
« maintien du système engagerait trop la responsabilité de
« l'Angleterre dans le détail des choses égyptiennes ; on
« aurait pu être conduit à rechercher un instrument moins
« compromettant » (1).

Donc, si l'Angleterre ne voulait plus du Contrôle, c'est
qu'elle trouvait qu'il empiétait trop sur les pouvoirs du gouvernement égyptien ; ce qui avait été bon avant les désordres, devenait compromettant maintenant que les troupes
anglaises occupaient l'Egypte : raisonnement si contraire
au bon sens et à la logique, qu'il ne soutient pas l'examen
le plus superficiel et ne peut être considéré comme une
explication loyale. L'Angleterre n'avait pas peur de s'immiscer trop intimement dans les affaires intérieures de
l'Egypte ; la meilleure preuve, c'est que ses troupes occupaient le pays et qu'elle commençait à y diriger tout. Mais
elle n'avait pas besoin de la France ; elle voulait être seule.
Le 14 octobre, M. Colvin arrivait au Caire et déclarait qu'il
avait l'ordre de ne pas assister au Conseil des Ministres (2).

Le même jour, M. Duclerc, qui avait demandé au Ministre d'Angleterre à Paris quelles étaient les intentions de
son gouvernement, et qui avait laissé entendre, sans cacher
sa surprise du procédé employé, qu'il ne laisserait pas
supprimer par voie détournée, par prescription, une institution établie et réglée par un accord encore existant (3),
recevait de M. Plunkett une note explicative : M. Colvin
était retourné en Egypte, sur le désir « fortement exprimé »
du gouvernement égyptien ; et s'il ne reprenait pas immédiatement ses fonctions, c'était parce que le gouvernement
anglais, depuis l'occupation, avait une grande responsabilité
en ce qui concerne les conseils qu'il devrait donner pour
l'administration du pays ; les récents événements avaient

---

(1) Raindre à Duclerc, 9 octobre 1882, *Livre Jaune*, Egypte, VI, p. 57.

(2) Raindre à Duclerc, 14 octobre, eod. loc., p. 60.

(3) Duclerc à Tissot, 12 octobre, eod. loc., p. 59.

fait naître des « doutes considérables », que devait partager la France, sur l'opportunité de maintenir le Contrôle ; enfin avant de le rétablir en fait, il était nécessaire de laisser au gouvernement anglais le temps de formuler et de faire connaître ses vues sur la question (1).

Ces explications étaient assez misérables, et on ne pouvait guère en déduire que ceci, c'est que, dans la pensée de l'Angleterre, le Contrôle était condamné. En effet le 18 octobre, lord Granville entretenait M. Tissot de la nécessité pour les deux gouvernements de renoncer au Contrôle, et de s'entendre « pour charger MM. Brédif et Colvin de « certaines missions communes, qui pourraient être ulté- « rieurement définies, de façon à ce que le jour où le « Contrôle disparaîtrait, ou serait tout au moins modifié, « le fait n'eût pas l'air de s'être accompli contre la volonté « de l'une des deux puissances ».(2).

M. Brédif avait déjà reçu ses instructions ; il devait se conduire comme par le passé, assister au Conseil des Ministres si on le convoquait, et en référer à son chef dans le cas contraire (3).

Le 23 octobre seulement, lord Lyons étant revenu à Paris, le gouvernement anglais fit nettement comprendre quelles étaient ses intentions. Il estimait que le Contrôle avait été bon, mais que les événements récents en avaient montré « *les défauts et les dangers* » ; qu'en conséquence, il valait mieux y substituer un Conseiller financier européen unique, qui assisterait aux Conseils de cabinet sans être Ministre des finances, et exercerait une mission de contrôle, sans intervenir directement dans l'administration du pays.

L'Angleterre et la France prieraient donc le Khédive de prendre un décret supprimant le Contrôle ; et le Conseiller financier qui le remplacerait, nommé pour dix ans, préparerait progressivement le remplacement de l'élément européen par l'élément égyptien dans l'inspection des finances,

(1) Note remise par M. Plunkett, Ministre d'Angleterre, à M. Duclerc, *Livre Jaune*, Egypte, VI, p. 60.

(2) Tissot à Duclerc, 18 octobre 1882. *Livre Jaune*, Egypte, VI, p. 62.

(3) Duclerc à Tissot, 20 octobre, eod. loc., p. 64.

pendant qu'on poursuivrait d'autre part le même but dans les autres branches de l'administration. Très incidemment, le gouvernement de Sa Majesté, avec une extrême réserve, laissait entendre qu'on pourrait aussi apporter des modifications dans « l'organisation des conseils qui ont la surveil-« lance, et dans certains cas l'administration des diverses « sources de revenus » ; la Caisse de la Dette, à son tour, était visée (1).

Le Conseiller financier devait naturellement être anglais· Lord Granville l'avait reconnu, dans une conversation avec M. Tissot qui avait relevé l'égoïsme de l'Angleterre, prenant tout pour elle, sans nous laisser de compensations. Le Ministre anglais s'était étonné. à son tour, demandant à quelles compensations nous pouvions bien songer, et avait répondu par un *non possumus* très net, quand notre Ambassadeur avait émis l'idée, à titre personnel d'ailleurs, d'une place faite à un Français dans le Ministère égyptien (2).

D'autre part, M. Duclerc avait eu une explication avec lord Lyons. Il avait demandé quels étaient « les défauts et les dangers » reprochés au Contrôle, et il avait ajouté : « Voulez-vous réellement abolir le Contrôle ? Nulle ment. « Vous dites : comme remplacement du Contrôle, le Khédive « nommerait un seul Conseiller européen. Européen, c'est-à-« dire anglais, n'est-ce pas ? Eh bien ! pour appeler les cho-« ses par leur nom, ce que vous proposes ce n'est pas l'abo-« lition du Contrôle, c'est l'abolition du Contrôleur français. « Je ne vous surprendrai certainement pas en vous disant « qu'il ne m'est pas permis d'accepter cela.... Votre gou-« vernement a devant lui trois alternatives : réorganiser « l'Egypte seul, ou avec l'Europe, ou avec nous. Lord Gran-« ville a dit à M. Tissot que le désir de l'Angleterre était de « s'entendre avec nous, et que c'était aussi son intérêt ; j'es-« père qu'il reviendra à cette conviction. »

Et M. Duclerc, en transmettant ainsi à M. Tissot les termes de sa conversation avec lord Lyons, ajoutait pour

(1) Lord Granville à lord Lyons, 23 octobre 1882. Dépêche communiquée à M. Duclerc, *Livre Jaune*, Egypte, VI, p. 65 et s.

(2) Tissot à Duclerc, 25 octobre 1882, cod. loc., p. 71.

l'édification de son représentant à Londres : « Pour mon
« compte, je suis bien tranquillement décidé à n'accepter
« que l'acceptable, et je suis sûr que c'est là aussi votre
« sentiment. Ayant fait loyalement tout ce qui était en
« mon pouvoir pour maintenir l'entente amicale, si les
« Anglais n'en veulent plus, je me résigne (1) ».

M. Duclerc estimait d'ailleurs, non sans raison, que le
Contrôle pouvait être supprimé seulement d'un commun
accord, que toute la différence, entre l'ancien Contrôle et
celui que l'on proposait, était dans le remplacement de deux
personnes par une seule, et dans la nécessité pour cet
unique Contrôleur d'être convoqué par le Khédive, pour
pouvoir assister aux Conseils des Ministres ; et il se demandait comment, avec une telle réforme, on évitait « les défauts
et les dangers » du système condamné. Dans sa pensée, le
Contrôle subsistait comme par le passé : en conséquence,
il invitait M. Brédif à réclamer énergiquement auprès du
Président du Conseil égyptien, si un Conseil de cabinet
était tenu sans qu'on l'invitât (2).

D'autre part, M. Colvin avait reçu l'ordre de ne pas
assister au Conseil ; le gouvernement Egyptien en avait été
officiellement avisé ; et par suite dans la pensée de l'Angleterre, ni l'un ni l'autre des deux Contrôleurs ne devait être
convoqué, le Contrôle étant anglo-français et ne pouvant
être représenté par une seule personne (3).

Le gouvernement égyptien, à qui très vraisemblablement
on imposa cette manière de voir, déclara à M. Raindre qu'il
la faisait sienne, et en remettant à M. Brédif l'ordre du
jour du Conseil des Ministres, le 28 octobre, on l'avisa que
c'était à titre d'information et non de convocation (4). M.
Brédif protesta, et il lui fut répondu comme à M. Raindre (5).

(1) Duclerc à Tissot, 28 octobre 1882, *Livre Jaune*, Egypte, VI, p. 72.

(2) Duclerc à Tissot, dépêches du 29 octobre 1882, *Livre Jaune,* Egypte,
VI, pp. 74 et 76 ; et Duclerc à Raindre, 29 octobre, eod., loc., p. 77.

(3) Raindre à Duclerc, 28 octobre, eod. loc., p. 73.

(4) Raindre à Duclerc, 29 octobre et 5 novembre, eod. loc., pp. 78 et 92.

(5) Brédif à Chérif-Pacha, 2 novembre, et Chérif à Brédif, 5 novembre,
eod, loc., p. 94.

Cependant les pourparlers, entre les cabinets de Londres et de Paris, continuaient ; on échangeait de longues dépêches ; lord Granville persistait à rester dans le vague ; M. Duclerc ne cédait pas, demandait plus de netteté, et n'obtenait pas davantage que par le passé : jusqu'au jour où il fit demander par M. Tissot, quelles étaient les compensations qu'on comptait nous offrir, ce à quoi lord Granville répondit, que la seule combinaison possible consisterait à donner à la France la présidence de la Commission de la Dette publique, dont on augmenterait les attributions, en la chargeant, en tout ou en partie, de l'administration du Domaine et de la Daïra (1).

Mais on ne pouvait toucher au contrôle de la Daïra institué par la loi de liquidation, sans l'assentiment des puissances intéressées ; quant aux Domaines, on ne pouvait rien modifier à leur sujet, sans le consentement de tous les souscripteurs de l'emprunt domanial : c'est ce que répondit M. Duclerc, qui attendit, jusqu'au 13 décembre, qu'on lui expliquât en quoi pourrait bien consister l'extension des attributions de la Commission de la Dette. A cette date, las d'attendre, il fit savoir en termes très amicaux à lord Granville, par l'intermédiaire de M. Tissot, que la proposition anglaise ne répondait pas suffisamment aux aspirations légitimes de la France, et qu'il espérait encore que des propositions plus acceptables lui seraient faites (2).

Lord Granville répondit, le 30 décembre, que s'il n'avait pas indiqué de suite le but poursuivi, c'était par amitié pour la France et pour ménager sa dignité ; il avait espéré que celle-ci, d'accord avec l'Angleterre, déciderait la suppression du Contrôle, d'autant mieux que M. Duclerc avait laissé entendre qu'il se contenterait d'un rétablissement fictif et momentané de cette institution.

Quand il avait été établi que M. Duclerc ne partageait pas les vues du Ministre anglais, celui-ci avait attendu une contre-proposition, et M. Tissot ayant parlé de compensations,

_____

(1) Tissot à Duclerc, 25 novembre 1882, *Livre Jaune*, Egypte, VI, pp. 114 et s.

(2) Duclerc à Tissot, 13 décembre, eod., loc., pp. 118 et s.

on avait attendu à nouveau à ce sujet l'expression des désirs de la France. Cette dernière avait tenu à ce que l'Angleterre fît des offres ; la chose faite, elle refusait ce qu'on avait offert. Le gouvernement de la Reine en avait un sincère regret. Il était pourtant généreux ; car enfin on parlait de compensations, et le mot était fort peu juste : « il « ne considérait pas que le Contrôle ait jamais été destiné « à favoriser aucun intérêt séparé ou spécial de la France « et de l'Angleterre, intérêt qui aurait à souffrir de son « abolition. Tel qu'il le concevait, le Contrôle était destiné à « favoriser l'ordre dans les finances égyptiennes, et inci- « demment le bon gouvernement du pays, autant qu'il était « lié à la bonne administration des finances. » Le Contrôle, qui n'était plus un avantage pour l'Egypte, n'en avait jamais été un, pour les deux puissances : la France n'avait donc aucune compensation à réclamer.

Que si le mot compensation était employé, parce qu'il « pouvait être probable » (*sic*) que le Khédive choisisse un Anglais pour Conseiller financier, cela n'avait pas sa raison d'être. Le Conseiller ne devait pas être imposé au Khédive ; celui-ci le choisirait librement, et il paraîtrait assez naturel en somme qu'il recherchât le concours destiné à assurer à l'avenir l'ordre dans les finances, « du côté d'où « étaient venus, à une époque extrêmement critique, les « moyens nécessaires à la restauration de l'ordre social ». L'Angleterre, en cela, ne se trouvait pas privilégiée ; donc aucune compensation pour la France ne s'imposait. La suppression du Contrôle n'empêchait pas celle-ci de pouvoir continuer, comme l'Angleterre, à exercer une influence bienfaisante sur l'Egypte.

Le gouvernement de la Reine regrettait donc que l'accord n'eût pu se faire, et il espérait « que sa politique, telle « qu'elle devait être exposée dans les communications offi- « cielles qu'il devait prochainement faire à la France et aux « autres puissances, se recommanderait, d'elle-même et « dans son ensemble, à l'appréciation éventuelle du gou- « vernement français » (1).

_____

(1) Granville à Lyons. Dépêche du 30 décembre communiquée à M. Duclerc, *Livre Jaune*, Egypte, VI, p. 121 et s.

Le caractère sophistique de cette argumentation, dont la dernière phrase dissimule mal, dans son ambiguïté, une fin de recevoir définitive et non sans impertinence, n'échappera certainement à personne. La France n'avait plus qu'à s'incliner ou à s'armer.

M. Duclerc répondit, en exprimant ses regrets de voir cesser une coopération qui avait eu des effets bienfaisants ; mais, ajouta-t-il aussitôt, « l'heure des discussions est passée ». Il déclara que jamais il n'avait pensé, pour ménager une transition délicate, à suggérer l'idée d'un rétablissement temporaire et apparent du Contrôle, que c'eût été un calcul indigne de la France et de lui-même, et que sa pensée avait très mal été interprétée. Le Contrôle étant d'origine contractuelle, disait-il, ne pouvait disparaître sans l'assentiment de tous les contractants. Certes il n'avait pas été établi dans l'intérêt spécial de l'Angleterre et de la France, mais dans l'intérêt de l'Egypte et de toutes les puissances intéressées à la prospérité de ce pays ; pour préserver cet intérêt de tous, le *consortium* anglo-français restait nécessaire ; c'est pour qu'il demeurât, c'est pour que l'intérêt général fût sauf, que la France avait demandé une compensation. Elle avait espéré que de nouvelles ouvertures lui seraient faites ; puisqu'il en était autrement, il ne lui restait plus, malgré ses regrets, qu'à reprendre en Egypte sa liberté d'action (1).

Le *condominium* avait définitivement vécu. La France ne conservait plus en Egypte que des intérêts matériels et moraux, et des souvenirs. La Grande-Bretagne avait le champ libre : « L'Angleterre — écrivait M. Tissot le 1er novembre 1882 — ne maintiendra son influence en Egypte « que par une occupation militaire indéfinie équivalant à « une annexion. Le parti qui est au pouvoir proteste, et sin- « cèrement, nous voulons bien le croire, contre cette solution « radicale. Elle ne s'en impose pas moins, par la force des « choses, dans la pensée du parti conservateur et dans la « conviction des hommes politiques de l'Angleterre, qui sont

(1) Duclerc à Tissot, 4 janvier 1883. Dépêche communiquée à lord Granville, *Livre Jaune*, Egypte, VI pp. 131 et s.

« le plus au courant des affaires égyptiennes. C'est l'opinion
« qu'émettait récemment M. Rivers-Wilson. L'annexion lui
« paraît chose fatale ; elle peut être ajournée par les Whigs ;
« elle se fera par les mains de leurs adversaires, le jour où
« ces derniers arriveront au pouvoir » (1). La prédiction de
notre Ambassadeur à Londres ce serait-elle donc réalisée ?

Pour nous, ne regrettons jamais d'avoir respecté la justice, les traités et la foi jurée, et de n'être pas devenus les
maîtres de l'Egypte, si du moins nous supposons que, depuis
Napoléon 1er, nos gouvernants y aient jamais songé. Notre
empire colonial nous suffit, comme étendue et comme
valeur ; il est déjà trop vaste, pour les charges et les difficultés qu'il nous crée, pour les malheurs qu'il peut très éventuellement nous attirer plus tard. Nous ne saurions trop
déplorer cependant, que notre départ d'Egypte y ait laissé
l'Angleterre maîtresse, faisant faire ainsi un pas gigantes-
que à cet impérialisme anglo-saxon plus menaçant maintenant chaque jour.

Il est bon à ce propos de parler brièvement ici des responsabilités. On a accusé le Parlement français, M. de Freycinet, et M. Clémenceau, d'avoir représenté en 1882, l'un
ou l'autre, ou tous ensemble, le mauvais génie de la France. Triple erreur, selon nous. Oui, la politique de M. de
Freycinet fut hésitante et se traîna en désespérantes lon-
gueurs ; mais sait-on toujours, où finit l'indécision et où
commence la prudence (2) ? La politique d'action même
armée de Gambetta, eût été, nous le croyons, plus heureuse ; mais l'Angleterre n'y ayant pas adhéré, elle pou-

(1) Tissot à Duclerc, 1er novembre 1882, *Livre Jaune*, Egypte, VI, p. 82.

(2) La pacification de l'Egypte était considérée par notre Consul au
Caire, M. Sienkiewicz, comme grosse de difficultés. Il écrivait le 6 mars
1882 à M. de Freycinet : « J'ai eu plusieurs fois l'occasion d'exposer, que
« si des troupes européennes mettaient le pied en Egypte, la sécurité
« des Européens pourrait être gravement compromise. L'exaltation, à
« laquelle une partie de la population est en proie depuis deux mois,
« et qui augmente chaque jour, n'est point de nature à calmer ces appré-
« hensions. Il est à considérer, en outre, qu'il ne suffirait pas de licen-
« cier l'armée ; il faudrait occuper le pays pendant un temps qu'il serait
« impossible de déterminer à l'avance, ce qui entrainerait le déplace-
« ment d'environ 40,000 hommes ». *Livre Jaune*, Egypte, 1882, III. p. 155.

vait devenir grosse de dangers, et, sous le Ministère Freycinet, alors que la Grande-Bretagne commençait à avoir
réellement des visées sur l'Egypte, cette politique devenait
impossible.

Quand la situation dans ce pays devint véritablement
grave, quatre solutions s'offraient à M. de Freycinet : essayer d'intimider les rebelles par des déclarations ou des
manifestations navales ; intervenir à main armée ; recourir
à la Turquie ; faire appel à l'Europe. On usa vainement du
premier moyen. La France, puissance musulmane par ses
possessions du Nord africain, répugnait au troisième, qui
pouvait réveiller le fanatisme des Mahométans ; l'Angleterre n'en voulait pas davantage, malgré les apparences :
elle l'a montré. Le plus sage parti était évidemment de
s'adresser à l'Europe.

Il ne faut pas être très perspicace pour deviner qu'une
intervention armée à deux était infiniment périlleuse, dès
le jour où l'Angleterre rêva de conquête en Egypte ; bien
des froissements, sources de conflits, pouvaient éclater au
cours des opérations militaires, entre les deux alliées ; et
après, l'ordre rétabli en Egypte, nos troupes l'occupant
encore, pense-t-on que l'Angleterre, eût voulu longtemps
que nous conservions à côté d'elle une place équivalente à
la sienne ? Nous oublions trop volontiers que c'est nous
qui lui avons fait, dans la plus large mesure, son empire
colonial ; tout se serait passé en Egypte comme ailleurs ;
du sang français aurait été versé, et un jour nous aurions
été mis dans la dure nécessité de choisir entre une retraite
humiliante ou une guerre criminelle.

Au 30 juillet 1882, quand, sur le discours de M. Clémenceau, le Parlement rejeta les crédits nécessaires à l'action
de la France pour la protection du Canal, les mêmes raisons militaient avec plus de force, pour nous faire choisir
l'abstention. L'Angleterre avait déjà ses troupes en Egypte ;
elle aurait formulé les mêmes exigences, et eût voulu
rester seule maîtresse. En envoyant des forces dans le
Canal de Suez, nous grevions notre budget, nous exposions
des vies précieuses, et nous faisions le jeu de l'Angleterre,

sans profit pour nous. Tôt ou tard, nous étions pris entre l'humiliation ou la guerre.

Mais pourquoi pas la guerre nous dira-t-on ? Nous avons prononcé tout à l'heure les mots « *guerre criminelle* », à dessein. Une grande nation comme la notre a le droit et le devoir de vivre ; elle doit être prudente et ne pas se jeter dans une mêlée, sans en envisager les conséquences possibles. Pays de liberté, où l'individu ne doit pas être sacrifié à la légère à quelque vague raison d'Etat, la France ne peut et ne doit exposer la vie de ses soldats qu'aux heures vraiment solennelles. Nos gouvernants, en 1882 et aussi depuis, ont fait tout ce qui était en leur pouvoir pour éviter un conflit avec l'Angleterre ; ils ont dû avoir des heures pénibles, mais ils ont bien agi.

Les diplomates reçoivent l'héritage de leurs devanciers ; ils subissent le passé, parfois un passé qui les gène, qui les lie, qui les immobilise. Ce n'est pas en 1882 qu'il faut chercher, en ce qui concerne notre départ d'Egypte, les responsabilités ; elles sont plus lointaines.

La France est forte ; mais depuis 1870 ses devoirs ont grandi. Elle regarde vers l'Est, non peut-être pas maintenant dans l'espoir de réaliser des rêves qui paraissent pour le moment chimériques, .mais afin d'être toujours, à toute heure, prête à se défendre et à conserver ses frontières. Nous ne voulons pas exprimer ce que serait dans notre pensée un conflit belliqueux avec l'Angleterre. Mais nous croyons pouvoir dire, avec la force d'une conviction profonde, que toute guerre aux résultats impossibles à prévoir, qui nous affaiblirait, qui nous détournerait du continent, serait une guerre criminelle. Nos hommes d'Etat l'ont compris : ils ont fait leur devoir. Que ceux qui veulent des responsabilités interrogent une histoire plus éloignée de nous. Qu'ils se souviennent des personnages néfastes qui ont fait la guerre de 1870, et la haine franco-allemande, et la paix armée.

TROISIÈME PARTIE

L'Angleterre en Egypte

En débarquant sur le sol égyptien ses premières troupes, l'amiral Seymour crut devoir adresser au Khédive, le 22 Juillet 1882, la déclaration suivante : « Moi amiral, com- « mandant la flotte britannique, je crois opportun de con- « firmer sans retard à Votre Altesse, que le gouvernement « de la Grande-Bretagne n'a nullement l'intention de faire « la conquête de l'Egypte, non plus que de porter atteinte à « la religion et aux libertés des Egyptiens. Il a pour unique « objectif de protéger Votre Altesse et le peuple égyptien, « contre les rebelles » (1).

Cette promesse solennelle n'a pas été tenue. Elle a été suivie de beaucoup d'autres déclarations, sinon plus nettes, du moins parties de plus haut, qui en ont transformé les termes, mais non le fond ; la mission de l'Angleterre en Egypte a dû varier pour pouvoir se perpétuer ; un objectif nouveau à toujours été visé par elle avant que l'objectif précédent fût complètement atteint : elle a commencé par mettre des Anglais à la tête de tous les services (2) ; Arabi et ses partisans chàtiés, il lui a fallu réorganiser les finances et l'administration égyptiennes avant de quitter

(1) Cité par P. Pisani « Les Anglais en Egypte », *Correspondant*, 25 mars 1898, p. 1080.

(2) Borelli, dans un article du *Bosphore égyptien*, du 4 octobre 1883, le dit, et cite les noms en regard de chaque service. — V. O. Borelli, *Choses politiques d'Egypte*, p. 23. — L'Angleterre a fait créer des tribunaux indigènes en matière civile et criminelle, et peu à peu y a fait rempla- cer la majorité des juges égyptiens par des Anglais. La plupart des Ministres et des hauts fonctionnaires sont assistés d'un conseiller anglais qui a en réalité tous les pouvoirs.

le pays ; cela fait, elle a dû rester encore, pour former une armée et rendre à l'Egypte ses frontières équatoriales; maintenant qu'elle a réussi, il lui faut demeurer pour pacifier les provinces reconquises ; plus tard elle réformera la justice et supprimera les tribunaux mixtes ; puis elle pensera à débarrasser définitivement le Khédive des soucis du gouvernement, dont elle déclarera le poids trop lourd pour lui.

La tâche bienfaisante de la Grande-Bretagne est en vérité bien rude : sa durée en souligne le pénible effort. Notre voisine ira jusqu'au bout toutefois, jusqu'au moment où tous les autres intéressés, reconnaissants pour l'œuvre accomplie, la remercieront, voulant lui éviter de nouveaux tracas, d'avoir fait de l'Egypte un Etat capable de se gouverner seul ; ce jour-là, les dernières troupes anglaises pourront retourner chez elles, fières du résultat atteint, et sûres de la reconnaissance de l'Europe.

Mais n'anticipons pas. Et avant de songer sérieusement à ce que pourra être l'avenir, voyons quel a été le passé, quelle attitude a prise l'Angleterre, dans les événements qui se sont succédés depuis 1882 dans la vallée du Nil.

CHAPITRE PREMIER

Les finances Egyptiennes et l'occupation Anglaise (1)

SOMMAIRE. — *L'occupation anglaise rend légitimes les diverses institutions européennes créées en Egypte. — Lutte de l'Angleterre contre la Caisse de la Dette. Le gouvernement Egyptien veut diminuer les attributions des Commissaires. Il en est empêché par un jugement du tribunal mixte du Caire. — Lord Granville s'adresse alors à l'Europe en vue d'une modification de la loi de liquidation. Jules Ferry demande, avant tout, des assurances au sujet de l'évacuation. Des pourparlers s'engagent. — Politique anglaise en Egypte. — Conférence de Londres de 1884. Projets anglais et français. Attitude des puissances, de l'Italie, de la Turquie. Le délégué ottoman proteste contre l'ingérence des puissances et revendique hautement les droits de la Porte. — La Conférence ne peut aboutir. Réunie le 28 juin elle se sépare le 2 août. Gladstone déclare, aux Communes, que sa promesse d'évacuation à terme fixé est caduque. — Reprise des négociations en 1886. Convention financière du 4 novembre 1886, autorisant l'emprunt sous la garantie des puissances. — En 1889, l'Angleterre propose la conversion. Nouveaux pourparlers au sujet de l'évacuation. Ils n'aboutissent pas. La conversion est ajournée. Elle n'est effectuée qu'en 1890.*

Nous avons vu comment la Grande-Bretagne arriva à supprimer le Contrôle. Ce fut le dernier coup porté à la prépon-

---

(1) Kauffman, « Le droit international et la dette publique égyptienne », *Revue de droit intern. et de législation comparée*, 1890, p. 556, et 1891, pp. 48, 144, 266. — Souchon, « A propos de la conversion de l'unifiée égyptienne », *Revue politique et parlementaire*, 1895, IV, p. 122.

dérance française en Egypte ; désormais notre influence dans ce pays se mesurait sur celle des autres grands Etats.

Il avait été facile à l'Angleterre de se débarasser de la France, dont la liberté d'action, souvent entravée à l'intérieur par des déclamations ignorantes ou par des courants d'opinions déraisonnables, nés on ne sait comment, venus on ne sait d'où, est toujours gênée à l'extérieur depuis la guerre avec l'Allemagne. Ecarter l'Europe fut chose que l'Angleterre n'osa pas tenter. Elle eût volontiers supprimé tout ce qui existait d'étranger en Egypte, à l'exception, bien entendu, des instruments qui lui étaient propres. Mais elle supposait aussi, non sans raison, que l'Europe ne permettrait jamais pareille chose.

Cela d'autant moins que, par le fait même de l'occupation anglaise, les institutions européennes établies en Egypte prenaient une importance toute nouvelle, et devenaient irréprochables au point de vue du droit. La Caisse de la dette, le Contrôle, les Tribunaux mixtes, nés d'interventions caractérisées sur lesquelles on ne peut fonder rien de juridique, ont été considérés par nous comme n'ayant jamais eu qu'une existence de fait : le Contrôle n'existait plus, mais il restait la Caisse de la dette et les Tribunaux mixtes, avec toutes les règles conventionnelles internationales en matières financière et judiciaire. L'Europe ne pouvait abandonner ces forces, organisées depuis déjà un certain temps et par suite respectées ; elles constituaient une garantie trop sérieuse contre les empiètements possibles de l'Angleterre ; au fait représenté par l'occupation de cette dernière, on allait donc opposer le fait créé dans le passé, par elle et par les puissances ; et cela ainsi compris était légitime. Chaque Etat pouvait arguer, non sans raison, de ce que l'Angleterre, en s'installant en Egypte, menaçait l'équilibre européen, pour fonder un droit à une immixtion dans les affaires égyptiennes, imposer légitimement au Khédive des dispositions garantissant l'avenir, et *à fortiori* faire maintenir celles qui avaient déjà la consécration du temps.

Nous ne prétendons pas que l'Angleterre ait attaché quelque importance, ou ait même pensé à l'argument de droit que nous présentons ainsi ; mais à coup sùr, elle jugea que l'Europe était assez forte et pas tellement désunie, qu'elle ne pùt formellement s'opposer à la disparition d'institutions utiles pour elle.

Le cabinet de Londres biaisa donc : puisqu'il était impossible de supprimer, on pouvait toujours essayer de modifications avantageuses. On essaya d'abord de les imposer par un acte d'autorité.

Le Conseiller financier prépara, et Nubar-Pacha remit, le 18 décembre 1883, aux Commissaires de la Dette, une note portant décision du Conseil des Ministres, aux termes de laquelle les chefs d'administration dont les revenus avaient été affectés par la loi de liquidation au payement de la dette consolidée, devraient désormais verser, non plus à la Caisse de la dette, mais au Ministre des finances, les sommes qui rentreraient en sus de l'annuité de la dette privilégiée et de l'intérêt de la dette unifiée, c'est-à-dire les sommes destinées au rachat de cette dernière dette.

En un mot, le gouvernement égyptien, sur l'ordre de l'Angleterre, allait puiser dans la Caisse de la dette, contrairement aux arrangements conclus, et diminuait illégitimement les attributions des Commissaires.

Ceux-ci protestèrent, sauf naturellement le représentant anglais ; mais on n'écouta pas leurs protestations. Ils assignèrent alors le gouvernement égyptien devant le tribunal mixte du Caire. Celui-ci rendit son jugement, le 9 décembre 1884 : il déclara bien fondée la demande des Commissaires, et condamna le gouvernement égyptien et le Ministre des finances, solidairement, au remboursement des sommes soustraites (1).

Lord Granville eut alors recours à d'autres moyens. Les Commissaires de la dette conservant leurs prérogatives, rien n'empêchait qu'on pùt, malgré cela, retoucher les dispositions arrêtées par les Puissances, lors du dernier règlement des questions financières, et augmenter en ces matières la liberté d'action du Khédive, c'est-à-dire celle

(1) *Archiv. dipl.*, 1885, I, p. 221.

de la Grande-Bretagne elle-même. C'est à ce dernier parti qu'on s'arrêta.

Le 19 avril 1884, lord Granville s'adressa à l'Europe. Il lui dépeignit la situation égyptienne fortement compromise par les derniers événements, par la nécessité pour le gouvernement de réparer les dommages causés lors des émeutes (1), par les dépenses nécessaires à l'expédition du Soudan et à l'entreprise de travaux urgents d'irrigation, enfin par l'accumulation des déficits des dernières années si particulièrement mauvaises, toutes choses qui étaient d'une absolue vérité. Sa conclusion fut, qu'il lui paraissait utile de réunir, soit à Londres, soit à Constantinople, une conférence dans laquelle on chercherait les moyens de modifier la loi de liquidation, dans un sens favorable à l'Egypte (2).

Jules Ferry, successeur de M. Duclerc au Ministère des Affaires étrangères, accepta, au nom de la France, le principe de la proposition anglaise. M. Waddington, Ambassadeur à Londres, fut chargé d'en aviser le cabinet anglais, et de demander en même temps, qu'avant toute décision définitive, un échange de vue ait lieu entre les deux cabinets, au sujet de « questions connexes » à celles dont il s'agissait spécialement. Cela ne manquait véritablement pas d'habileté. L'Angleterre ne pouvait guère se refuser à cette discussion préalable, et l'objet devait en être, chose facile à deviner, celui qui tenait tant à cœur à la France, l'évacuation (3).

Que pensait-on chez nos voisins de cette importante question ? Il faut admettre qu'on l'envisageait différemment suivant les milieux. L'opinion publique anglaise avait déjà bâti son rêve d'universelle domination ; comme elle procédait de la foule, elle voyait de ce rêve surtout le côté étincelant, et parce qu'elle était anglaise, elle pensait

---

(1) V. supra, pp. 188 et s.

(2) Circulaire de lord Granville à ses Ambassadeurs, Archiv. dipl., 1884, III, p. 21.

(3) Ferry au comte d'Aubigny, Ambassadeur à Londres, 29 avril 1884, Archiv. dipl., 1884, III, p. 155.

bien qu'après les triomphes viendraient les profits. Les hommes d'Etat, bien que sensibles à l'une et à l'autre considérations, avaient à tenir compte d'un troisième élément, les difficultés pratiques, parmi lesquelles, au premier rang, devait être rangée l'opposition éventuelle de l'Europe.

En ce qui concerne l'Egypte, l'opinion anglaise était pour l'annexion. Les gouvernants, au contraire, se seraient contentés de la certitude qu'aucun Etat ne se fût installé en Egypte après le départ des troupes britanniques ; sachant bien que l'annexion était grosse de difficultés, et devinant très justement qu'une simple occupation trop prolongée deviendrait une source d'ennuis continuels, peut-être même de conflits, ils estimaient qu'il ne fallait pas espérer rester dans la vallée du Nil. Seulement, ils devaient nécessairement tenir compte du désir de la masse : de là naissait une politique à double portée.

Le rôle des Gouvernants n'est point précisément de fuir le danger, mais de le détourner habilement, et de s'assurer quand même les bénéfices dont il est la contre partie. Le gouvernement anglais, responsable devant l'opinion, ne pouvait guère agir que de la sorte. Il devait avoir en Egypte une politique anglaise, c'est-à-dire une politique d'annexion, cela dans le domaine des faits ; et quant à la forme, il devait au contraire déclarer bien haut son intention de retirer un jour ses troupes. En promettant l'évacuation, il tranquillisait l'Europe, et par conséquent écartait tout obstacle pour le temps présent, ce qui permettrait de mieux préparer l'avenir, et de rendre un jour l'annexion inévitable, même aux yeux des puissances ; d'autre part, il habituait l'opinion anglaise à cette idée qu'il faudrait un jour quitter l'Egypte. En sorte qu'au moment où une décision devrait être prise — le plus tard possible d'ailleurs — il serait facile au gouvernement de la Grande-Bretagne, suivant les circonstances, soit d'annexer l'Egypte sans trop froisser l'Europe, soit de la quitter sans mécontenter outre mesure l'opinion.

Hâtons-nous de dire que ni le peuple anglais, ni les puissances se sont laissés convaincre : l'un n'accepterait

14

aucun recul dans les affaires d'Egypte ; les autres, bien qu'impassibles devant les empiètements de l'Angleterre et habituées à la voir à peu près tout diriger dans la vallée du Nil, ne permettraient pas d'avantage une annexion caractérisée.

Quoi qu'il en soit, dès 1882, le cabinet de Londres était entré résolument dans la voie que nous venons d'indiquer, assurant d'une part sa prépondérance en Egypte, et de l'autre déclarant bien haut son intention de l'évacuer le moment venu.

Voici ce que pensait à ce propos Sir Evelyn Baring, à un moment où (juin 1884) il n'était pas encore devenu lord Cromer (1) : « le gouvernement de Sa Majesté, n'est pas — « ce en quoi il est selon moi parfaitement sage — disposé à « prendre le gouvernement de l'Egypte, soit de façon « permanente en annexant le pays, soit temporairement « sous forme de protectorat. Les intérêts britanniques en « Egypte sur lesquels le gouvernement de Sa Majesté doit « veiller, peuvent selon moi se résumer en un mot. Ils « consistent à maintenir libre la route de l'Orient, dont la « liberté serait compromise si l'Egypte tombait dans les « mains d'une autre puissance. Dans ces conditions, il est « désirable pour les intérêts britanniques, que l'Egypte soit « assez raisonnablement gouvernée, pour n'offrir à aucune « puissance étrangère des motifs légitimes de s'immiscer « dans son administration intérieure ».

Toute la politique des déclarations est contenue dans ces quelques lignes. Mais sir Baring croyait sans doute ne pas devoir mettre de côté la seconde manière, la politique du fait, car après avoir condamné le Contrôle anglo-français comme « odieux et impopulaire », il ajoutait : « Je vais « jusqu'à dire qu'il sera possible d'esquisser un plan, « grâce auquel la dépense extravagante sera réprimée, et « qui en même temps ne permettra nulle immixtion indue « d'une puissance étrangère, dans le fonctionnement du « gouvernement égyptien. En outre, je pense que cette or-

_____

(1) Dépêche de sir E. Baring à lord Granville, en date du 2 juin 1884, *Archiv. dipl.*, 1884, III, pp. 149 et s.

« ganisation peut se faire, *sans faire déchoir le gouverne-*
« *ment britannique, de la position qu'il doit occuper en*
« *Egypte.* » Ceci justifie bien ce que nous avons avancé plus
haut.

Donc avant de consentir à une modification quelconque
des institutions financières que l'Europe avait données à
l'Egypte, c'est-à-dire à aider l'Angleterre à surmonter des
difficultés qui la gênaient fort, Jules Ferry voulut avoir des
assurances nettes, sur cette question de l'évacuation. Des
conférences eurent lieu à ce propos, entre lord Granville et
M. Waddington, qui convinrent de s'adresser mutuellement
deux notes précisant les termes de leurs déclarations verba-
les. Ces deux documents sont, au point de vue historique,
d'un haut intérêt, et il est nécessaire d'en connaître les principaux passages.

« ...... Je vous ai déclaré — écrivait M. Waddington à lord
« Granville, le 15 juin 1884 (1) — que le gouvernement
« français ne tenait en aucune façon à pousser au rétablis-
« sement du Contrôle en Egypte. Sans doute, nous conser-
« vons la conviction que cette institution a produit, tant
« qu'elle a duré, de bons et salutaires effets, et que, sous
« son influence, l'Egypte a été tranquille et ses finances pros-
« pères. Mais nous nous rendons un compte exact des rai-
« sons qui doivent aujourd'hui faire écarter toute pensée
« d'un retour à un régime que les événements ont renver-
« sé. Le *condominium* est mort, et nous n'entendons pas le
« ressusciter. C'est au seul point de vue des intérêts collec-
« tifs de l'Europe, et de la part légitime que nous y repré-
« sentons, que nous considérons désormais les affaires
« d'Egypte.

« L'autre malentendu, qu'il convenait de dissiper, porte-
« rait sur l'intention qui nous a été souvent attribuée par
« l'opinion anglaise, de substituer une occupation française
« à l'occupation britannique, le jour où le gouvernement de
« Sa Majesté aurait rappelé ses troupes. Je vous ai déclaré
« que le gouvernement de la République était prêt à pren-

(1) *Archiv. dipl.*, 1884, III, p. 156.

« dre à cet égard les engagements les plus formels. Cette
« résolution nous a été inspirée par la confiance où nous
« sommes, que le gouvernement de Sa Majesté n'hésitera
« pas de son côté à confirmer expressément les déclara-
« tions solennelles qu'il a faites à diverses reprises, de ne
« porter aucune atteinte à la situation internationale faite à
« l'Egypte par les traités et les firmans, et d'évacuer le pays,
« quand l'ordre y sera rétabli. Il y aurait de la sorte, entre
« les deux gouvernements, un engagement synallagmati-
« que comportant de la part de l'Angleterre une clause d'é-
« vacuation à échéance déterminée, qui ne pourrait être
« prolongée sans une nouvelle consultation des puissances ;
« et de la part de la France, l'engagement formel de ne pro-
« céder en aucun cas, à une intervention armée dans le
« Delta du Nil, sans une entente préalable avec l'Angle-
« terre ».

Lord Granville répondit le 16 juin (1) : « Le gouvernement
« de la Reine apprécie l'importance des déclarations faites
« par Votre Excellence, au nom du gouvernement français.
« L'abandon formel de toute pensée de rétablir le *condomi-*
« *nium*, et les assurances pour l'avenir que des troupes fran-
« çaises n'entreraient pas en Egypte sans le consentement
« de l'Angleterre, ont rendu praticable et grandement faci-
« lité un complet et franc échange de vues.

« Le gouvernement de Sa Majesté est satisfait de consta-
« ter que les deux gouvernements sont d'accord, en ce qui
« concerne les intérêts que l'Europe a, dans la bonne admi-
« nistration et la prospérité de l'Egypte. Rien ne saurait
« plus clairement démontrer les vues du gouvernement de
« Sa Majesté sur ce point, que la circulaire que j'ai adressée
« aux représentants de Sa Majesté près les cours des gran-
« des puissances, le 3 janvier 1883.

« Cette dépêche fut écrite trois mois après que la bataille
« de Tel-el-Kébir eût permis aux forces britanniques d'oc-
« cuper l'Egypte. Elle fut soumise au parlement anglais
« et communiquée aux puissances et à la Sublime-Porte.

(1) *Archiv. dipl.*, 1884, III, p. 159.

« Elle rencontra un acquiescement général. C'est dans cette
« dépêche, que la déclaration fut faite que le gouvernement
« de Sa Majesté était désireux de retirer les forces britan-
« niques, dès que le permettraient la situation du pays et
« l'organisation de moyens convenables pour assurer l'au-
« torité du Khédive.

« Le gouvernement de Sa Majesté a maintenu et main-
« tient cette déclaration. C'est avec regret, qu'il a vu
« les circonstances s'opposer au développement des me-
« sures prises en vue de cette évacuation ; il regrette
« également de constater que le moment n'est pas encore
« venu, dans l'intérêt de l'ordre et de la paix en Egypte,
« d'en retirer les forces britanniques.

« Il y a quelque difficulté à fixer une date précise à cette
« évacuation, d'autant plus que toute période ainsi fixée
« pourrait, à l'épreuve, se trouver ou trop longue ou trop
« courte. Mais le gouvernement de Sa Majesté, afin d'écarter
« toute espèce de doute à l'endroit de sa politique dans
« cette affaire, et eu égard aux déclarations faites par la
« France, s'engage à retirer ses troupes au commencement
« de l'année 1888, à condition que les puissances seront
« alors d'avis que l'évacuation peut se faire sans compro-
« mettre la paix et l'ordre en Egypte.

« Il croit qu'il est raisonnable d'espérer qu'on pourra
« établir en Egypte, dans une période de trois années et
« demie, les garanties nécessaires pour un ordre de choses
« satisfaisant. Mais si malheureusement tel n'était pas le
« cas, et si le gouvernement britannique considérait alors
« qu'une prolongation de l'occupation fût nécessaire, il
« n'est pas à supposer que les puissances européennes
« s'entendissent pour s'opposer à une mesure exigée par la
« sécurité de l'Egypte, intérêt qui, à divers degrés, est
« commun à tous..... Le gouvernement de Sa Majesté pro-
« posera à la fin de l'occupation anglaise, ou avant, à la
« Porte et aux puissances, un projet de neutralisation de
« l'Egypte, sur la base des principes appliqués à la Belgique,
« et fera, en ce qui concerne le Canal de Suez, des proposi-
« tions conformes à celles contenues dans ma dépêche

« circulaire du 3 janvier 1883..... J'ai à ajouter que tous les
« arrangements mentionnés plus haut sont subordonnés
« à l'issue satisfaisante des arrangements financiers qui
« seront proposés par le gouvernement de Sa Majesté à la
« conférence » (1).

Le 17 juin, M. Waddington, à son tour, prenait acte des
déclarations de lord Granville en les répétant, et il concluait :
« Je suis autorisé à vous déclarer, que le gouvernement de
« la République accepte les différentes propositions conte-
« nues dans votre note du 16 courant et représentant les
« termes de l'accord intervenu entre nous » (2).

Les « questions connexes », visées par Jules Ferry, parais-
saient tranchées : mais la solution n'était qu'apparente. Le
noble lord n'avait pas été moins habile que son partenaire
français ; en somme chacun s'était engagé sous condition,
et il n'y avait pas de promesse ferme. Si le Contrôle était
radicalement condamné, la promesse d'évacuation restait
quelque peu vague en dépit de la date fixée, et elle se trouvait retirée de plein droit si, à la conférence projetée, la
France n'adoptait pas toutes les propositions qu'il plairait à
l'Angleterre de présenter. La France avait voulu profiter des
inquiétudes de l'Angleterre au sujet de la situation financière de l'Egypte, pour lui arracher une promesse d'évacuation ; l'Angleterre pensait bien user du désir de la France
de voir partir sa rivale de la vallée du Nil, pour lui imposer
sa volonté lors des arrangements financiers. En définitive,
l'une et l'autre avaient fait un marché de dupes, et allaient
vite s'en rendre un compte exact.

Le projet de conférence présenté par l'Angleterre fut
accepté par les puissances, et il fut décidé que les diplomates se réuniraient à Londres. Le but, nous l'avons dit, était

(1) Lord Granville déclarait dans le même texte, qu'il ne pourrait
admettre le rétablissement du Contrôle à deux, tant que les troupes britanniques occuperaient l'Egypte, et qu'après l'évacuation, il ne serait
« ni sage, ni pratique », de revenir à ce système disparu. Mais il estimait qu'on pourrait donner à la Commission de la dette présidée par
un Anglais, des attributions plus étendues, particulièrement en matière
de budget.

(2) *Archiv. dipl.*, 1884, III, p. 164..

de modifier la loi de liquidation de 1880, l'Egypte ne pouvant plus, dans les conditions prévues par cette loi, tenir ses engagements.

Le projet de lord Granville (1) s'était beaucoup inspiré de la dépêche précitée de Sir E. Baring (2) ; il prévoyait une réduction de 1/2 p. 0/0 de l'intérêt de la dette, réduction qui permettrait d'émettre un nouvel emprunt de 8,000,000 de livres sterling nécessaires pour payer les indemnités d'Alexandrie et rétablir l'ordre financier, et qui rendrait possible une diminution de l'impôt foncier. L'emprunt eût été garanti par l'Angleterre ; le service de l'amortissement eût été modifié. D'autre part, comme contrôle européen, lord Granville avait prévu une extension des attributions de la Caisse de la Dette qui, présidée par le Commissaire anglais, eût été consultée sur le budget, aurait pu s'opposer à toute dépense non prévue, et aurait eu après l'évacuation un certain droit d'inspection sur les revenus (3).

La Conférence, à laquelle étaient représentées les grandes puissances et la Turquie, se réunit le 28 juin. Au projet de lord Granville, M. Waddington opposa un contre-projet, et à la séance du 28 juillet, il développa ses objections aux propositions anglaises. Avant de toucher à l'impôt, une enquête lui paraissait nécessaire ; quant à la réduction de l'intérêt, il déclara que cette mesure porterait préjudice au crédit de l'Egypte, et que le moment était mal choisi puisqu'il allait falloir emprunter ; il accepta le principe de l'emprunt, mais à condition que la garantie en soit promise non par l'Angleterre seule, mais par les puissances ; enfin, il proposa de donner à la Commission de la Dette des pouvoirs tels, que suivant l'opinion de Gladstone, ils auraient donné à celle-ci « une supériorité complète dans les affai- « res du gouvernement égyptien » (4).

M. Childers, délégué anglais, fit alors ressortir que

(1) *Arch. dipl.*, 1884, IV, p. 17.

(2) V. supra, p. 210.

(3) Dépêche de lord Granville à M. Waddington du 16 juin 1884, *Archiv. dipl.*, 1884, III, p. 160.

(4) Séance aux Communes, *Archiv. dipl.*, 1884, III, p. 358.

l'emprunt, pourtant inévitable, était impossible sans la conversion qui' seule permettrait au pays de payer les intérêts du nouvel emprunt ; mais le délégué français persista dans sa manière de voir. Aucun des deux partis ne voulant céder, il devint manifeste qu'aucune solution ne pourrait intervenir.

Du reste, en cette séance du 28 juillet (1), les préoccupations politiques prirent le pas, d'une façon caractéristique, sur le souci que pouvaient avoir les puissances des intérêts des créanciers, ou de la prospérité de l'Etat égyptien. Les propositions de l'Angleterre n'avaient d'autre but que de consolider sa situation en Egypte. Le contre-projet français visait au contraire à diminuer cette situation, en augmentant l'influence de l'Europe. Dans ces conditions, il était bien difficile de s'entendre. Les puissances déclarèrent qu'elles ne se prononceraient pas, tant que le désaccord subsisterait entre les deux cabinets occidentaux : elles n'entendaient se brouiller ni avec l'un ni avec l'autre ; elles savaient que la France soutiendrait les intérêts collectifs, et comptaient bien bénéficier des résultats d'un différend anglo-français, sans y avoir rien risqué. Cependant l'Italie et la Turquie en pensèrent autrement, et chacune entendit faire une manifestation politique.

L'Italie, on se demande en vertu de quel droit, ou au nom de quelles craintes, ne nous a jamais pardonné notre occupation en Tunisie ; sa fierté de compter dans la Triple-Alliance, n'avait pas suffi à calmer son incompréhensible dépit ; elle saisit, avec empressement, l'occasion qui lui était offerte de nous être désagréable, et son délégué, estimant que l'Angleterre était « mieux que toute autre « puissance en mesure d'évaluer les ressources et les « besoins du budget égyptien », déclara qu'il se rangeait à l'avis dès représentants anglais.

D'autre part, Musurus-Pacha, délégué de la Porte, se prononça pour la réduction de l'intérêt ; cela lui importait peu, à condition que le principal créancier, le Sultan, ne

---

(1) Protocole 4 de la séance du 28 juillet 1884, à la Conférence de Londres, *Archiv. dipl.*, 1884, IV, pp. 34 et s.

vît pas le tribut réduit. Il argua du reste de ce qu'il n'était pas juste que l'Egypte, si elle fournissait des garanties suffisantes, payât un intérêt supérieur à l'intérêt servi par les autres Etats : et il faut reconnaître que l'argument ne tenait guère, puisque la Conférence n'avait d'autre objet que d'éviter au gouvernement égyptien une nouvelle déconfiture. Mais Musurus ne s'en tint pas là, et il protesta contre l'ingérence de l'Europe en Egypte, en des termes que nous tenons à citer, en observant qu'ils sont peu conformes à la réalité des choses, dans la mesure où ils traitent l'Egypte en simple province.

« Pour ce qui est — déclara Musurus (1) — des projets de « budget présentés à la Conférence, et des opinions diver- « gentes sur les recettes et les dépenses de l'Egypte, ainsi « que sur le maintien ou la modification du système admi- « nistratif et financier en vigueur, je soutiens que, une « fois que l'Egypte aura d'une manière ou d'une autre « satisfait complètement ses créanciers, ni ces derniers, ni « les puissances dont ils sont les sujets, n'auront plus « droit, ni raison, d'intervenir dans les affaires d'adminis- « tration intérieure de cette province de l'Empire Ottoman. « En effet, les privilèges octroyés par les firmans impé- « riaux au Khédive d'Egypte, consistent dans l'adminis- « tration intérieure de cette province, et une des clauses « du firman impérial, émané lors de l'élévation à cette « dignité de Son Altesse Tewfik-Pacha, porte expressé- « ment que le Khédivat ne saura sous aucun prétexte, ni « motif, abandonner à d'autres, en tout ou en partie, les « privilèges accordés à l'Egypte, ni aucune partie du « territoire. »

Sur une riposte de lord Granville, qui prétendit qu'on peut donner des conseils à l'Egypte sans blesser les droits du Sultan, Musurus répliqua qu' « aucun accord entre les puis- « sances au sujet de l'Egypte n'est valable sans le consen- « tement de la Sublime-Porte », et il ajouta : « M. Wadding- « ton a parlé de neutralisation. C'est là un point politique

(1) *Archiv. dipl.*, 1884, IV, pp. 42 et s.

« de la question égyptienne. La Sublime-Porte n'est pas
« appelée à donner un avis sur les notes échangées entre
« l'Angleterre et la France, mais puisque M. Waddington a
« fait allusion à cette neutralité qui est un point politique,
« je dois déclarer que la Sublime-Porte entend que, par ce
« projet de neutralisation, les deux puissances ont en vue
« l'interdiction de l'accès de l'Egypte aux troupes étrangè-
« res, mais nullement une atteinte aux droits de souverai-
« neté de la Sublime-Porte sur cette province de l'Empire...
« ..... Le gouvernement impérial, en consentant à participer
« à la Conférence appelée à délibérer sur les finances égyp-
« tiennes, a entendu qu'aucune décision de cette Conférence
« ne saurait avoir un effet attentatoire aux droits de souve-
« raineté de Sa Majesté le Sultan sur l'Egypte, ni préjuger,
« directement ou indirectement, les points politiques de la
« question égyptienne ».

En présence de cette déclaration, les représentants des
puissances se bornèrent à protester de leur respect pour
« les droits du Sultan, découlant des traités et des firmans,
par rapport à l'Egypte » ; et l'incident en resta là.

Le 29 juillet (1) la Russie et l'Allemagne demandèrent à
être représentées à la Caisse de la Dette ce qui leur fut
accordé (2). Et le 2 août, après que lord Granville eût refusé
de trancher la question des indemnités d'Alexandrie, l'entente ne se faisant pas entre Londres et Paris, la Conférence
s'ajourna. Le même jour (3), au sujet de l'arrangement de
juin concernant l'évacuation, Gladstone disait aux Communes, qu'il était « en suspens et sans effet obligatoire
pour aucune des parties » ; et le 11 août (4), précisant sa
pensée, il déclarait à nouveau dans la même enceinte :

---

(1) Protocole 5 de la Conférence de Londres de 1884, *Archiv. dipl.*,
1884, IV, p. 54.

(2) Rapport D. Wolf, 28 mars 1886, *Archiv. dipl.*, 1887, III, p. 64. — En
février 1885 la Porte a demandé à être représentée à la Caisse de la
dette ; l'Angleterre a repoussé cette prétention (Granville à Musurus-
Pacha, 19 février 1885, *Archiv. dipl.*, 1885, IV, p. 205).

(3) Séance aux Communes, *Archiv. dipl.*, 1884, III, p. 359.

(4) Séance aux Communes, *Archiv. dipl.*, 1884, III, p. 366.

« Quant à la convention anglo-française, je puis déclarer à
« la Chambre qu'elle n'est pas suspendue, mais absolument
« déchirée ».

La séparation de la Conférence était un échec pour l'Angleterre ; elle mettait d'autre part l'Egypte dans une situation difficile, puisque, sans l'emprunt, les indemnités
d'Alexandrie ne pouvaient être payées. Il fallut donc reprendre les pourparlers avec les puissances, qui arrivèrent cette
fois à une entente, constatée dans la convention du 18 mars
1885 (1), ratifiée à Londres le 4 novembre 1886.

Un emprunt de 9,000,000 de livres sterling était autorisé et
devait être émis à 3 1/2 p. °/₀, sous la garantie des puissances, qui promettaient, « conjointement et solidairement, le
service régulier de l'annuité de 315,000 livres ». L'intérêt de
la dette ancienne n'était pas touché, mais on en diminuait
les garanties ; en effet l'annuité de 315,000 livres sterling,
destinée au service des intérêts et de l'amortissement de
l'emprunt, devait être prélevée sur les revenus affectés au
service de la dette privilégiée et de la dette unifiée. C'était
une transaction : mais sur le point capital de la garantie, la
France avait obtenu gain de cause.

L'Angleterre, cependant, n'avait point abandonné son
projet de réduction de l'intérêt de la dette. La question se
souleva à nouveau en 1889, mais dans des conditions bien
différentes. Il ne s'agissait plus de demander un concordat
aux créanciers, mais de les rembourser s'ils ne voulaient
se contenter d'un moindre intérêt que par le passé, en un
mot de faire la conversion. La dette privilégiée devait être
convertie de 5 p. °/₀ en 4 p. °/₀ ; l'emprunt 4 1/2 p. °/₀ de
1888 devait être remboursé, et on émettrait un nouvel
emprunt de 1.200.000 livres égyptiennes à 4 p. °/₀.

M. Spuller, alors Ministre des Affaires étrangères, accepta
le principe de la conversion, mais avant de donner son
adhésion définitive, il voulut, comme en 1884 Jules Ferry,
avoir des promesses formelles au sujet de l'évacuation. M.
Waddington eut à ce sujet, avec lord Salisbury, de nom-

(1) *Archiv. dip.*, 1887, I, p. 5. — Séance aux Communes, 18 mars 1885,
Archiv. dipl., 1885, II, p. 114.

breuses entrevues sur lesquelles nous aurons à revenir et
qui, d'ailleurs, n'aboutirent pas (1). Lord Salisbury conclut
en effet le 1ᵉʳ juillet 1889 : « Tout le monde sait maintenant
«. que vous avez lié les deux questions et que vous refusez
« votre assentiment à la conversion pour nous forcer la
« main. Si nous cédions, l'Europe entière dirait que nous
« avons manqué aux obligations que nous avons contrac-
« tées en allant en Egypte » (2).

Le gouvernement français, dans ces conditions, fit déclarer
au Khédive qu'il ne pouvait pour le moment accepter la
conversion (3), bien que l'adhésion de l'Angleterre, de
l'Allemagne, de l'Autriche et de l'Italie eût été déjà donnée.
Le gouvernement égyptien essaya alors, mais sans réussir,
de faire autoriser un emprunt par la Commission de la
Dette. Finalement la conversion fut décidée, en 1890, par
l'adhésion de l'Angleterre à un projet préparé par la France
et par les délégués égyptiens, et auquel s'étaient ralliés les
différents Etats intéressés.

En même temps qu'il acceptait la conversion, le gouvernement français remettait aux puissances une note, dont
nous citons le passage suivant :

« ..... Nous avons à tenir compte de la situation transac-
« tionnelle, créée dans la vallée du Nil par l'occupation
« étrangère, et dont les conséquences, au point de vue que
« nous envisageons, ne sauraient pas plus échapper au
« gouvernement khédivial qu'à nous-mêmes.

« Cette occupation, d'après les déclarations solennelles
« du gouvernement anglais lui-même, est temporaire. Elle
« doit cesser dès que l'ordre sera rétabli en Egypte.

« Le gouvernement de la République pense que cette
« condition est aujourd'hui remplie, et que l'Egypte pourrait,
« dès à présent, suffire par elle-même aux obligations
« qui légitiment seules, aux yeux de l'Angleterre, la pré-
« sence des troupes britanniques dans cette partie de

(1) V. infra, chap. VII.
(2) Waddington à Spuller, 1ᵉʳ juillet 1889, Archiv. dipl., 1893, IV, p. 265.
(3) 1ᵉʳ novembre 1889, Archiv. dipl., 1893, IV, p. 271.

« l'Empire Ottoman. Il n'en veut d'autre preuve que le
« tableau que les Ministres anglais et leurs agents eux-
« mêmes se sont plu à retracer, dans ces derniers temps, de
« l'état actuel du pays, de sa prospérité et de la sécurité
« qui y règne » (1).

Ajoutons qu'en 1894, la France a empêché une nouvelle
conversion, que le gouvernement de lord Salisbury entendait
imposer aux créanciers sans le concours de l'Europe.

Si nous voulons maintenant apprécier l'immixtion des
puissances dans ces affaires financières d'Egypte depuis
1882, nous dirons qu'elle est légitime. L'Europe en agissant
au Caire n'a fait qu'y contrebalancer l'influence anglaise ;
c'est son droit ; nous aurons l'occasion de démontrer que
c'est aussi son devoir ; en défendant l'équilibre menacé par
l'Angleterre, elle se défend elle-même, et en cas de légitime défense, tous les moyens sont permis. D'ailleurs les
principaux intéressés ne gagneraient rien au renoncement
des puissances, bien au contraire : la Turquie y perdrait
vite sa suzeraineté, le tribut et ses autres prérogatives ;
l'Egypte qui n'a plus en fait aucune liberté à perdre, y
laisserait son nom et sa situation de droit.

(1) Cité par M. Ribot, Ministre des Affaires étrangères, à la Chambre,
séance du 10 juin 1890.

CHAPITRE II

L'occupation anglaise et l'influence française en Egypte. — L'affaire du « Bosphore Egyptien » (1).

SOMMAIRE. — *Le 8 avril* 1885, *l'imprimerie du journal
français, le Bosphore Egyptien, paraissant au Caire,
est fermée par la violence.* — *La France proteste. Le gouvernement égyptien refuse toute réparation. Les relations
diplomatiques sont rompues entre les deux pays.* — *Sur
les conseils de l'Angleterre, provoqués par la France,
l'Egypte cède ; satisfaction nous est donnée. Le Bosphore Egyptien recommence à paraître le 20 mai.*

Sous ce titre, nous voulons relater les phases d'un incident significatif, en ce qu'il montre les dispositions de
l'Angleterre à l'égard de la France, au sujet de l'Egypte, et
l'état de sujétion dans lequel, depuis longtemps, se trouve
le gouvernement de ce pays, vis-à-vis le cabinet de Londres.

Il s'agit du *Bosphore Egyptien,* journal français, imprimé
au Caire, habitué comme on peut le supposer, à critiquer
l'administration anglaise, et accusé « de publier des nou-
« velles alarmantes et erronées, et d'exprimer des appré-
« ciations contraires à l'intérêt de l'ordre public » (2) ; en
raison de cette attitude, il fut supprimé le 29 février 1884,
n'en continua pas moins à paraître, et fut de nouveau visé
par un décret du 8 avril 1885, qui invita le Gouverneur du
Caire à fermer l'imprimerie.

(1) *Archiv. dipl.,* 1885, III, p. 295 et s.
(2) Texte du décret du 8 avril 1885, *Archiv. dipl.,* 1885, II, p. 231.

Entre temps, le gouvernement français, pressenti sur ce qu'il comptait faire au sujet de l'attitude de la presse française en Egypte, qui d'après sir E. Baring rendait impossible au Caire, toutes relations amicales entre Français et Anglais, avait répondu qu'il donnerait des instructions au Consul de France, mais qu'il ne pouvait diminuer les privilèges des citoyens français. Lord Granville et Nubar-Pacha convinrent alors de faire acte d'énergie, et le décret précédent fut rendu. Le même jour, l'imprimerie du *Bosphore*, malgré l'opposition d'un délégué de notre Consul, fut fermée par la violence ; la porte en fut brisée, la maison fut envahie, le représentant du Consulat bousculé.

M. Saint-René-Taillandier, gérant de notre Consulat au Caire, protesta immédiatement, tant contre l'illégalité de l'acte que contre les procédés employés. Puis il fut chargé par M. de Freycinet de demander au gouvernement du Caire la réouverture de l'imprimerie, la révocation des fonctionnaires qui avaient envahi le domicile d'un Français, enfin réparation pour les offenses faites au commis du Consulat : « Ne laissez point ignorer — disait le Ministre « — qu'une résolution spontanée de l'administration égyptienne est le seul moyen de prévenir de graves complications, le gouvernement de la République restant bien « décidé à obtenir les satisfactions qui lui sont dues, et à « faire respecter, en Egypte comme ailleurs, les droits de « ses nationaux » (1).

Nubar-Pacha refusa toute réparation, de la façon la plus catégorique. Aussi, le 18 avril, notre Consul lui déclara-t-il, ainsi qu'au Khédive, qu'un délai de 48 heures leur était imparti, pour donner satisfaction à la France. Nubar, après avoir demandé un jour de plus pour réfléchir, et plus vraisemblablement pour demander des instructions tant à Londres qu'à Constantinople, déclara que l'Ambassadeur ottoman règlerait la question à Paris.

Il ne restait plus à M. de Freycinet qu'à constater le refus de l'Egypte et à agir. Dans un télégramme à M. Saint-René-

(1) De Freycinet à Saint-René-Taillandier, 11 avril 1885, *Archiv. dipl.*, 1885, III, p. 296.

Taillandier (1), il écrivait : « L'attitude prise par le gouver-
« nement khédivial témoigne, nous le constatons à regret, de
« peu de gratitude pour notre pays, qui s'est pourtant montré
« toujours animé des dispositions les plus bienveillantes et
« les plus amicales envers l'Egypte. Le souci de notre
« dignité ne nous permet pas de rester indifférents à cet
« oubli du passé ».

En conséquence, M. de Freycinet déclarait que toutes relations officielles avec l'Egypte étaient rompues, que le
projet d'arrangement relatif aux finances égyptiennes (2), qui
avait été étudié, ne serait pas soumis à l'approbation des
Chambres françaises, et qu'on attendrait, dans ces conditions,
le bon vouloir du gouvernement égyptien ; cela, en faisant
remarquer que cette « attitude expectante » laissait entière
« notre liberté d'action ultérieure » ; M. Saint-René-
Taillandier reçut en même temps l'ordre de faire ses préparatifs de départ.

Très certainement le gouvernement anglais encourageait
l'attitude de Nubar–Pacha et du Khédive, et peut-être même
la dictait-il (3) : très heureux qu'il était, en toute cette affaire,
de se débarasser d'un journal hostile, et de susciter des
ennuis à la France ; très vexé d'autre part, de voir cette dernière, fidèle à sa politique, persister à s'adresser directement
au Caire pour le règlement de la question.

Le Cabinet de Londres savait bien que la France ne cède-
rait pas, et que d'autre part elle hésiterait devant l'emploi
de la force, en sorte qu'elle serait obligée de s'adresser à lui.
C'est ce qui arriva. Le 25 avril, M. Waddington eut une
entrevue avec lord Granville, au cours de laquelle il dit à
ce dernier, que puisque le gouvernement de la Reine avait
dans cette affaire une certaine responsabilité, il devait sans

_____

(1) Télégramme du 23 avril 1885, communiqué officiellement au Khédive et à Nubar, *Archiv. dipl.*, 1885, III, p. 303.

(2) V. supra, p. 219.

(3) « Je ne suis pas en mesure de désavouer notre responsabilité »,
répondait Gladstone au sujet de cette affaire, à une question de lord
R. Churchill. Séance des communes, du 20 avril 1885, *Archiv dipl.*, 1885,
II, p. 367.

doute être disposé à conseiller au Khédive de céder aux demandes de la France.

Lord Granville, qui n'attendait que cette démarche, s'empressa de répondre qu'il acceptait sa part de responsabilité, et qu'il n'hésitait pas à s'associer aux regrets qu'il avait conseillé au gouvernement khédivial d'exprimer au sujet des récents incidents. Le cabinet de Londres exagérait à dessein et sa responsabilité et ses regrets ; il tenait à bien indiquer l'une et l'autre choses ; car les déclarations faites au nom de l'Egypte impliquaient dans sa pensée une sorte de consécration du droit à diriger la politique extérieure de ce pays ; elles constitueraient un précédent dont on pourrait plus tard tirer parti.

Mais le lendemain, M. de Freycinet déjouait la combinaison et mettait les choses au point : dans un télégramme à M. Waddington, il déclarait qu'il n'avait jamais eu la pensée de régler la question avec le gouvernement anglais, mais de l'avertir pour qu'il donnât des conseils au gouvernement du Caire, s'il le jugeait à propos ; et il ajoutait : « Nous « sommes tout prêts à accueillir les ouvertures que nous « ferait le gouvernement égyptien, que nous avons seul « mis en cause dans cette affaire, et si lord Granville peut « aider à un dénouement satisfaisant par ses sages sugges- « tions, nous ne pourrions que lui en savoir le meilleur « gré » (1).

L'Angleterre n'en conseilla pas moins au Khédive de faire rouvrir l'imprimerie et de fournir les réparations demandées. Et le 3 mai 1885, Nubar-Pacha, en grand uniforme, vint exprimer à M. S. R. Taillandier, revenu d'Alexandrie au Caire, les regrets et les excuses de son gouvernement. L'imprimerie fut rouverte, et dès le 20 mai, le *Bosphore Egyptien* recommençait à paraître.

(1) De Freycinet à Waddington, 26 avril 1885, *Archiv. dipl.*, 1885, III, . p. 307.

CHAPITRE III

L'occupation anglaise et la Porte

SOMMAIRE. — *L'Angleterre ne pouvant se faire reconnaître par les puissances un droit sur l'Egypte, s'adresse à la Porte. — Convention anglo-turque du 17 novembre 1885. Ses dispositions. Elle décide l'envoi en Egypte de deux hauts-commissaires, l'un anglais, l'autre ottoman, chargés d'étudier les moyens de réorganiser le pays et de pacifier le Soudan. — Sir Henri Drummond Wolf et Moukhtar-Pacha partent pour l'Egypte en Décembre 1885. — Rapport de Moukhtar du 14 mars 1886. Il ne tend à rien moins qu'à la suppression de l'influence britannique. — Colère de l'Angleterre. La note anglaise du 25 avril combat vivement le rapport ottoman : le Soudan sera abandonné ; les officiers anglais resteront à la tête des troupes égyptiennes. — La mission anglo-turque est sans résultat. Elle constitue un échec pour l'Angleterre.*

L'affaire du *Bosphore égyptien* n'était qu'un incident, non sans portée du reste, nous l'avons vu. Mais malgré ce caractère, il procédait bien de l'ensemble de la politique anglaise ; ce n'était pas un fait isolé ; il était au contraire intimement lié à tous les actes faits ou inspirés par l'Angleterre en Egypte : il découlait de la même pensée.

Dans cette question comme dans toutes, le cabinet de Londres avait voulu affaiblir l'influence européenne dans la vallée du Nil, et se faire reconnaître, soit positivement, soit tacitement, un droit éminent sur ce pays. Cette politique n'avait pas produit ce qu'on en attendait ; l'attitude de l'Europe indiquait clairement qu'elle ne renonçait à rien en Egypte ; d'autre part, celle de la France, nettement hostile, marquait le vif désir de cette dernière, de ne rien céder, d'augmenter si possible son influence au Caire, et de voir partir les troupes anglaises au plus tôt. Ne pouvant rien obtenir des puissances, l'Angleterre se tourna vers la Turquie.

Le 29 août 1885, sir Henri Drummond Wolf, envoyé extraordinaire et ministre plénipotentiaire de la Reine, fut reçu par le Sultan et lui remit un document indiquant combien Sa Majesté serait heureuse de voir cesser les difficultés égyptiennes, et demandant de discuter, avec des personnages que la Porte désignerait, « en vue d'arriver à une « entente combinant la reconnaissance des droits souverains « de Sa Majesté Impériale, avec le bonheur de ses sujets « égyptiens, et la sauvegarde des intérêts de la Grande-« Bretagne, aussi bien que de ceux des autres puissan-« ces .» (1).

Le Sultan ayant accepté cet échange de vues, les deux Etats passèrent, le 24 octobre 1885, une convention (2), ratifiée le 17 novembre, aux termes de laquelle chacun d'eux devait envoyer en Egypte un haut-commissaire pour réorganiser de concert avec le gouvernement du Khédive l'administration du pays, en toutes ses parties, dans les limites permises par les firmans impériaux.

Plus spécialement, le haut-commissaire ottoman devait aviser, de concert avec le Khédive ou un fonctionnaire désigné par lui, « aux moyens les plus propres à apaiser le Soudan par des voies pacifiques ». Le délégué anglais devait être mis au courant des négociations suivies à ce sujet, et les mesures à prendre devaient être adoptées et mises à exécution, d'accord avec lui, « comme se rattachant au règlement général des affaires égyptiennes ». (art. 2). D'autre part, l'armée devait être réorganisée (art. 3). Enfin l'article 6 disposait : « Dès que les deux hauts-commis-« saires auront constaté que la sécurité des frontières et le

(1) Substance du document, d'après l'*Eastern Express*, *Archiv. dipl.*, 1885, IV, p, 207.

(2) *Archiv. dipl.*, 1886, I, p. 370 ; 1893, III, p 216; et Calvo, op. cit., supplément, § 19.

« bon fonctionnement, ainsi que la stabilité du gouver-
« nement égyptien sont assurés, ils présenteront un rap-
« port à leurs gouvernements respectifs, qui aviseront à
« la conclusion d'une convention réglant le retrait des
« troupes britanniques de l'Egypte, dans un délai conve-
« nable. »

On voit de suite, que ce contrat paraissait tout à l'avantage de l'Angleterre. Elle ne promettait en somme rien ;
si elle parlait d'évacuation, c'était pour la subordonner à
une série de conditions, qui dépendaient d'elle, et dont par
suite elle pouvait empêcher la réalisation. Par contre,
l'article 2 lui reconnaissait nettement un droit sur l'Egypte : le délégué ottoman devait étudier, seul avec le Khédive, la question du Soudan, et faire seulement part au
délégué anglais des discussions y relatives ; ceci semblait
de nature à donner toute satisfaction à la Porte ; mais la
disposition suivante, aux termes de laquelle les décisions
devaient être prises et ramenées à exécution, d'accord avec
le haut-commissaire anglais, ôtait à la précédente toute
valeur ; enfin en ajoutant qu'il en serait ainsi, parce que ces
décisions se rattachaient « au règlement général des
affaires égyptiennes », le texte reconnaissait formellement
à l'Angleterre le droit de participer à ce règlement. On
était loin des déclarations précitées de Musurus-Pacha, à la
Conférence de Londres.

Toutefois, il ne faudrait pas conclure, de la convention
du 17 novembre 1885, que la Porte ait abandonné à l'Angleterre quelqu'un de ses droits. Constatant un fait, l'occupation essentiellement temporaire de l'Angleterre, elle entendait seulement laisser à celle-ci les moyens d'aider à la
solution des difficultés, auxquelles elle se trouvait de fait
mêlée. Bien mieux, en définitive c'était l'Angleterre qui
allait se trouver jouée ; le Divan est passé maître en diplomatie : il a hérité de Byzance. Il n'avait pas hésité à laisser
passer, comme inaperçue, dans la convention, une phrase
dont on pouvait tirer parti contre lui, pour être bien sûr
que son haut-délégué ne serait pas rappelé avant son arrivée en Egypte. Que ce délégué partît et arrivât au port,
c'était l'essentiel : on va voir pourquoi.

Les deux hauts-commissaires, Moukhtar-Pacha ét sir H.
D. Wolf, arrivèrent au Caire dans les derniers jours de décembre 1885, et se mirent aussitôt à l'œuvre. Le représentant turc fut chargé tout d'abord d'élaborer un projet de
réorganisation de l'armée, et il fut avisé officieusement,
par le comte d'Aunay, notre Consul au Caire, que dans cette
tâche, il pourrait compter sur l'appui du gouvernement
français (1).

Au 14 mars 1886, Moukhtar-Pacha fut en mesure de présenter son rapport (2). C'est alors qu'on comprit toute l'importance donnée à Constantinople à l'envoi des hauts-commissaires. Les conclusions du délégué ottoman ne tendaient
à rien moins en effet qu'à écarter l'Angleterre, et à restaurer l'influence turque en Egypte. Il paraissait à Moukhtar-
Pacha de toute nécessité de pacifier le Soudan, mais pour
cela une armée était nécessaire; et d'autre part comme
celle-ci était destinée à en imposer à de fanatiques religieux, elle ne pouvait — si du moins on ne voulait pas voir
s'éterniser une guerre religieuse — être anglaise ; elle
devait être formée de musulmans.

L'Egypte serait donc défendue par une armée de 16,000
hommes, exclusivement égyptienne, et réorganisée à l'aide
de la somme réservée jusque-là à l'armée anglaise d'occupation. Elle serait commandée par des officiers indigènes,
turcs ou circassiens, et par des « étrangers de l'ancienne
« armée égyptienne, qui, par leurs longs services, peuvent
« être considérés comme indigènes. »

L'Angleterre voulait bien réorganiser l'Egypte d'accord
avec la Porte, mais à condition que celle-ci ne fît qu'adhérer
aux propositions qu'on lui présenterait. Aussi, à Londres,
fut-on quelque peu stupéfait de l'audace turque : on mit
plus d'un mois à répondre. Enfin, le 25 avril, sir Wolf remit
à Moukhtar une note (3) de son gouvernement, dans laquelle celui-ci déclarait s'opposer à tout projet tendant à reconquérir le Soudan par la force.

(1) De Freycinet à d'Aunay, 6 janvier 1886, *Archiv. dipl.*, 1893, III, p, 217.

(2) *Archiv. dipl.*, 1893, III, p. 220.

(3) *Archiv. dipl.*, 1893, III, p. 226.

La note estimait que le Haut-Nil devait être abandonné,
que la contribution minime du gouvernement égyptien
à l'entretien en Egypte des troupes anglaises devait être
continuée. Quant à retirer les officiers anglais des troupes
égyptiennes, il ne fallait pas y songer : outre qu'il serait
peut-être bien difficile de les remplacer avec avantage, il
paraissait nécessaire, pour la cohésion de l'ensemble composé
d'Egyptiens et d'Anglais, que les officiers fussent de même
nationalité. Pour ce qui concernait leur remplacement par
des officiers turcs, la chose, disait toujours la note, ne
serait peut-être ni sage, ni populaire, ni meilleure pour
pacifier le Soudan.

Devant cette fin de non recevoir, la France poussa la
Porte à insister, et de nouveau l'assura de son appui. L'Ambassadeur ottoman à Londres déclara que son gouvernement
approuvait sans réserve les conclusions de Moukhtar ; en
septembre 1886 (1), il insista à nouveau auprès du cabinet
de Saint-James, avec la mission de répondre au principal
argument de l'Angleterre pour rester en Egypte, par l'annonce de la promesse formellement donnée le 3 septembre
au Grand Vizir, par notre Ambassadeur à Constantinople, que
la France n'avait aucunement l'intention d'occuper la vallée
du Nil quand l'Angleterre l'aurait quittée. Celle-ci ne voulut
pas entendre. Elle organisa d'elle-même l'armée anglo-
égyptienne avec des sous-officiers indigènes, mais avec des
officiers presque tous anglais.

Les hauts-commissaires avaient échoué dans leur mission;
et les pourparlers pour l'évacuation, qui, en toute cette
affaire, étaient le point dominant, continuèrent entre les
cabinets de Constantinople, de Londres et de Paris (2).
En définitive, l'Angleterre n'avait pas été plus heureuse
avec la Porte qu'avec les puissances.

(1) De Montebello, Ambassadeur à Constantinople, à de Freycinet, 6
septembre 1886, *Archiv. dipl.*, 1893, III, p. 233.

(2) Voir infra, chap. VII.

CHAPITRE IV

L'occupation anglaise et le Khédive Abbas-Hilmy. Dernières résistances de l'Egypte (1).

SOMMAIRE. — *L'Angleterre poursuit sa politique en Egypte. — Le Khédive Abbas-Hilmy. Il est attaqué par la presse anglaise. Divers incidents marquent l'antagonisme entre Egyptiens et Anglais, et l'audace de ces derniers. — En janvier 1893, le Khédive renvoie son Ministère trop dévoué à l'Angleterre. Celle-ci proteste, puis menace. Le Khédive est obligé de céder et de prendre le Ministère qu'on lui indique. — Incident de Ouadi-Halfa. — Politique de la France en ces affaires. — L'Angleterre déclare à l'Europe son intention d'augmenter ses troupes d'occupation. Pourparlers anglo-français. — Politique annexionniste de l'Angleterre.*

Après la mission des hauts-commissaires, si l'on excepte les pourparlers au sujet de la conversion en 1889 et 1890, ceux qui aboutirent le 5 janvier 1890 à la création d'une municipalité internationale à Alexandrie, et ceux qui ne furent à peu près jamais interrompus touchant l'évacuation, l'Angleterre poursuivit sa tâche en Egypte, sans se préoccuper outre mesure de ce qu'on en pensait au dehors. C'est à peine si dans une annexe à une convention avec la Porte, du 22 mai 1887, d'ailleurs non ratifiée, et dont nous aurons l'occasion de reparler (2), elle stipula que les deux gouvernements inviteraient les puissances adhérentes à la réforme

(1) *Archiv. dipl.*, 1893, I, pp. 254 et 255, et 1894, I, pp. 312 et s.

(2) V. infra, chap. VII.

judiciaire, à renoncer aux tribunaux mixtes et à accepter leur remplacement par des tribunaux locaux.

En 1892, le 7 janvier, Tewfik mourut (1). Son fils, majeur, Abbas-Hilmy, de plein droit Khédive, absent alors d'Egypte, s'empressa de regagner le Caire, après avoir décliné, sous prétexte d'affaires de famille, l'invitation de passer par Constantinople (2).

Le nouveau Vice-Roi (3), élevé en Europe, intelligent et ferme, manifesta vite des allures indépendantes qui contrastaient singulièrement avec celles de son prédécesseur, et ne laissèrent pas que de fort inquiéter l'opinion anglaise. Le danger, seulement extérieur jusque-là, se montrait au cœur de l'Egypte, et dans la personne même de son Souverain légitime : toute la diplomatie de lord Cromer devenait nécessaire pour éviter un conflit, dont, le cabinet de Londres pouvait le craindre, l'Europe et la Porte tiendraient à se mêler.

Ce conflit n'en éclata pas moins. Le *Times* entreprit, en novembre 1892, une violente campagne contre le nouveau Khédive qui en fut vivement offensé et ne cacha pas son mécontentement. Lord Cromer fut forcé d'en présenter les regrets de son gouvernement.

Puis ce fut, en sens inverse, l'Assemblée des Notables qui, représentant toujours le Parti national plus vivant que jamais depuis l'avènement d'Abbas, refusa, le 12 décembre, d'approuver le projet de budget, préparé, de concert avec le conseiller financier anglais, par un Ministère dévoué outre mesure à l'Angleterre.

(1) Dans le discours du trône, lu au Parlement anglais le 8 février 1892, il était dit à ce sujet : « J'ai perdu, dans le Vice-Roi d'Egypte, un « allié dont le gouvernement sage avait dans l'espace de quelques « années largement contribué à ramener la prospérité et la paix dans « le pays. J'ai pleine et entière confiance que la même politique habile « sera suivie par son fils qui a été nommé son successeur, en confirma-« tion des firmans antérieurs, par Sa Majesté le Sultan ». *Archiv. dipl.*, 1892, I, p. 374.

(2) Cambon, Ambassadeur à Constantinople, à Ribot, Ministre des affaires étrangères 10 janvier 1892, *Archiv , dipl.*, 1894, 1, p. 188.

(3) Le firman d'investiture d'Abbas (*Archiv. dipl.*, 1894, I, p. 195) porte la date du 26 mars 1892, et se borne à reproduire celui de Tewfik.

Enfin, dans les premiers jours de janvier 1893, un inspecteur anglais de la police se permit d'envoyer aux Mudirs une circulaire leur enjoignant d'adresser désormais leurs rapports, non au Ministre mais au directeur anglais de la police. Le Khédive jugea quelque peu audacieuse cette initiative d'un fonctionnaire subalterne et étranger réglant en définitive les attributions de ses Ministres ; il estima en même temps que ces derniers montraient vis-à-vis des usurpations anglaises une trop grande complaisance, et il pria le Président du Conseil, Mustapha-Fehmy, de lui donner sa démission. Ce dernier, on peut juger par là de ce que devient le Khédive sous la tutelle anglaise, répondit insolemment à son maître qu'il consulterait avant tout lord Cromer. Abbas-Hilmy n'hésita pas ; il renvoya aussitôt le Ministère.

L'Angleterre, plus exactement lord Rosebery, d'ailleurs bien secondé en l'espèce par lord Cromer, n'entendit pas laisser le Khédive agir à sa guise et ressaisir les prérogatives du pouvoir que peu à peu Tewfik avait laissé choir dans les mains anglaises. Comme Abbas allait charger Tigrane-Pacha de former le Ministère nouveau, lord Cromer lui déclara que son gouvernement s'opposait au choix d'un chrétien comme Président du Conseil, et que si lui, Khédive, entendait résister à ce sujet au désir de l'Angleterre, il jouait en cela « son pouvoir et sa personne » (1).

Devant cet abus de la force, le Khédive ne put que s'incliner ; il pensa alors à s'assurer le concours de Fakry-Pacha. Ce dernier, qui n'était cependant pas chrétien, mais n'en était pas plus dévoué au gouvernement de Londres, ne fut point agréé davantage : « Vous devez infor- « mer le Khédive, écrivit lord Rosebery à lord Cromer le 17 « janvier, que dans le cas où il refuserait de se conformer à « nos conseils, Son Altesse devrait se préparer à subir les « graves conséquences de son acte » (2) ; et le même jour il.

(1) De Reverseaux, Consul de France au Caire, à Develle, Ministre des Affaires étrangères, 14 janvier 1893, *Archiv. dipl.*, 1894, I, p. 313.

(2) Lord Rosebery à lord Cromer, 17 janvier 1893, *Archiv. dipl.*, 1893, I, p. 254.

précisait sa pensée dans une conversation avec M. Waddington : « Nous ne nommons pas les Ministres égyptiens, « mais tant que le drapeau anglais flottera en Egypte, nous « entendons que nos conseils, donnés avec autorité, soient « suivis par le gouvernement khédivial » (1).

Lord Cromer, en vertu des instructions reçues, fit alors, le 17 janvier, la communication suivante au Khédive : « Le « gouvernement de Sa Majesté ne peut admettre qu'aucun « acte important se passe en Egypte sans son assentiment. « Le changement de Mustapha-Fehmy étant aussi inutile « que préjudiciable aux intérêts de l'Egypte, le gouverne-« ment de la Reine ne saurait sanctionner la proposition « qui lui est faite de Fakry-Pacha » (2). Le lendemain, il eut avec le Khédive une entrevue au cours de laquelle il lui demanda le rappel de Mustapha-Fehmi, l'éloignement de Tigrane du futur Ministère, l'engagement écrit de ne changer ou nommer aucun Ministre sans l'assentiment de l'Angleterre, enfin la promesse de n'infliger aucun blâme, ni aucune punition à ceux qui, dans les circonstances dont nous nous occupons, n'avaient pas suivi le Khédive.

Ce dernier refusa d'accepter de pareilles propositions attentatoires à sa dignité de Souverain ; toutefois, il dut signer la déclaration suivante dictée par lord Cromer : « Mon plus sincère désir est de travailler en parfaite har-« monie avec le gouvernement britannique, et de maintenir « les relations les plus amicales avec ce gouvernement ; « tant que durera l'occupation anglaise, je suivrai volontiers « les conseils du gouvernement de Sa Majesté, dans toutes « les questions importantes » (3).

(1) Waddington à Develle, *Archiv. dipl.*, 1894, I, p. 313.

(2) De Reverseaux à Develle, 17 janvier 1893, *Archiv. dipl.*, eod. loc., p. 313.

(3) De Reverseaux à Develle, 19 janvier 1893, *Archiv. dipl.*, 1894, I, p. 315. Cette déclaration ne faisait que confirmer celle de Tewfik qui, en 1884, avait accepté le même principe en adhérant à l'esprit de la dépêche adressée le 4 janvier par lord Granville, au Consul anglais au Caire : « J'ai à peine besoin de vous faire remarquer, que pour les questions « importantes où l'administration et la sûreté de l'Egypte sont en jeu, « il est indispensable que le gouvernement de Sa Majesté soit assuré, « aussi longtemps que durera l'occupation provisoire du pays par les

Lord Cromer déclara alors qu'il n'était point dans la pensée du gouvernement britannique de placer Son Altesse dans une position humiliante, et que, vu l'importance qu'il y avait à ce que la crise fût promptement terminée, il prenait sur lui, sans en référer à Londres, de dire que le gouvernement de Sa Majesté acceptait la nomination de Riaz-Pacha comme règlement définitif de la question.

Tout se terminait donc par une transaction. Le Khédive avait renvoyé des Ministres hostiles, mais sans pouvoir les remplacer à sa guise. De ce grave incident, se dégageaient deux tendances très nettes. D'une part Abbas arrivait au pouvoir avec l'intention de gouverner, et de défendre ses prérogatives contre les empiètements de l'Angleterre ; il était soutenu en cela par le pays ; la manifestation dont il fut l'objet, le 21 janvier, lorsqu'il fut acclamé à la Mosquée et à l'Opéra, et qu'on voulut le porter en triomphe, est caractéristique. D'autre part, l'Angleterre affirmait, avec une force nouvelle, sa ferme volonté de tout diriger en Egypte et de briser la courageuse résistance du jeune Souverain. Il est inutile d'insister sur ce qui advint dans la suite ; de ces deux antagonistes l'un devait fatalement céder : le courage, même étayé par le droit, ne peut rien contre d'âpres ambitions servies par la force brutale.

L'incident d'Ouadi-Halfa marqua la dernière velléité d'indépendance du Khédive. Ce dernier, en tournée dans la Haute-Egypte, eut l'occasion de passer en revue les troupes égyptiennes, et celles-ci ayant mal manœuvré, il en fit la remarque. Ce fut un grand émoi dans la colonie britannique, car les observations faites atteignaient directement les instructeurs anglais. Lord Cromer menaça à nouveau, et Abbas dut, encore une fois contraint par la puissance britannique, signer un ordre du jour dans lequel il revenait sur ses appréciations premières, et témoignait sa complète satisfaction à tous les officiers tant indigènes qu'anglais. Le Khédive comprit dès lors que toute résistance était

« troupes anglaises, qu'après avoir pris en considération les désirs du « gouvernement égyptien, les conseils qu'il pourra donner au Khédive « seront écoutés ».

impossible, et il se résigna à subir ce qu'il ne pouvait empêcher.

La France ne resta d'ailleurs pas insensible en présence des événements qui se déroulèrent en Egypte, lors du renvoi de Mustapha-Fehmi. M. Waddington fut chargé dès le début de voir lord Rosebery à ce sujet. M. Develle lui donna des instructions très précises et dont la fermeté est à retenir : « Vous voudrez bien — écrivait-il, le 18 janvier 1893, à « son Ambassadeur à Londres — renouveler avec la plus « grande énergie la protestation que votre entretien avec « lord Rosebery vous a déjà fourni l'occasion de faire enten- « dre au Principal Secrétaire de la Reine, contre l'attitude « comminatoire de lord Cromer à l'égard d'Abbas et contre « les prétentions qu'elle révèle » (1). Il est permis de penser que cette attitude très nette fut pour quelque chose dans la demi-concession que l'Angleterre fit à Abbas.

Toutefois, le cabinet de Londres, soit qu'il voulût intimi- der le Khédive, soit qu'il craignît vraiment des complica- tions en Egypte, jugea bon de renforcer les troupes d'occu- pation et fit savoir à l'Europe, le 23 janvier 1893, que « le gou- « vernement de Sa Majesté avait résolu d'augmenter légè- « rement le nombre des troupes britanniques stationnées en « Egypte, en conséquence de récents événements mena- « çants pour la sécurité publique dans le pays », et que cela n'indiquait d'ailleurs aucune modification aux assurances données par le gouvernement de Sa Majesté, au sujet de l'oc- cupation de l'Egypte, ni aucun changement de politique.

M. Waddington fut chargé de remettre aussitôt à lord Granville une note, prenant acte de cette dernière déclara- tion, et dans laquelle il était dit entre autres choses : « Il est « à craindre que le projet du gouvernement de Sa Majesté « d'augmenter la garnison anglaise en Egypte ne soit inter- « prêté dans un sens directement opposé à ses intentions. « Aussi, suis-je chargé de demander à Votre Seigneurie « de bien vouloir préciser les incidents qui auraient motivé « cette mesure. Après la communication que lord Dufferin

(1) *Archiv. dipl.*, 1894. I, p. 314.

« vient de faire à M. Develle, le gouvernement de Sa Majesté
« comprendra que si, contre toute attente, des troubles
« venaient à se produire en Egypte, le gouvernement de la
« République se réserverait d'examiner, d'accord avec les
« puissances et avec Sa Majesté le Sultan, les mesures qu'il
« y aurait à prendre pour sauvegarder les intérêts qui nous
« sont communs avec toutes les puissances garantes de l'in-
« tégrité de l'Empire Ottoman » (1).

A cette menace non déguisée, lord Rosebery répondit
d'une façon aussi nette, mais non moins habile, prétendant
que l'augmentation des troupes britanniques dans la vallée
du Nil était nécessaire dans l'intérêt même des puissances,
et que c'était d'ailleurs elles qui l'avaient rendue inévitable :

« ..... C'est un fait, qu'aussi longtemps que le drapeau
« anglais flottera en Egypte, nous serons considérés com-
« me responsables de l'ordre public. Si des troubles écla-
« taient, on nous demanderait compte des pertes éprou-
« vées par les sujets des autres puissances, résidant en
« Egypte, ce qui serait grave. Il est aussi nécessaire de
« remarquer que, dans un moment d'agitation populaire,
« une insulte pourrait être faite à l'uniforme anglais ou au
« drapeau anglais, ce qui rendrait nécessaire *une affaire*
« *d'un caractère tout différent et plus formidable*, laquelle
« évidemment pourrait élever la question égyptienne jus-
« qu'à sa phase la plus aiguë.

« En outre, le gouvernement égyptien a tout récemment
« demandé aux puissances leur consentement, pour une
« augmentation de 2.000 hommes de l'armée égyptienne ;
« cette requête a été repoussée. Presque simultanément,
« les Derviches envahissaient l'Egypte, et cette invasion a
« eu pour conséquence, une lutte sanglante dont l'issue
« a été douteuse, entre les troupes du Khédive et celles du
« Madhi.

« Toutes ces circonstances, la nécessité de prendre des
« précautions contre les troubles, l'agitation renaissante

(1) *Archiv. dipl.*, 1894, I, p. 318, dépêche du 1er février.

« des Derviches, et le refus d'augmentation de l'armée
« égyptienne, ont amené le gouvernement de Sa Majesté à
« examiner de plus près l'état de ses forces — car je ne
« pourrais pas appeler cela une armée — qui ont été rédui-
« tes à la plus faible limite possible ; et comme en général
« il est préférable de prévenir un mal que d'avoir à le
« guérir, le gouvernement a décidé d'augmenter l'effectif
« des troupes d'occupation, s'élevant actuellement à envi-
« ron 3.000 hommes » (1).

Il faut remarquer surtout dans ce texte, la phrase qui
est relative à une insulte possible faite au drapeau ou à
l'uniforme anglais : c'est une menace très nette, répondant
directement à celle de M. Develle. En somme, ce dernier
avait laissé prévoir une action des puissances, pour le cas
où l'envoi de nouvelles troupes britanniques en Egypte
occasionnerait des mouvements insurrectionnels ; l'éventualité était possible, et il est vraisemblable qu'au Quai
d'Orsay, on y ait pensé avec complaisance ; c'était un
moyen pour agiter définitivement le règlement de toute la
question.

A Londres par contre, où décidément les hommes d'Etat
commençaient à suivre la masse dans ses ambitions impé-
rialistes, on ne tenait pas du tout à ce règlement ; on
entendait même s'y opposer par la force ; c'est ce que voulut indiquer lord Rosebery, dans cette partie du texte que
nous visons spécialement.

La France était avertie qu'une insurrection en Egypte,
au lieu de fournir un moyen à l'Europe pour donner une
solution à la question égyptienne, rendrait au contraire
inévitable *une affaire d'un caractère tout différent et plus
formidable*, suivant la propre expression du Premier Secrétaire de la Reine, c'est-à-dire une vigoureuse répression,
suivie d'une annexion pure et simple ou de quelque chose
d'approchant. C'était en définitive — à moins de risquer
une guerre — mettre le Cabinet de Paris, dans la nécessité de calmer les esprits en Egypte et de collaborer par

_____

(1) *Archiv. dipl.*, 1894, I, p. 320.

conséquent à une consolidation de la puissance anglaise dans ce pays.

M. Develle n'insista pas, et la Reine, dans son discours du trône, put résumer ainsi toute l'affaire : « A la suite des « récents incidents qui se sont produits en Egypte, j'ai « décidé d'augmenter l'effectif des troupes britanniques « qui y tiennent garnison. Cette mesure n'entraîne aucun « changement de politique et n'apporte aucune modifi- « cation aux assurances données à plusieurs reprises, par « mon gouvernement, au sujet de l'occupation de l'Egypte. « Le Khédive a manifesté, de manière satisfaisante, son « intention de suivre désormais la coutume déjà établie « de consulter mon gouvernement dans toute affaire poli- « tique et son désir d'agir avec lui en complet accord » (1).

On voit qu'en 1893, en dépit de ses constantes promesses, l'Angleterre était plus que jamais décidée à rester en Egypte. Elle ne cherchait plus à s'assurer l'appui de la Porte ou de l'Europe ; elle n'entendait plus diriger le pays occupé, d'accord avec le Khédive ; elle affirmait sa volonté de régner en maîtresse dans la vallée du Nil,.malgré le Khédive et en bravant les puissances.

Cette politique n'a fait que s'accentuer lors des récents événements qui ont eu pour théâtre la partie de l'Egypte abandonnée jusque-là à l'anarchie madhiste, le Soudan égyptien.

(1) 31 janvier 1893, *Archiv. dipl.*, 1893, I, p. 246.

CHAPITRE V

Le Soudan égyptien. Le Madhi. Les affaires du Haut-Nil 1882-1895 (1)

SOMMAIRE. — *Le Soudan Egyptien. Sa conquête sous Méhémet-Ali, puis sous Ismaïl. — Le Madhi. Le Soudan se soulève, Après la chute de Karthoum, il est abandonné aux Madhistes sur les conseils de l'Angleterre. — Celle-ci songe à conquérir le Soudan par le sud pour son propre compte. Pour cela elle se débarrasse d'Emin-Pacha, gouverneur de l'Equatoria ; elle appelle l'Italie à Massaouah pour contenir la France à l'est et l'Abyssinie ; puis, par traités avec les Etats voisins du Soudan égyptien, elle se fait reconnaître sur cette région des droits qui ne sauraient lui appartenir : traités du 1ᵉʳ juillet 1890 avec l'Allemagne, du 15 avril 1891 avec l'Italie, du 12 mai 1894 avec l'Etat libre du Congo. — Protestations de la Turquie, de l'Allemagne et de la France contre ce dernier traité : il est annulé par la convention franco-congolaise du 14 août 1894.*

Sur la question d'Egypte, déjà quelque peu compliquée en elle-même, est venue se greffer une question du Haut-Nil. Le Madhi l'a fait naître au sein de l'Empire Ottoman ; l'ambition de l'Angleterre en a fait une question internationale.

---

(1) Voir pour ce chapitre et le suivant : H. de Sarrepont, « Le Soudan égyptien », *Revue britannique*, 1884, p. 135. — J.-L. Deloncle, « La question de Fachoda. Avant et après », *Revue politique et parlementaire*, 1898, XVIII, p. 277. — F. Despagnet, « Au sujet de la convention anglo-égyptienne du 19 janvier 1899 », *Revue génér. de droit internat. public*, 1899, p. 169. — Blanchard, « L'affaire de Fachoda et le droit international », *Revue génér. de droit internat. public*, 1899, p. 380. — Chroniques dans la *Revue générale de droit international public* : 1894, p. 374 ; 1895, p. 354 ; 1896, p. 486 ; 1897, p. 124 ; 1899, pp. 169, 308, 385.

On n'a jamais su au juste jusqu'où s'étend l'Egypte dans le sud ; la seule chose certaine c'est que les possesseurs successifs du Delta ont cherché, toutes les fois que les circonstances le leur ont permis, à s'étendre dans cette direction, et à arriver jusqu'à la région des grands lacs.

Méhémet-Ali a suivi la voie de ses devanciers ; en 1820 puis en 1821, il envoya, sous la direction de deux de ses fils, deux armées qui conquirent la Nubie, le Sennaar, le Kordofan et le Darfour, c'est-à-dire tout le bassin du Haut-Nil, moins la région des grands lacs : celle-ci ne fut occupée que beaucoup plus tard, sur les ordres d'Ismaïl, par Samuel Baker, puis par Gordon qui y organisa en 1874 la province d'Equatoria. En sorte que, dans des limites d'ailleurs assez vagues, on peut dire que, lors de la déposition d'Ismaïl en 1879, l'Egypte comprenait tout le bassin nilotique : elle s'étendait même jusqu'à Zeilah (1) et à la côte des Somalis.

Quand, à l'avènement de Tewfik, le Khédive sortit des mains de l'Europe, humilié et amoindri, et que, sous un prince faible et tenu en tutelle, on ne sentit plus, même dans le Delta, la main du maître, on conçoit ce qui advint dans des provinces éloignées de cinq cents lieues et plus du pouvoir central. Ce qui était au Caire de l'anarchie prit dans le Haut-Nil le caractère d'un soulèvement.

Un prophète, depuis longtemps attendu par les populations musulmanes de ces régions, apparut : Mohammed-Ahmed, le Madhi, exerçant sur les fanatiques une haute autorité, groupa vite autour de lui nombre de fidèles prêts à obéir à son geste ; il eut d'abord quelques difficultés de peu d'importance avec certains gouverneurs égyptiens ; puis, lorsque l'Angleterre eut bombardé Alexandrie, il déclara la guerre sainte, et le Soudan entier se trouva soulevé. Dès janvier 1883, il installait à El-Obéid le siège de son gouvernement. En novembre, il anéantissait l'armée du général Hicks forte de 10,000 hommes et commandée par des officiers anglais ; puis tandis que deux de ses lieutenants se

(1) Un hatt impérial du 1er juillet 1875 confère à Ismaïl le gouvernement de Zeilah (Cité par O. Borelli, p. 414).

dirigeaient vers Kassala et Souakim, il prenait lui-même ses dispositions pour s'emparer de Karthoum.

Au Caire, plus exactement à Londres, on estima que le Soudan était perdu et qu'il fallait renoncer à le défendre (1) ; toutefois le général Gordon fut envoyé dans le Haut-Nil pour réunir les troupes égyptiennes éparses dans les diverses provinces, et se replier avec elles ; mais à peine arrivé à Karthoum, il s'y trouvait bloqué de toutes parts, les troupes du Madhi tenant la route du Nil au Nord depuis la prise de Berber ; après des mois d'attente anxieuse, les renforts anglais n'arrivant pas, Karthoum succomba et ses défenseurs furent massacrés (26 janvier 1885). Le général Wolseley apprit en route la triste nouvelle ; il revint en arrière, et le Soudan fut abandonné.

Déjà le 12 février 1884 (2), Gladstone avait eu l'occasion de déclarer aux Communes qu'il n'appartenait pas à l'Angleterre de préparer les troupes égyptiennes à reconquérir le Soudan. Après la chute de Karthoum, cette manière de voir ne fit que s'accentuer.

L'Angleterre, toujours prudente, entendait ne rien risquer : elle ne tenait à sacrifier ni la moindre somme, ni ses officiers, et ne voulait par conséquent pas se lancer dans une entreprise aléatoire, aux conséquences imprévues au point de vue militaire, et où il y avait tout à perdre et peu de chose à gagner.

Le Soudan pacifié, la mission de la Grande-Bretagne eût été finie en Egypte, et le rêve d'établissement définitif se fût évanoui. La défaite des troupes anglo-égyptiennes d'autre part, outre son côté blessant pour l'orgueil britannique, eût amené le complet épanouissement du Madhisme, avec toutes ses conséqences dont la plus probable eût été l'envahissement du Delta et le départ forcé des Anglais.

L'Angleterre n'a pas le génie de la colonisation, mais seulement celui du commerce ; pour s'établir dans les pays d'outre-mer, elle a usé de deux seuls procédés : prendre

---

(1) Discours du trône du 5 février 1884.

(2) *Archiv. dipl.*, 1884, I, p. 361.

presque toujours les possessions des autres, ou fonder quelques comptoirs en rayonnant à l'entour ; il est rare que cela lui ait coûté beaucoup d'hommes ou de grandes dépenses ; prudence et habileté, diront certains : évidemment, mais il est de ces vertus qui ne supportent pas l'excès sans changer de nature.

En Egypte, l'Angleterre est restée fidèle à ses traditions : nous avons préparé le terrain, aplani les difficultés premières, et elle est venue s'installer après un simulacre de bataille, avec une poignée de soldats destinés d'ailleurs à maintenir les populations et non à défendre le pays. Cela fait, en présence du péril madhiste, elle a estimé devoir s'abstenir, car en agissant elle risquait. Le cabinet de Londres, s'étant constitué le protecteur du Khédive, ne pouvait décemment l'abandonner en ces circonstances : il lui conseilla donc de renoncer au Soudan.

Le gouvernement égyptien resta libre de ne pas suivre ce conseil éclairé, mais à la condition d'agir sous sa propre responsabilité ; on lui avait déjà permis en décembre 1883 de s'adresser pour cela au Sultan afin d'obtenir le concours des troupes turques, à la condition qu'elles seraient payées par la Porte et se borneraient exclusivement à pacifier le Soudan (1) ; inutile de dire qu'à Constantinople on n'aurait pas accepté un seul instant de jouer ce rôle de dupe.

La conséquence fut que les troupes égyptiennes se replièrent vers le nord. Au 15 juillet 1885, la province de Dongola était évacuée. L'Egypte s'arrêta désormais, en fait, à Ouadi-Halfa ; et toute l'action anglo-égyptienne consista dès lors à arrêter les incursions madhistes vers le nord, et sur la mer Rouge à défendre Souakim.

Au début de 1885, la politique anglaise est donc très nette. Sa situation en Egypte est bien précaire ; il lui suffit de rêver à la possession définitive de la Basse-Egypte, et le rêve lui paraît chose si peu réalisable, si énorme, qu'elle ne songe pas encore au Haut-Nil. Elle voit d'autre part que les troubles du Soudan seront un excellent prétexte pour

(1) Discours de sir E. Fitz Maurice aux Communes, 12 mars 1885, *Archiv. dipl.*, 1885, II, p. 113.

prolonger l'occupation : elle s'est donnée pour mission
d'abord de pacifier le Delta, puis de réorganiser les administrations ; elle va rester maintenant pour défendre
l'Egypte contre le Madhi, avec des troupes et de l'argent
égyptiens.

C'est à ce moment que se place la convention anglo-
turque du 17 novembre 1885 (1) relative à l'envoi en Egypte
de deux hauts-commissaires. Nous savons ce qu'il en advint.
Chacune des deux parties pensa jouer l'autre. On décida de
pacifier le Soudan. Moukhtar-Pacha, le délégué ottoman,
proposa de reprendre Dongola, et pour cela de réorganiser
l'armée égyptienne avec des éléments exclusivement indigènes ou turcs. C'était signifier son congé à l'Angleterre.
Celle-ci avait compté sur l'influence turque pour lui aplanir
les difficultés ; elle ne demandait pas mieux qu'on pacifiât
le Soudan à condition qu'il ne lui en coutât rien. Mais, on
lui demandait pour cela de retirer ses officiers des troupes
égyptiennes ; au lieu d'aider sa politique on parlait de l'évincer ; elle ne pouvait plus admettre pareille chose. Elle eût
souffert que la Porte fît en Egypte de la politique anglaise !
Celle-ci, on le conçoit, ne pouvait vouloir que le contraire ;
elle fut donc avisée que, dans ces conditions, son concours
était inutile.

Le 25 avril 1886, sir H. D. Wolf remit à Moukhtar une
note (2) dans laquelle il était dit entre autres choses, que le
gouvernement de Sa Majesté ne pouvait consentir pour le
moment à la reprise de Dongola, et que, comme en décembre 1883, après la défaite du général Hicks, il voyait la
nécessité d'abandonner tous les territoires au sud d'Assouan.
La politique du renoncement triomphait à nouveau. L'armée
anglo-égyptienne se contenta de guerroyer dans les environs de Souakim pour défendre cette place, et d'une façon
générale de protéger la frontière d'Ouadi-Halfa.

(1) Voir supra, pp. 227 et s.

(2) *Archiv. dipl.*, 1893, III, p. 226. Le 3 novembre 1886, lord Salisbury
déclarait d'autre part à M. Waddington, que du côté du Soudan, l'Angleterre ne pensait plus qu'à protéger la frontière (Waddington à de Freycinet, *Archiv. dipl.*, 1893, III, p. 236).

D'ailleurs, l'Angleterre avait un autre intérêt à voir l'Egypte renoncer au Soudan. Elle avait pris pied sur la côte orientale d'Afrique, entre le pays des Somalis et la colonie allemande : de là, elle pouvait arriver vers le lac Victoria, et, remontant vers le nord, s'établir dans le bassin du Haut-Nil redevenu sans maître. La conception ne manquait pas d'habileté : son énorme avantage c'était de préparer la conquête, au seul profit de l'Angleterre, de vastes territoires qui, s'ils avaient été recouvrés par une armée anglo-égyptienne, l'eussent été au nom de l'Egypte.

Occuper le Soudan en partant du Delta, c'était pour l'Angleterre s'exposer à tout perdre au jour du règlement de la question d'Egypte ; l'occuper au contraire en partant de la région des lacs, c'était faire œuvre exclusivement anglaise, créer à côté de la question d'Egypte une question du Soudan, bien différente de la première, et pouvant être réglée en dehors d'elle. Du moins c'est ce que pensa l'Angleterre, car nous verrons que de toute façon les puissances ne peuvent disjoindre la question, si elles entendent rester dans la vérité juridique.

Dans la région du Nyanza, un premier obstacle se dressait en face de la Grande-Bretagne. Alors que tout le Haut-Nil était devenu madhiste, il était demeuré là, à peu près intact, un coin d'Egypte toujours gouverné par l'administration égyptienne. Dans cette province d'Equatoria se maintenait, grâce à son autorité et à son talent, Emin-Bey, autrement dit le docteur Schnitzer, distingué botaniste autrichien, qui menait de front ses études et le gouvernement du pays. Sa seule présence était la condamnation radicale, au point de vue du droit, des projets anglais ; aussi mit-on tout en œuvre pour faire partir ce Pacha dont le zèle était si intempestif : la ténacité que montra le cabinet de Londres, en cette affaire, est bien caractéristique de la politique que nous indiquons comme ayant été celle de l'Angleterre dans le Haut-Nil à cette époque.

Emin avait demandé des secours au Caire : on ne lui en envoya d'aucune sorte. Il reçut seulement, en février 1886, des nouvelles de Nubar-Pacha lui annonçant qu'on ne pouvait rien pour lui et lui conseillant d'abandonner son gouvernement et de rentrer en Egypte : il préféra rester à son poste où le retenait, outre son intérêt personnel, le désir de mener à bonne fin la tâche civilisatrice qu'il avait entreprise.

Cette attitude ne découragea pas l'Angleterre. Les conseils de Nubar étant restés inefficaces, on dépêcha à Emin l'explorateur Stanley (1) qui était chargé de lui offrir le choix entre diverses solutions impliquant toutes la suppression de la souveraineté égyptienne dans l'Equatoria.

Le Pacha dut donc choisir entre ces trois alternatives : ou bien retourner à la côte, vers Zanzibar, avec Stanley, et dans ce cas, il resterait au service de l'Egypte et pourrait regagner le Caire ; ou bien se maintenir dans sa province, où on lui fournirait des secours, mais à charge alors d'administrer soit au nom de l'Etat indépendant du Congo, soit pour le compte de la Compagnie anglaise de l'Afrique orientale. Avec la première solution, l'Equatoria, comme le reste du bassin du Haut-Nil, pouvait être considérée comme devenant *res nullius* et susceptible d'une occupation anglaise. Avec la seconde, l'Equatoria passait à un tiers, mais ce tiers eût été personne interposée, simple mandataire clandestin ; il n'est pas permis d'en douter quand on pense au rôle joué par l'Etat indépendant lors du traité du 12 mai 1894 (2). Enfin, si le Pacha optait pour la troisième hypothèse, c'était la main mise directe de l'Angleterre sur le pays.

Il est curieux à ce propos de savoir par qui furent donnés les subsides nécessaires à l'expédition Stanley. Nous voulons tenir pour désintéressée la contribution qu'apporta la société royale de géographie de Londres : les combinaisons tortueuses de la politique ne franchissent pas en principe le seuil des sanctuaires de la science ; la compagnie de l'Est africain, imbue d'une philantropie toute britanni-

_____

(1) Sur la mission Stanley, voir : *Times*, 26 mai 1890 ; Interview de Stanley dans le *New-York Herald*, avril 1890 ; et H. Pensa, *L'Egypte et le Soudan égyptien*, p. 307.

(2) Voir infra, p. 252 et s.

que, tint aussi à donner en cette occurence son appui financier; il ne fut pas jusqu'à l'Egypte qui, vraisemblablement sans y tenir, dut consacrer une somme importante à
la mission dont le but était de la chasser du Haut-Nil.

Donc, Stanley arriva auprès d'Emin le 29 avril 1888, et
s'acquitta de sa mission. Le Pacha hésita quelque peu avant
de prendre une décision. Mais sa situation, si on ne l'aidait
pas, devenait intenable ; il comprenait qu'il serait abandonné s'il continuait à vouloir se maintenir dans l'Equatoria
au nom de l'Egypte : il suivit donc à Zanzibar le représentant de l'Angleterre, dans le courant d'avril 1889. Dès ce
moment la domination égyptienne disparaissait en fait du
bassin du Haut-Nil ; le Soudan était ouvert en entier aux
convoitises européennes ; mais au Sultan et au Khédive
restait le droit.

Il faut reconnaître, que dans ces affaires du Haut-Nil,
l'Angleterre a merveilleusement manœuvré. Au moment
où nous arrivons, c'est-à-dire en 1890, sa liberté d'action
dans le Soudan égyptien devenait à peu près complète.
Elle aurait pu craindre deux rivales, la France et l'Abyssinie : pour les contenir, elle fit intervenir l'Italie.

Celle-ci, établie depuis 1880 dans la baie d'Assab, s'ins-
talla en 1885, d'accord avec l'Angleterre, sur le territoire
du Khédive à Massaouah, et en 1889 dans le pays des
Somalis. De la sorte, la France se trouvait bloquée à Obock,
vers Souakim et Kassala par la colonie italienne, vers
Fachoda et la région des lacs par l'Ethiopie et le territoire
italien de la côte des Somalis. D'autre part le Négus
d'Abyssinie était le seul capable dans ces régions de lutter
avec succès contre le Madhi, et en devançant l'Angleterre,
de déjouer tous ses projets ; en attachant aux flancs de
l'Empire abyssin la colonie italienne de Massaouah, la
Grande-Bretagne pensa bien se débarrasser d'un rival
capable de devenir gênant, sans faire intervenir pour cela
une force capable à son tour de constituer une gêne.

L'Italie rêva de gloires lointaines et d'un empire africain.
L'Angleterre exploita ces illusions ; sa persévérance intéressée et son habileté lui ont permis de moissonner souvent

les récoltes semées par d'autres ; jamais encore elle n'avait appelé le laboureur dont elle escomptait voler le travail et le champ. Seule l'Angleterre a pu retirer quelque profit de l'occupation de Massaouah. L'Italie n'a été qu'une dupe ; elle a retiré de cette aventure des humiliations et des embarras ; le fait seul d'avoir été appelée sur la mer Rouge par la Grande-Bretagne prouve combien sa puissance inspirait peu de crainte à cette dernière ; elle a travaillé pour celle-ci ; pour elle, elle a perdu son argent et ses hommes, elle a subi Adoua, sans qu'on lui tendît la main ; elle peut compter que si les puissances sont assez faibles pour laisser l'Angleterre s'installer définitivement dans la vallée du Nil, celle-ci la chassera de l'Afrique orientale, aussi bien de Massaouah que de la côte des Somalis.

Débarrassée d'Emin-Pacha et du Négus, libre de toute crainte au sujet de la France du côté de l'est, l'Angleterre songea à faire reconnaître sa situation dans le Soudan égyptien par les Etats limitrophes ; elle conclut avec eux des traités qui lui garantirent leur neutralité bienveillante, nous ne voulons pas dire leur complicité, dans son œuvre de conquête du Soudan. Elle a ainsi en sa possession des chartes, constatant sa prise de possession du territoire égyptien du Haut-Nil, chartes qu'elle semble pouvoir opposer à l'Allemagne, à l'Italie, et à l'Etat indépendant du Congo, et qu'elle a voulu opposer comme preuve de droit à tous les intéressés, notamment à la France.

Le traité du 1er juillet 1890 (1) concerne l'Allemagne. L'Angleterre lui céda Héligoland ; en revanche, elle en obtint la reconnaissance de son protectorat sur Zanzibar (2), et de son occupation de la région des lacs. En ce point, l'Allemagne avait aussi des intérêts ; on détermina donc la ligne de séparation des deux zones d'influence. Cette ligne

(1) *Archiv, dipl.*, 1892, III, p. 244.

(2) Par convention du 5 août 1890, la France a reconnu le protectorat anglais sur Zanzibar. L'Angleterre reconnaissait de son côté notre protectorat sur Madagascar, et nos droits dans le Soudan occidental où les limites de notre zone d'influence étaient déterminées. *Archiv. dipl.*, 1890, IV, p. 353.

de direction sud-est, nord-ouest, allant de la côte de l'Océan
Indien à la frontière congolaise, laissa à l'Allemagne la rive
sud du Victoria-Nianza, et à l'Angleterre, la rive nord. Du
côté du nord-est, le territoire anglais devait s'étendre jusqu'aux possessions italiennes de la côte des Somalis; du
côté de l'ouest, jusqu'à l'Etat du Congo.

Le texte est d'ailleurs assez peu précis : ce qui est certain, c'est que l'Ouganda et l'ancienne province égyptienne
de l'Equatoria étaient reconnues à l'Angleterre, que le pays
des Gallas et l'Ethiopie étaient considérés comme relevant
de l'Italie. Pour le surplus, l'Angleterre peut facilement
dire que l'Allemagne lui a reconnu tout le Soudan.

Voici d'ailleurs les propres termes du traité, pour la partie qui nous intéresse ; on en remarquera l'obscurité probablement voulue : « La sphère d'influence réservée à la
« Grande-Bretagne est limitée..... au nord, par une ligne
« qui commence sur la côte, à la rive nord de l'embou-
« chure de la rivière Juba, suit cette rive, et coïncide
« avec la frontière du territoire réservé à l'influence de l'I-
« talie dans le pays des Gallas, et en Abyssinie jusqu'aux
« confins de l'Egypte ; à l'ouest, par l'état libre du Congo et
« par le faîte (ligne de partage des eaux) occidental du bas-
« sin du Nil ».

Le territoire anglais semble bien, d'après cela, occuper
tout le Haut-Nil et avoir pour limites, à l'ouest le bassin du
Congo puis le Désert, à l'est la sphère d'influence italienne,
et au nord les confins de l'Egypte, c'est-à-dire la frontière
égyptienne non encore entamée d'Ouadi-Halfa. Interprêter
les mots « confins de l'Egypte » de toute autre façon, ce
serait réduire l'Angleterre à une bande de territoire sur la
côte de l'océan indien, puisque tout le reste à appartenu et
continue en droit à appartenir à l'Egypte. Or, ce n'est pas
évidemment ce qu'ont voulu dire les contractants. Par le
traité du 1er juillet 1890, l'Allemagne a reconnu à l'Angleterre le droit de s'emparer de tout le bassin du Haut-Nil.

L'année suivante, ce fut avec l'Italie que l'Angleterre s'entendit au sujet du Soudan. Par le traité du 15 avril 1891 (1),

_____

(1) *Archiv. dipl.*, 1891, II, p. 259.

la sphère italienne fut nettement limitée par une ligne, partant de Ras-el-Kazar sur la mer Rouge, pour venir aboutir sur l'Océan indien à l'embouchure de la rivière Juba, et englobant le territoire de Massaouah, l'Abyssinie, l'Ethiopie, le Choa, le Harrar, le pays des Gallas et celui des Somalis.

Au sein de ces vastes territoires reconnus à l'Italie, se trouvaient encastrés notre colonie d'Obock et le territoire anglais de Berbera sur le golfe d'Aden. Dans la suite, au traité du 5 mai 1894, l'Angleterre se fit attribuer la possession de Zeilah, qui située entre Obock et Berbera et en face d'Aden et de l'île de Perim, lui permet de commander l'entrée de la mer Rouge.

Dans le traité du 15 avril, l'Italie aussi bien que l'Angleterre se faisaient reconnaître des droits qui ne leur appartenaient en aucune façon. Ceux qu'invoquait l'Italie étaient moins sérieux encore que ceux de l'Angleterre. Celle-ci pouvait se prévaloir de son occupation, soit du Delta, soit d'une partie de la région des lacs. L'Italie n'avait rien pour elle, si ce n'est une convention inexistante (1).

Le traité d'Ucciali, qu'elle avait conclu le 2 mai 1889 avec Ménélick, était en effet sans valeur : il avait été convenu, aux termes de ce traité, que le gouvernement italien ferait tenir en prêt au Négus, par l'intermédiaire de la Banque nationale de Florence, une somme de 4 millions remboursables en 20 ans. En échange, l'Italie — elle le disait du moins — obtenait un droit de protectorat sur le pays. A la vérité, il n'y avait pas eu entente : le texte italien et le texte amara ne concordaient pas ; alors que le premier disait : « Le roi des rois d'Ethiopie *devra*... » le second portait : « Le roi des rois d'Ethiopie *pourra* se servir de la « diplomatie italienne pour traiter toutes ses affaires avec « les puissances européennes. » Le traité était nul. Quand Ménélick apprit l'interprétation qu'on lui donnait en

---

(1) De plus, aux termes de la convention du 8 février 1888 avec la France, l'Italie s'était interdit toute visée sur le Harrar. Voir le texte de la convention dans Martens, *Nouveau Recueil général de Traités*, 2e série, XX, p. 757.

Europe, et quand il connut le traité anglo-italien du 15 avril 1891, il s'empressa de rendre (août 1891) deux millions déjà reçus, et il déclara qu'il considérait la convention du 2 mai 1889, comme absolument sans valeur.

Quoi qu'il en soit, après son entente avec l'Italie, l'Angleterre fut assurée qu'elle ne rencontrerait de son côté, comme de celui de l'Allemagne, aucune opposition à ses projets concernant le Haut-Nil.

Elle se gardait d'ailleurs bien de dire ce qu'elle comptait faire à ce sujet, ou d'indiquer les limites dans lesquelles elle se proposait d'agir : sir J. Fergusson, interpellé aux Communes le 2 mars 1891 (1), et pressé de répondre nettement par M. Labouchère, s'était contenté de déclarer que « la dénomination de Soudan s'appliquait à des régions « non délimitées, et que toutes n'appartenaient certaine- « ment pas à l'Egypte » et il avait ajouté que « le gouver- « nement anglais, ne pouvait assumer la responsabilité de « définir les limites de la souveraineté égyptienne dans ces « contrées. »

Le cabinet de Londres, après avoir écarté de la vallée du Haut-Nil l'Allemagne et l'Italie, déclarait que toutes les parties n'en appartenaient pas à l'Egypte, mais ne voulait pas dire quels étaient ces territoires considérés comme vacants et par conséquent, en vertu de la règle « chose sans maître chose anglaise », destinés à devenir sa propriété.

Toutefois, l'Angleterre n'avait pas encore atteint son rêve. Il lui restait à convaincre, par persuasion ou autrement, l'Etat qui, par la force des choses, devait se montrer le plus réfractaire : la France. Celle-ci, installée au Congo et dans le Soudan occidental, avait des visées vers l'est, et désirait s'y enfoncer le plus possible. De plus, très opposée à l'occupation de l'Egypte par l'Angleterre, elle était assez mal préparée à laisser cette dernière faire la conquête du pays par le Sud.

Dès le jour où l'Angleterre a eu l'idée de prendre pied

(1) Archiv. dipl., 1891, II, p. 102.

dans le Haut-Nil, tous ses actes n'ont eu d'autre objet, que de se forger des armes contre la France, afin de contenir l'hostilité de celle-ci : elle a passé des traités avec l'Allemagne et l'Italie, surtout pour nous en opposer les termes et en user comme de titres de propriété. Elle s'est servie de l'Italie du côté de l'est, pour se préserver de nous et de l'Abyssinie où elle craignait de voir s'établir notre influence. Du côté de l'ouest, entre les territoires objet de ses convoitises et nos propres possessions, elle pensa à établir, comme un tampon, un prolongement de l'Etat indépendant et neutre du Congo.

Ce dernier avait été en pourparlers avec la France, dans les premiers mois de 1894, pour des rectifications de frontières : ces pourparlers n'avaient pas abouti. L'Angleterre en profita aussitôt pour faire des avances à l'Etat indépendant, et se faire reconnaître, en échange de territoires égyptiens généreusement donnés par elle, de sérieux avantages.

Par le traité du 12 mai 1894 (1), l'Angleterre cédait à bail au Congo, pour toute la durée du règne du roi Léopold II, le Bahr-el-Ghazal avec Fachoda et une partie de l'ancienne province égyptienne d'Equatoria ; à la mort du souverain, le bail devait toutefois persister pour la partie la plus ouest de la concession, tant que « les territoires du Congo reste-« raient comme Etat indépendant, ou comme colônie belge, « sous la souveraineté de Sa Majesté ou des successeurs de « Sa Majesté ».

L'Angleterre, outre la reconnaissance par le Congo du traité du 1er juillet 1890 et de ses droits sur la région équatoriale du Haut-Nil, obtenait de son côté, également à bail, mais en bonnes terres congolaises appartenant bien au cédant, une bande de 25 kilomètres de large, partant du lac Albert-Edouard et longeant, jusqu'à son extrémité sud, le lac Tanganika. Cette bande réunissait l'Ouganda, où s'était installée l'Angleterre, à sa colonie de Rhodésia : on y devait faire passer le chemin de fer anglais du Centre africain d'Alexandrie au Cap.

(1) *Archiv. dipl.*, 1894, II, p. 176.

Pour quiconque n'avait pas suivi de près les combinaisons britanniques en Afrique, le traité de 1894 dut être une révélation : on put voir très nettement se dessiner le plan anglais, avec la conception d'une vaste colonie allant du nord au sud de l'Afrique, englobant les territoires les plus riches au point de vue agricole ou minier, faisant de la Basse-Egypte un pays protégé, du Soudan égyptien une colonie, de l'Afrique du Sud un vaste empire.

De ce jour, on pensa de l'autre côté de la Manche à asservir le Transvaal et l'Etat libre d'Orange ; sans doute rêva-t-on plus encore : expulsion d'anciennes alliées, asservissement d'Etats faibles, éviction totale de l'ennemie héréditaire, puis de la menaçante rivale qui grandit chaque jour ; peut-être ne fut on pas absolument téméraire à Londres en caressant des projets si vastes : l'attitude présente de l'Europe permet à l'Angleterre tous les espoirs.

Le traité du 12 mai 1894 comblait donc les vœux de l'Angleterre ; de plus, à ses yeux, il constituait un titre consacrant son droit de propriété dans le Soudan. Dès l'instant où elle cédait à bail la partie sud-ouest du bassin du Nil, le cessionnaire ne pouvait que la considérer comme propriétaire ; d'autre part elle escomptait le silence des puissances, et pensait qu'il serait facile de l'interpréter plus tard dans un sens favorable et de s'en prévaloir : sur ce point ses prévisions ne se réalisèrent pas.

La Turquie protesta aussitôt contre cet acte international, dans lequel un tiers se permettait de céder des territoires appartenant à son vassal et dont elle avait le domaine éminent.

Le cabinet de Londres répondit qu'il ne contestait pas les droits de la Porte, que son but était simplement d'ouvrir à la civilisation et au commerce les vastes territoires du Haut-Nil, que d'ailleurs un acte annexé au traité réservait formellement les droits du souverain légitime.

Cet acte était ainsi conçu : « M. le Secrétaire d'Etat, le « comte de Kimberley, en m'autorisant à signer l'accord « daté de ce æ jour, pour la cession à bail de certains ter- « ritoires situés dans la sphère d'influence britannique de

« l'Afrique orientale, à Sa Majesté le roi Léopold II, m'a
« chargé de mettre par écrit l'assurance que les signataires
« de l'accord n'ignorent pas les prétentions de la Turquie et
« de l'Egypte dans le bassin du Haut-Nil » (1). Dans un second acte, le plénipotentiaire belge faisait la même déclaration.

Seulement, il faut remarquer l'expression « *ne pas igno-
« rer les prétentions* » ; les deux contractants ne reconnaissent pas des droits à la Porte sur les territoires ; qui ont fait
l'objet de leur convention ; ils savent simplement que celle-ci
a élevé des prétentions sur ces territoires ; du moins, pour être
plus exact, ils ne les ignorent pas. Quoiqu'il en soit, ils passent outre, sans s'arrêter davantage devant ces prétentions.
Voilà bien le sens de la double déclaration ci-dessus. Sir
Edward Grey, interpellé aux communes le 1er juin, par MM.
Labouchère et Chamberlain, déclara qu'on avait, dans la
convention, réservé les droits de l'Egypte, mais ne voulut
pas déterminer quelle valeur et quelle étendue ils pouvaient
avoir : « Nous n'avons pu définir quels sont les droits de
« l'Egypte et nous avons inséré des réserves en termes
« généraux » (2).

Inutile de dire que la Turquie, qui est un Etat faible, dut
se contenter des explications de l'Angleterre.

Il n'en fut pas de même de l'Allemagne. La clause concernant la cession de la bande de terre, dont nous avons
plus haut parlé, lui parut inquiétante. Si elle laissait faire,
sa colonie de l'Afrique orientale se trouvait prise de toutes
parts, englobée en terre anglaise — la mer n'est-elle pas
aussi le domaine de l'Angleterre — ; aussi protesta-t-elle à
son tour, et elle obtint du cabinet de Londres sa renonciation à cet avantage si ardemment convoité. Sir E. Grey
déclara, le 25 juin 1894 aux Communes, que l'article 3 de la
convention était abrogé.

On continuait à croire toutefois à Londres que le traité

(1) *Archiv. dipl*, 1894, II, p. 179.

(2) Discussion au Parlement anglais, citée *in-extenso* dans le discours
de M. F. Deloncle à la Chambre des Députés, le 7 juin 1894, *Journal
officiel*, 8 juin.

du 12 mai demeurait d'une importance considérable, comme constituant un titre de propriété du Soudan égyptien. C'était ce point qui tout spécialement avait intéressé la France, et qu'elle ne pouvait admettre. Elle aussi avait donc énergiquement protesté, et M. Hanotaux, alors Ministre des Affaires étrangères, avait indiqué, d'une façon très nette, à la séance du 7 juin (1) de la Chambre des Députés, quelle était, en cette affaire, la thèse de la France :

L'Etat indépendant du Congo est une création des puissances, qui lui ont donné des limites déterminées qu'il ne peut dépasser ; à cette condition seulement, sa neutralité a été reconnue ; il ne lui est donc pas permis d'élargir ses frontières. Cela est d'autant moins admissible, qu'en l'espèce le Congo s'adjoint des territoires qui n'appartiennent pas au cédant, mais qui, en vertu du droit de conquête, affirmé dans de nombreux firmans, font partie intégrante de l'Empire Ottoman. L'Angleterre n'a aucun droit sur ce pays, elle ne peut donc en transmettre aucun au Congo. Si la France agit ici, c'est parce qu'elle est garante, d'après les traités du 30 mars 1856, du 13 mars 1871 et du 13 juillet 1878, de l'intégrité de l'Empire Ottoman ; et son meilleur argument contre l'Angleterre, c'est que celle-ci, qui doit la même garantie, est mal venue à évincer celui dont elle doit protéger la possession paisible. Quant à la cession de la partie orientale du territoire congolais, elle est inadmissible, car en semblable occurrence et d'après le traité du 23 avril 1884, la France a un droit de préemption (2).

Telle avait été l'argumentation de M. Hanotaux : il avait ajouté que, aussi bien à Londres qu'à Bruxelles, ses réclamations avaient été peu écoutées, mais que l'Angleterre venait de faire savoir qu'elle était disposée à discuter

(1) *Journal officiel*. Débats parlementaires, Chambre, 8 juin 1894.

(2) Convention conclue par l'échange de deux lettres entre Jules Ferry et le Président de l'Association internationale du Congo, et renouvelée par lettre, du 22 avril 1887, de l'Administrateur des Affaires étrangères de l'Etat indépendant du Congo. V. les textes dans Martens, *Nouv. Rec. génér. de Traités*, 2e série, XX, pp. 684 à 686.

les objections venues de Paris et à examiner, d'accord avec nous, toutes les questions pendantes de l'Afrique centrale et occidentale.

A Londres, on se montra fort irrité de l'opposition de la France. On rappela que les droits de la Porte étaient réservés dans l'acte du 12 mai. Et quant à la garantie, le comte de Kimberley écrivait à son Ambassadeur à Paris, le marquis de Dufferin, le 14 août 1894 : « En parlant de « garanties pour l'intégrité de l'Empire Ottoman, contenues « dans le traité de Paris de 1856, le Ministre français des « Affaires étrangères paraît n'avoir pas tenu compte de ce « fait, qu'elles ne peuvent être regardées que comme « s'appliquant aux territoires appartenant, à cette époque, « à l'Empire Ottoman. La Porte a demandé que Tunis y « fût compris, comme faisant partie à ce moment, des « Etats soumis au Sultan ; mais ces garanties ne peuvent « pas être considérées comme s'appliquant, dans l'intention « des parties, aux provinces équatoriales de l'Egypte, qui « n'ont été acquises que plusieurs années après.

« Les traités de Londres et de Berlin de 1871 et de 1878 « contiennent chacun un article confirmant toutes les « stipulations du traité de 1856, qui n'ont pas été annulées « ou modifiées par ces derniers traités ; mais il n'y a rien, « dans ces actes, qui puisse faire penser que ces garanties « doivent s'étendre aux provinces acquises par la Turquie « ou l'Egypte postérieurement à 1856 ».

Ainsi l'Angleterre soutenait qu'elle avait le droit de s'installer, sans léser personne, dans l'Equatoria; tandis qu'elle insinuait que nous avions occupé la Tunisie en violation des droits de la Porte et de nos promesses de 1856. Nous verrons plus loin ce qu'il faut penser de cette double thèse, au point de vue juridique (1).

D'ailleurs, le même jour où lord Kimberley écrivait la dépêche ci-dessus, la France signait, avec l'Etat indépendant du Congo, la convention du 14 août 1894 (2), par

---

(1) Voir infra, chap. VIII.

(2) Le 5 février 1895, les deux Etats ont signé une seconde convention aux termes de laquelle la France renonce en faveur de la Belgique à

laquelle ce dernier renonçait à presque tous les avantages du traité du 12 mai. S'il est vrai que dans l'acte du 14 août, il ne fut pas parlé de ce qui concernait l'Equatoria, du moins la frontière nord du Congo fut nettement limitée de manière à laisser en dehors d'elle tout le Bahr-el-Ghazal et Fachoda, en sorte que tout le bénéfice que l'Angleterre avait pensé retirer de sa convention avec l'Etat indépendant se trouvait anéanti.

C'était le premier échec subi par le cabinet de Londres dans ses combinaisons politiques relatives au Haut-Nil. Il était cruel, d'abord parce qu'il venait en partie de la France, et ensuite parce qu'il rendait à peu près inutile tout ce qui avait été fait jusque-là. Les savantes conceptions, les discussions habiles, les négociations laborieuses, qui avaient amené les traités avec l'Allemagne, l'Italie et le Congo, qui avaient fait renoncer le Khédive à défendre le Soudan et Emin à se maintenir dans l'Equatoria, dont les fruits avaient semblé à l'Angleterre être presque mûrs pour elle et sur le point d'être cueillis, tout cela avait été vain.

Depuis des années, on avait pensé à Londres à établir la domination anglaise dans le Soudan, et à en écarter la France ; même ceci tenait beaucoup plus à cœur que cela à tout bon Anglais ; et au moment où le but paraissait atteint, c'était la France qui intervenait, déjouait tous les plans de sa rivale, et niait ses prétendus droits, et repoussait son argumentation habilement édifiée mais bâtie sur le sable, et déchirait le traité du 12 mai, source de tant d'espoirs. Il est bon d'admettre que de longtemps on ne nous pardonnera pas à Londres ce qu'on a appelé notre mauvais vouloir en cette affaire.

Des pourparlers s'ouvrirent cependant entre les deux pays. M. Hanotaux eût voulu que chacun des deux Etats

son droit de préemption pour le cas de cession de territoires du Congo, mais en conservant ce droit lors de toute cession que pourrait ensuite faire la Belgique. Il s'agit de cessions à titre onéreux, l'Etat du Congo s'interdisant toute cession à titre gratuit. Martens, *Nouv. Rec. génér. de Traités*, 2ᵉ série, XX, p. 698.

s'engageât à s'arrêter dans sa marche vers le Nil, et à limiter ses possessions dans cette direction, au point où à ce moment chacun en était arrivé. L'Angleterre refusa : elle voulait écarter la France du bassin du Nil, mais conserver le droit de s'y établir : les pourparlers se poursuivirent.

Toutes les protestations de la France devaient d'ailleurs rester vaines, en présence de l'âpre ambition et de la ténacité rapace de la Grande-Bretagne.

CHAPITRE VI

Le Soudan égyptien. — Les affaires du Haut-Nil et du Bahr-el-Ghazal. 1895-1899

SOMMAIRE. — *Politique de l'Angleterre et de la France : discours Grey aux Communes, du 28 mars 1895 ; discours Hanotaux au Sénat, du 5 avril 1895. — Envoi vers le Nil de la mission Liotard : septembre 1894. — L'Angleterre entreprend une campagne contre les Derviches : mars 1896. — On l'empêche de se servir pour cela du fonds de réserve de la Caisse de la dette (arrêt de la cour d'Alexandrie, 2 décembre 1896). — La mission Marchand : 26 juin 1896. — Débats aux Parlements anglais et français : février 1897. — La mission Marchand arrive dans le Bahr-el-Ghazal : novembre 1897. Echange de vues entre M. Hanotaux et sir Monson. — Marchand arrive à Fachoda : 10 juillet 1898. — Le sirdar Kitchener bat les Derviches à Ondurman et prend Karthoum : septembre 1898. — Pourparlers entre M. Delcassé et lord Salisbury ; pour exclure la France du Haut-Nil, l'Angleterre invoque un droit de conquête. — La France renonce à se maintenir à Fachoda. La mission Marchand rentre en France. — Traité anglo-égyptien du 19 janvier 1899 établissant dans le Soudan nilotique un condominium anglo-égyptien.*

L'Angleterre n'avait pu arriver à ses fins par la diplomatie ; bien résolue à se maintenir en maîtresse dans la vallée du Nil, elle paya d'audace et déclara hautement ses intentions.

Le 28 mars 1895, aux Communes, sir Edward Grey, Sous-Secrétaire d'Etat aux affaires étrangères, affirma les droits de l'Angleterre :

« Une des conséquences de la cession à bail, consentie par
« l'Angleterre à l'Etat du Congo, de certains territoires dans
« la vallée du Nil, c'est d'impliquer, de la part du Congo, la
« reconnaissance du fait que ces territoires se trouvent
« dans la sphère d'influence britannique. Il n'y a pas à
« méconnaître l'importance de la question de la position de
« l'Angleterre dans le bassin supérieur du Nil. Les conven-
« tions signées avec l'Allemagne et avec l'Italie, en 1890 et
« 1891, reconnaissent que la vallée du Nil est dans la sphère
« de l'influence britannique. Ces conventions existent
« depuis cinq ans à la face du monde entier, et quoique à
« l'exception des parties contractantes, les autres puissan-
« ces n'aient pas reconnu nos titres, ces conventions ont
« été bien connues de tous et n'ont été contestées par per-
« sonne.

« De plus, l'Egypte a sur les territoires en question des
« droits que l'Angleterre reconnaît et que la France ne con-
« teste pas. Il n'y a aucun doute que les titres de l'Angle-
« terre et de l'Egypte réunis ne s'appliquent à la totalité de
« la vallée du Nil.

« On me demande s'il est vrai que, dans ces circonstan-
« ces, la France envoie une expédition qui pénétrerait dans
« le bassin du Nil par l'ouest. Le Ministre des Affaires
« étrangères n'a aucune raison de supposer que la France
« ait le moins du monde l'intention de pénétrer dans le
« bassin du Nil.

« D'ailleurs, étant donnés les titres de l'Angleterre et de
« l'Egypte sur le bassin du Nil, titres bien connus du gou-
« vernement français, je ne puis pas croire que les bruits
« que l'on fait courir méritent la moindre créance. Un
« pareil mouvement, de la part de la France, serait en effet
« un acte antiamical, et le gouvernement français sait fort
« bien que c'est ainsi que nous l'interpréterions » (1).

L'Angleterre admettait donc que, soit à titre personnel,
soit au nom de l'Egypte, elle avait le droit de s'établir dans
le bassin du Haut-Nil ; elle n'en discutait pas, mais signi-

(1) *Archiv. dipl.*, 1898, III, p. 40.

fiait à la France, sur un ton menaçant et agressif, une interdiction de venir à côté d'elle dans ces parages.

M. Hanotaux, interpellé à ce sujet au Sénat, le 5 avril 1895 (1), releva ce qu'il y ayait d'étrange dans cette brusque sortie de sir E. Grey. Il rappela que la diplomatie poursuivait son œuvre, et s'étonna qu'on n'ait tenu à Londres aucun compte de ce fait important. Puis il combattit la thèse anglaise :

« Les Egyptiens, qui ont occupé pendant assez longtemps
« ce vaste domaine (le Haut-Nil), se sont repliés vers le
« nord ; Emin-Pacha a dû lui-même abandonner la place.
« Les droits du Khédive, seuls, planent encore sur ces
« régions du Soudan et de l'Afrique équatoriale.

« Cependant en 1890, l'Angleterre se partageant avec
« l'Allemagne les Etats du Sultan de Zanzibar, procédait,
« dans l'arrangement qui consacrait ce partage, à une de
« ces annexions sur le papier, qu'une diplomatie persévé-
« rante cultive ensuite comme des germes de réclamations
« et de titres pour l'avenir. L'Allemagne, n'ayant d'ail-
« leurs aucun droit, ni aucune revendication à exercer
« dans ces régions, donnait son assentiment à une préten-
« tion qui ne la gênait guère. La France donna son adhé-
« sion, uniquement à certains articles concernant Zan-
« zibar, par la convention du 5 août 1890 ; par ce fait, elle
« réservait son assentiment, en ce qui concerne les autres. »

Quant à la convention du 12 mai 1894, déclara M. Hanotaux, « si elle avait été suivie d'effet, elle eût pu, selon la
« remarque de sir E. Grey, créer à la rigueur une sorte
« d'argument nouveau en faveur des prétentions de l'An-
« gleterre. Mais ici encore, la France est intervenue ; je n'ai
« pas à rappeler dans quelles conditions l'arrangement du
« 14 août a succédé à celui du 12 mai 1894 : le Congo belge
« renonçait au bail qui lui était attribué, et la France faisait
« reconnaître ses droits sur le bassin du Haut-Oubangui.
« C'est alors que l'Angleterre crut devoir poser de nouveau
« la question de sa sphère d'influence dans le Haut-

---

(1) *Journal officiel*, Débats parlementaires, Sénat, 6 avril 1895, p. 388.

« Nil, telle qu'elle était inscrite dans la convention de 1890.
« Pour la première fois, on demandait nettement à la
« France son assentiment. »

Les négociations ouvertes à ce sujet, ajoutait notre Ministre des Affaires étrangères, n'ont pas encore abouti. « Quoi
« qu'il en soit, la position prise par la France est la sui-
« vante : les régions dont il s'agit sont sous la haute sou-
« veraineté du Sultan ; elles ont un maître légitime, c'est
« le Khédive. » Pour nous, nous avons dit à l'Angleterre :
« Vous réunissez, dans une seule phrase, la sphère d'in-
« fluence de l'Egypte et la sphère d'influence de l'Angle-
« terre. Dites-nous alors où s'arrête l'Egypte, où commen-
« ce cette sphère que vous réclamez ». L'Angleterre n'a pas
encore répondu.

Et M. Hanotaux terminait ainsi cet important discours
ferme et digne par la forme et très juridiquement conçu :
« Quand l'heure sera venue de fixer les destinées de ces
« contrées lointaines, je suis de ceux qui pensent qu'en
« assurant le respect des droits du Sultan et du Khédive, en
« réservant à chacun ce qui lui appartiendra selon ses
« œuvres, deux grandes nations sauront trouver les formu-
« les propres à concilier leurs intérêts et à satisfaire leurs
« communes aspirations vers la civilisation et le progrès ».

En 1895 donc, la France, pour écarter l'Angleterre de la
vallée du Nil, lui opposait les droits du Sultan et du Khédive. L'Angleterre, sans vouloir déterminer la mesure de
ces droits et les limites territoriales dans lesquelles ils
s'exerçaient (1), n'osait toutefois les nier nettement, et réser-

_____

(1) V. supra, p. 251, la réponse évasive faite à ce sujet par sir J. Fergusson à M. Labouchère, dans la séance des Communes du 2 mars 1891.
— Le 1er juin 1894, aux Communes, MM. Labouchère et Chamberlain
interrogent sir E. Grey sur le traité anglo-congolais du 12 mai et sur
les droits de l'Egypte. Le Sous-Secrétaire d'Etat répond : « Dans l'ar-
« rangement passé avec le Congo nous avons spécialement réservé
« tous droits de ce genre ». Pressé de questions, il ne répond que par
des phrases analogues et aussi peu claires : « Dans cet arrangement,
« nous n'avons pu définir quels sont les droits de l'Egypte, et nous
« avons inséré des réserves en termes généraux ». Cette discussion est
tout entière citée par M. F. Deloncle dans son discours du 7 juin 1894.
V. *Journal officiel,* documents parlementaires, Chambre, 8 juin 1894.

vait par habileté, non par justice, ce qu'elle appelait les prétentions de l'Egypte.

Ces réserves n'avaient d'autre but que d'écarter les objections de la Porte et des puissances : elles assuraient le présent ; quant à l'avenir il restait pour l'Angleterre plein de grands espoirs ; puisqu'elle n'avait pas défini le point où s'arrêtait la sphère d'influence égyptienne, elle restait libre, le moment venu, de déclarer que dans sa pensée cette sphère se réduisait à une étendue restreinte de territoires, et même à néant. Elle n'était donc pas liée par ses réserves, et pouvait s'établir en paix.

Disons que la France était sincère et que l'Angleterre ne l'était pas ; la première, considérant son intérêt personnel et l'intérêt général, voulait arrêter l'autre dans ses projets sur le Haut-Nil, et pour cela elle lui opposait des arguments basés sur le droit et les traités ; la seconde, en feignant de vouloir respecter, en ces affaires, le principe de justice, était bien décidée à le violer pour atteindre son but.

On a dit que les deux Etats changèrent dans la suite toute leur argumentation pour se gêner mutuellement dans ces difficultés du Haut-Nil, et que, pour les besoins du moment, chacun d'eux prit pour son compte la thèse soutenue d'abord puis abandonnée par l'autre. Ceci est vrai pour l'Angleterre, mais inexact en ce qui concerne la France.

En septembre 1894, quand il était apparu bien nettement que l'Angleterre était décidée à s'emparer pour son compte du bassin du Haut-Nil, M. Delcassé avait fait partir du Congo la mission Liotard, chargée de rechercher un débouché à nos possessions du Soudan, vers le Nil. Cette décision, qui avait provoqué le discours de sir Grey du 28 mars 1895, causa à Londres la plus vive irritation ; on s'appliqua à mettre en relief notre inconséquence, le décousu de notre politique, l'âpreté de notre ambition ; quelques mois plus tôt nous proclamions les droits de l'Egypte sur le Haut-Nil, et voici qu'à notre tour nous nous apprêtions à les violer.

Ces critiques n'étaient justes qu'en apparence. Fallait-il

laisser l'Angleterre s'établir définitivement dans le Soudan égyptien ? Puisqu'elle ne tenait pas compte des avertissements et des réserves, et qu'elle continuait son œuvre, devait on s'incliner devant le fait qui s'accomplissait, et suffisait-il à la conscience française d'assister impassible à ce spectacle, en se contentant d'évoquer de-ci, de-là, les droits de l'Egypte ? Nous ne le pensons pas.

Le moment était venu pour la France d'agir, ou de renoncer à sa politique dans l'Afrique orientale : elle ne pouvait guère choisir que le premier parti. Les décisions prises à Paris furent les bonnes : la grande faute parut être de n'avoir pas songé en même temps à préparer des escadres. En réalité, les responsabilités étaient plus lointaines et plus complexes ; nous avons eu le tort de vouloir mener de front une politique continentale et une politique coloniale, d'entreprendre, en voulant être forts sur terre et sur mer, une tâche trop lourde et nous en avons pâti.

Quoi qu'il en soit, en envoyant M. Liotard vers le Nil, le gouvernement français n'avait d'autre but que d'arrêter l'Angleterre, de prendre pied dans le Haut-Nil, en attendant le règlement de la question d'Egypte elle-même, et en comptant bien, à toute réclamation du cabinet de Londres, pouvoir répondre par un argument *ad hominem*, sans entrer dans plus de détails : « Vous prétendez que le bassin du Haut-Nil « est un territoire sans maître, susceptible d'occupation : « eh bien ! nous nous y installons ». Ceci n'est pas de la mauvaise foi, ce n'est pas d'avantage un changement de manière de voir ; c'est ce procédé de discussion excellent, qui consiste à retourner contre l'adversaire, pour le confondre, ses propres arguments qui le condamnent.

Toute la politique de la France en Egypte, depuis 1883, a consisté, non à y rechercher des avantages territoriaux, mais à préparer le règlement de la question d'Egypte par l'éloignement de l'Angleterre, et la remise du pays aux mains du Khédive, sous la suzeraineté du Sultan.

Dès qu'on connut à Londres l'envoi de la mission Liotard, l'inquiétude, ainsi que nous l'avons dit, y fut grande. C'était, aux yeux de l'Angleterre, la France s'installant dans le bassin du Haut-Nil, au même titre qu'elle, avec des droits identiques, par conséquent sans qu'on pût la repousser autrement que par la force. Aussi changea-t-on immédiatement de tactique : on se rappela à nouveau les droits du Khédive et de la Porte, et en renonçant à toute conquête par le sud, on se mit en devoir de recouvrer le Soudan par le nord, au nom du Souverain légitime. Et cela d'autant mieux, qu'après Adoua, le négus d'Abyssinie, Ménélick, victorieux et débarrassé de l'Italie, eût pu désirer s'étendre vers l'ouest en excipant de la thèse jusque là si chère à la Grande-Bretagne : « Bassin du Haut-Nil, *res nullius*, « appartient au premier occupant ».

Jamais peut être le Soudan n'avait été si paisible, ni si bien assurée la frontière d'Ouadi-Halfa que l'Angleterre avait elle-même fixée à l'Egypte. Néanmoins on s'avisa à Londres que les Derviches devenaient menaçants, et qu'une expédition contre eux s'imposait, et on décida qu'on pourrait s'avancer jusqu'à Dongola.

Remarquons que cette décision avait encore un avantage, c'était de prolonger l'occupation anglaise en dépit des promesses faites ; à tout opposant on pourrait répondre que, puisqu'il y avait danger, la mission du sauveur n'était pas terminée, et que son devoir était de rester encore. M. Balfour, premier lord de la Trésorerie, l'expliqua nettement à la séance des Communes du 16 mars 1896 : « Aucune puis- « sance, si elle désire sincèrement la prospérité de l'Egypte « et des Egyptiens, ne peut soulever la moindre objection « aux mesures prises par le gouvernement anglais » (1).

Peut-être trouva-t-on, dans les chancelleries, des objections à faire, mais on ne les fit pas. Il n'en fut pas de même toutefois quand il apparut que l'Angleterre entendait faire payer les frais de l'expédition, non point par l'Egypte, mais par les créanciers de celle-ci. Que le gouvernement du Khédive consentît, par force d'ailleurs, à dépenser ses ressources dans l'intérêt de l'Angleterre, cela pouvait être admis ; ce qui ne pouvait l'être, c'était qu'il se servit pour cela des

(1) *Archiv. dipl.*, 1896, II, p. 98.

fonds affectés à la garantie de la dette, en sorte qu'une expédition anglaise eût été faite aux frais des tiers et spécialement des Français : cruelle ironie ! Cela on ne le permit pas.

Le 19 mars 1896, le gouvernement égyptien, sur l'invitation du cabinet de Londres, demanda à la Commission de la Dette l'autorisation de prélever, sur le fonds de réserve général, 500,000 livres sterling, pour l'expédition du Soudan. Le lendemain, M. Curzon, parlant aux Communes (1) sur la question, expliquait qu'il y a deux fonds de réserve égyptiens, dont le plus important est tiré de la conversion de la dette et pour la dépense duquel le consentement unanime des puissances est nécessaire, tandis que l'autre, moins considérable, se montant à deux millions 1/2, peut être employé sur simple décision conforme de la majorité des commissaires de la Caisse. Il ajoutait que, sur ce second fonds, devaient être prélevés les frais de l'expédition du Soudan, qu'une demande en ce sens avait été faite, et que la chose était absolument légale d'après le décret du 12 juillet 1888 (2).

La Commission de la Dette se réunit le 26 mars pour examiner la demande du Khédive, contre laquelle MM. Louis et Yonine, commissaires français et russe, protestèrent avec énergie, la mesure leur paraissant mauvaise en elle-même comme de nature à rendre pire la situation financière de l'Egypte déjà peu brillante.

En droit, ils arguèrent de ce que l'article 3 du décret du 12 juillet 1888 ne saurait viser les dépenses pour opérations militaires, chose à laquelle les puissances

(1) *Archiv. dipl.*, 1896, II, p. 102.

(2) Le décret du 12 juillet 1888 a créé « le fonds de réserve général ». La raison d'être de ce fonds est d'assurer le service annuel de la dette en cas d'insuffisance des revenus affectés, de venir augmenter les ressources du budget en cas d'insuffisance des revenus non affectés et de l'excédent des revenus engagés ; enfin de servir à des dépenses budgétaires extraordinaires, mais avec l'autorisation spéciale de la Commission de la dette. — V. Nicolas Politis : « La Caisse de la dette égyptienne ; ses pouvoirs ; sa responsabilité ». *Revue génér. de droit intern. publ.*, 1896, p. 250.

n'avaient certainement pas voulu donner leur adhésion ; et, même en admettant ce point, dirent-ils, le gouvernement était encore en faute pour avoir engagé des dépenses extraordinaires sans l'avis préalable de la Commission et des puissances : « Même s'il s'agissait d'une dépense que « la Commission peut autoriser, les conditions dans les-« quelles la demande est présentée constitueraient une « infraction à la loi. Non moins grave est le fait d'avoir « engagé, sans l'assentiment des puissances, une dépense « qui ne peut être autorisée que par elles..... Ce n'est pas « à la Caisse de la Dette, c'est aux puissances, qu'il appar-« tient d'apprécier' si l'affectation d'une partie du fonds de « réserve à des opérations militaires dans le Soudan peut « être justifiée. Le gouvernement anglais l'a compris, car « il a communiqué aux puissances la demande de cré-« dits » (1).

Et les deux Commissaires, après avoir reproché au gouvernement d'avoir agi sans attendre le résultat de sa demande, conclurent que la Commission ne pouvait valablement délibérer sur la question. Les Commissaires anglais, allemand, autrichien et italien, en pensèrent d'ailleurs différemment, et 200.000 livres furent remises de suite au gouvernement égyptien.

Aussitôt, MM. Louis et Yonine protestèrent, par lettre au Ministre des finances d'Egypte, contre l'illégalité de cette décision ; en même temps ils assignèrent, devant le tribunal mixte du Caire, le gouvernement égyptien, en restitution, et solidairement avec lui les quatre autres Commissaires ; de leur côté des banquiers français, porteurs de titres égyptiens de la dette unifiée, firent de même au nom des créanciers, ainsi que M. Bouteron, Commissaire des Domaines, au nom des porteurs de titres de l'emprunt domanial.

Les défenseurs invoquèrent l'article 11 du règlement d'organisation judiciaire, d'après lequel les tribunaux mixtes ne peuvent ni arrêter, ni interpréter une mesure administrative. Selon eux, le gouvernement égyptien et la Caisse

(1) *Archiv. dipl.*, 1896, I, p. 324.

de la Dette avaient agi « comme pouvoir souverain préposé
à la gestion des intérêts généraux de l'Etat », et ils conclurent à l'incompétence.

Les différentes instances furent jointes, et le 8 juin
1896 (1), le tribunal du Caire retint l'affaire, déclara les
demandes recevables, et condamna par défaut le gouvernement égyptien et les quatre commissaires responsables,
au remboursement des 350.000 livres (2) versées, avec intérêt à 5 p. °/₀ du jour de la remise des fonds.

Le tribunal s'était basé sur ce que, en vertu de l'article 4
du décret du 2 mai 1876 et de l'article 38 de la loi de liquidation, les Commissaires de la Dette représentent les porteurs de titres, et ont qualité pour poursuivre le gouvernement égyptien devant les tribunaux mixtes en exécution de ses engagements ; et d'autre part, sur ce que, en
vertu de la loi de liquidation, « tous les fonds qui doivent
« servir à l'amortissement sont, dès le moment où ils en-
« trent à la Caisse de la Dette, destinés exclusivement à
« la garantie des porteurs de titres, pour l'exécution
« des engagements pris vis-à-vis d'eux, et que cette des-
« tination ne peut être modifiée que par une nouvelle
« loi » (3).

Les commissaires de la Dette devaient, aux termes même
du jugement, retenir et verser au fonds de réserve, jusqu'à
due concurrence, toutes les sommes qu'ils avaient ou
auraient en mains et appartenant au gouvernement égyptien. Ce dernier était condamné à tous les dépens.

La Cour d'Alexandrie confirma le jugement le 2 décembre
1896; elle ne déclara toutefois recevable que la demande de
MM. Louis et Yonine (4). Les condamnés durent se soumettre;
les sommes indûment perçues furent remises à la Caisse de
la Dette, et c'est avec de l'argent anglais, gracieusement
donné par l'Angleterre (5), que l'expédition se fit. On com-

(1) Texte du jugement : *Archiv. dipl.*, 1896, II, p. 332.
(2) La Caisse avait versé 200,000 livres le 21 mars, et 150,000 le 11 avril.
(3) Texte du jugement.
(4) Texte de l'arrêt. *Archiv. dipl.*, 1896, IV, p. 298.
(5) Le 1er février 1897, le gouvernement anglais offrit au Khédive de

prend que de ce jour on ait juré à Londres la perte des tribunaux mixtes.

L'annonce de l'expédition anglaise causa à Paris la même surexcitation qu'avait amenée à Londres l'envoi de la mission Liotard. Le capitaine Marchand, homme doué d'une grande énergie, désireux, tout en rendant service à son pays, d'illustrer son nom par un de ces courageux exploits chers à tout Français, avait demandé à diriger une expédition militaire vers le Haut-Nil. L'attitude de l'Angleterre décida du sort de sa demande : il fut chargé d'une mission officielle, et il quitta la France le 26 juin 1896.

Cependant, l'armée anglo-égyptienne s'avançait avec succès vers le sud, et bientôt toute la province de Dongola était reconquise. L'Angleterre hâtait du reste d'autant plus ses opérations qu'elle craignait davantage d'être devancée par la France. En même temps, par la voix du Chancelier de l'Echiquier sir Michael Hicks-Beack, déchirant tout les voiles, elle montrait nettement son intention de s'établir en Egypte à titre définitif sans tenir compte de la volonté de l'Europe.

Le 8 février 1897, M. F. Deloncle résumait ainsi, à la Chambre des Députés, en posant une question au Ministre des Affaires étrangères, le discours prononcé à la Chambre des Communes, le 5 du même mois :

« Le Chancelier de l'Echiquier a proclamé que seule « l'Angleterre était après tout responsable de la sécurité de « l'Egypte, et qu'aucune autre puissance ne partageait avec « elle sa responsabilité. Puis désavouant les engagements « solennels, sacrés, d'évacuer l'Egypte, le Chancelier a « annoncé que le fait de l'avance de 20 millions de francs au « gouvernement égyptien était de nature à prolonger l'oc- « cupation. Enfin, après avoir qualifié d'absurde l'arrêt de

---

lui avancer à 2 1/2 p. 0/0 une somme de 25 millions ; le Khédive accepta cette offre en partie. C'était une violation très nette des conventions passées avec les puissances, car il s'agissait en somme, en l'espèce, d'un véritable emprunt. Aussi le Parlement anglais, en juin 1898, décida-t-il que la somme prêtée ne serait pas réclamée. C'était en définitive, pour l'Angleterre, une nouvelle raison de rester en Egypte et un moyen d'y augmenter son influence.

« la Cour d'Alexandrie, le Chancelier de l'Echiquier a pris
« directement à partie la justice internationale des tribu-
« naux mixtes en Egypte, et a annoncé que l'an prochain,
« quand il s'agirait de reconsidérer leur constitution et
« leurs pouvoirs, le gouvernement anglais soulèverait la
« question de réduire ces pouvoirs et cette autorité, pour
« les empêcher d'intervenir plus longtemps dans la défense
« des intérêts de l'Europe et des libertés de l'Egypte » (1).

Le débat fournit à M. Hanotaux l'occasion de définir
nettement la politique de la France. Il rappela avoir protesté
le 2 février au Caire contre le fait, de la part de l'Egypte,
d'accepter des avances de l'Angleterre, et par suite de
s'endetter sans l'avis nécessaire des puissances (2) ; il
déclara que les paroles prononcées à Londres n'engageaient
que celui qui les avait dites, sans pouvoir trancher en
aucune façon un litige international ; et il conclut :

« Il faut que l'on sache bien, que, quelles que soient les
« déclarations nouvelles apportées dans le débat, rien n'est
« changé dans la situation internationale, rien ne changera
« dans notre résolution, d'autant plus ferme qu'elle est
« plus mesurée, de ne consentir aucune atteinte aux droits
« fondés sur des actes publics, sur des promesses réitérées,
« sur l'intérêt bien entendu de l'Egypte elle-même, et, par
« dessus tout, sur l'accord des puissances établi par des
« actes internationaux, dont l'autorité plane au-dessus de
« tout le débat et auxquels il ne peut être question de
« déroger » (3).

Le capitaine Marchand, parti de Brazzaville le 1er mars
1897, arriva en novembre de la même année dans le bassin
du Bahr-el-Ghazal. Sir E. Monson, Ambassadeur d'Angleterre à Paris, fut chargé aussitôt de protester au nom de
son gouvernement :

(1) *Journal officiel* du 9 février 1897. Débats parlementaires, Chambre,
p. 295.

(2) La Russie a également protesté. *Revue politique et parlementaire*,
XI, p. 709.

(3) *Journal officiel*, du 9 févier 1897. Débats parlementaires, Chambre,
p. 296.

« Il doit être bien entendu, écrivait-il à M. Hanotaux le
« 10 décembre 1897, que le gouvernement de Sa Majesté
« n'admet pas qu'aucune puissance européenne, autre que
« la Grande-Bretagne, ait aucun droit d'occuper une partie
« quelconque de la vallée du Nil. Les vues du gouvernement
« anglais à cet égard ont été nettement exposées, il y a
« quelques années, au Parlement, par sir E. Grey, sous
« l'administration de lord Rosebery, et à cette époque elles
« ont été officiellement communiquées au gouvernement
« français. Le gouvernement actuel de Sa Majesté adhère
« complètement aux déclarations faites par ses prédéces-
« seurs » (1).

M. Hanotaux riposta en déclarant à sir Monson, que la
France n'avait jamais partagé cette manière de voir, et qu'on
ne pouvait la lui imposer : « En tout cas, ajouta-t-il, le
« gouvernement français ne saurait, en la circonstance
« présente, se dispenser de reproduire les réserves qu'il n'a
« jamais manqué d'exprimer toutes les fois que les ques-
« tions afférentes à la vallée du Nil ont pu être mises en cause.

« C'est ainsi notamment, que les déclarations de sir
« Edward Grey, auxquelles vient de se reporter le gouver-
« nement britannique, ont motivé, de la part de notre
« représentant à Londres, une protestation immédiate,
« dont il a repris et développé les termes dans les entre-
« tiens ultérieurs qu'il a eus ensuite sur ce sujet au Foreign
« Office. J'ai eu moi-même occasion, au cours de la séance
« au Sénat du 5 avril 1895, de faire, au nom du gouverne-
« ment, des déclarations auxquelles je crois être d'autant
« plus fondé à me référer, qu'elles n'ont amené aucune
« réponse du gouvernement britannique » (2).

Après cette double déclaration, les deux gouvernements
attendirent ; la France pas plus que l'Angleterre ne don-
nèrent, à leurs envoyés dans le Haut-Nil, l'ordre de rétrogra-
der ni même de s'arrêter.

Le 10 juillet 1898, le capitaine Marchand arriva à Fachoda,

_____

(1) *Archiv. dipl.*, 1898, III, p. 23. — *Livre Jaune*, Affaires du Haut-Nil et
du Bahr-el-Ghazal, 1897-98, p. 2.

(2) *Livre Jaune*, Affaires du Haut-Nil et du Bahr-el-Ghazal, 1897-98, p. 3.

y planta le drapeau français et s'y fortifia. L'expédition anglaise défit complètement les Derviches à Ondurman, et s'empara de Karthoum dans les premiers jours de septembre. « L'acte antiamical » du discours Grey était chose accomplie, et la situation respective des deux Etats, dans la vallée du Haut-Nil, ne pouvait plus être réglée que par des pourparlers diplomatiques ou par la force des armes. Des deux côtés on pensa que la première voie était la meilleure.

L'Angleterre, par la pensée de lord Salisbury, présenta alors pour écarter la France une thèse nouvelle. Il ne fut plus question de s'établir sur des terres sans maître, ni de recouvrer des territoires restés égyptiens en droit, mais de succéder au Madhi. Pour être seule maîtresse dans le Haut-Nil, au lieu de l'occupation, ou d'un droit de propriété non prescrit, l'Angleterre invoqua le droit de conquête.

Sir Monson fut invité à déclarer à notre Ministre des affaires étrangères — M. Delcassé avait succédé à M. Hanotaux — qu'à la suite de la défaite des troupes madhistes, « tous les territoires qui étaient sous la dépendance du « Khalife étaient passés, par droit de conquête, sous la do-« mination des gouvernements anglais et égyptien » (1).

_____

(1) Salisbury à Monson, 9 septembre 1898, *Archiv. dipl.*, 1898, III. p. 26 *Livre Jaune*, p. 4. — A la Chambre des Lords, lord Salisbury, répondant à lord Kimberley, déclarait d'autre part : « Il n'y a rien, dans au-« cune des paroles dont nous nous sommes servis, qui justifie l'alléga-« tion que le Soudan est devenu possession de la Reine. Nous détenons « le domaine du Khalife à deux titres : d'abord comme ayant fait indu-« bitablement partie des possessions de l'Egypte que nous occupons « actuellement, et ensuite à un titre beaucoup moins compliqué, beau-« coup moins ancien et bien plus facile à comprendre, qu'on appelle le « droit des conquérants. Les territoires en question ont été conquis par « les troupes britanniques et égyptiennes. J'ai eu soin, dans la première « communication écrite que j'ai adressée au gouvernement français, de « baser notre titre sur le droit de conquête, parce que je crois que « c'est le plus utile, le plus simple et le plus salutaire des deux. Mais « j'ai rigoureusement répudié les conclusions qu'on pourrait être porté à « tirer de cela, à savoir que nous ayons l'intention de disputer les titres « de notre allié le Khédive, et de commettre quelque injustice à son « égard. Nous avons reconnu pleinement la position du Khédive ». — Cité dans la Chronique de M. Despagnet, *Revue génér. de droit intern. publ.*, 1899, p. 193 ; et dans l'article de M. Blanchard *L'Affaire de Fachoda et le droit international*, cod. loc., p. 403.

C'était évidemment pour l'Angleterre la façon la plus habile de s'éviter des difficultés, tout en se créant des droits, ou tout au moins une apparence de droit. Occuper le Soudan égyptien pour son propre compte eût été vraisemblablement impraticable à cause des dispositions de l'Europe ; le pacifier pour le compte de l'Egypte, c'était le réunir à nouveau à celle-ci sans obtenir plus de droit dans le Haut-Nil que dans le Delta, et s'exposer par suite à perdre le tout, au jour du règlement de la question. Au contraire, en faisant la conquête des provinces madhistes de concert avec l'Egypte, l'Angleterre devenait copropriétaire des territoires pris à l'ennemi, et pensait consolider ainsi singulièrement sa situation dans tout le pays.

Seulement, et en dehors de la question de droit, on pouvait répondre à l'Angleterre qu'elle poussait alors l'Egypte dans des guerres de magnificence, qu'elle outrepassait par conséquent sa mission, que sa tâche en Egypte était terminée, et que le moment de l'évacuation était arrivé.

Le 18 septembre, sir E. Monson (1) fit part à M. Delcassé de la thèse anglaise, et rappela le discours de sir E. Grey. Notre Ministre répondit « que la France n'avait « jamais reconnu la sphère d'influence anglaise dans la « région du Haut-Nil, et que M. Hanotaux avait même « ouvertement protesté à ce sujet au Sénat ». Sir Monson déclara alors que Fachoda était compris dans le territoire désigné comme dépendant du Khalifat, que par conséquent il relevait de l'Angleterre, et que le gouvernement de Sa Majesté ne consentirait aucun compromis sur ce point.

De longs pourparlers s'engagèrent entre les deux gouvernements. Pour discuter, M. Delcassé se plaça plutôt sur le terrain du fait que sur celui du droit pur ; il se borna à retourner contre l'Angleterre ses propres arguments, et il faut convenir que la chose ne manquait pas d'habileté. L'Angleterre avait parlé d'occuper, dans le bassin du Haut-Nil, des territoires sans maître ; la France prétendit qu'elle pouvait en faire de même, pour les mêmes raisons : en res-

(1) Monson à Salisbury, 18 septembre 1898, *Archiv. dipl.*, 1898, III, p. 29.

tant sur le terrain du fait, sans plus, elle pouvait combattre les prétentions de l'Angleterre.

« Au cours de la conversation, écrivait M. Delcassé à M.
« Geoffray, Ministre de France à Londres, au sujet d'une
« entrevue avec l'Ambassadeur d'Angleterre, sir Monson
« ayant été amené à faire allusion à la théorie d'après la-
« quelle tous les territoires du Haut-Nil doivent être consi-
« dérés comme n'ayant pas cessé d'être égyptiens, je n'ai
« pas manqué de revenir sur les considérations de fait
« que nous sommes en mesure de faire valoir dans l'espè-
« ce ; j'ai rappelé notamment que, même à admettre la
« déclaration de lord Salisbury à cet égard, on ne pouvait
« perdre de vue que l'Etat du Congo s'était étendu jusqu'à
« Lado, et que les Anglais eux-mêmes n'avaient pas hésité
« à conquérir la province équatoriale dans les conditions
« que l'on sait » (1).

L'Angleterre avait occupé la région des lacs qui cependant avait relevé de l'Egypte, et elle continuait à y demeurer ; la France ne pouvait admettre qu'on lui niât les mêmes droits dans le Bahr-el-Ghazal, droits opposables d'ailleurs à la seule Angleterre, mais non au Khédive et au Sultan.

Cependant, on avait reçu en Europe des nouvelles précises de Marchand. Le 19 septembre 1898, le Sirdar Kitchener, commandant en chef anglais des troupes égyptiennes, était parvenu à Fachoda et y avait rencontré le capitaine français, avec ses huit officiers et ses 120 soldats soudanais (2). L'entrevue avait été cordiale : le capitaine Marchand avait déclaré que ses instructions l'invitaient à occuper le Bahr-el-Ghazal et le pays des Schilloucks jusques à Fachoda, prétention contre laquelle le Sirdar avait énergiquement protesté, refusant à la France tout droit de s'approcher de la vallée du Nil. Finalement, le drapeau égyptien avait été déployé à côté du drapeau français, et une garde égyptienne avait été laissée.

(1) Delcassé à Geoffray, 28 septembre 1898, *Livre Jaune*, p. 11.

(2) Lefèvre-Pontalis, Consul au Caire, à Delcassé, 26 septembre 1898, *Livre Jaune*, p. 8.

Parti pour le sud, le Général anglais avait déclaré au retour, à M. Marchand, que tout le pays était sous son autorité militaire, et que par conséquent tout transport de matériel de guerre sur le fleuve était interdit.

Le Sirdar eut d'ailleurs l'occasion de dire que le chef de la tribu des Schilloucks niait avoir conclu un traité avec les Français, et que, si la défaite des Madhistes à Ondurman avait eu lieu quinze jours plus tard, l'expédition française eût été totalement anéantie (1).

M. Delcassé fit transmettre ses instructions à M. Marchand, par la voie du Nil et par l'entremise des autorités anglo-égyptiennes, et les pourparlers continuèrent. Notre Ministre des affaires étrangères, chargé d'aplanir des difficultés presque inextricables, à lui léguées par ses prédécesseurs, parla le langage qui convient à celui qui dirige la diplomatie d'un grand pays conscient de sa force. Le 30 septembre 1898, lors d'une entrevue avec sir E. Monson, comme l'Ambassadeur d'Angleterre faisait remarquer à M. Delcassé que la France, en s'établissant dans « la sphère d'influence anglaise », marchait à un conflit avec l'Angleterre, celui-ci répondit nettement :

« Nous sommes arrivés les premiers à Fachoda, et nous
« ne l'avons pris qu'à la barbarie, à laquelle vous deviez
« deux mois plus tard arracher Karthoum. Nous demander
« de l'évacuer, *préalablement à toute discussion,* ce serait
« au fond formuler un ultimatum. Eh bien ! qui donc con-
« naissant la France pourrait douter de sa réponse ? Vous
« n'ignorez pas mon désir d'entente avec l'Angleterre,
« entente aussi avantageuse à l'Angleterre qu'à la France,
« ni mes sentiments conciliants. Je ne les ai affirmés si
« librement, que parce que je savais, parce que vous êtes
« sûr vous-mêmes, qu'ils ne m'entraîneront pas au-delà
« de la limite tracée par l'honneur national. Je puis faire
« à l'entente entre les deux pays, *des sacrifices d'intérêt*
« *matériel* ; dans mes mains, l'honneur national restera
« intact. Personne à cette place ne vous tiendra un autre

(1) Memorandum remis, le 27 septembre 1898, à M. Delcassé, par l'Ambassadeur d'Angleterre à Paris, *Livre Jaune,* p. 10.

« langage, et peut-être n'y apporterait-on pas les mêmes
« dispositions » (1).

A la fois conciliant et digne, M. Delcassé voulait rester
sur le terrain diplomatique ; comptant sur le résultat de
conversations amicales, il estimait sagement que le Bahr-el-
Ghazal ne valait pas la douloureuse calamité d'une guerre,
mais qu'il ne saurait plus en être de même si les susceptibilités de la France n'étaient pas rigoureusement respectées.

L'Angleterre persista à dire que l'expédition française,
faite avec une centaine d'hommes de troupes sénégalaises,
était sans valeur, sans portée politique, et que Fachoda
n'était pas *res nullius* et ne pouvait être occupé, laissant
entendre qu'il appartenait à l'Egypte si on considérait
l'expédition du Soudan, seulement comme une œuvre
de pacification en territoire égyptien, ou qu'il relevait
de l'Angleterre et de l'Egypte si on le regardait comme
arraché à l'Empire madhiste (2).

M. Delcassé riposta, dans une conversation avec sir
E. Monson, que le Bahr-el-Ghazal avait été abandonné par
l'Egypte, et par conséquent était un territoire sans maître
parfaitement susceptible d'occupation, et que pour Fachoda,
nous pouvions, usant de l'argument même de l'Angleterre,
opposer à celle-ci que nous l'avions pris aux Madhistes,
et ce, d'autant plus justement que la prise de Fachoda avait
précédé de deux mois la chute de Karthoum (3).

A ce propos, lord Salisbury fit observer à M. de Courcel
que les théories de la France, en ce qui concerne le Haut-
Nil, s'étaient quelque peu modifiées, et il rappela le discours
de M. Hanotaux proclamant au Sénat les droits de l'Egypte
et de la Porte sur toute la vallée du Haut-Nil.

Notre Ambassadeur eût très facilement pu rappeler de
son côté les variations du Foreign Office ; il préféra dire

(1) Delcassé à Geoffray, 3 octobre 1898, *Livre Jaune*, p. 15.

(2) Télégramme de lord Salisbury à sir Monson, cité par M. Delcassé
dans une dépêche à M. de Courcel, Ambassadeur à Londres, du 4 octobre, *Livre Jaune*, p. 17.

(3) Delcassé à de Courcel, 4 octobre 1898, *Livre Jaune*, p. 18.

que M. Delcassé pouvait ne pas absolument partager les
idées de M. Hanotaux, et il ajouta cette phrase quelque peu
énigmatique : « Si vous vous référez aujourd'hui à ces
« déclarations, il faut considérer l'esprit dans lequel elles
« ont été faites. Lorsque nous reconnaissions que les
« provinces du Haut-Nil pourraient être un jour légitime-
« ment réclamées par l'Egypte, cela voulait dire que le
« jour où leur sort définitif serait examiné, l'examen porte-
« rait sur l'ensemble de la question égyptienne » (1).

Notre Ambassadeur voulait indiquer évidemment par là,
que l'opinion de la France ne variait pas, mais qu'il fallait
distinguer le droit et le fait. En droit, les difficultés du Soudan devaient se rattacher à la question d'Egypte et être
réglées, en même temps qu'elle et avec elle, au profit du
Khédive et du Sultan. En fait, l'Angleterre avait occupé une
partie de la vallée du Haut-Nil, elle avait traité avec d'autres Etats au sujet de ces territoires, elle avait même voulu
en concéder à bail une partie : la France ne pouvait s'abstenir de la suivre sur ce terrain du fait, et elle avait, en cela
un droit qui manquait à l'Angleterre, celui de légitime
défense ; au fait, elle opposait le fait; à l'occupation inique,
l'occupation justifiée ; cela ne l'empêchait pas de réserver
les droits de l'Egypte pour le jour où se règleraient les difficultés pendantes et intéressant ce pays.

En allant à Fachoda, la France voulait arrêter l'Angleterre, et elle entendait si peu faire table rase de ses anciennes déclarations et des droits du Khédive, que très vraisemblablement elle n'avait lancé l'expédition Marchand,
que pour fournir un prétexte à des pourparlers avec l'Angleterre, et amener une entente des puissances au sujet de la
question d'Egypte elle-même.

D'ailleurs, dans l'entrevue dont nous venons de parler,
qu'il eut avec lord Salisbury, le 5 octobre, M. de Courcel
s'étonna de cette prétention anglaise de parler au nom du
Khédive : « si vous nous parlez aujourd'hui au nom de
« l'Egypte, nous vous demandons en vertu de quel mandat
« vous le faites, et en quoi votre titre serait meilleur que le

(1) De Courcel à Delcassé, 5 octobre 1898, *Livre Jaune*, p. 19.

« nôtre ». C'était assez clairement inviter le Ministre de la Reine à entrer en conférence sur l'occupation du Delta, les promesses d'évacuation, l'évacuation même. Nous pensons qu'en toute cette affaire c'était là le but de la France. C'était au contraire ce que lord Salisbury tenait avant tout à éviter : il répondit d'une façon évasive, disant que la question pourrait plus avantageusement être soulevée à Paris.

La longue série de ces pourparlers inutiles fut close et résumée par une conversation de M. de Courcel avec lord Salisbury, du 12 octobre 1898 (1) : « J'ai dit qu'à mon avis — « écrit notre Ambassadeur — nous avions le droit d'en- « voyer nos expéditions jusqu'à Fachoda, si les territoires « occupés ou traversés par nous étaient sans maitre ; mais « que si la légitimité des prétentions égyptiennes était « reconnue, il n'était pas prouvé que la présence de nos « troupes dût nécessairement y déroger, ni qu'elle fût plus « incompatible avec l'autorité du Khédive, que la présence « de troupes anglaises dans d'autres parties de territoire « plus incontestablement égyptiennes...; j'ajoutai qu'en ce « qui concerne la région du Bahr-el-Ghazal, elle n'avait « guère été sous la domination de l'Egypte que pendant « trois ou quatre années, ce qui était bien peu pour fonder « la légitimité inaliénable qu'on prétendait nous opposer ».

A cela lord Salisbury répondit qu'après la victoire d'Ondurman, tout l'Empire du Madhi était tombé aux mains de l'armée anglo-égyptienne. M. de Courcel répliqua que cela était une question de fait, et qu'en fait nous étions arrivés les premiers à Fachoda. Lord Salisbury invoqua alors la faiblesse des forces de Marchand pour se maintenir à Fachoda, et même pour pouvoir parler d'occupation ; mais son interlocuteur fit valoir de son côté que l'usage en Afrique était admis de se créer un droit par des occupations quasi-fictives. Finalement, il déclara que la France tenait essentiellement à avoir sur le Nil un débouché commercial, et le Ministre de la Reine répondit que, sur ce point, il consulterait ses collègues.

(1) De Courcel à Delcassé, 12 octobre 1898, Ar hie. dipl,, 1898, III, p. 70 ; Livre Jaune, p. 24.

Les pourparlers se terminèrent là, aucun des deux Etats adversaires ne voulant se laisser convaincre ; l'œuvre de la diplomatie était terminée, et arrivait l'heure des résolutions.

Le courage, pour un homme d'Etat, ne consiste pas dans le fait de lancer une déclaration de guerre, chaque fois que se rencontre à l'extérieur une difficulté sérieuse ; il réside plutôt dans la volonté inébranlable de résister aux courants d'opinions qui mènent aux aventures, de braver le grondement belliqueux des masses imprévoyantes, pour rester ce qu'il doit être, le bon génie de son pays.

Certes la guerre est belle, mais d'une beauté sanglante et horrible ; triomphe de la force brutale, elle est profondément immorale et stupide ; nous Français, qui aimons l'art et le succès en toutes choses, nous avons toujours admiré les grands capitaines qui ont su être des maîtres dans ce terrible jeu ; aimons plutôt les pacifiques qui savent détourner l'orage de nos têtes, éviter ces calamités inutiles trop grosses de désastres et de douleurs.

La possession de Fachoda valait-elle un conflit avec l'Angleterre ? Très sagement, M. Delcassé estima que non. Le péril anglais n'intéresse pas seulement la France, mais tout le monde ; et nous n'avons pas à batailler pour autrui, si on ne veut pas nous aider. Nous avons d'autres devoirs. Nous devons être, et nous conserver forts, pour des heures plus solennelles.

A quoi servirait un conflit avec l'une de nos deux terribles rivales, sinon à nous affaiblir, et à nous mettre à la discrétion de l'autre. La politique de la France ne doit pas, ne peut pas être belliqueuse ; il faut qu'elle soit pacifique, faite de prudence et de dispositions conciliantes... du moins, tant que nous conserverons la folle prétention de vouloir lutter à la fois contre la plus puissante armée, et contre la première flotte du monde, tant que, entre la haine pour l'ennemie d'hier et la haine pour l'ennemie héréditaire, le cœur de la France n'en aura pas oublié une pour mieux soigner l'autre.

Le 11 décembre 1898, le commandant Marchand a quitté Fachoda pour rentrer en France par l'Abyssinie. L'orgueil français en a peut-être souffert outre mesure ; ce qu'il faut regretter surtout, c'est que les pénibles et courageux efforts des héros de Fachoda aient été accomplis pour rien ; ce dont il faut surtout se souvenir, c'est de la glorieuse page que l'histoire de notre pays doit à Marchand et à ses compagnons.

La France partie, l'Angleterre continua dans le bassin du Haut-Nil l'œuvre entreprise, sans être gênée par qui que ce fût, et le 19 janvier 1899, elle passait avec l'Egypte un traité (1) ayant pour objet de régler la situation des « provinces reconquises » vis-à-vis des deux Etats.

Ce traité commençait par constater que les résultats obtenus étaient dus aux efforts militaires et financiers joints de Sa Majesté Britannique et du gouvernement du Khédive : il établissait, en conséquence, un *condominium* anglo-égyptien sur ces régions en droit exclusivement égyptiennes, le Khédive restant propriétaire comme devant, l'Angleterre le devenant « par droit de conquête ».

Le Soudan anglo-égyptien commençait au 22ᵉ parallèle de latitude nord, et devait englober vers le sud tous les territoires conquis ou à conquérir et ayant jadis été administrés par le Khédive ; on y comprenait d'ailleurs Ouadi-Halfa et Souakim, qui n'avaient jamais cessé de dépendre du gouvernement du Caire, sous prétexte que, « pour de « nombreux motifs, elles pourraient être administrées d'une « manière plus effective, en connexité avec les provinces « reconquises, auxquelles ces territoires sont adjacents » ; façon très habile d'arrondir la part commune en lui donnant un débouché sur la Mer Rouge, au détriment de la Basse-Egypte, dans laquelle l'Angleterre estime sa situation beaucoup moins forte.

En effet, cette dernière pense bien être quelque jour forcée d'évacuer le Delta, sans pouvoir opposer aux puissances aucun argument sérieux pour s'y maintenir ; tandis que pour le Soudan, elle compte pouvoir arguer, avec une ombre de raison, de ce qu'elle appelle « son droit de conquête » pour rester indéfiniment. D'où sa préoccupation de

_____

(1) V. le texte, dans la *Revue génér. de droit intern. publ.*, 1899, p. 169, et la Chronique de M. F. Despagnet, eod. loc., p. 169 à 196.

comprendre dans les territoires soudanais le plus d'étendue possible, et surtout Souakim qui n'en dépend pas, mais sans la possession de laquelle le Haut-Nil se trouve isolé de la Mer Rouge. Disons toutefois que, vraisemblablement pour ne pas effrayer les puissances, le drapeau anglais ne devait pas être hissé à côté des couleurs égyptiennes sur les murs de Souakim.

Pour le surplus, le traité du 19 janvier 1899 s'appliquait à faire du Soudan un être moral bien à part de l'Egypte, et le plus possible soustrait à l'influence européenne. Le Gouverneur général du Soudan devait être nommé d'accord par le Khédive et le gouvernement britannique, et on choisit naturellement un anglais, le Sirdar Kitchener. Celui-ci pourrait modifier ou abroger à sa guise les lois, décrets, et règlements spécialement promulgués pour le pays ; et à l'avenir, les lois, décrets ou arrêtés égyptiens ne pourraient être mis en vigueur dans le Soudan sans qu'ils fussent, au préalable, promulgués par lui. Il était enfin bien spécifié que la juridiction des tribunaux mixtes ne s'appliquerait à aucune fraction du Soudan, si ce n'est à Souakim, et que les Consuls, Vice-Consuls, Agents consulaires n'y pourraient être accrédités qu'avec le concours du gouvernement britannique.

En somme, le traité anglo-égyptien divisait l'Egypte en deux tronçons, l'un continuant à être ce que nous l'avons connu dans les chapitres précédents, l'autre devenant anglais et dans lequel tout droit était dénié aux puissances.

Après s'être ainsi assuré le consentement du Khédive, l'Angleterre crut couronner son œuvre en signant avec la France la déclaration du 21 mars 1899. Nous verrons si véritablement cet acte a changé quelque chose à la situation de la Grande-Bretagne en Egypte (1).

Nous en avons fini avec l'histoire, avec le fait. Le moment est venu de faire intervenir le droit, d'apprécier au point de vue juridique ce qu'est devenue l'Egypte. L'étude que nous entreprenons tournera à la confusion de l'Angleterre.

_____

(1) Voir infra, chap. IX.

CHAPITRE VII

L'Angleterre en Egypte. Les promesses d'évacuation

SOMMAIRE. — *L'évacuation et les promesses de l'Angleterre. — Déclaration de l'amiral Seymour du 22 juillet 1882. — Pourparlers au sujet de l'évacuation en 1884, 1886, 1887, 1889, 1890. — Déclarations des hommes d'Etat au Parlement anglais. — Discours du Trône.*

De ce que nous avons vu jusqu'ici, il ressort que l'influence de l'Europe en Egypte est allée en diminuant, en même temps qu'a augmenté celle de l'Angleterre. Cette dernière peut se croire définitivement établie dans la vallée du Nil ; mais elle ne saurait invoquer en sa faveur qu'un état de fait et aucun argument juridique : le droit ne plaide pas pour, mais contre elle. Les promesses faites dans les correspondances échangées entre les chancelleries, les déclarations des hommes d'Etat au Parlement de Westminster, les discours du Trône, les traités, dictent à l'Angleterre, maintenant qu'elle n'a plus rien à faire en Egypte, le devoir impérieux de la quitter.

En prenant pied dans la vallée du Nil, l'Angleterre a cru devoir faire sa première déclaration solennelle, désirant sans nul doute que personne ne suspectât ses intentions soi-disant désintéressées. Le 22 juillet 1882, l'amiral Seymour adressa au Khédive la lettre suivante, dont les termes sont ceux d'un véritable serment fait au nom de l'Angleterre : « Moi, amiral commandant la flotte britannique, je « crois opportun de confirmer sans retard à Votre Altesse « que le gouvernement de la Grande-Bretagne n'a nulle- « ment l'intention de faire la conquête de l'Egypte, non

« plus que de porter atteinte, en aucune façon, à la religion
« et aux libertés des Egyptiens. Il a pour unique objectif
« de protéger Votre Altesse et le peuple égyptien contre les
« rebelles » (1).

Le 19 août suivant, dans une proclamation, le général
Wolseley, commandant en chef des troupes d'occupation,
répétait la même idée, et disait entre autres choses : « le gou-
« vernement de Sa Majesté a envoyé des troupes en Egypte
« dans le seul but de rétablir l'autorité du Khédive » (2).

Malgré ces déclarations, l'Angleterre, tout en protestant
de sa ferme intention de quitter l'Egypte quand sa tâche
serait terminée, continua à y laisser ses troupes ; tandis
que la France, définitivement écartée, n'eut plus qu'un
but, contraindre sa rivale à exécuter ses promesses, et
l'amener à prendre à ce sujet des engagements fermes ;
toutes les occasions lui furent bonnes pour cela.

D'où de longs pourparlers au sujet de l'évacuation, pourparlers qui n'eurent d'ailleurs d'autre résultat pratique
que de lier davantage l'Angleterre, mais qui feraient on ne
peut mieux ressortir sa mauvaise foi, le jour où elle
annoncerait son intention de considérer définitivement la
vallée du Nil comme comprise dans l'Empire britannique.

Nous ne reviendrons pas sur les notes échangées, en
juin 1884, entre lord Granville et M. Waddington, et d'après
lesquelles, sous conditions d'ailleurs, l'Angleterre s'engageait
à retirer ses troupes d'Egypte au commencement de l'année
1888. Nous savons pourquoi on put considérer à Londres
cette promesse comme caduque (3).

Nous avons vu que, le 24 octobre 1885 (4), l'Angleterre
avait passé avec la Porte un traité, aux termes duquel
chacun des deux Etats devait envoyer en Egypte un haut-
commissaire, dans le but d'arriver à la pacification du
Soudan et à la réorganisation de l'armée. Moukhtar-Pacha,

(1) *Correspondant*, 25 mars 1898, p. 1080.
(2) Eod. loc.
(3) V. supra, pp. 208 et s., 218 et 219.
(4) V. supra, chap. III.

envoyé turc, conclut, le 14 mars 1886, à l'élimination des troupes anglaises, chose que ne pouvait naturellement admettre l'Angleterre. En ces circonstances, cette dernière fut heureuse de s'assurer l'appui de la France, tandis que celle-ci ne laissa pas échapper l'occasion de reparler de l'Egypte.

M. de Freycinet était alors notre Ministre des affaires étrangères, et son représentant à Londres était M. Waddington.

Gladstone déclara, le 15 mars 1886, à ce dernier, qu'il avait toujours déploré que l'arrangement politique conclu en 1884 avec lord Granville, pour l'évacuation de l'Egypte en janvier 1888, n'ait pas abouti à cause des difficultés financières. Notre Ambassadeur reçut d'autre part de M. Childers, Ministre de l'Intérieur, l'assurance que le principe de l'évacuation était admis en Angleterre par tous les partis (1). Il eut l'occasion, à plusieurs reprises, de s'entretenir avec les hommes d'Etat anglais, au sujet des modifications à apporter dans l'organisation de l'armée égyptienne, à la tête de laquelle on persistait à vouloir mettre le plus possible d'officiers anglais et pas du tout d'officiers turcs. M. de Freycinet admettait d'ailleurs que, sur ce point, l'Angleterre pouvait s'entendre directement avec la Porte, à condition toutefois de fixer une date pour l'évacuation, sinon l'arrangement serait sans valeur (2).

De date, on n'en indiqua pas ; mais à maintes reprises on nous déclara à Londres que l'occupation du Delta était essentiellement temporaire.

« On se trompe grandement chez vous — déclara à M.
« Waddington, le 3 novembre 1886, lord Salisbury qui avait
« succédé à Gladstone — lorsqu'on croit que nous voulons
« rester indéfiniment en Egypte ; nous ne cherchons, que
« le moyen d'en sortir honorablement ; les troupes que
« nous avons là nous seraient plus utiles aux Indes, et c'est

(1) Waddington à de Freycinet, 15 mars 1886, *Archiv. dipl.*, 1893, III, p. 224.

(2) De Freycinet à de Montebello, Ambassadeur à Constantinople, 2 novembre 1886, *Archiv. dipl.*, 1893, III, p. 236.

« l'avis de nos meilleurs généraux. » Et après avoir déclaré que le désir de l'Angleterre était seulement d'assurer
les frontières du Soudan et de restaurer les finances, le
Premier Ministre ajouta : « Nous sommes décidés à éva-
« cuer ; je ne puis préciser davantage, mais je vous pré-
« viens que lorsque nous déclarerons l'époque de notre
« évacuation, nous demanderons à l'Europe de fixer un
« terme pendant lequel nous aurions le droit de rentrer en
« Egypte dans des conditions déterminées, si de nouveaux
« désordres y éclataient. Je suis convaincu que, sans cette
« précaution, l'œuvre de réorganisation pourrait être prom-
« ptement mise en péril ; il y aura nécessairement une pé-
« riode de transition à surveiller de près, avant que l'Egyp-
« te puisse être abandonnée à elle-même ». — « Avez-vous
« communiqué cette idée à d'autres ? » interrogea alors
M. Waddington. — « Non, reprit le Ministre anglais, vous
« êtes la première personne à qui j'en parle, mais il fau-
« dra qu'elle soit discutée ; vous savez quelles difficultés
« parlementaires de toutes sortes nous avons ici, et com-
« bien on s'émeut facilement, ici aussi bien que chez
« vous, lorsqu'il est question de l'Egypte ». Et comme
M. Waddington demandait de quelle manière le cabinet
de Londres négocierait à ce sujet : « officiellement —
« répondit lord Salisbury — avec le suzerain, c'est-à-dire le
« Sultan que nous ne pouvons laisser de côté ; mais en
« même temps par un échange de vues avec la France, avec
« qui nous désirons vivement nous mettre préalablement
« d'accord » (1).

M. de Freycinet admit la manière de voir du Premier
Ministre de la Reine, mais à condition toutefois qu'une
date fût fixée pour l'évacuation. Il estimait qu'il était
nécessaire de donner à l'armée des cadres formés surtout
d'éléments ottomans, et de quelques officiers anglais seulement ; et il acceptait une réforme dans l'administration, à
condition qu'elle ne se fît pas au préjudice du personnel
français.

(1) Waddington à de Freycinet, 3 novembre 1886, *Archiv. dipl.*, 1893,
III, p. 236.

« La question de l'évacuation — écrivait-il à M. Wad-
« dington, le 8 novembre — se divise pratiquement en deux
« phases, l'une de préparation, l'autre d'observation. La
« première commencerait le jour où le gouvernement an-
« glais aurait déclaré sa volonté d'évacuer à date fixe ; elle
« serait remplie par l'organisation de l'armée khédiviale,
« par l'affermissement de l'œuvre que l'Angleterre a entre-
« prise, ainsi que par l'étude des réformes à introduire dans
« l'administration et dans les finances. La seconde com-
« mencerait le jour de l'évacuation ; elle serait utilement
« occupée par la réalisation de ces réformes, auxquelles
« nous participerions sans arrière pensée, dans un senti-
« ment de confiance réciproque, et avec l'unique préoccu-
« pation du bien à accomplir. Dans le cas où l'événement
« trahirait nos espérances, et où l'ordre viendrait à être
« troublé, le gouvernement anglais, pendant la durée de
« cette seconde période, pourrait faire rentrer des troupes
« en Egypte, sous des conditions à définir » (1).

Au Caire, sir H. Drummond Wolf, n'avait pu se mettre
d'accord avec Moukhtar-Pacha ; rentré à Londres, il fut
envoyé à Constantinople pour y poursuivre les négociations,
et le 8 février 1887, il remit au Grand Vizir un très important
mémorandum, dans lequel de nouvelles assurances étaient
données au sujet de l'évacuation.

L'Angleterre ne refusait pas d'indiquer une date, mais
avant tout, elle voulait que la frontière fût assurée, l'administration réorganisée, et aussi qu'on ne remplaçât pas en
Egypte les troupes anglaises par d'autres troupes étrangères ; elle parlait de neutraliser le pays, mais entendait
conserver la faculté d'y intervenir dans la suite : « ..... Le
« gouvernement britannique doit se réserver le droit de
« sauvegarder et de soutenir l'état de choses qui est le
« résultat de l'action militaire et des sacrifices considérables
« faits par l'Angleterre..... Si elle évacue spontanément et
« volontairement le pays, elle devra se réserver, par traité,
« le droit d'intervenir toutes les fois que la paix à l'intérieur,

(1) De Freycinet à Waddington, 8 novembre 1886, *Archiv. dipl.*, 1893,
III, p. 238.

« ou la sécurité à l'extérieur, seraient gravement mena-
« cées..... Le. gouvernement de Sa Majesté est bien loin de
« désirer se servir d'un tel pouvoir, s'il lui était réservé par
« traité, pour .exercer indûment quelque influence, ou bien
« pour créer un protectorat déguisé, et encore moins, pour
« renouveler sans nécessité une .occupation qui a déjà
« imposé tant de sacrifices à la Grande-Bretagne ; mais il
« sera difficile de pourvoir, d'une autre façon, à la sécurité
« de l'Egypte qu'il s'est engagé à assurer avant de se retirer
« du pays » (1).

La Porte prit acte des déclarations de l'Angleterre ; elle
revendiqua hautement ses droits ; elle admit, qu'avant
toute négociation avec les puissances, il serait bon d'évacuer, et d'après elle l'évacuation ne serait pas consommée
tant qu'il resterait à la tête de l'armée égyptienne des
officiers anglais. Elle n'en signa pas moins avec l'Angleterre la convention du 22 mai 1887 (2).

Cette convention confirmait les firmans impériaux relatifs à l'Egypte ; elle permettait à l'Angleterre de pourvoir
à la défense et à l'organisation militaire du pays, et de
maintenir ses troupes tant que la situation dans le Delta
et au Soudan ne serait pas meilleure ; elle admettait le
principe de la neutralisation du Canal de Suez ; enfin pour
ce qui concerne l'évacuation, elle portait qu'à l'expiration
de la troisième année à partir de sa date, le gouvernement
britannique devait retirer ses troupes d'Egypte ; toutefois,
si dans cet intervalle un danger quelconque se présentait,
l'évacuation ne devenait obligatoire que lorsque ce danger
aurait disparu. L'Angleterre partie, les puissances eussent
été invitées à reconnaître et à garantir l'inviolabilité du
territoire égyptien, et désormais personne, « en aucune
circonstance », n'eût pu envoyer des troupes en Egypte,
sauf cependant la Turquie et l'Angleterre, en cas de danger
intérieur ou extérieur.

A la suite du traité, plusieurs annexes stipulaient entre

(1) Memorandum de sir Henry Drummond Wolf, *Archiv. dipl.*, 1893
III, p. 249.

(2) *Archiv. dipl.*, 1887, III, p. 232, et 1893, III, p. 262.

autres choses que si, à l'expiration des trois ans fixés, une des puissances méditerranéennes n'avait pas accepté la convention, ce fait serait considéré par l'Angleterre comme un danger extérieur, et nécessiterait le maintien des troupes d'occupation ; de plus on devait inviter les puissances à renoncer à la juridiction mixte, à discuter des propositions pour améliorer l'administration et les finances, et pour régulariser la situation de la Commission de la dette ; le conseiller financier anglais devait garder ses fonctions ; le tribut serait la première charge du pays ; les étrangers seraient astreints à l'impôt.

Cette convention, en dépit des apparences, était toute au profit de l'Angleterre, et constituait en définitive une reconnaissance par la Porte du protectorat britannique sur l'Egypte. Si elle avait été ratifiée, tous ceux qui considèrent l'Egypte comme une province ottomane n'auraient plus eu qu'à enregistrer le droit bien légitime de l'Angleterre. Cela ne pouvait plaire à la France qui agit aussitôt à Constantinople.

M. Flourens, Ministre des affaires étrangères, fit savoir à notre Ambassadeur auprès de la Porte, M. de Montebello, qu'il ne pouvait adhérer à la convention telle qu'elle était conçue ; en même temps il en donnait les raisons à ses divers représentants à l'étranger auprès des cinq puissances : institution d'une «co-suzeraineté» de la Turquie et de l'Angleterre sur l'Egypte ; pas de date certaine d'évacuation, l'Angleterre ayant toute latitude pour en choisir l'époque (1).

Le 3 juin il écrivait à M. de Montebello : «..... Notre « politique envers l'Empire Ottoman nous a toujours fait « proclamer la suzeraineté du Sultan sur l'Egypte ; cette « suzeraineté est au moins partagée dans le projet ; nous » voulons qu'elle soit intégralement conservée. L'Angle- « terre, après l'évacuation, ne doit pas avoir plus de droit « sur l'Egypte que les autres puissances européennes. La « suzeraineté exclusive de la Porte, de même que l'inté-

_____

(1) Flourens à de Montebello, 30 mai 1887, *Archiv. dipl*, 1893, III, p. 258. — Circulaire de M. Flourens aux Ambassadeurs de France, d'après le *Times* du 2 août 1887, *Archiv. dipl.*, 1887, IV, p. 226.

« grité de l'Empire Ottoman, n'intéressent pas seulement
« le Sultan ; elles résultent de conventions internationales
« faites en vue de l'intérêt de toute l'Europe » (1).

Sur les instances de la France qui déclarait préférer le
statu quo et ne cacha pas sa manière de voir au cabinet
de Londres, bien heureuse d'ailleurs, la Porte modifia le
projet : l'Angleterre devait évacuer sans conditions au
bout de trois ans, et la Turquie se chargerait ensuite
d'assurer l'ordre avec ses propres troupes, si c'était nécessaire (2).

M. Flourens donna son adhésion à la convention ainsi
modifiée ; mais le cabinet de Londres tenait essentiellement
à la convention primitive. Le Sultan ne l'ayant pas ratifiée,
sir H. Drummond Wolf reçut l'ordre de quitter Constantinople. Le 16 juillet 1887, tous pourparlers à ce sujet étaient
rompus.

En 1889, quand fut soulevée la question de la conversion
de la dette privilégiée, celle de l'évacuation fut à nouveau
agitée.

Le 4 juin, d'après les instructions de Spuller (3), M.
Waddington laissa entendre à lord Salisbury que l'Egypte
était relevée, la meilleure preuve pouvant en être trouvée
dans l'idée même d'une conversion, que la sécurité était
rétablie, et que, par conséquent, était venu le moment de
penser sérieusement à retirer d'Egypte les troupes d'occu-
tion.

Lord Salisbury répondit que, du côté du Soudan, il y avait
encore trop à craindre pour qu'il soit sage d'abandonner le

(1) Flourens à de Montebello, 3 juin 1887, *Archiv. dipl.*, 1893, III, p, 260.

(2) De Montebello à Flourens, 14 juillet 1887, *Archiv. dipl.*, 1893. III,
p. 265.

(3) Le même jour à la Chambre des Députés, Spuller déclarait qu'on
ne pouvait trancher la question de conversion de la dette égyptienne,
avant d'avoir élucidé celle de l'évacuation : « ..... Nous pensons que
« précisément au moment où la prospérité de l'Egypte, sa sécurité, sa
« tranquillité, sont affirmées par une demande de conversion, le moment
« est venu de rechercher si l'évacuation de l'Egypte n'est pas devenue
« possible dans les prévisions de l'Angleterre qui l'a tant de fois an-
« noncée ». *Archiv. dipl.*, 1889, III, p. 123. *Journal officiel.* Débats parlementaires, Chambre, 5 juin 1889.   19

pays à lui-même, et que l'annonce de l'évacuation rendrait
la conversion impossible ; et il ajouta : « Je vous renouvelle,
« d'ailleurs, la déclaration que je vous ai faite, à savoir que
« nous évacuerons l'Egypte aussitôt que le pays pourra se
« suffire à lui-même. Vous avez fait échouer la convention
« conclue par sir H. Drummond Wolf avec le Sultan, et
« depuis lors j'ai laissé dormir la question ; mais je vous
« avertis que je ne puis pas présenter au Parlement une
« convention d'évacuation qui ne nous donne pas le droit
« de rentrer en Egypte si sa sécurité extérieure était
« menacée. Sans cette clause, je ne puis pas faire accepter
« la convention à l'opinion publique en Angleterre » (1).

Spuller n'en persista pas moins à admettre que l'on pouvait commencer l'évacuation ; et lord Salisbury protesta
qu'en tout cas, la question d'évacuation était indépendante
de celle de conversion, puis qu'il fallait tenir compte des
sacrifices faits par l'Angleterre tant en hommes qu'en argent, enfin que la première chose nécessaire, c'était d'acquérir la certitude qu'aucune puissance ne chercherait à
occuper en Egypte la place laissée vacante par la Grande-
Bretagne. M. Waddington prit alors, au nom de la France,
des engagements formels à ce sujet; mais le Premier Ministre de la Reine continua à refuser de fixer une date pour
l'évacuation, tant que les conditions n'en auraient pas été
déterminées comme il l'avait demandé dès l'abord (2).

Toute la question fut nettement mise au point dans deux
conversations entre lord Salisbury et M. Waddington, du
21 et du 24 juin, qui sont rapportées par notre Ambassadeur, en ces termes : « Vous paraissez, dis-je, vouloir vous
« réserver indéfiniment le droit de rentrer en Egypte, si
« selon vous, les circonstances l'exigeaient. De notre côté,
« nous ne pouvons admettre que l'Angleterre s'attribue ce
« privilège à l'exclusion de toute autre puissance. Vous
« avez déclaré maintes fois que vous n'entendiez pas rester
« éternellement en Egypte : voilà sept ans que vous y êtes ;

(1) Waddington à Spuller, 5 juin 1889, *Archiv. dipl.*, 1893, IV, p. 258.
(2) Waddington à Spuller, 19 juin 1889, *Archiv. dipl.*, 1893, IV, p. 261.

« le pays est tranquille, et nous n'apercevons pas de raison
« sérieuse pour que l'évacuation n'ait pas lieu dans un
« délai raisonnable. — Ici lord Salisbury m'a interrompu : je
« maintiens mes déclarations antérieures, mais notre tâche
« n'est point achevée. — Ce qui préoccupe l'opinion publi-
« que en Angleterre, ai-je repris, c'est la crainte de voir la
« France prendre la place de l'Angleterre en Egypte, si
« l'évacuation avait lieu. Or, sur ce point, nous vous offrons
« les garanties les plus explicites, et de plus, nous sommes
« prêts à négocier une convention assurant la neutralité de
« l'Egypte, ainsi qu'il en a déjà été question plusieurs fois.
« Que pouvez-vous nous demander de plus » ? (1).

Lord Salisbury répondit le 24 : « j'ai parlé de nouveau à
« mes collègues des affaires d'Egypte, et je leur ai fait part
« de vos observations. Ils persistent à croire qu'il est impos-
« sible actuellement de fixer la date d'évacuation, et ils
« estiment comme moi qu'il vaudrait mieux subordonner
« cette date à certaines conditions déterminées par la rai-
« son que je vous ai fait savoir. D'un autre côté, nous vou-
« drions bien mettre un terme aux charges que fait peser
« sur nous l'occupation, pour une foule de raisons parmi
« lesquelles je mets en première ligne le désir de suppri-
« mer une cause de discorde entre la France et l'Angleterre ;
« mais nous sommes bien embarrassés, car nous craindrions
« d'affaiblir le gouvernement du Khédive si nous retirions
« nos troupes... » (2).

Renouvelant ses déclarations, lord Salisbury disait encore
à M. Waddington, le 1er juillet : « Je vous affirme de nou-
« veau que nous ne voulons pas prolonger notre séjour en
« Egypte au delà du strict nécessaire. Il n'y a pas de parti
« actuellement en Angleterre qui soutienne l'occupation
« indéfinie ». Et il ajoutait : « tout le monde sait mainte-
« nant que vous avez lié les deux questions et que vous
« refusez votre assentiment à la conversion pour nous for-
« cer la main. Si nous cédions, l'Europe entière dirait que

(1) Waddington à Spuller, *Archiv. dipl.*, 1893, IV, p. 262.
(2) Waddington à Spuller, *Archiv. dipl.*, 1893, IV, p. 264.

« nous avons manqué aux obligations que nous avons con-
« tractées en allant en Egypte » (1).

A Paris, on admit que l'Angleterre voulait s'en tenir à
des promesses et était résolue à ne pas les tenir, et on
déclara'que, pour l'instant, toute acceptation de la conversion était ajournée. Cette conversion ne fut décidée comme
nous l'avons vu (2) qu'en mai 1890 et d'après un projet préparé par la France. Une fois de plus les pourparlers au sujet
de l'évacuation cessaient sans résultat. M. Ribot avait toutefois déclaré que, lorsque l'Angleterre aurait fixé la date
de l'évacuation, la France prendrait, en la forme qu'on voudrait, l'engagement solennel de ne pas occuper l'Egypte (3).

Nous venons de passer en revue les promesses faites à la
France par l'Angleterre en ce qui concerne l'évacuation de
l'Egypte ; nous trouvons en plus grand nombre encore des
déclarations analogues dans les discours au Parlement des
hommes d'Etat anglais : de 1883 à 1896, se déroule la longue liste de ces déclarations que l'on semble par trop oublier
aujourd'hui, et dont nous n'entendons citer que les plus
caractéristiques.

En 1883, Gladstone condamna énergiquement toute idée
d'occupation définitive : « Le langage qui tend à encourager
« l'idée d'annexion est dangereux, d'abord parce qu'il
« éveille dans une certaine classe le désir de. s'approprier
« ce qui appartient à autrui, et d'ajouter sans nécessité de
« nouveaux territoires à l'Empire déjà bien étendu ; ensuite
« parce qu'un pareil langage peut porter atteinte à la bonne
« renommée de l'Angleterre, et fait naître parmi les étran-
« gers cette impression que le gouvernement est prêt à
« abandonner les déclarations qu'il a déjà faites... Le gou-
« vernement est complètement opposé à toute idée d'an-
« nexion à cause des intérêts de l'Angleterre et de tous les
« autres intérêts. Il est impossible, il serait imprudent de
« fixer la date à laquelle le gouvernement compte opérer le

(1) Waddington à Spuller, 1er juillet, Archiv. dipl., 1893, IV, p. 265.
(2) V. supra, p. 220.
(3) Ribot à de Montebello, 31 mai 1890, Archiv., dipl., 1894, I, p. 289.

« retait des troupes ; mais il désire sérieusement voir arri-
« ver ce jour, et il fera tout ce qui est en son pouvoir pour
« que ce retrait ait lieu le plus tôt possible » (1).

A son tour, lord Salisbury fut amené, en 1888, à faire des
déclarations non moins nettes : « L'Angleterre ne vise pas
« à l'annexion de l'Egypte ; ce qu'elle désire, c'est que ce
« pays soit en mesure de se suffire à lui-même, qu'il soit
« assez fort pour maîtriser les désordres intérieurs et
« repousser tout ennemi du dehors. L'Angleterre, jusqu'à
« ce qu'elle ait acquis la certitude que l'Egypte peut accom-
« plir cette tâche, demeurera pour l'assister ; mais elle
« renoncera avec joie à supporter ce fardeau peu néces-
« saire, aussitôt qu'elle sera convaincue que le moment est
« venu de l'abandonner » (2).

Un an plus tard, lord Salisbury avait l'occasion de renouveler les déclarations précédentes, en des termes qui sont
à retenir, car le jour où l'Angleterre manifesterait l'intention
de demeurer en Egypte à titre définitif, elle trouverait dans
ces paroles d'un de ses grands hommes d'Etat, sa condamnation justement prononcée. Au Parlement, lord Carnarvon
avait cru devoir étudier les solutions possibles de la question d'Egypte et, en rejetant la neutralisation comme
impraticable et l'évacuation comme impossible, eu égard
aux sacrifices faits par l'Angleterre, il avait préconisé l'annexion. Force fut au Premier Ministre de la Reine, d'effacer,
par des protestations solennelles, l'effet déplorable que
n'eût pas manqué de produire, en Europe et surtout en
France, les imprudentes paroles de l'orateur.

« Je n'ai pas besoin de répéter — déclara lord Salisbury
« — ce que j'ai déjà dit, de l'obligation que nous tenons à
« honneur de remplir avant de quitter l'Egypte. Mais
« quand mon noble ami me demande d'aller plus loin, et
« de nous transformer de gardiens en propriétaires, et en
« dépit de tout ce que nos prédécesseurs et nous mêmes
« avons dit, de déclarer, dans les conditions présentes, que

---

(1) Discours aux Communes, 9 août 1883, *Archiv. dipl.*, 1882-83, III, p. 401.

(2) Discours de lord Salisbury au banquet du Lord-Maire, 8 août 1888,
Archiv. dipl, 1888, III. p. 359.

« notre séjour en Egypte est permanent, et que les relations
« de l'Angleterre avec ce pays sont celles d'une nation
« conquérante vis-à-vis d'une nation conquise, je ne peux
« m'empêcher de penser que mon noble ami tient trop peu
« de compte du caractère sacré des obligations prises par
« le gouvernement et auxquelles il doit se conformer. En
« pareille matière, nous ne devons pas considérer ce qui
« est le plus commode ou le plus profitable, mais ce à quoi
« nous sommes tenus par nos propres obligations et par la
« loi européenne. Nous n'avons certes, aucune intention
« d'abandonner notre tâche avant qu'elle soit remplie, mais
« nous n'avons ni autorité, ni droit suffisant, pour lui attri-
« buer l'extension que mon noble ami désire » (1).

On ne pouvait dire plus nettement et d'une façon plus
officielle, que vis-à-vis de l'Europe, l'Angleterre avait pris
l'engagement d'évacuer l'Egypte, qu'elle devait le tenir,
qu'en ne le tenant pas elle violait le droit des gens et manquait aux plus élémentaires principes de bonne foi internationale.

En 1893, l'opinion de Gladstone n'avait pas changé : « L'oc-
« cupation prolongée et indéfinie de l'Egypte — déclarait-il
« aux Communes, le 1er mai 1893 — dépasse notre pensée ;
« nous sommes obligés de tenir nos promesses et de donner
« un exemple d'honneur aux autres nations. Nous aurions
« le droit de convoquer une conférence des puissances, et
« de faire connaître qu'il faudrait faire un nouvel arrange-
« ment plaçant l'Egypte sous tutelle, sinon d'une façon per-
« manente, du moins pour un temps déterminé. Mais nous
« ne pourrions pas nier en tout honneur que nous avons
« un engagement interdisant l'occupation indéfinie. Hors
« de là, nous avons le droit de faire les propositions que
« nous voudrons » (2).

Citons enfin l'opinion de M. Chamberlain qui, Ministre
des colonies, déclara, le 20 mars 1896, aux Communes :

(1) Discours à la Chambre des Lords du 12 août 1889, *Archiv. dipl.*,
1889, III, p. 319, et extrait d'une lettre de Waddington à Spuller du 13
août 1889, *Archiv. dipl.*, 1893, IV, p. 269.

(2) Séance des Communes, 1er mai 1893, *Archiv. dipl.*, 1893, II, p. 227.

« Nous restons aussi prêts à évacuer l'Egypte que nous
« l'étions auparavant, et aussi disposés à examiner toute
« proposition tendant à une évacuation éventuelle. Sans
« doute, quelques administrations précédentes ont été trop
« promptes à ce sujet ; c'était une faute ; le gouvernement
« actuel ne veut pas la renouveler. Il entend maintenir
« l'occupation de l'Egypte jusqu'à ce qu'il estime que les
« troupes anglaises puissent se retirer sans mettre en
« péril l'œuvre accomplie » (1).

Quant aux discours du Trône, lus au nom de la Reine, au
commencement et à la fin de chacune des sessions du Parlement, s'ils sont moins explicites, ils indiquent malgré cela,
chaque fois qu'ils parlent de l'Egypte, l'intention ferme
du gouvernement de respecter les engagements pris vis-à-vis
de l'Europe (2).

Les promesses de l'Angleterre, si nettes et si souvent
renouvelées, seront-elles jamais tenues ?

(1) Communes, 20 mars 1896, *Archiv. dipl.*, 1896, II, p. 102. — Voir au surplus : Communes : 6 août 1883 (Gladstone), *Archiv. dipl.*, 1882-83, III, p.
397 ; — 17 septembre 1886 (J. Fergusson, Sous-Secrétaire d'Etat au Foreign Office), *Archiv. dipl.*, 1886, IV, p. 233 ; — 18 septembre 1886 (R.
Churchill), eod. loc. — 7 mars 1887 (J. Fergusson), *Archiv. dipl.*, 1887, II,
p. 117 ; — 15 juillet 1887 (J. Fergusson), *Archiv. dipl.*, 1887, III, p. 333 ; —
23 février 1891 (J. Fergusson), *Archiv. dipl.*, 1891, I, p. 375 ; — 22 août
1895 (Curzon, Secrétaire parlementaire pour les Affaires étrangères),
Archiv. dipl., 1895, III, p. 221 : — 30 août 1895 (Curzon), *Archiv., dipl.*,
1895, III, p. 351. — Chambre des Lords : 5 février 1884 (Granville), *Archiv.
dipl.*, 1884, I, p. 352 ; — 12 février 1884 (Granville), *Archiv. dipl.*, 1884, I,
p. 359 ; — 6 mars 1884 (Granville), *Archiv. dipl.*, 1884, II, p. 225. — Discours de lord Salisbury aux banquets du Lord-Maire : 9 novembre, 1889,
Archiv. dipl., 1890, I, p. 76 ; — 9 novembre 1891, *Archiv. dipl*, 1892, I,
p. 114.

(2) Voir notamment, discours du 7 janvier 1882, *Archiv. dipl.*, 1882-83,
I, pp. 256 et 258, et du 5 février 1884, *Archiv. dipl.*, 1884, I, p. 350.

CHAPITRE VIII

L'Angleterre en Egypte. — L'évacuation toujours remise : Prétextes et raisons.

SOMMAIRE. — *Les prétextes de l'Angleterre pour rester en
Egypte. — Elle a reçu mandat de l'Europe ; c'est vrai,
mais elle l'a outrepassé. — L'opinion anglaise est pour
l'annexion. — L'Angleterre a peur, qu'après son départ, une
autre puissance ne s'établisse en Egypte. — Elle prétend,
bien à tort, que ses droits sur l'Egypte valent les nôtres sur
Tunis. — En réalité, l'Angleterre veut annexer le pays.*

De tout ce que nous avons dit, il résulte bien que l'Angleterre s'est engagée envers les puissances à évacuer l'Egypte.
Pour y demeurer, elle a déclaré, et elle persiste à déclarer
à toute occasion qu'elle a entrepris en Egypte, avec mandat
de l'Europe, une tâche qui n'est pas encore achevée et
qu'elle considère comme un devoir de mener à bonne fin.
L'Angleterre aurait reçu le mandat de pacifier l'Egypte,
de la réorganiser, de lui donner ses frontières anciennes,
et de mettre son gouvernement en mesure de maintenir
l'ordre à l'intérieur, et de résister à toute agression venue
du dehors. Cette idée de mandat apparaît à tout instant
dans les paroles ou les écrits des hommes d'Etat anglais (1).

C'est ainsi que nous la trouvons dans le *memorandum*
remis, le 8 février 1887, à la Porte, par sir Henry Drummond
Wolf, dont nous avons déjà parlé ; il y est question d'évacuation, mais l'Angleterre entend se réserver le droit de
revenir en Egypte, après en avoir retiré ses troupes, dans

_____

(1) C'est aussi l'opinion de M. de Freycinet : Discours au Sénat, 20
novembre 1884 : « ..... L'Angleterre est allée en Egypte en vertu d'un
mandat européen qu'elle s'est donné elle-même, et elle s'est engagée à
en partir aussitôt que les circonstances qui l'y ont amenée cesseraient».

certaines conditions ; le *memorandum* conclut : « Il sera
« nécessaire de pourvoir, d'une autre façon, à la sécurité de
« l'Egypte que le gouvernement de la reine s'est engagé
« à assurer avant de se retirer du pays » (1).

Le 4 juin 1889, au moment où on agite la question de la
conversion de la dette, lord Salisbury déclare à M. Waddington :

« La prospérité que l'Egypte a atteinte sous notre impul-
« sion ne se maintiendrait certainement pas, si nous quit-
« tions le pays en ce moment. Si nous annoncions notre
« prochain départ, la conversion deviendrait impossible.
« A mes yeux, le succès que nous avons déjà obtenu en
« Egypte est plutôt une raison pour que nous poursuivions
« notre tâche jusqu'au bout. En effet, la sécurité extérieure
« du pays est loin d'être assurée (2).

Lord Salisbury paraît tellement persuadé qu'il fait, dans
la vallée du Nil, l'œuvre des puissances, qu'il admet volontiers être tenu envers elles d'aller jusqu'au bout pour ne
pas mériter leurs justes reproches ; le 1er juillet 1889, il est,
moins encore que le 4 juin, disposé à évacuer : « Si nous
« cédions, l'Europe entière dirait que nous avons man-
« qué aux obligations que nous avons contractées en
« allant en Egypte » (3), dit-il à M. Waddington : c'est le
dernier argument du noble Lord et, vraiment, il est de ceux
qui désarment ; Spuller n'insista pas, mais il refusa son
adhésion au projet de conversion qui lui était soumis.

Au Parlement anglais, les mêmes déclarations sont faites
par les Gouvernants : « Nous sommes allés en Egypte pour
« y accomplir une certaine œuvre, et c'est nécessairement
« l'achèvement de notre œuvre qui nous donnera la mesure
« de notre séjour dans ce pays » (4), déclare Gladstone aux
Communes, le 6 août 1883.

Bien plus net encore est M. Balfour qui d'ailleurs à ce
moment n'est pas Ministre : « On a soutenu que le gou-

---

(1) *Archiv. dipl.*, 1893. III, p. 249.
(2) *Archiv. dipl.*, 1893, IV, p. 258.
(3) Waddington à Spuller 1er juillet 1889, *Archiv. dipl.*, 1893, IV. p. 265.
(4) *Archiv. dipl.*, 1882-83, III, p. 398.

« 'vernement avait besoin d'un mandat de l'Europe pour
« intervenir en Egypte ; on perd donc de vue que les Mi-
« nistres qui sont au pouvoir ont hérité de leurs prédéces-
« seurs des obligations dont il ne leur est pas permis de se
« départir. Le gouvernement ne demande pas à annexer
« l'Egypte, mais il est tenu d'y rester jusqu'à ce que ces
« obligations soient remplies » (1).

Puis, c'est lord Granville qui, le 6 mars 1884, dit : « Nous
« manquerions à nos devoirs envers l'Egypte, envers l'Eu-
« rope, et envers nous-mêmes, si nous retirions nos troupes
« avant d'avoir la perspective que l'Egypte est en position
« de se donner un gouvernement utile et stable » (2) ; en
même temps que Gladstone déclare aux Communes : « en
« Egypte, la position est celle-ci : l'Angleterre n'y fait pas
« son propre ouvrage, ni ne cherche pas à y servir ses
« propres vues ; elle y fait l'œuvre de l'Europe et de la
« civilisation en général » (3). Puis lord Churchill : « Nous
« ne sommes pas responsables de l'intervention en Egypte ;
« mais, étant en Egypte, nous sommes parfaitement déci-
« dés à remplir nos engagements. Nous n'abandonnerons
« pas notre mission, jusqu'à ce que toutes nos responsa-
« bilités et tous nos engagements aient été complètement
« et fidèlement remplis » (4).

L'Angleterre, au dire des deux Premiers Ministres, non
seulement ne poursuit pas en Egypte des visées personnelles, mais en faisant l'œuvre de l'Europe, elle accomplit
avec abnégation et dévouement un devoir strict, d'ailleurs
pesant outre mesure, et dont elle se débarrasserait volontiers, n'étaient ses engagements.

Voici ce que dit à ce sujet Gladstone dans son manifeste

(1) Séance aux Communes du 15 février 1884, *Archiv. dipl.*, 1884, I, p. 365.

(2) Séance à la Chambre des Lords, 6 mars 1884, *Archiv. dipl.*, 1884, II, p. 225.

(3) *Archiv. dipl.*, 1884, II, p. 229.

(4) Séance aux Communes: 18 septembre 1886, *Archiv. dipl.*, 1886, IV, p. 233. — Voir également Communes, 15 juillet 1887 (J. Fergusson), *Archiv. dipl.*, 1887, III, p. 333 ; — 14 avril 1890 (J. Fergusson), *Archiv. dipl.*, 1890, II, p. 242. — 1er mai 1893 (Gladstone), *Archiv. dipl.*, 1893, II, p. 227. — Discours du trône, 14 août 1885, *Archiv. dipl.*, 1885, IV, p. 203.

électoral de 1885 : « Jusqu'à ce que l'Angleterre ait quitté
« l'Egypte, elle se trouvera exposée de cent façons à rece-
« voir des humiliations, et à être tenue en échec par les
« droits des autres puissances. L'Angleterre ne saurait se
« plaindre de l'exercice de ces droits, puisqu'ils sont fondés
« sur le droit international qu'elle est tenue de respecter.
« Lorsque l'Angleterre sera émancipée de la tâche ingrate,
« fastidieuse, qu'elle remplit en Egypte, elle reprendra en
« Europe, la position admirable qu'assurent une parfaite
« indépendance et une influence bienfaisante » (1). Ce texte
est d'ailleurs intéressant à plus d'un titre : le *Great old man*
y reconnaissait à l'Europe des droits sur l'Egypte, droits
capables de faire échec à ceux de son pays ; il y indiquait
nettement cette pensée très juste, à savoir que l'Egypte est
pour la Grande-Bretagne une gêne, une menace permanente de conflits avec l'Europe et surtout avec la France,
et qu'en définitive l'occupation anglaise, si elle a jamais été
un bienfait pour l'Egypte, est pour l'Angleterre une opération plutôt mauvaise.

Citons enfin une nouvelle déclaration de lord Salisbury :
« L'Angleterre ne vise pas à l'annexion de l'Egypte ; ce
« qu'elle désire, c'est que ce pays soit en mesure de se suf-
« fire à lui même, qu'il soit assez fort pour maîtriser les
« désordres intérieurs et repousser tout ennemi du dehors.
« L'Angleterre, jusqu'à ce qu'elle ait acquis la certitude que
« l'Egypte peut accomplir cette tâche, demeurera pour l'as-
« sister ; mais elle renoncera avec joie à supporter ce far-
« deau peu nécessaire, aussitôt qu'elle sera persuadée que
« le moment est venu de l'abandonner » (2).

L'Angleterre est donc convaincue qu'elle agit en Egypte
pour le compte de l'Europe, et en vertu d'un mandat au
moins tacite. Devons nous accepter cette idée de mandat ?
Peut être serait-on tenté à première vue de répondre par la
négative. Toutefois il faut se rappeler le début de l'action
anglaise en Egypte, action entreprise sans protestations de

(1) *Archiv. dipl.*, 1885, IV, p. 210.

(2) Discours de lord Salisbury au banquet du Lord-Maire, 8 août 1888,
Archiv. dipl., 1888, III, p. 359.

la part de la Conférence de Constantinople. L'Angleterre a agi de son plein gré, injustement d'ailleurs en ce qui concerne le bombardement d'Alexandrie, maladroitement dans la mesure où elle a provoqué, sans pouvoir ou sans vouloir les empêcher, le massacre des Européens et· le pillage de leurs concessions : les gouvernements ont laissé faire. Ils ont suivi les mouvements anglais sans rien objecter. A Constantinople, le représentant anglais à continué à collaborer aux travaux de la Conférence ; au sein de celle-ci, on s'est entretenu de l'action britannique, et on en a tenu compte absolument comme si l'Angleterre eût agi au nom de tous.

Cette attitude des puissances serait incompréhensible, si elles avaient pu admettre un seul instant que la Grande-Bretagne agissait pour son compte, et rien que cela suffirait pour nous faire conclure dans le sens du mandat. Mais ce n'est pas tout, les puissances avaient des assurances positives. Dans une note à la Conférence, du 27 juillet 1882, la Porte annonçait qu'elle se décidait à envoyer en Egypte des troupes turques, et elle laissait entendre qu'elle espérait en conséquence en voir partir le contingent anglais. L'Angleterre riposta par la note suivante :

« La Grande-Bretagne ne peut retirer ses troupes, ni
« ralentir ses préparatifs. L'inaction prolongée du Sultan,
« en face d'une situation telle qu'elle se·présente en Egypte,
« a imposé à l'Angleterre, aussi bien dans l'intérêt général
« que dans le sien propre, le fardeau qu'elle a maintenant
« entrepris de supporter.

« L'arrivée et la coopération des forces turques en Egypte,
« seront agréées par le gouvernement de Sa Majesté Britan-
« nique, pourvu que le caractère de cette intervention soit
« défini d'une manière satisfaisante, et dégagé de toute
« ambiguité par des déclarations préalables du Sultan.

« Le gouvernement de Sa Majesté a l'honneur de faire
« connaître à la Conférence, qu'une fois le but militaire
« visé atteint, il réclamera le concours des puissances pour
« les mesures à prendre en vue du futur et bon gouver-
« nement de l'Egypte » (1).

(1) *Livre Jaune*, Egypte, 1882. VI, p. 12.

L'Angleterre se chargeait donc, devant la Conférence, de pacifier l'Egypte dans l'intérêt de tous ; cela fait. elle devait réorganiser le pays avec le concours des puissances. Les affaires égyptiennes restaient internationales, l'Europe demeurait saisie de leur règlement ; l'Angleterre s'engageait simplement, du consentement de tous, a rétablir l'ordre avant toute chose ; elle était le gendarme de l'Europe. Aussi le 14 septembre 1882, après la bataille de Tel-el-Kébir, lord Granville put justement répondre à M. Tissot, venu pour le complimenter, que c'était là une « victoire européenne » (1). Tout cela, surtout les déclarations répétées des hommes d'Etat anglais, nous conduit à nous prononcer nettement dans le sens d'un mandat.

En Egypte, l'Angleterre est donc la mandataire de l'Europe. Elle fait les affaires de la collectivité, non les siennes propres. Elle l'a bien voulu et serait mal venue de s'en plaindre.

Mais les puissances n'ont certainement pas donné ou consenti à l'Angleterre le mandat d'occuper indéfiniment le pays, et d'y établir un protectorat plus ou moins déguisé ; la mandataire, a de beaucoup et depuis longtemps, outrepassé ses pouvoirs. Son rôle eût dû se borner à protéger les Européens lors de la révolte d'Arabi, et au besoin à rétablir l'ordre. Tout ce qu'elle a fait en dehors de cela est illégitime, et elle ne peut se prévaloir pour se justifier, ni de la complicité des puissances, ni du consentement de la Porte et du Khédive, qui n'ont jamais consenti à rien, mais se sont bornés à ne pas se plaindre outre mesure par crainte des coups.

Personne n'a chargé l'Angleterre de réorganiser l'administration égyptienne avec des éléments anglais, ni de pacifier le Soudan égyptien, encore moins d'essayer d'y établir sa domination propre. Le lourd fardeau, dont on a si souvent parlé à Westminster, eût pu être déposé depuis longtemps : on n'a jamais demandé à l'Angleterre tant de patience altruiste, tant de persévérance désintéressée.

---

(1) Tissot à Duclerc, 14 septembre 1882, *Livre Jaune*, Egypte, VI, p. 48.

D'ailleurs tout est terminé maintenant. L'Egypte a recou-
vré ses frontières, la prospérité de ses finances, le fonctionnement régulier de son administration ; elle n'a plus rien
à craindre, ni au dedans, ni au dehors ; elle n'a plus besoin
d'être en tutelle ; l'Angleterre a mené sa tâche à bonne
fin : l'heure de l'évacuation a sonné pour elle.

Et cependant, personne à Londres, ne parle de rappeler
du Caire un seul soldat. Il est certain que cette mesure
est assez difficile à prendre, surtout à l'heure présente ou
l'impérialisme semble avoir conquis tous les cerveaux
anglais. A notre époque, surtout dans un pays doté du
suffrage universel, l'opinion publique doit être ménagée ;
et si on n'est pas à même de la diriger, il faut nécessairement la suivre. Or nul doute que l'opinion anglaise ne soit
plus portée à annexer l'Egypte qu'à y renoncer tout à fait.
Et c'est là une des raisons qui fait que l'occupation
anglaise dans la vallée du Nil a de fortes tendances à
devenir permanente.

Ensuite, l'Angleterre a peur, ou du moins feint d'avoir
peur, d'être remplacée après son départ d'Egypte par
quelqu'autre Etat, surtout par la France. Nous l'avons vu,
chaque fois que des pourparlers pour l'évacuation ont été
engagés, l'Angleterre a trouvé là son plus fort argument.
De peur que la France n'occupe l'Egypte, l'Angleterre y
demeure. Est-on en cela de bonne foi de l'autre côté de la
Manche ? qu'il nous soit permis d'en douter. La France a
pris à ce sujet des engagements solennels (1) ; elle n'a pas
coutume de manquer à sa parole. Elle a assez de ses colonies

---

(1) Notamment lorsque des pourparler eurent lieu en 1886, entre l'Angleterre et la Turquie, à la suite de la mission de Moukhtar-Pacha et
de sir Drummond Wolf, la Porte manifesta le désir, pour répondre
victorieusement à la principale objection de l'Angleterre, d'avoir du
gouvernement français la déclaration nette et formelle que la France
n'avait aucune visée sur l'Egypte et ne cherchait pas à y remplacer
l'Angleterre. M. de Freycinet répondit en ces termes à M. de Montebello, Ambassadeur à Constantinople : « Vous pouvez donner au Grand
« Vizir l'assurance très précise que nous n'avons aucunement l'inten-
« tion d'occuper l'Egypte quand l'Angleterre l'aura quittée. Nous som-
« mes formellement opposés à l'occupation de l'Egypte par une puis-
« sance quelconque ». Archiv. dipl., 1893, III, p. 233.

actuelles, trop vides de Français, trop coûteuses et suffisamment vastes. Elle n'a, elle ne saurait avoir aucune visée sur l'Egypte ; son attitude, en 1882, l'a montré surabondamment. D'ailleurs il est permis de penser que si la France voulait un jour s'établir en Egypte, il se trouverait immédiatement plusieurs puissances, l'Angleterre en tête, pour l'en empêcher. Les convoitises de la France au sujet de l'Egypte sont du domaine de l'imagination pure, et une chimère n'est pas un argument.

Les publicistes anglais (1), sentant toute la faiblesse de l'argumentation ordinaire de leurs hommes d'Etat, ont essayé de venir en aide à ces derniers, et d'invoquer, en faveur de l'occupation anglaise, le droit de légitime défense. Selon eux, la situation prise par la France en Algérie d'abord, puis en Tunisie, a rompu l'équilibre dans la Méditerranée, et il ne peut être rétabli que si l'Angleterre s'installe définitivement en Egypte.

Si les gouvernants protestent de leur désir de rester fidèles aux engagements pris et se bornent à temporiser, on le voit, la Presse, fidèle reflet de l'opinion, jette bas le masque et réclame l'annexion. D'ailleurs, dit-elle, pour colorer ses prétentions d'une apparence de droit, la situation de l'Angleterre en Egypte est identique à celle de la France· en Tunisie ; les droits de l'une et de l'autre sont les mêmes, et l'Angleterre n'a pas à partir du Caire, tant que la France restera à Tunis.

Nous entendons établir ici combien est erronée une telle affirmation (2). L'Angleterre est en Egypte en vertu d'une cause illégitime ; elle est intervenue par la force dans les affaires intérieures de ce pays sans y avoir été appelée, et au-delà de ce qui était nécessaire pour le règlement des difficultés pendantes ; le bombardement d'Alexandrie a été une monstruosité inutile et non justifiée : pour l'ordonner,

(1) Voir notamment dans le *Times* du 25 janvier 1895, l'article signé « Un anglais résidant en Egypte depuis 20 ans ».

(2) V. à ce sujet, Engelhardt, « Situation de la Tunisie au point de vue international » *Revue de droit internat. et de législation comparée*, 1881, p. 331.

l'amiral Seymour a trouvé des prétextes, non des raisons.
Aucun texte n'est venu depuis donner à l'Angleterre le titre
légitime qui lui manque ; le Khédive à le droit d'exiger le
retrait des troupes britanniques ; par suite de la situation
du Sultan dans le pays, ce dernier a aussi le droit de
demander leur départ ; il n'est pas jusqu'aux puissances
qui ne soient autorisées à rappeler à l'Angleterre qu'elle a
promis de tout temps l'évacuation, et que le moment est
venu de tenir ses promesses. Toute autre est la situation de
la France en Tunisie.

D'abord le débarquement des troupes françaises en Tunisie était absolument justifié et nécessaire : le mauvais
vouloir du gouvernement beylical, l'état d'anarchie du pays,
créaient à nos nationaux, qui y étaient établis, de constantes difficultés ; on avait pu voir un navire français échoué
sur les côtes pillé par des bandes arabes ; des déprédations
étaient constamment commises par des tunisiens au préjudice des tribus algériennes de la province de Constantine ;
enfin, au début de 1881, de véritables troupes de Kroumirs,
organisées et armées, avaient envahi le territoire algérien.
Le Bey était impuissant à éviter ces abus ; peut-être même
n'était-il pas décidé à les empêcher; ce qui est certain, c'est
qu'il restait impassible, malgré les remontrances fréquen-
tes de notre représentant à Tunis, M. Roustan. C'est dans
ces conditions que furent envoyées en Afrique les troupes
qui devaient tout remettre dans l'ordre, disperser les bandes arabes et assurer la sécurité de la frontière algérienne.
L'action de la France était pleinement justifiée ; c'était
l'exercice du droit de légitime défense.

Venue en Tunisie en vertu d'un droit, la France y est
restée en vertu d'un droit que lui ont reconnu deux traités
passés avec le Souverain légitime. Le traité du Bardo du 12
mai 1881 (1) convient que l'occupation française sera provisoire, et durera « jusqu'à ce que l'administration locale
« soit en état de garantir le maintien de l'ordre » ; il place
auprès du Bey un Ministre résident français, et décide que

(1) De Clercq, XIII, p. 25.

la France dirigera les relations extérieures de la Régence, et que les agents diplomatiques et consulaires de la France en pays étrangers seront chargés de la protection des intérêts tunisiens et des nationaux de la Régence.

Le traité de la Marsa, du 8 juin 1883 (1), établit en Tunisie le protectorat français. Désormais, la suprématie de la France dans ce pays, tant au point de vue de l'administration interne que pour les relations internationales, est nettement établie ; reconnue et consacrée par un texte formel signé par le principal intéressé, elle s'impose juridiquement à tous.

On peut objecter, et on a objecté toutefois que le Bey n'avait pas pu aliéner ainsi partie d'une souveraineté que lui-même ne possédait pas, et que, même après la convention de la Marsa, en l'absence de l'assentiment du Sultan suzerain, la France n'avait que l'ombre d'un droit. Nous sommes amenés ainsi à rechercher si vraiment la Porte a des droits dans la Régence, et si entre les deux pays, il existe un lien de nature à restreindre plus ou moins la souveraineté du Bey.

Sur cette question, la doctrine est divisée. Lawrence-Wheaton admet qu'il y a un lien entre la Porte et Tunis ; il se base pour cela sur les traités passés par la Turquie et intéressant les Etats barbaresques, et sur un firman adressé au Bey en 1803 (2). Bluntschli (3) donne la Tunisie comme un Etat vassal de la Porte, sans commentaires. Travers-Twiss (4) considère le firman du 23 octobre 1871 comme ayant fondé le droit et créant entre les deux Etats un lien de vassalité. F. de Martens (5) conclut dans le même sens, en se basant sur le payement d'un tribut, sur les traités de la Porte, et sur le firman de 1871 : pour lui, « les droits de la Tur-

---

(1) De Clercq, XIV, p. 244.

(2) Lawrence-Wheaton, *Commentaires sur les éléments du droit international*, I, pp. 258 à 261 ; IV, p. 203.

(3) Bluntschli, *Droit international codifié*, no 76.

(4) Travers-Twiss, *Le droit des gens*, I, p. 91.

(5) F. de Martens, *Traité de droit international*, I, pp. 342 et 343.

quie sont incontestables ». Enfin, Geffcken, (1) considère la situation actuelle de la Tunisie comme un fait ; en droit, elle dépend de la Porte et reste indépendante de la France. MM. Engelhardt (2), Calvo (3), Despagnet (4), Pradier-Fodéré (5), pensent au contraire que si la Tunisie a incontestablement fait partie de l'Empire Ottoman, on ne saurait admettre qu'il en soit encore ainsi à l'heure présente.

Naturellement, la Porte ne partage en aucune façon cette dernière manière de voir. Elle a constamment revendiqué sur la Tunisie un droit souverain. Dans une dépêche du 10 mai 1881, Essad-Pacha, Ambassadeur ottoman à Paris, écrivait à Barthélemy-Saint-Hilaire : « ... La Sublime-Porte « avait pris pour règle de choisir les chefs de l'administra-« tion tunisienne parmi les descendants des premiers « Vali nommés par elle. C'est cette règle qui a été invaria-« blement suivie jusqu'à nos jours. Les divers Vali qui se « sont succédés, nommés tous par firman impérial, ont « rempli aussi bien que la population tunisienne leurs « devoirs de sujétion envers la Sublime-Porte, et chaque « fois que nous nous sommes trouvés en guerre, la Tunisie « n'a pas manqué de nous envoyer son contingent militaire « et maritime. Le firman octroyé en 1871, à la requête de « Son Altesse Sadock-Pacha et de la population, n'était « lui-même que la consécration d'un principe séculaire in-« contestable.

« Depuis cet acte solennel, reconnu par les puissances « en général, rien n'est venu modifier le statut organique « de la Tunisie, partie intégrante de l'Empire Ottoman; les « prières publiques sont lues toujours au nom de Sa Majesté « Impériale le Sultan, dans les Mosquées ; la monnaie « continue à être frappée à son chiffre ; en un mot, toutes

(1) Geffcken, notes sur Heffter, *Le droit international de l'Europe,* p. 52.

(2) Engelhardt, « Situation de la Tunisie au point de vue internatio-nal », *Revue de droit internat. et de législation comparée,* 1881, p. 331.

(3) Calvo, *Le droit international théorique et pratique,* I, pp. 222 et s.

(4) Despagnet, *Essai sur les Protectorats,* pp. 201 et s.

(5) Pradier-Fodéré, *Traité de droit international public,* I, pp. 173 et s.

« les marques distinctives de sa souveraineté sont conser-
« vées religieusement et, cette fois encore, le Vali et les
« habitants affirment à nouveau par des déclarations for-
« melles, réitérées, leur devoir de sujets fidèles et loyaux
« du Sultan, et partant, les droits souverains de Sa Ma-
« jesté » (1).

A la même date, dans ses instructions à Essad (2), Assim-
Pacha, Ministre des affaires étrangères de la Porte, soutenait la thèse suivante : Depuis 1534, le Sultan est souverain
de Tunis, la chose est « incontestable » et « en général
incontestée ». Il faut en voir une preuve dans les différents
firmans octroyés par le Grand-Seigneur, dans le fait que le
. Bey, à l'heure actuelle, implore le secours de son suzerain.
Vers le milieu du xvııe siècle, le Sultan eut l'occasion
d'adresser un firman au Bey, au sujet « de l'exéquatur
« délivré par la Sublime-Porte au consul de France à Tunis,
« firman autorisant ce dernier à cumuler les fonctions de
« Consul des puissances non représentées à ce moment-là
« à Constantinople. » Les traités conclus entre la Porte et
la France, notamment celui de 1668, énumèrent les titres du
Sultan et parmi eux celui de « Souverain de Tunis ». Dans
ces mêmes traités, il est stipulé que les conventions s'appliquent à la Tunisie. D'autres traités, conclus entre la Porte
et l'Autriche, conviennent que les autorités d'Alger, Tunis,
Tripoli protègeront les navires du Saint Empire Romain.
En 1825, le Sultan a ordonné aux autorités d'Alger, Tunis,
Tripoli, de ne pas se mêler aux différends entre l'Autriche
et le Maroc. En 1830, il a dicté au Bey les conditions d'organisation de sa milice. En 1860, le Bey a fait sa soumission
à Sa Majesté Impériale par un acte écrit. De tout cela,
Assim-Pacha conclut que la Tunisie n'a pas cessé d'être
une province ottomane.

Les deux principales manifestations turques au sujet
de Tunis sont le firman du 22 octobre 1871 et la note du
27 avril 1881. Le firman fut octroyé au Bey, qui ne le deman-

(1) *Archiv. dipl.*, 1884, I, p. 191.

(2) *Archiv. dipl.*, 1884, I, p. 199.

dait pas, à un moment où les difficultés avec lesquelles
la France était aux prises sur le continent ne lui permettaient pas de s'opposer à un pareil acte. Il constate la complète sujétion du Bey : « Au Vali de la province de Tunis,
mon Vizir Mohammed-Sadyk-Pacha », débute le texte ; et il
continue, en prodiguant à chaque ligne les mots de province
et de sujets, pour se terminer ainsi : « Et comme la conser-
« vation absolue et permanente de nos droits séculiers
« et incontestables sur la Tunisie, ainsi que la sûreté cons-
« tante des biens, de la vie, de l'honneur et des droits géné-
« raux de nos sujets demeurant dans cette province confiée
« à ta fidélité, constituent les conditions fondamentales
« et arrêtées du privilège d'hérédité, il faut que tu veilles
« constamment à préserver ces conditions essentielles de
« toute atteinte, et que tu t'abstiennes de tout acte con-
« traire » (1).

La note du 27 avril 1881 (2) adressée aux puissances, lors
de l'expédition française, est une protestation contre la politique de la France, et une affirmation des droits « incontestables » de la Porte sur Tunis.

La France a toujours refusé de reconnaître ces prétentions
de la Porte, et elle s'est appliquée à les considérer comme
non avenues. On comprend qu'elle ne tienne nullement à
voir la Turquie se réinstaller aux portes de l'Algérie, et lui
susciter des difficultés dans cette région. Nos gouvernants
ont donc répondu constamment au Divan que, s'il y avait
un lien entre la Porte et Tunis, il était purement religieux :
en conséquence, la France s'est opposée par la force à toute
tentative de la Turquie sur Tunis, et elle a déclaré considérer le firman de 1871 comme lettre morte ; quant à
la note de 1881, il n'en a été tenu aucun compte par personne.

Mais en dehors de l'opinion de la Porte, de la France et
de l'Europe, il est facile de se faire une idée nette de la

_____

(1) Firman du 22 octobre 1871, *Archiv. dip.*, 1875, II, p. 103. — Martens,
Recueil général de traités, 2ᵉ série, VIII, p. 234.

(2) Note du 27 avril 1881. Pradier-Fodéré, *Traité de droit international
public*, I, p. 173.

situation du Bey vis-à-vis du Sultan, en considérant la suite des faits dans l'histoire, et en étudiant les textes.

Les prétentions ottomanes sur Tunis ne remontent pas au-delà du xvɪᵉ siècle. A ce moment, la Tunisie fut successivement conquise par les Osmanlis, par Charles-Quint, par le Dey d'Alger, par don Juan d'Autriche, pour devenir en 1573 la proie des janissaires, qui se partagèrent le pays, et le morcelèrent en une foule de petites souverainetés n'ayant de commun avec les Turcs que la religion. Comme le disait Barthélemy-Saint-Hilaire, la domination ottomane ne fut à cette époque qu'« un accident passager, qui ne « pouvait produire de conséquences juridiques devant « survivre aux conséquences matérielles qui l'avaient « amené » (1).

En 1705, les Ottomans ayant été expulsés, un soldat de fortune Hussein, chef de la dynastie actuelle, monta sur le trône de Tunis, sans recevoir de la Porte aucune investiture. Depuis, rien n'est venu montrer que la Tunisie fît partie de l'Empire Ottoman.

Au point de vue interne, le Bey est resté absolument indépendant, et l'on ne trouve trace de rien qui puisse paraître un indice de sujétion. Il promulgue et modifie les lois à sa guise ; il lève les impôts suivant son bon plaisir ; il est libre de changer l'organisation des plus importants services de l'Etat. Le 26 janvier 1864, après les troubles qui éclatèrent dans la Régence à cette· époque, le Bey, dans un rescrit aux gouverneurs de provinces, supprima des impôts impopulaires, transforma l'organisation judiciaire, sans consulter la Porte, et en spécifiant bien qu'il travaillait pour le bien de « l'Etat » et le bonheur de ses « sujets ».

Non seulement le Bey fait les lois ordinaires librement, mais c'est encore lui qui donne force aux lois organiques, et lui seul : la constitution tunisienne, œuvre des Beys, confirmée en 1859, dispose très nettement, dans son préambule, que « le Souverain règne en vertu du choix unanime « des hauts dignitaires et conformément à l'ordre de suc-

---

(1) Dépêche de Barthélemy-Saint-Hilaire à Tissot, Ambassadeur à Constantinople, 18 avril 1881, *Archiv. dipl.*, 1884, I, p. 157.

« cession observé dans le royaume » ; elle donne aux Beys tous les pouvoirs d'un Chef d'Etat, et cependant il ne paraît pas que la Porte ait jamais protesté à ce sujet.

Le Bey dirige toute l'administration, nomme à tous les emplois publics. Il fixe l'effectif de l'armée, sa composition ; il la paye, il désigne les chefs qui doivent la commander.

A l'extérieur, nous pouvons constater la même indépendance : le Bey a le droit de guerre et de paix ; il a été souvent en hostilité ouverte avec certaines puissances pourtant en paix avec la Porte. En 1819, à la suite du Congrès d'Aix-la-Chapelle, les puissances signifièrent à Tunis un ultimatum menaçant, ordonnant de faire cesser la piraterie : la Turquie ne fut avertie que « par courtoisie », comme dit Barthélemy-Saint-Hilaire, mais on ne la consulta pas. Le 28 mars 1833, les rois de Sardaigne et de Sicile, bien qu'en paix avec Constantinople, conclurent un traité d'alliance avec Tunis.

Les conventions signées par les Beys sont absolument valables en dehors de toute ratification ; la France a souvent traité directement avec eux comme avec des Souverains véritables ; ainsi en 1742, en l'an III, en 1824, 1830, 1832, 1861.

Dans le traité du 19 juillet 1875 (1), entre l'Angleterre et la Régence, le Bey est qualifié « Altesse sérénissime, Souverain de Tunis » ; on oppose les « sujets tunisiens » aux « sujets anglais » ; l'article 37 dispose : « Le gouvernement « anglais et Son Altesse le Bey, mûs par un sentiment « d'humanité et ayant égard aux institutions libérales « dont leurs nations respectives jouissent heureusement « sous la garde de Dieu, s'engagent réciproquement à faire « tout ce qui sera en leur pouvoir pour supprimer l'escla- « vage ». *Sous la garde de Dieu,* dit le texte, et il n'est point parlé comme puissance intermédiaire du Sultan. Bien mieux, dans l'article 39, le Bey s'engage à ne laisser armer aucun corsaire dans les ports de la Régence par les ennemis de Sa Majesté la Reine ; la généralité des termes

(1) *Archic. dipl.,* 1876-77, III, p. 99.

conduit à penser que ceci s'applique même à la Porte, ce qui, disons-le en passant, ne s'accorderait guère avec une obligation pour le Bey de secourir le Sultan en cas de conflit. Il est à noter que le Divan n'a pas protesté contre ce traité.

Tunis a toujours entretenu des relations diplomatiques avec les puissances, sans intermédiaire : le gouvernement ottoman a bien dit à ce propos que de notoriété publique, les Consuls des puissances recevaient leur exequatur de la Porte, mais cela n'a pas été démontré. Pendant le cours du xviiie siècle, la Tunisie faisait si peu partie de l'Empire Ottoman, qu'à Constantinople il n'était rien répondu aux doléances des puissances se plaignant des actes de piraterie commis par les populations des côtes de la Régence.

Le Sultan n'entretient pas en Tunisie de garnisons ottomanes ; il ne perçoit ni impôt, ni tribut ; il ne compte pas en temps de guerre sur les troupes tunisiennes, et c'est seulement, à titre très exceptionnel, qu'en 1854, à l'instigation d'ailleurs de Napoléon III, le Bey envoya au Sultan un contingent pour combattre la Russie.

C'est donc vainement que l'on cherche le lien qui unit Tunis à la Porte ; et on ne saurait le trouver dans la volonté de cette dernière d'implanter dans la Régence une domination qui, à vrai dire, n'a jamais été sérieusement établie. En 1835, la Turquie a essayé de faire reconnaître par la Tunisie, comme elle l'avait fait pour la Tripolitaine, ses prétendus droits : la France ne le lui a pas permis. Il en a été de même en 1864, quand il fut question à Constantinople de dépêcher, auprès du Bey, un envoyé porteur d'un firman d'investiture. Rappelons l'octroi du firman de 1871 qui est un simple fait et ne prouve rien, et les protestations de la Porte pendant l'expédition française, protestations qui n'ont pas plus de portée. Prétendre avoir un droit sur un pays est chose facile ; le démontrer est plus épineux ; cette démonstration n'a pas encore été faite par la Turquie en ce qui concerne Tunis.

Il est vrai que l'on peut objecter l'aveu du gouvernement beylical lui-même. Mais pouvons-nous nous incliner vraiment devant cet argument aux apparences si solides ? certainement non.

Le premier Ministre du Bey déclara, le 27 avril 1881, à M. Roustan, en parlant de l'occupation française : « Il est « de notre devoir de protester contre cette violation de tou- « tes les lois, non seulement en notre nom, mais aussi au « nom de l'Empire Ottoman, duquel nous tenons ce pays « dont le territoire est confié à notre honneur et à notre « loyauté. L'intégrité de l'Empire Ottoman, dont la Régence « fait partie, étant sous la sauvegarde des stipulations du « traité de Berlin dont le gouvernement de la République « est un des signataires, nous avons adressé également aux « grandes puissances notre protestation, pour mettre à « l'abri notre responsabilité, et afin qu'elles avisent aux « moyens de conserver cette intégrité qu'elles ont garan- « tie » (1).

Puis ce fut une lettre du Bey à lord Granville et à Cairoli, dans laquelle, au nom de son « auguste suzerain », il en appelait à ces deux hommes d'Etat : « Je laisse, disait-il, « mon propre sort, et le sort de mon pays entre vos mains « et entre celles de mon suzerain avec lequel j'ai toujours « maintenu une loyauté parfaite jusqu'à aujourd'hui » (2). Le Bey éprouvait le besoin, dans ce texte, de déclarer solennellement sa loyauté passée vis-à-vis de la Porte, tant cette loyauté était peu évidente.

D'ailleurs ces déclarations tunisiennes n'étaient qu'une feinte pour écarter la France, et fournir aux puissances une raison d'intervenir. En réalité, le Bey avouait si peu être le Vali du Sultan que, dès le 8 mai 1881 (3), en présence des armements de la Porte, il déclarait à M. Roustan qu'il était peu rassuré, et qu'éventuellement il comptait sur l'amitié de la France. N'avait-il pas dit du reste à notre Chargé d'affaires : « Je reconnais l'autorité du Sultan, comme les catho- « liques reconnaissent celle du Pape, rien de plus » (4). Et

(1) Archiv. dipl., 1884, I, p. 174.
(2) Archiv. dipl., 1884, I, p. 182.
(3) Roustan à Barthélemy-Saint-Hilaire, Archiv. dipl., 1884, I, p. 186.
(4) Despagnet, Essai sur les Protectorats, p. 201.

le prétendu aveu du Bey se réduit ainsi à une manœuvre diplomatique.

Disons enfin que l'indépendance évidente de la Tunisie a rarement été mise en doute à l'étranger. Lord Aberdeen, Ministre des affaires étrangères d'Angleterre, constatait, dans une dépêche du 23 mars 1831, que « beaucoup d'Etats « de l'Europe... avaient depuis longtemps l'habitude de trai- « ter les Régences comme des puissances indépendan- « tes » (1) ; et Gladstone, dans la séance de la Chambre des Communes du 24 juin 1881, déclarait : « Il est impossible « d'affirmer, comme une proposition de loi européenne, que « la Tunisie fait partie de l'Empire Ottoman » (2).

Il ne reste, pour faire croire à une sujétion de Tunis vis-à-vis la Porte, que le cadeau envoyé à Constantinople à chaque changement de règne, les prières publique faites en Tunisie pour le Sultan, et la frappe des monnaies à l'effi- gie de celui-ci. Faibles preuves. Hommage pieux rendu à un chef religieux respecté de tout l'Islam et rien de plus. Le Bey, jusqu'à 1881, a été un chef d'Etat absolument indé- pendant, mais, en bon musulman, il s'est toujours incliné, il s'incline encore devant le Khalife.

Il est donc établi que la France pouvait valablement traiter avec le Bey seul, sans avoir besoin d'une ratification quelconque venue de Constantinople. Il reste à rechercher si, d'autre part, elle était engagée envers les puissances à ne rien entreprendre à Tunis, ou du moins à ne pas s'y établir.

D'abord, d'une façon générale, on ne saurait opposer à la France qu'ayant à garantir le maintien de la Régence dans l'Empire ottoman, elle ne peut l'en détacher. Nous venons de voir que Tunis était libre de tout lien vis-à-vis de Cons- tantinople, et que par suite les devoirs imposés aux signa- taires des traités de Paris et de Berlin n'ont rien à voir en l'espèce.

(1) Barthélemy-Saint-Hilaire à Tissot, 18 avril 1881, Archiv. dipl., 1884, I, p. 160.

(2) Engelhardt, « Situation de la Tunisie au point de vue internatio- nal », Revue de droit international et de législation comparée, 1881, p. 335, note 1.

D'autre part, la France ne s'était jamais engagée vis-à-vis de personne à renoncer à toute entreprise en Tunisie. Bien mieux, elle y est allée avec l'approbation de l'Angleterre, qui même l'y a poussée. Nous nous basons pour affirmer ceci sur les paroles échangées à Berlin, en juillet 1878, entre lord Salisbury et M. Waddington, paroles rapportées par ce dernier :

« ... Faites à Tunis ce que vous jugerez convenable, m'a « dit sa Seigneurie ; l'Angleterre ne s'y opposera pas et « respectera vos décisions... Revenant dans une autre occa- « sion sur ce sujet, lord Salisbury n'hésita pas à me confier « qu'il regardait comme moralement impossible que le « régime actuel pût durer à Tunis, et qu'aux yeux du « cabinet anglais, il appartenait à la France de présider « à la régénération de ce pays consacré par de grands sou- « venirs.

« ... Il est possible, lui ai-je dit, que l'avenir nous im- « pose, à l'égard de la Tunisie, une responsabilité plus « directe que celle qui nous incombe aujourd'hui. Le cours « naturel des choses, je l'admets avec vous, destine sans « doute cette contrée à compléter un jour l'ensemble « des possessions de la France en Afrique ; aussi bien, dès « aujourd'hui, ne permettrions-nous à aucune puissance « étrangère de s'y établir, et repousserions-nous par les « armes toute tentative de ce genre.

« ... Bien que j'ignore quelles peuvent être les intentions « de mon gouvernement à ce sujet, je ne crois pas qu'il « acceptât, dans les circonstances actuelles, une annexion « pure et simple telle que vous êtes disposé à l'envisager « dès à présent. Ce qui rentrerait, à la vérité, dans les don- « nées de la situation comme nous la comprenons, c'est « que notre protectorat dans ce pays fût reconnu d'une « manière formelle » (1).

La lettre précédente ayant été communiquée par notre Ambassadeur à lord Salisbury, celui-ci écrivit à ce sujet à lord Lyons à Paris : « ...... Le gouvernement de la Reine

(1) Waddington au marquis d'Harcourt, Ambassadeur à Londres, 26 juillet 1878, *Archiv. dipl.*, 1884, I, p. 214.

« n'a jamais ignoré que la présence de la France sur les
« côtes d'Algérie, appuyée comme elle l'est par une force
« militaire imposante, doit avoir pour effet, quand elle ju-
« gera opportun de l'exercer, de lui donner le pouvoir
« de peser avec une force décisive sur le gouvernement de
« la Régence de Tunis sa voisine. C'est là un résultat que
« nous avons depuis longtemps reconnu comme inévitable,
« et que nous avons accepté sans répugnance. L'Angleterre
« n'a, dans cette région, aucun intérêt spécial qui soit de
« nature à la mettre en garde ou en défiance contre l'in-
« fluence légitime et croissante de la France...... » (1).

En 1880, ces déclarations gênèrent fort le gouvernement
anglais. Lord Granville essaya d'en affaiblir la portée ; il
déclara à Léon Say « que, dans l'opinion du gouvernement
« de la Reine, la Tunisie faisait partie intégrante de l'Em-
« pire ottoman, et que la Grande-Bretagne n'avait aucun
« droit ni moral, ni international d'en disposer ; que tou-
« tefois son gouvernement voyait sans jalousie l'influence
« que la France, par sa puissance supérieure et sa haute
« civilisation, exerce et exercera vraisemblablement sur la
« Tunisie » (2). Seulement, la nouvelle façon de voir du gouvernement anglais était annoncée un peu tard.

On pourrait invoquer peut-être contre la France les conversations et les dépêches (3) échangées entre Barthélemy-
Saint-Hilaire et lord Lyons, en mai 1884, dans lesquelles notre Ministre déclarait, à plusieurs reprises, ne pas vouloir
annexer la Tunisie « *pour le moment* » ; mais cela n'engage en rien l'avenir, et ne prouve d'ailleurs rien contre la
légitimité du Protectorat.

Depuis lors, les puissances ont reconnu la situation de
la France en Tunisie et ont consenti à renoncer aux privilèges nés des Capitulations dans ce pays, malgré les intrigues du Ministre italien Mancini, qui n'accepta au nom de
l'Italie que la « suspension » de la juridiction consulaire
italienne.

(1) Lord Salisbury à lord Lyons, 7 août 1878, *Archiv. dipl.*, 1884, I, p. 216.

(2) Lord Granville à lord Lyons, 17 juin 1880, *Archiv. dipl.*, 1884, I, p. 217.

(3) *Archiv. dipl.*, 1884, I, pp. 206 et s.

A ce propos, il est curieux de rappeler l'opinion de l'Autriche sur cette affaire, opinion nettement indiquée dans une dépêche du Ministre des affaires étrangères à l'Ambassadeur autrichien à Rome : « ... Selon nous, il n'y « a pas lieu de demander en cette occasion un traitement « exceptionnel en faveur de nos administrés en Tunisie ; « il s'agit simplement de les placer dans les conditions « dont ils jouissent en France même et dans les colonies « françaises ». Si l'Italie veut faire des difficultés, c'est son affaire, « mais l'Autriche-Hongrie ne pourrait se défendre « d'être taxée d'un excès de rigueur, si, en considérant les « proportions d'intérêts en jeu, elle voulait aller plus loin « que l'Angleterre. Le cabinet impérial et royal ne saurait « enfin perdre de vue que, lors de la suppression de la « juridiction consulaire dans la Bosnie et dans l'Herzégo- « vine, le gouvernement français a renoncé au régime « des capitulations sans y attacher aucune réserve » (1).

En 1896 et 1897, le Président de la République française, au nom du Bey, a passé, avec les divers États européens (2), une série de traités aux termes desquels les étrangers n'auront en Tunisie d'autres droits et privilèges que ceux qui leur sont reconnus en France.

De tout cela, on peut conclure que nos droits en Tunisie sont considérés, dans toutes les chancelleries, comme acquis, et qu'ils ont cessé d'être discutés, étant indiscutables.

Et maintenant, si nous voulons comparer notre situation en Tunisie et celle de l'Angleterre en Egypte, nous faisons les constatations suivantes : En Egypte, l'Angleterre de- meure sans nécessité ; tout en protestant de son désir de partir à bref délai, elle s'installe en conquérante qui pense à un établissement définitif; elle n'a aucun texte qui légitime sa présence, et l'eût-elle obtenu du Khédive, qu'il n'aurait aucune valeur sans la signature du Sultan; elle promet formellement à la France de partir d'Egypte, et elle y demeure quand même; elle s'est engagée, au traité de

---

(1) *Archiv. dipl.*, 1884, IV, p. 278.

(2) Avec l'Italie, traité du 28 septembre 1896, *Archiv. dipl.*, 1897, I, pp. 6 et 8,

Paris, à garantir l'intégrité de l'Empire ottoman, et elle est la première à y porter atteinte.

Au contraire, la France est venue en Tunisie pour se défendre, parce qu'elle avait été provoquée; sa situation dans ce pays a été régularisée par traité passé avec le légitime Souverain; personne en Europe ne peut se prévaloir d'une promesse ou d'un texte pour demander notre départ. En Egypte, l'Angleterre a le droit contre elle; en Tunisie, nous l'avons pour nous: telle est la réponse que nous ferons aux publicistes anglais. Leur argument n'en est pas un. Il n'y a pas de question tunisienne. Et le légitime protectorat de la France sur Tunis, qui ne menace personne, ne saurait rien avoir de commun avec la situation de fait de l'Angleterre dans la vallée du Nil.

D'ailleurs, toutes les raisons que nous avons énumérées jusqu'ici, comme poussant l'Angleterre à retarder toujours la date de l'évacuation, sont bien spécieuses; ce sont les raisons apparentes. En réalité, il faut voir dans les hésitations de l'Angleterre une manifestation, non isolée, de son impérialisme outré; le monde doit appartenir aux Anglo-Saxons, pour le plus grand bien de leur commerce; la fertile Egypte, route commerciale de l'Extrême-Orient et du Centre africain, doit fatalement faire partie de l'Empire. La Grande-Bretagne s'y est installée; elle y reste. Elle n'a pas proclamé son droit, parce qu'elle n'en a pas; mais elle compte sur le temps, sur la lassitude des puissances; et, le jour venu, elle invoquera la prescription.

En attendant, notre rivale dirige les affaires égyptiennes, et elle agit comme si elle était nantie d'un titre légitime.

Dans la guerre actuelle, qu'elle a engagée contre les Républiques du Sud-Africain, elle n'a pas hésité à se servir des ressources égyptiennes. Elle a envoyé sur le théâtre des hostilités — M. Balfour l'a lui-même déclaré au Parlement — des canons et des soldats indigènes de l'armée khédiviale, ce qui a motivé, à Ondurman, une mutinerie de soldats égyptiens qui ne tenaient en aucune façon à s'expatrier. Des officiers anglais, fonctionnaires du Khédive, notamment lord Kitchener, sont partis pour le sud de l'Afrique, sans avoir démissïonné et avec un congé régulier. En sorte que l'Egypte, en définitive, prend part à la guerre contre les Boërs, tout comme si elle était une colonie anglaise. On voit que la Grande-Bretagne est en train de franchir la dernière étape, et de préparer l'incorporation pure et simple du bassin du Nil dans l'Empire britannique (1).

(1) V. F. Despagnet, « Chronique au sujet des événements du Sud-Africain », *Revue génér. de droit internat. public*, 1900, pp. 84, 276, 655, 764 ; spécialement, pp. 795 et 796.

CHAPITRE IX

L'Angleterre en Egypte. Le droit

SOMMAIRE. — *Les droits de la Porte sur l'Egypte sont. exclusifs d'un protectorat de la Grande-Bretagne. — De nombreux textes condamnent l'attitude de l'Angleterre : Traités du 30 mars 1856, du 13 mars 1871, du 13 juillet 1878. Firman du 30 juillet 1879. Protocole de désintéressement du 25 juin 1882. — Dans la Basse-Egypte et dans la presque totalité du Soudan égyptien, l'Angleterre ne peut avoir un droit qu'avec le consentement des puissances, de la Porte, et du Khédive. — Traité anglo-égyptien du 19 janvier 1899. Traité anglo-français du 21 mars 1899. — L'Angleterre ne peut s'établir dans l'Egypte équatoriale qu'avec le consentement de l'Autriche, de la France et de la Russie.*

Nous avons suffisamment établi que l'Angleterre viole ses promesses. Nous avons dit qu'elle violait le droit, et nous voulons également le démontrer.

Si le Sultan n'est rien à Tunis, il est au Caire, comme nous l'avons vu, Souverain supérieur et suzerain : aucun doute ne peut être soulevé à cet égard. Or l'occupation anglaise est incompatible avec la suprématie ottomane.

Nous admettons bien que deux Etats puissent avoir en même temps des droits sur un troisième, mais dans des conditions strictement déterminées et telles que chacun de ces deux Etats sache exactement dans quelles limites il doit restreindre son action pour ne pas gêner celle de l'autre. Il a existé, il existe encore des dominations collectives ; leur base a été ou est, soit le droit, soit le fait ; mais elles n'ont pu être qu'à la condition de reposer sur une règle-

mentation au moins tacite. En Egypte rien de pareil ; puisque la Porte a des droits et que l'Angleterre prétend en
exercer, il serait bon de savoir où s'arrêtent les pouvoirs
de chacun : or jamais pareille délimitation ne sera faite,
pour la bonne raison que la Turquie dénie à l'Angleterre
tout droit de s'occuper des affaires d'Egypte, et va même
jusqu'à considérer ce pays comme une simple province.

Que serait d'ailleurs un *condominium* anglo-turc, avec
les différences de civilisation, d'idées et de mœurs des
deux dominants ? Evidemment une monstruosité. Que
devrait faire le Khédive en cas de guerre très possible,
entre la Turquie et l'Angleterre ? nouvelle question bien
difficile à résoudre. Il nous paraît que l'influence ottomane
au Caire est exclusive de l'influence anglaise, et que celle-
ci, postérieure à l'autre et sans base légitime, ne constitue
qu'un fait qui doit disparaître.

D'ailleurs, l'Angleterre ne peut prétendre diminuer, ni
restreindre en quoi que ce soit les droits de la Porte sur
l'Egypte; des engagements solennels l'empêchent d'entrer
dans cette voie. Rappelons l'article 7 du traité de Paris du
30 mars 1856 (1) : « Sa Majesté l'Empereur des Français, Sa
« Majesté la Reine du Royaume-Uni de Grande-Bretagne et
« d'Irlande... déclarent la Sublime-Porte admise à participer
« aux avantages du droit public et du concert européens.
« Leurs Majestés s'engagent, chacune de son côté, à res-
« pecter l'indépendance et l'intégrité territoriale de l'Empire
« ottoman, garantissent en commun la stricte observation
« de cet engagement, et considèreront, en conséquence, tout
« acte de nature à y porter atteinte, comme une question
« d'intérêt général. » Le traité de Londres du 13 mars 1871 (2)
a renouvelé le précédent, et l'a confirmé pour toutes les
parties non spécialement exceptées. Le traité de Berlin du 13
juillet 1878 (3) est venu à son tour, dans les mêmes termes,
donner force nouvelle à l'article précité du traité de Paris.

(1) Martens-Samwer, XV, p. 770; de Clercq, VII, p. 59.

(2) *Archiv. dipl.*, 1873, III, p. 370 ; Martens-Samwer, XVIII, p. 303; de
Clercq, X, p. 461.

(3) *Archiv. dipl.*, 1882-83, II, p, 284.

En sorte que l'Angleterre est toujours liée vis-à-vis de la Porte. Elle a promis de garantir : elle ne peut évincer ; c'est là une règle de droit intangible. Quand elle a mis sa signature au bas du traité de Paris, l'Angleterre s'est interdit pour l'avenir, du moins tant que durera en Europe l'état de choses actuel, tout empiètement en Egypte. A cause de cela plus que pour tout autre motif, elle n'a, dans la vallée du Nil, qu'une situation de fait ; le droit ne peut s'y joindre tant qu'elle n'aura pas le consentement des contractants de 1856, de 1871 et de 1878, c'est-à-dire des grandes puissances.

L'Angleterre est encore liée, en ce qui concerne l'Egypte, par le firman de 1879. Cette affirmation peut paraître étrange : elle ne nous semble pas en être moins juste. Le firman du 30 juillet 1879 est valable, nous l'avons dit, vis-à-vis du Khédive, seulement dans la mesure où il ne revient pas sur des concessions déjà faites ; le passage que nous entendons viser ici a, dans ces conditions, toute sa valeur. Mais ce que nous voulons retenir surtout, c'est que les termes du firman ont été discutés et arrêtés, d'un commun accord, entre la Porte, l'Angleterre et la France (1), que, par conséquent, les différentes dispositions qui y figurent ont été acceptées par les trois puissances et les lient les unes envers les autres. En un mot, le firman de 1879 a un caractère contractuel ; il constitue une convention passée entre le Sultan et les deux Etats occidentaux ; il oblige, par conséquent, ceux qui ont participé à son élaboration.

Or, nous trouvons dans ce texte la phrase suivante : « Le « Khédive ne pourra, sous aucun prétexte, abandonner à « d'autres, en tout ou en partie, les privilèges accordés « à l'Egypte et qui lui sont confiés, et qui sont une émana- « tion des prérogatives inhérentes au pouvoir souverain, ni « aucune partie du territoire. » L'Angleterre, comme la France, en s'associant à cette défense faite au Khédive, a admis bien nettement ce point qu'aucun droit sur l'Egypte, aucune parcelle du territoire de ce pays ne pouvaient être

(1) V. supra pp. 101 et s.

21

donnés à une puissance étrangère à titre définitif (1).
A fortiori est-elle tenue de ne pas chercher à obtenir pour
elle des avantages dont elle a contribué à déclarer l'obtention impossible.

Après le traité de Paris, après le firman de 1879, nous
pouvons opposer à l'Angleterre, le Protocole de désintéressement signé à la Conférence de Constantinople, le 25 juin
1882. En estimant que ce texte interdit à l'Angleterre, dans
tous les cas, de s'établir en Egypte, on peut paraître lui
donner une valeur trop absolue. Voici en effet ce que dit
exactement le Protocole : « Les gouvernements représentés
« par les soussignés s'engagent, dans un arrangement quel-
« conque qui pourrait se faire par suite de leur action con-
« certée pour le règlement des affaires d'Egypte, à ne
« rechercher aucun avantage territorial, ni la concession
« d'aucun privilège exclusif, ni aucun avantage commer-
« cial pour leurs sujets, que ceux que toutes autres nations
« ne puissent également obtenir » (2).

Il s'agit, qu'on le remarque bien, d'arrangements pris à
la suite d'une action concertée ; en Angleterre, on a su
mettre en relief tout ce qu'il y avait là de restrictif, et on a
dit que l'action anglaise était isolée, et que par suite le
texte restait lettre morte, sans valeur (3).

La justesse de ce raisonnement n'est qu'apparente. L'Angleterre a débarqué des troupes en Egypte, parce qu'elle
en avait reçu le mandat tacite ; elle a travaillé au nom de
l'Europe ; c'est la Conférence, ce sont les puissances qui
ont pacifié l'Egypte, avec le concours gracieux des troupes
britanniques : cela a été dit, bien des fois, à Westminster,
et par ceux qui parlaient au nom de l'Etat. Après Tel-el-
Kébir, après l'arrivée au Caire, c'était le concert européen

---

(1) Nous disons : à titre définitif. Le projet de firman contenait, en
effet, les mots : « ..... abandonner à d'autres, même temporairement..... »
On a supprimé ces deux derniers mots à la demande de l'Angleterre
et de la France, qui n'entendaient vraisemblablement pas renoncer à
obtenir, en Egypte, des avantages provisoires.

(2) *Livre Jaune*, Egypte, 1882, V, p. 94 ; de Clercq, XIV, p. 57.

(3) Séance aux Communes, 6 juillet 1885 : Discours de sir Michael
Hicks-Beach, Chancelier de l'Echiquier, *Archiv. dipl.*, 1885, III, p. 344.

qui était le pacificateur ; l'Angleterre n'était que l'instrument ; elle était liée par sa signature ; pas plus que les autres, elle ne pouvait ambitionner un « avantage territorial » ou l'obtention d'un « privilège exclusif ». Désormais pareille chose lui était défendue.

C'est du reste ainsi que les puissances ont toujours compris la chose : en septembre 1882, M. de Giers, Ministre des Affaires étrangères de Russie déclarait à notre Chargé d'Affaires (1), qu'il était plein de confiance dans l'engagement pris par le gouvernement britannique en signant le Protocole de désintéressement, et qu'il comptait sur le retrait des troupes anglaises. L'Angleterre elle-même en reconnaissait toute la valeur au lendemain du bombardement d'Alexandrie : craignant l'obstruction du Canal de Suez, et prévoyant les mesures à prendre, lord Granville écrivait le 12 juillet 1882, dans une lettre à lord Lyons, Ambassadeur à Paris : « Toute action qui pourrait être « adoptée serait régie par le Protocole de désintéressement « du 25 juin » (2).

Pour être maîtresse légitime de l'Egypte, il manque donc à l'Angleterre deux choses nécessaires ; l'assentiment de la Porte et l'assentiment des puissances. Obtiendrait-elle l'un et l'autre, qu'une condition essentielle lui ferait encore défaut : le consentement du Khédive. Or celui-ci n'a rien signé, ni même rien promis ; il subit, par la force des choses, une situation qu'on lui impose. D'ailleurs cette signature, qu'il aurait pu donner en fait, resterait sans valeur en droit.

Si le Sultan a émancipé l'Egypte, ce n'est pas pour qu'elle devienne la proie de l'étranger, mais pour qu'elle reste libre, partie intégrante de l'Empire Ottoman, et vassale de Constantinople : c'est la condition *sine qua non* de l'octroi qui lui a été fait de sa souveraineté restreinte. La pensée du Divan s'est nettement étalée, dans le firman du 30 juillet 1879, que nous avons considéré comme sans

(1) *Livre Jaune*, Egypte, VI, p. 51.

(2) *Livre Jaune*, Egypte, V, p. 125.

valeur juridique, dans la mesure où il revient sur des dispositions devenues intangibles, mais qui a toute sa portée
quand il se borne à toucher les points sur lesquels continue
à s'exercer la haute-souveraineté impériale : « Le Khédive
« — dit le firman — ne saurait sous aucun prétexte ni
« motif, abandonner à d'autres, en tout ou en partie, les
« privilèges accordés à l'Egypte et qui lui sont confiés, et
« qui sont une émanation des prérogatives inhérentes au
« pouvoir souverain, ni aucune partie du territoire » (1).

Et tel est bien le droit. Le Khédive ne peut céder à l'Angleterre ni territoires, ni parcelle de souveraineté : un traité
anglo-égyptien, sur un point pareil, serait un simple fait.

Il reste dans la question un dernier intéressé ; c'est le
peuple égyptien. Lui non plus n'a pas accepté l'ingérence
anglaise qu'il déteste profondément. Il est curieux à ce
propos de lire l'adresse envoyée au Sultan, par les prêtres
égyptiens, dans le courant de juillet 1893, et dont voici la
teneur exacte :

« O Khalife ! nous t'approchons humblement en te sou-
« mettant que l'étranger qui est venu dans notre pays, sous
« des prétextes fallacieux et avec des promesses réitérées
« périodiquement de le quitter, mais qui persiste à l'encom-
« brer de sa présence, est la cause de grands troubles
« et de l'agitation des esprits, et certainement donnera
« motif, à l'avenir, à de plus grands désordres dans d'au-
« tres parties de l'Empire.

« Nous te supplions de délivrer notre terre natale, qui est
« devenue une terre morte pour nous, et de la faire revi-
« vre par ton auguste intervention, de manière que la
« puissance et la gloire qui t'ont été léguées par le Grand
« Sultan Sélim soient maintenues ; car l'étranger abject
« qui souille notre sol a réussi à se faire de vils partisans,
« et nous craignons qu'il ne s'en fasse encore pour se forti-
« fier dans ses malveillants projets.

« Et nous t'approchons, ô Khalife, les larmes aux yeux,
« te suppliant de délivrer nos sépultures, nos lieux de

(1) Firman du 30 juillet 1879, *Livre Jaune*, Egypte, 1880, p. 367.

« dévotion, de la présence impure de l'étranger, qui a déjà
« déployé son drapeau au-dessus de nos lieux sacrés.
« O Khalife, c'est la terre d'Egypte, c'est le sol sacré qui est
« le joyau de ta couronne, le portail de la Mecque et de
« Médine, dont le peuple vient vers toi en larmes à la suite
« de celui qui est ton vicaire et représentant, pour te rendre
« hommage » (1).

Tout ce que nous venons de dire s'applique à la Basse-
Egypte ; nous estimons que le Soudan égyptien se trouve
dans des conditions identiques. L'Egypte, c'est tout le bassin
du Nil.

Il est indéniable qu'à un moment donné, pouvant être
placé à la chute d'Ismaïl, toutes les terres arrosées par le
fleuve ou ses affluents étaient sous la dépendance du Khédive. Commencée par les fils de Méhémet-Ali, dès 1820, la
conquête du Soudan s'était achevée en 1874 avec Samuel
Baker et Gordon. La chose était connue de tous, et même à
Constantinople. «Le Soudan est une dépendance de l'Egypte,
« et forme par conséquent partie intégrante de l'Empire
« Ottoman », écrivait Moukhtar-Pacha, dans son rapport
du 14 mars 1886. Chaque nouveau firman avait bien soin de
donner l'investiture pour le tout, territoire ancien et nouvelles conquêtes.

Le firman du 13 février 1841, puis ceux du 1er juin et de
décembre de la même année, donnaient au Khédive l'administration, non héréditaire d'ailleurs, des provinces de
Nubie, de Darfour, de Kordofan et de Sennaar. Ceux du 27
mai 1866 et de juin 1873 donnaient le privilège de l'hérédité
non seulement pour l'Egypte, mais pour les territoires qui
en dépendent et les caïmakamies de Souakim et de Massaouah. Enfin le firman d'investiture de Tewfik confiait à
ce Prince « le Khédiviat d'Egypte, tel qu'il se trouve formé
« par ses anciennes limites et en y comprenant les terri-
« toires qui y ont été annexés », c'est-à-dire tout le bassin
nilotique.

Toutefois, il serait erroné de croire que tout fît partie de

(1) Traduction du texte arabe, *Archiv. dipl.*, 1893, III, p. 70.

l'Empire Ottoman ; le firman de 1879 était plus généreux que de raison ; il n'est pas douteux, en effet, que les provinces de la région des lacs, conquises après 1873, l'Egypte étant devenue un Etat, l'aient été pour le compte du seul Khédive. Celui-ci tenait la presque totalité de l'Egypte du Sultan, et dans cette mesure il était le vassal de celui-ci ; mais il ne tenait ses dernières conquêtes que de ses armes, et il en était le souverain absolu.

Tel était le droit en 1879. Les désordres et l'anarchie n'y ont rien changé. Certainement, à partir de cette date, l'influence du gouvernement du Caire a commencé à ne plus se faire sentir et même à disparaître totalement dans le sud du bassin nilotique ; mais le principe n'en est pas moins demeuré, à savoir que ces territoires en pleine révolte, restaient chose égyptienne.

Il ne convient pas de parler ici de *res nullius*. Le Khédive n'a jamais abandonné, sans espoir de retour, ses provinces soudaniennes, et si momentanément il les a laissées se débattre dans l'anarchie, sur les conseils de l'Angleterre d'ailleurs, il faut bien se rappeler que cette dernière a été cause de tout le mal, et de la révolte elle-même, et de l'impossibilité dans laquelle on s'est trouvé au Caire de la réprimer : elle serait mal venue à en tirer argument. Il ne serait pas logique de dire que le soulèvement madhiste a anéanti le droit de l'Egypte, alors qu'on admet si bien, pour les puissances européennes, la naissance d'un droit sur toute une sphère d'influence où non seulement ne se trouve pas une seule garnison, mais où aucun explorateur n'a jamais pénétré ! Le droit de l'Egypte sur le Soudan a subsisté, malgré le soulèvement madhiste, malgré le fait.

Nous avons vu comment l'Angleterre a essayé de s'établir dans la Haute-Egypte. Nous ne reviendrons pas sur les traités du 1er juillet 1890 avec l'Allemagne, du 15 avril 1891 avec l'Italie, du 12 mai 1894 avec l'Etat indépendant du Congo. Ces textes lient ceux qui les ont signés, dans la mesure où ils stipulent des choses possibles. Pour le surplus, ils sont *res inter alios acta*. De ce que l'Angleterre a disposé de la chose d'autrui, elle ne peut tirer un droit de propriété sur cette chose. Et toutes les reconnaissances possibles venant de tiers, seraient impuissantes à fortifier un droit qui n'existe pas.

Le principal élément manque à l'Angleterre pour qu'elle puisse prétendre a des droits sur le Soudan ; c'est le consentement du maître légitime, le Khédive. Nous en disons autant pour l'Italie, en ce qui concerne Massaouah. Enfin, et cela pour la presque totalité du Soudan égyptien, l'Angleterre ne peut rien prétendre, parce qu'elle est garante de l'intégrité de l'Empire Ottoman, et que « qui doit garantir ne peut évincer ».

Qu'elle n'invoque pas un droit de conquête plutôt qu'un droit d'occupation : la Haute-Egypte n'était ni *res nullius*, ni chose madhiste. La campagne de Dongola et d'Ondurman n'a eu d'autre résultat que de pacifier le pays khédivial. L'Angleterre a, en cette affaire, continué son œuvre désintéressée au nom de l'Europe ; il ne serait ni juste, ni moral de sa part, d'en vouloir tirer avantage.

Pourtant elle a essayé de profiter des circonstances, en concluant avec le Khédive le traité du 19 janvier 1899, qui organise sur tout le Soudan une sorte de *condominium* anglo-égyptien, plus anglais qu'égyptien, basé sur un « droit de conquête » ; chose étrange d'ailleurs, étant donné que le texte débute ainsi : « Attendu que certaines provinces du Soudan, qui étaient en rebellion contre l'autorité du Khédive, sont maintenant reconquises... » S'agit-il de pacification ou de conquête : le texte ne choisit pas. Nous avons déjà dit qu'il ne pouvait être question que de pacification.

Cette convention est-elle valable ? Non, certainement, en ce qui concerne les territoires faisant partie de l'Egypte avant 1873, et par conséquent de l'Empire ottoman, de l'intégrité duquel l'Angleterre s'est portée garante (1). Pour le surplus, c'est-à-dire pour ce qui concerne le Bahr-el-Ghazal et l'Equatoria, nous pensons que le traité du 19 janvier a toute sa valeur, le Khédive en ayant été, dans le passé, le seul maître, et pouvant, par suite, en disposer. Vis-à-vis

_____

(1) Ici encore, nous nous basons sur les traités de 1856, 1871, 1878, sur le firman de 1879 et le Protocole de désintéressement.

du gouvernement du Caire, la Grande-Bretagne est donc
copropriétaire des provinces équatoriales de l'Egypte; elle
l'est aussi à l'égard de l'Italie, de l'Allemagne et de l'Etat
indépendant du Congo qui, par anticipation, ont reconnu à
l'Angleterre des droits sur ces régions. En est-il de même
pour ce qui regarde la France?

On a pu admettre l'affirmative, après la déclaration
anglo-française du 21 mars 1899, à tort selon nous. Cette
convention, intéressant nos possessions soudanaises, ne
préjuge rien dans la question d'Egypte ; elle n'a d'autre
objet que de déterminer la position d'une ligne au-delà de
laquelle chacun des co-contractants ne devra pas aller.
« C'est pour éviter de traiter la question d'Egypte — écri-
« vait à ce sujet M. Delcassé à M. Cambon, Ambassadeur à
« Londres — que j'ai, dès le premier moment, voulu ratta-
« cher à la convention du 14 juin 1898 (1), la convention à
« intervenir : il s'agit simplement de nous borner à
« l'est » (2). Il déclarera plus tard au Sénat :

« ..... La France cesse de rien stipuler au delà de la
« ligne qu'elle reçoit comme frontière, et par là se dégage
« nettement la pensée, que je n'ai pas un seul instant
« perdue de vue, et que j'ai loyalement formulée au cours
« même des pourparlers : la question d'Egypte doit demeu-
« rer en dehors des négociations » (3).

Les changements apportés au projet primitif de la convention sont caractéristiques de l'intention du gouvernement français : le projet anglais parlait de sphère d'influence soit anglaise, soit française ; il n'a pas été accepté
et c'est le projet Delcassé qui a été signé. Or voici ce que
dit le texte définitif : « Le gouvernement de la République
« française s'engage à n'acquérir ni territoire ni influence
« politique à l'est de la ligne frontière définie dans le para-
« graphe suivant, et le gouvernement de Sa Majesté Britan-

---

(1) La convention du 14 juin 1898 est relative à la boucle du Niger.

(2) Delcassé à Cambon, 7 mars 1899, *Livre Jaune*, Correspondance
concernant la déclaration additionnelle du 21 mars 1899 à la convention
franco-anglaise du 14 juin 1898, p. 11.

(3) *Journal officiel*, 31 mai 1899, p. 689.

« nique s'engage à n'acquérir ni territoire ni influence
« politique à l'ouest de cette même ligne » (1) : et c'est
tout.

La France renonce à toute prétention sur le Bahr-el-
Ghazal, mais elle n'en reconnaît pas la propriété à l'Angleterre, et nous croyons pouvoir penser que, le jour où s'ou-
vrira le règlement de la question d'Egypte, si les choses
restent en l'état, la liberté de notre pays sera entière.

Mais, nous objectera-t-on, que viendra faire la France
dans le débat, en ce qui concerne ce point particulier ?
Elle ne pourra parler en son nom, puisqu'elle a renoncé à
toute prétention sur les territoires dont il s'agit, par le
traité du 21 mars 1899. Elle ne pourra représenter la Porte
qui, comme il a été dit plus haut, n'a rien à voir dans les
provinces équatoriales. Elle ne pourra se faire le champion
du Khédive, puisque ce dernier est lié, vis-à-vis de l'Angleterre, par un texte formel et valable, le traité du 19 janvier
1899. Et tout cela est vrai, nous n'avons aucune peine à le
reconnaître.

Seulement, toutes les hypothèses ne sont pas prévues ; la
France pourra élever la voix au nom de l'Europe, au nom
des Etats représentés à la Conférence de Constantinople,
et avec elle pourront parler la Russie et l'Autriche. Elles
invoqueront le Protocole de désintéressement et les promesses solennelles. Elles diront à l'Angleterre : « Vous êtes
« mandataire, rendez vos comptes. Nous n'avons pas été
« parties aux traités de 1890, de 1891 et de 1894 ; nous ne
« vous avons pas déliée de vos obligations. Vous êtes allée
« en Egypte, au nom de tous, faire l'œuvre commune dans
« un but d'humanité ; vous vous êtes expressément engagée
« à ne rechercher aucun « avantage territorial », aucun
« privilège exclusif ». La tâche est achevée ; vous avez droit
« à la reconnaissance des mandants ; retirez vos troupes ;
« mais qu'elles n'emportent pas dans leurs bagages un
« titre de propriété sur le Soudan égyptien ; en laissant
« faire pareille chose, contraire aux traités et à vos promes-

(1) *Revue générale de droit international public*, 1899, p. 308.

« ses, vous sortiriez des limites que vous tracent la justice et
« la bonne foi. »

Concluons. L'Egypte est maintenant refaite. Elle a re-
trouvé ses anciennes frontières ; elle s'étend sur tous les
territoires arrosés par le Nil et les affluents du Nil, de la
Méditerranée aux grands lacs, du Soudan français et de la
Tripolitaine à l'Abyssinie et à la mer Rouge. Son armée
est refaite. Ses finances sont en voie de prospérité. Son
administration est réorganisée. L'heure du départ a sonné
pour l'Angleterre ; ses promesses solennelles l'y obligent.
Elle n'a aucun droit sur l'Egypte, nous l'avons vu. Elle a
parlé trop souvent, en champion passionné du bien et du
juste, de son action désintéressée dans la vallée du Nil.
Pour des œuvres de cette envergure, un peuple doit chercher sa récompense dans l'honneur qu'il en retire, dans
la satisfaction de la conscience nationale. Rester plus longtemps en Egypte serait pour l'Angleterre la banqueroute
morale, la négation cynique du principe de droit.

CHAPITRE X

L'Europe et l'occupation anglaise. — Le devoir.

Sommaire. — *Les traités font à l'Europe un devoir de trancher la question d'Egypte, et de faire cesser l'occupation anglaise. — L'Angleterre à fortiori est tenue de quitter l'Egypte sans rendre nécessaire l'action des puissances. — Celles-ci peuvent invoquer contre l'Angleterre le droit de légitime défense. — Elles doivent délivrer l'Egypte, et réparer ainsi en partie le mal qu'elles lui ont fait. — Jusqu'ici la France, à peu près seule, s'est dressée dans la vallée du Nil, en face des usurpations anglaises.*

Quel que soit le droit, évident pour tous, nous devons prévoir l'hypothèse où l'Angleterre, soit par le maintien de son occupation, soit par une déclaration nette, manifesterait son intention de rester définitivement maîtresse de l'Egypte, et nous devons rechercher quelle pourrait être, dans ce cas, l'attitude légitime de l'Europe.

Naturellement, nous entendons rester ici dans le domaine du droit et faire abstraction de tout ce qui est fait, des appétits, des jalousies, des rancunes, des combinaisons plus ou moins tortueuses de la diplomatie. Nous ne voulons pas établir ce que pourra être, en raison de ses intérêts, l'attitude de telle ou telle puissance : question de politique ; nous entendons déterminer dans quelle mesure ceux qui sont intéressés dans les affaires égyptiennes pourraient être admis à les régler conformément aux principes : question de droit. L'Europe, en s'immisçant dans ces affaires, ferait-elle de l'intervention condamnable, ou agirait-elle dans la plénitude de ses droits, tel est le point que nous voulons examiner.

La réponse est facile ; elle découle de tout ce que nous avons dit jusqu'ici. La question d'Egypte intéresse toute l'Europe ; en surveiller de loin le développement, en hâter la solution, participer à son règlement, cela est pour les puissances, non pas intervenir, mais user d'un droit, plus exactement s'acquitter d'un devoir strict.

Les signataires du traité de Paris du 30 mars 1856, ont garanti l'intégrité de l'Empire Ottoman. Ils sont donc tenus vis-à-vis de ce dernier Etat, de lui conserver sur l'Egypte sa domination, et par conséquent d'en éloigner l'Angleterre dont la présence dans la vallée du Nil est un obstacle absolu au libre exercice des droits de la Porte.

Ce n'est pas tout. Dans le traité de 1856, il ne faut pas se borner à lire le texte ; il faut en rechercher l'esprit, se pénétrer de la pensée des diplomates qui l'ont préparé, des hommes d'Etat qui l'ont signé. La clause de garantie ne fut pas insérée pour le bon plaisir du Sultan ; c'est une naïveté que de le dire ; cela s'étale tout au long dans l'article 7. Sa raison d'être était dans la peur des puissances de voir l'une d'entre elles, surtout la Russie, se tailler dans le territoire ottoman une part trop large ; sa portée était d'obtenir, de chacun des signataires, la promesse de ne rien tenter contre la Turquie, et chose plus importante, de les lier les uns envers les autres, non seulement pour cette abstention, mais pour une action commune, le jour où l'intégrité ottomane serait menacée.

Le texte dit exactement ceci : « ... leurs Majestés s'enga- « gent, chacune de son côté, à respecter l'indépendance et « l'intégrité territoriale de l'Empire Ottoman, garantissent « en commun la stricte observation de cet engagement, et « considèreront en conséquence tout acte de nature à y « porter atteinte, comme une question d'intérêt général. » Chacun s'engage seul à ne rien faire contre la Porte, mais tous s'obligent *en commun* à faire respecter l'engagement individuel, à en faire une question d'intérêt général ; qu'est-ce à dire, si non que chacun des signataires du traité de Paris s'est obligé envers les autres à donner son concours, le jour où une atteinte quelconque serait portée à

l'intégrité de l'Empire Ottoman, pour maintenir cette intégrité.

Le traité de Londres du 13 mars 1871, et celui de Berlin
du 13 juillet 1878 ont donné une force nouvelle au traité de
Paris ; le Proto cole de désintéressement, dont nous avons
déjà assez parlé, est venu imposer à l'Angleterre de nouvelles obligations, donner à l'Europe de nouveaux droits.

Il demeure acquis, qu'en vertu de ces textes solennels,
l'Europe est tenue, envers la Porte, de délivrer l'Egypte ;
que l'Angleterre est obligée de s'incliner devant cette action (1) et plus strictement de ne pas la rendre nécessaire ;
que chacun des signataires des traités de Paris, de Londres et de Berlin doit prêter son concours à celui d'entre
eux qui le demanderait, en vue de l'accomplissement de
l'obligation commune.

Cela est vrai, d'une vérité absolue, et le fait, de la part de
l'Allemagne et de l'Italie, d'avoir indirectement reconnu
dans les traités de 1890 et de 1891 l'occupation anglaise du
Haut-Nil, n'empêche pas ces deux puissances de continuer
à être liées et d'être tenues comme les autres de la double
obligation que nous avons indiquée, pour ce qui concerne la
partie du Soudan égyptien sur laquelle la Porte à des droits
de domination.

Cela serait vrai pour la France, même si elle avait reconnu à l'Angleterre un droit sur le Soudan égyptien au traité
du 21 mars 1899, ce qui est du reste, nous l'avons vu, une
pure hypothèse.

Ces Etats devant garantir ne peuvent évincer : sans droit
pour aliéner le territoire ottoman, ils sont, d'autre part,
obligés d'empêcher toute agression contre l'Empire, et de
défendre son intégrité. Si nous ajoutons que le Khédive donnera sûrement son consentement à l'action de l'Europe,

_____

(1) Cela est tellement vrai, que l'Angleterre l'a reconnu, et que le 5 mai
1893, M. Waddington pouvait résumer ainsi une partie d'une conversation qu'il venait d'avoir avec Gladstone : « Il m'a d'abord dit qu'il ne
« pouvait reconnaître à la France un droit spécial de prendre en mains
« les affaires d'Egypte, qui concernent toutes les grandes puissances, et
« il invoquait particulièrement le traité de Paris de 1856 ». (Waddington
à Develle, 5 mai 1893, Archiv. dipl., 1894, I, p. 297).

dans le sens que nous venons d'indiquer, nous pouvons dire que cette action sera absolument légitime.

Ainsi les traités donnent à l'Europe le droit de régler la question égyptienne et même lui en font un devoir ; mais en dehors d'eux, nous trouvons d'autres motifs de décider ainsi. Si nous envisageons le point de vue de l'équilibre entre Etats, nous concluons au droit ; et nous en arrivons au devoir, si nous tenons compte du rôle néfaste joué par les puissances dans la vallée du Nil.

Il est un droit qui, dans le domaine privé, aussi bien que dans le domaine international, plane au-dessus de tous les autres : c'est le droit à la vie, le droit de légitime défense. Vivre, se conserver, est pour les êtres quels qu'ils soient, la chose principale ; mais la science du bien, comme celle du juste, n'admettent pas la lutte pour la vie dans toute son âpreté cruelle et son égoïste laideur ; elles refusent aux êtres la faculté de se maintenir, de se fortifier, de grandir aux dépens des autres ; et c'est aux faibles qu'elles donnent le beau rôle et le droit, dans leur lutte contre le fort qui souvent les menace et prépare leur anéantissement.

La morale dit à celui qui a attaqué autrui injustement, que se défendre est un devoir. Le droit ne peut que marcher d'accord avec la science sœur dont il est inséparable : dans le domaine privé, il permet aux individus même l'homicide, quand, dans certaines conditions bien déterminées, ils n'ont pas d'autre moyen pour repousser certaines agressions en train de s'accomplir ; dans le domaine international, plus large parce qu'il n'a pas derrière lui l'influence modératrice de la législation et de la police judiciaire, il permet à la personne morale, à l'Etat, de prendre ses mesures même avant l'agression ; car si ce dernier attendait cet événement, qu'aucune force en dehors de la sienne propre ne peut d'ordinaire arrêter, il arriverait souvent trop tard pour lutter avec succès et pour conserver l'existence. En matière internationale, le maintien de l'équilibre entre Etats est une question primordiale, et chacun des intéressés a le droit de se mettre en mesure de le rétablir s'il est rompu, de le conserver s'il est simplement menacé. Agir dans ces conditions, ce n'est pas intervenir, c'est user d'un droit.

Ce principe reçoit une application rigoureuse dans la question qui nous intéresse. L'occupation de l'Egypte, par l'Angleterre, rompt dans la Méditerranée l'équilibre à l'avantage de cette puissance. Dans le monde, elle augmente la force colossale de cet Empire britannique qui semble vouloir tout englober. Les puissances soucieuses de leur avenir ont le droit d'arrêter cette expansion inquiétante de l'Angleterre, qui, sans prendre garde aux droits d'autrui et en se jouant de la notion de devoir, travaille à faire du monde un Empire anglais. Au nom du principe de légitime défense, l'Europe a le droit d'imposer à l'Angleterre le règlement de la question d'Egypte.

Nous avons dit qu'elle en avait aussi le devoir. L'Egypte n'a rien fait qui puisse légitimer l'intrusion anglaise ; elle désire vivement en voir la fin. Un peuple est opprimé qui ne le méritait pas : la faute en est à l'Europe. C'est elle qui a fait le malheur de l'Egypte. Depuis 1840, elle y a entravé, étouffé, tous les mouvements généreux, tous les élans de vie. Elle a accablé Méhémet-Ali, elle a perdu Ismaïl, elle a asservi Tewfik. Elle a tout désorganisé : en humiliant le pouvoir, elle lui a enlevé jusqu'à l'apparence de l'autorité. La banqueroute, l'insurrection d'Arabi, les massacres d'Alexandrie, l'occupation anglaise, voilà son œuvre. Réparer le mal que l'on a fait est un devoir : l'Europe doit rendre à l'Egypte, relevée par la mandataire des puissances la Grande-Bretagne, cette liberté que le pays des Khédives a perdue par la faute d'autrui. Et c'est ainsi que nous avons pu dire une fois de plus et avec raison, qu'en réglant la question d'Egypte, l'Europe usera d'un droit et s'acquittera d'un devoir.

Jusqu'ici, la France (1) seule a semblé se souvenir de

---

(1) La France a eu Egypte des intérêts moraux qui priment ceux de toutes les autres nations. C'est la France qui a initié l'Egypte à la civilisation ; c'est elle qui lui a apporté ses principales industries, qui a donné à son commerce tout son essort. C'est un Français, qui, avec des capitaux presque exclusivement français, a construit le Canal de Suez. Ce sont des Français, Champollion, Mariette, Maspéro, qui ont ramené

l'une et de l'autre choses. Elle a parlé au nom de tous.Cons-
tamment elle a rappelé à l'Angleterre les promesses faites ;
elle en a obtenu de nouvelles qu'elle peut invoquer tout spécialement, et qui lui donnent en cette affaire un rôle principal. Les choses en sont là. L'heure de l'évacuation a
sonné : l'occupation anglaise demeure.

au jour les curieux monuments des siècles disparus, et leur ont fait
livrer leurs secrets et avec eux l'histoire d'une des plus brillantes civilisations du passé. Les écoles françaises sont, en Egypte, nombreuses
et prospères ; le français est la langue administrative ; les codes égyptiens ont été calqués sur les nôtres. Beaucoup de nos nationaux se sont
établis dans le Delta et y ont de sérieux intérêts. Enfin, le rôle joué
par nous, dans le pays, depuis le commencement du siècle, n'est pas
une des moindres raisons qui poussent la France à diriger toujours sa
pensée vers la vallée du Nil.

QUATRIÈME PARTIE

La solution. L'Egypte neutre

SOMMAIRE. — *La neutralisation de tout le bassin du Nil est la seule solution juridique et pratique de la question d'Égypte. — Le canal de Suez paraît avoir été neutralisé : convention du 24 octobre 1887 et du 29 octobre 1888. Ce n'est qu'une apparence. — Conclusion : une conférence internationale se réunirait et déciderait la neutralisation de l'Egypte et du Canal ; le Khédive y consentirait volontiers ; l'Angleterre, après l'évacuation, accepterait la chose avec empressement ; quant à la Porte, elle n'a pas le droit de s'opposer à cette neutralisation. La question d'Egypte serait close par le triomphe de la justice.*

Nous nous sommes efforcé d'étudier, sans nous perdre dans les détails, les faits saillants qui, au point de vue diplomatique et juridique, constituent la suite des affaires d'Egypte. Nous avons vu dans quelles conditions, après quelle succession de circonstances, l'Egypte de Méhémet-Ali est devenue celle de lord Cromer ; nous avons essayé de déterminer les droits de chacun sur cette vallée du Nil où tant d'influences diverses se sont combattues ; nous savons où sont les droits, où les devoirs ; nous avons établi la légitimité de l'immixtion européenne dans le règlement de cette question qu'une quasi-annexion n'empêche pas de rester ouverte. Nous entendons nous demander maintenant, si, en fait, ce règlement est possible, si les difficultés égyptiennes comportent une solution juridique et réalisable.

Il est venu à l'esprit de tous ceux qui ont étudié cette question, que s'il est une solution possible, il faut la cher-

22

cher dans la neutralisation de l'Egypte : telle est aussi notre pensée.

D'aucuns diront que la neutralité est un mot, qu'en temps de guerre, rien n'empêchera un Etat puissant d'envahir ou même d'annexer un Etat neutre, qu'en dernière analyse, dans le domaine international, la force prime le droit. Nous sommes de ceux qui pensent le contraire. La force passe ; le droit demeure. Les Etats ont longue vie ; l'heure des réparations, que l'homme ne voit pas toujours venir, arrive souvent pour les personnes morales du droit international. Et cette crainte pour l'avenir est la première garantie contre l'abus des puissants.

Tout spécialement, s'il est question de neutralité perpétuelle, on ne peut méconnaître qu'il y a là, pour l'Etat qui bénéficie de cette faveur des grandes puissances, une garantie sérieuse. Quand celles-ci ont solennellement promis de respecter et de faire respecter au besoin l'indépendance d'un Etat faible, elles n'osent plus, parfois malgré tout leur désir, violer une promesse faite dans de telles conditions, manquer d'une façon aussi cynique à la foi des traités. D'autre part, chacune d'elles redoute, en violant la neutralité, de provoquer les protestations des autres, et cela est encore une crainte salutaire. En dernière analyse, pour faire respecter le droit, il reste l'action armée des garants contre l'Etat qui a attaqué celui dont la neutralité perpétuelle a été déclarée.

Et c'est ainsi que nous avons pu voir la Suisse depuis 1815, la Belgique depuis 1831, la Serbie depuis 1856, le Luxembourg depuis 1867, vivre en paix sous la garantie de l'Europe. Il n'est donc pas permis de dire que la neutralisation est un mot ; en Egypte comme ailleurs, son application paraît devoir éviter toute immixtion étrangère.

En fait, une partie de l'Egypte paraît avoir été neutralisée. Nous voulons parler du Canal de Suez (1), dont le libre accès,

(1) Le Canal de Suez, œuvre de Ferdinand de Lesseps, dont la construction et l'exploitation ont été concédées à une compagnie composée surtout de capitalistes français, par actes passés avec le Khédive, les 30 novembre 1854, 5 janvier 1856 (*Archiv. dipl.*, 1875, III, p. 313) et 22 février 1866 (*Archiv. dipl.*, 1867, I, p. 312), ratifiés par firman impérial

en tout temps, a paru nécessaire dans un intérêt général.

Dès 1877, la Russie, alors en guerre avec la Turquie, eut l'occasion de déclarer qu'elle considèrerait le Canal comme neutre, pendant toute la durée des opérations militaires en cours. L'attitude de l'Angleterre n'avait pas été pour peu de chose dans cette décision, dont la mise en pratique ne nuisait d'ailleurs en rien aux intérêts de la Russie.

L'Angleterre craignait une occupation du Canal, menaçante pour ses possessions d'Extrême-Orient, et elle songea sérieusement à en faire décider la neutralité par un accord international. Le 3 janvier 1883 (1), lord Granville fit tenir, à ses Ambassadeurs auprès des grandes puissances, une circulaire accompagnée d'un projet jetant les bases d'un règlement à discuter et à arrêter en commun. Cette proposition n'eut pas de suite immédiate, et ce ne fut que le

du 19 mars 1866 (*Archiv. dipl.*, 1867, I, p. 319), a été achevé en 1869. La Porte, comme on le voit, a donné son adhésion à un moment où les travaux étaient à peu près terminés, et après avoir fait, poussée en cela par l'Angleterre qui a toujours vu dans le Canal une menace pour l'Inde, des difficultés de toutes sortes ; elle voulait que le Canal fût neutralisé, que la Compagnie renonçât à se servir des 20,000 fellahs dont le concours lui avait été promis par le Vice-Roi Saïd pour une rétribution dérisoire, que la concession ne comprît pas le canal d'eau douce et les territoires environnant les deux canaux, où auraient pu s'établir de véritables colonies indépendantes (Dépêche d'Aali-Pacha aux représentants de la Sublime-Porte à Paris et à Londres, du 6 avril 1863. *Archiv. dipl.*, 1863, III, p. 121). De long pourparlers s'engagèrent ; finalement, l'Empereur Napoléon III, choisi comme arbitre, donna raison au Sultan et décida la rétrocession au Vice-Roi du canal d'eau douce et des terrains concédés autour des canaux, en même temps que l'abolition de la corvée pour les travaux ; comme contre-partie, le Trésor égyptien versa 124 millions à la compagnie (*Archiv. dipl.*, 1867, I, p. 282). C'est alors qu'intervinrent la convention du 22 février 1866 et le firman du 19 mars suivant. — Dans la suite c'est l'Angleterre qui s'est dressée en face de la compagnie de Suez dont l'existence lui porte ombrage. Elle a commencé par s'introduire dans la place en achetant au Khédive, le 26 novembre 1875, pour 100 millions, les 177,000 actions qui avaient été remises à ce dernier en échange des avantages concédés ; à partir de ce moment, la Compagnie a compté des Anglais parmi ses administrateurs. En 1883, après l'occupation, l'Angleterre a songé à construire, avec des capitaux anglais, un second canal, dont l'utilité ne se fait pas impérieusement sentir, avec l'intention évidente de détruire la principale cause de la survivance de l'influence française en Egypte : elle n'a d'ailleurs pas mis ce projet à exécution.

(1) *Archiv. dipl.*, 1884, III, p. 162.

30 mars 1885, conformément aux décisions prises par les plénipotentiaires à la Conférence de Londres et contenues dans la déclaration du 17 mars, que les délégués des puissances se réunirent à Paris pour délibérer sur la question. On y fut assez peu d'accord en ce qui concerne la sanction : la majorité des délégués désirait charger du soin de faire respecter la neutralité, une commission internationale (1), appuyée au besoin par`la présence de cuirassés stationnant aux deux extrémités du Canal ; tandis que l'Angleterre ne voulait, en aucune façon, entendre parler de pareille chose. Finalement, la commission arrêta un projet qui devait être soumis à l'approbation des Etats inté-- ressés, et qui ne fut pas ratifié, faute de l'adhésion de l'Angleterre et de l'Italie.

M. de Freycinet essaya de reprendre la question avec lord Salisbury en janvier 1886, puis avec lord Rosebery, en mars et en avril de la même année, sans résultat. Les pourparlers ne s'engagèrent véritablement qu'en septembre, après le retour de lord Salisbury aux affaires.

Comme en 1885, on s'entendit de suite sur le principe et pas du tout sur la sanction. Qui prendrait les mesures nécessaires à la protection du Canal, au cas où la neutralité serait violée ? Tel était le point délicat. L'Angleterre, par la voix de lord Salisbury, entendait confier cette mission « au Khédive avec ses propres forces et celles de ses alliés » (2). M. Flourens, notre Ministre des affaires étrangères à ce moment, voyait dans cette clause la suppression de toute garantie et la négation même de l'idée de neutralité (3), et il est vrai qu'elle eût donné à l'Angleterre, alliée de l'Egypte, la haute main sur le Canal, chose qui ne pouvait pas être admise. La proposition anglaise fut donc écartée, et les deux Etats ne tombèrent d'accord que lorsqu'ils signèrent la convention du 28 octobre 1887 (4).

---

(1) Article 4 du projet français.

(2) Waddington à Flourens, 11 mai 1887, *Archiv. dipl.*, 1888, II, p. 24.

(3) Flourens à Waddington, 14 mai 1887, *Archiv. dipl.*, 1888, II, p. 25.

(4) *Archiv. dipl.*, 1888, II, p. 42. — La convention anglo-turque, non ratifiée, du 22 mai 1887, dont nous avons parlé, prévoyait, en son article 3, la neutralisation du Canal par un accord des Puissances.

Aux termes de cette convention, le Canal de Suez doit rester libre en tout temps, pour le passage des navires de commerce ou de guerre. Les signataires se sont engagés à n'en pas opérer le blocus et à ne rien tenter contre lui, contre le canal d'eau douce, et les constructions, les établissements et le matériel affectés à son service. Aucun acte d'hostilité ne doit être fait dans le Canal, dans ses ports d'accès et dans un rayon de trois milles marins de ces ports. Les navires de guerre belligérants ne peuvent prendre ou débarquer, sur les rives du Canal ou dans les ports d'accès, que le strict nécessaire, et en aucun cas des troupes des munitions et du matériel de guerre. Il leur est interdit, sauf le cas de relâche forcée, de rester plus de vingt-quatre heures dans ces ports, et un intervalle de vingt-quatre heures doit toujours s'écouler entre les départs des ports de deux navires ennemis. En aucune circonstance, des bâtiments de guerre ne peuvent stationner dans le Canal ; mais les Etats belligérants ont toujours la faculté d'en détacher deux dans les ports d'accès.

La sanction de ces dispositions comporte le concours des Etats signataires de la convention, et celui du Khédive. Le rôle des premiers est assez modeste ; il est permis à leurs représentants en Egypte, réunis à cet effet, de constater les dangers qui menaceraient la sécurité ou le libre passage du Canal, et de les signaler au gouvernement du Khédive, ainsi du reste que les ouvrages ou les rassemblements qui paraîtraient suspects.

Quant à la répression proprement dite de tout acte contraire à la convention, elle doit être l'œuvre du seul Khédive qui peut toutefois faire appel à la Porte, laquelle prend dans ce cas les mesures nécessaires, et doit en donner avis aux puissances signataires de la déclaration de Londres du 7 mars 1885, et au besoin se concerter avec elles.

La Porte toutefois et le Khédive sont libres de prendre, chacun dans la mesure de ce qui peut-être d'après les firmans, toutes dispositions pour la défense de l'Egypte et le maintien de l'ordre, même si elles sont relatives au Canal ou à ses accessoires, mais à charge d'en aviser les signa-

taires de la déclaration de Londres, et à la condition que
les mesures prises ne fassent pas obstacle à l'usage du
Canal. La Porte seule peut agir de même, d'après la convention, pour la défense de ses possessions orientales de la
Mer Rouge.

Telles sont, d'une façon très générale, les dispositions de
la convention franco-anglaise du 24 octobre 1887, légère-
ment retouchée avant sa signature par les autres Etats,
signature qui fut donnée à Constantinople, le 29 octobre
1888, par les représentants de l'Allemagne, de l'Autriche,
de l'Espagne, de la France, de la Grande-Bretagne, de
l'Italie, des Pays-Bas, de la Russie et de la Turquie.

Il apparaît donc bien nettement que le Canal de Suez est
neutralisé, et cela, sous la garantie collective des puissances.
Nous croyons toutefois qu'il n'y a là qu'une apparence et
non une réalité. Les puissances n'ont pas signé une convention spéciale ; elles ont simplement adhéré à celle qui
avait été arrêtée en premier lieu par la France et par l'Angleterre seules. Or cette convention doit être envisagée, non
seulement dans son texte, mais dans les réserves qui ont
été faites par les deux puissances avant les signatures, et
ces réserves nous paraissent ôter au texte toute sa portée.

« Si le traité n'est pas loyalement exécuté, il n'est qu'une
« feuille de papier sans valeur », a écrit M. Waddington,
dans sa note du 28 juillet 1887 (1) à lord Salisbury, et ce
dernier, dans sa note en réponse à M. Waddington, en date
du 19 août (2), a absolument accepté cette manière de voir :
« En ce qui concerne ce dernier danger (violation de la
« neutralité du Canal par un signataire de la convention)
« qui est de beaucoup la plus redoutable, je suis heureux de
« constater que la discussion nous a mis d'accord. Vous
« admettez, dans votre note, qu'en pareil cas, la convention
« serait *une feuille de papier sans valeur*. Ce point de vue
« diffère à peine de celui que je suggérais dans ma lettre du
« 18 du mois dernier que, *en pareil cas, la convention serait*

(1) *Archiv. dipl.*, 1888. II, p. 30.

(2) Eod. loc., p. 33.

« *nulle et brisée, et que toutes les parties reprendraient leur*
« *liberté naturelle d'action*. La question de savoir si le
« Khédive devrait faire appel à ses alliés se présenterait
« très probablement à ce moment, mais la solution de cette
« question ne serait pas affectée par la stipulation d'une
« convention qui aurait cessé d'exister. »

Il faut bien se rappeler que c'est avec de telles réserves,
que les puissances ont signé la convention de Suez. Dès
lors celle-ci perd toute utilité. Dès l'instant où l'un des
signataires de la convention viole l'un de ses articles, la
convention disparaît : c'est vraiment trop commode ; une
règle, qu'il est permis de violer, et qui par ce seul fait n'en est
plus une, ne peut être considérée en droit que comme
inexistante ; tel est certainement le cas de la convention qui
nous occupe. Elle ne conserverait toute sa valeur que pour
le cas invraisemblable où l'agresseur du Canal serait quelque principicule des Balkans ou des côtes de l'Océan Indien,
et pour ce cas là, point n'était besoin de réunir des plénipotentiaires et de révolutionner tous les cabinets. Dans la
mesure où la convention de Suez aurait une utilité véritable,
elle est inexistante.

D'autre part, l'Angleterre s'est réservé le droit, tant
qu'elle occupera l'Egypte, d'y faire ce qu'elle voudra, même
en ce qui concerne le Canal. Avant de signer la convention,
lord Salisbury a fait remettre à M. Flourens, par son Ambassadeur à Paris, une note ainsi conçue : « En présentant
« ces propositions à M. Flourens, il est de mon devoir de
« répéter les termes d'une réserve faite, sans opposition
« d'aucun côté, par sir Julian Pauncefote, à la clôture des
« séances de la commission de 1885. Cette réserve était
« ainsi conçue : *Les délégués de la Grande-Bretagne, en*
« *présentant ce texte de traité, comme le régime définitf*
« *destiné à garantir le libre usage du Canal de Suez, pensent*
« *qu'il est de leur devoir de formuler une réserve générale*
« *quant à l'application de ces dispositions, en tant qu'elles*
« *ne seraient pas compatibles avec l'état transitoire et*
« *exceptionnel où se trouve actuellement l'Egypte, et qu'elles*
« *pourraient entraver la liberté d'action de leur gouverne-*

« *ment, pendant la période de l'occupation de l'Egypte par* « *lès forces de Sa Majesté Britannique* » (1).

Les termes de cette déclaration sont tellement vagues qu'ils permettent toutes les interprétations. Qui appréciera si les dispositions de la convention sont compatibles avec l'état transitoire et exceptionnel où se trouve l'Egypte ? . C'est évidemment l'Angleterre. Et si elle conclut à l'incompatibilité, elle aura toute liberté d'action, c'est-à-dire elle pourra ne tenir aucun compte des prescriptions de la convention qui, pour elle, sera lettre morte. En sorte que, en ce qui concerne le Canal, la Grande-Bretagne est libre, tant qu'elle occupera l'Egypte, de se délier de ses engagements : ceux-ci n'ont donc aucune valeur juridique (2).

Ici toutefois, il y a une différence avec l'espèce précédente, c'est que la convention de Suez, si elle n'était pas inexistante par ailleurs, pourrait avoir toute sa valeur au jour de l'évacuation. On pourrait et on devrait la considérer, en effet, comme une convention affectée d'une condition suspensive : le départ de l'Angleterre. Elle n'existerait qu'en germe tant que durerait l'occupation, et aurait toute sa force, serait opposable à tous, même à l'Angleterre, après le départ de celle-ci.

Donc tout est encore à faire en ce qui concerne l'Egypte. Pour le Canal, il serait désirable qu'on revînt sur la convention ; on en conserverait les dispositions qui paraissent très sages, et on écarterait formellement toutes les réserves qui leur ôtent leur valeur. Pour le surplus, l'une des puissances intéressées devrait inviter les autres et l'Angleterre à se réunir en Conférence, pour doter la question d'Egypte d'une solution pratique et telle qu'en donnant satisfaction à la nation égyptienne et à l'Europe, elle ne lésât pas les droits du Sultan, et présentât à l'Angleterre pour l'avenir toutes les garanties désirables. C'est sur cette ba-

---

(1) *Archiv. dipl.*, 1888, II, p. 42.

(2) M. Waddington partageait cette manière de voir et l'indiquait très nettement dans une dépêche à Spuller du 5 juin 1889. *Archiv. dipl.*, 1893, IV, p. 258.

se, que nous allons rechercher quelle pourrait être la solution à adopter.

L'Egygte, nous l'avons dit, a, de tout temps, été convoitée par tous. Occupée maintenant par l'Angleterre qui, bien certainement, a l'intention de l'annexer, elle serait dans un avenir plus ou moins éloigné, désirée par d'autres ; d'où une source de conflits, dans lesquels le plus lésé serait toujours ce malheureux peuple égyptien dont le lot, depuis des siècles, consiste à devenir tour à tour la proie des vainqueurs les plus divers. Il serait donc bon de supprimer une cause de guerre, et de mettre en même temps, pour l'avenir, l'Egypte à l'abri des convoitises extérieures.

D'autre part, l'Egypte et le Canal ne peuvent devenir la possession d'une des grandes puissances ; éviter pareille éventualité est pour tous les Etats qui ont des intérêts dans le Pacifique et l'Océan indien, de la plus haute importance ; la France surtout, qui a tant contribué à l'ouverture du Canal, ne doit pas permettre que cette voie qui la rapproche de ses colonies d'Extrême-Orient lui soit fermée par une occupation étrangère.

Pour éviter tous les inconvénients que nous venons d'énumérer, la seule solution à laquelle on puisse s'arrêter c'est la neutralisation de l'Egypte et du Canal.

Mais nous entendons ici une neutralisation sans réserves. Nous voudrions une convention sans sous entendus, dans laquelle chacun s'obligerait à ne rien faire contre l'Egypte, mais au contraire à la défendre, de concert avec les autres signataires de la convention, le jour où la neutralité serait violée ; et ainsi cette neutralité aurait bien la triple sanction que nous avons indiquée plus haut : crainte de violer des promesses solennelles, crainte de créer pour plus tard une source de conflits, crainte d'une guerre présente avec les autres garants de la neutralité. L'Egypte serait mise dans la même situation que celle des petits Etats européens que nous avons cités et qui vivent dans la paix la plus complète ; le Canal serait neutralisé sur les bases de la convention du 28 octobre 1887. Tout serait pour le mieux.

Dans l'application, nous allons nous heurter à quelques

difficultés, non point toutefois en ce qui concerne le Canal, dont nous n'aurons plus à nous occuper.

Pour que l'Egypte puisse être neutralisée — n'oublions pas que nous recherchons une solution juridique et pratique — il faut le consentement du Khédive et la volonté des puissances. Peut-on compter sur l'une et l'autre choses ?

En ce qui concerne le Khédive, chef d'Etat, il ne peut être forcé sans injustice à accepter une neutralité perpétuelle ; mais nul doute qu'il ne l'accepte spontanément et avec plaisir. Possesseur de toute la vallée du Nil, entre la crainte de rester ou de devenir la proie de l'étranger, et le regret de renoncer pour l'avenir à toute idée de conquête, il choisira sans hésiter cette seconde solution qui lui donnera comme contre-partie l'indépendance, la paix et la sécurité.

Les puissances, d'autre part, ont tout intérêt à la neutralisation de l'Egypte, sauf deux, toutefois, l'Angleterre et la Turquie (1). La première, nous l'avons établi, n'a aucun droit à s'occuper particulièrement des affaires d'Egypte ; quand les puissances le lui auront rappelé nettement, et que l'évacuation sera consommée, son intérêt changera, et elle sera certainement la plus désireuse de signer l'acte de neutralisation. Il en va un peu différemment pour la Turquie :. celle-ci est puissance suzeraine, elle a sur la vallée du Nil un droit de domination, et ce droit doit être sauvegardé. Comment ? telle est la question.

C'est ici évidemment que nous touchons à la difficulté juridique. L'armée égyptienne fait partie de l'armée turque, et en cas de guerre elle doit se joindre aux troupes du Sultan. Or, peut-on admettre qu'un Etat neutre envoie à l'étranger des troupes, qui même sans personnalité puisqu'elles se fondraient dans les troupes ottomanes, n'en com-

(1) La Turquie a manifesté son hostilité à l'idée de neutralisation de l'Egypte. Dans la réponse au Memorandum de sir Drummond Wolf du 8 février 1887, portant la date du 12 mars suivant, la Porte disait nettement « qu'elle ne saurait laisser infirmer son droit souverain d'intervenir au besoin dans cette partie des possessions de Sa Majesté Impériale le Sultan ». (Archiv. dipl., 1893, III, p. 251). A la Conférence de Londres, en 1884, son représentant avait déclaré qu'elle concevait une neutralisation de l'Egypte, seulement en ce sens, que l'accès de l'Egypte serait interdit aux troupes européennes.

battraient pas moins en définitive un ou plusieurs des Etats garants de la neutralité? Un neutre jouit d'un bienfait inappréciable, la paix ; en revanche il doit renoncer à la guerre, et ne point la faire même indirectement. L'Egypte neutralisée ne peut plus prendre part aux guerres de la Turquie. Ceux, qui ont étudié jusqu'ici cette question de neutralisation, ont donc conclu que le plus simple, pour atteindre le but, était de séparer nettement et définitivement l'Egypte de la Porte.

Telle est l'opinion émise par M. F. Martens (1) : « Les « Puissances — déclare-t-il — ont le droit de dire au Sul- « tan : Vous avez vous-même spontanément conféré à « l'Egypte des droits et des privilèges, grâce auxquels elle « a cessé d'être effectivement une province ottomane ; l'in- « térêt de l'Europe exige impérieusement aujourd'hui que « l'Egypte soit reconnue définitivement indépendante de la « Porte pour toutes les affaires tant internationales qu'in- « térieures. » M. Martens estime que la Turquie ne résis- terait pas à cette décision des puissances ; il envisage ensuite la possibilité de supprimer graduellement le tri- but, pour le plus grand bien des finances égyptiennes. Cela fait, on déclarerait solennellement « l'internationalité » et la neutralisation du pays, et on investirait « une adminis- « tration internationale, fondée sur la nécessité impérieuse « de concilier les intérêts de tous », de la mission de diriger le pays pour le mieux, en lui apportant les bienfaits de la civilisation.

Nous ne critiquerons pas cette idée d'administration internationale qui ne saurait plus se soutenir : l'opinion que nous venons de citer date en effet de 1882. A ce mo- ment, on ne pouvait espérer trouver en Egypte les éléments d'un gouvernement sage et ayant quelque autorité ; il n'en est plus de même à l'heure présente : l'Egypte peut se gouverner elle-même.

Quant à la déclaration d'indépendance, elle constituerait une iniquité qu'un juriste, à moins de renoncer à être

_____

(1) F. Martens, « La question égyptienne et le droit international », *Revue de droit internat. et de législation comparée*, 1882, pp. 388 à 391.

tel, ne saurait admettre, ni à fortiori proposer. Les « intérêts de l'Europe » ne sauraient légitimement faire échec
aux droits de la Porte. Les puissances ne peuvent, si ce
n'est avec le consentement du Sultan obtenu sans violence,
trancher justement le dernier lien qui relie l'Egypte à la
Turquie : or ce consentement, il est permis de penser qu'il
ne sera jamais donné. Dans ces conditions, nous devons
décider au nom du droit, que l'Egypte doit continuer à faire
partie intégrante de l'Empire Ottoman, et nous admettrons
en conséquence que la solution présentée par M. Martens ne
remplit pas les conditions voulues et doit être rejetée.

Respectons les droits de la Turquie que l'on a trop méconnus, mais ne lui donnons pas toutefois plus que ce qui lui
revient, et nous allons voir que la neutralisation de l'Egypte
n'a rien d'impossible, ni rien d'injuste.

Le Khédive, nous l'avons établi (1), peut contracter toutes
sortes de traités ; il est donc libre de convenir avec l'Europe
de tout ce qu'il voudra au sujet de la neutralisation, sans
qu'il ait besoin en rien de l'assentiment de la Porte. Il
pourra décider, d'accord avec les puissances, que l'armée
égyptienne sera réduite à une simple force de police nécessaire à maintenir l'ordre dans le pays, et spécialement au
Soudan.

Les troupes égyptiennes font partie de l'armée ottomane,
et doivent en temps de guerre être mises à la disposition du
Sultan ; mais le Khédive doit, avant tout, maintenir l'ordre
chez lui, et il n'aura rien à envoyer à la Porte, si sa milice
est toujours juste assez nombreuse pour assurer cet ordre
intérieur. Aux demandes du Sultan, il répondra : « à l'im-
« possible nul n'est tenu ; je n'ai pas d'armée, je ne puis
« vous en envoyer une » (2). De cette façon, l'Egypte n'aura
jamais à participer, même indirectement, à des hostilités
quelconques, et rien ne s'opposera à sa neutralisation.

_____

(1) V. supra, p. 65.

(2) Le firman de 1873 dit que les troupes du Khédive font partie de
l'armée impériale. Mais il ne dit pas que l'Egypte doive le service militaire, que le Khédive soit tenu, le cas échéant, de défendre le Sultan
par tous les moyens. Ce dernier ne doit qu'une chose, ses troupes disponibles ; s'il n'en a pas, il ne doit rien.

Mais, dira-t-on, la Turquie va, en définitive, se trouver lésée ; il ne faut pas cela : nous recherchons une solution juridique et non pas seulement pratique. Cela est vrai ; avec le système que nous proposons, la Turquie est lésée dans ses intérêts : mais elle n'est pas atteinte dans ses droits, et c'est seulement la seconde considération que nous avons à envisager. La justice tient compte des droits ; elle n'a que faire des intérêts. Le droit, c'est le firman de 1873, et voici ce qu'il dit entre autres choses : « Le premier devoir « du Khédive, le plus essentiel et le plus important, étant « la garde et la défense du pays, il a autorisation pleine et « entière d'établir et d'organiser tous les moyens de défense « et de protection, suivant les nécessités des temps et des « lieux, d'augmenter *ou de diminuer*, selon le besoin, sans restriction, le nombre des troupes impériales d'Egypte » (1).

Ainsi, le Khédive est absolument libre de fixer l'importance de son armée, de l'augmenter et de la diminuer ; il peut la réduire à une simple force de police ; il n'est tenu qu'à une chose, c'est à défendre le pays. Or avec cette simple force de police, il le peut facilement, si la neutralisation vient lui donner la sécurité extérieure. De cette façon, il remplit strictement son obligation envers le Sultan. Concluons que la question militaire n'est en rien un obstacle à la neutralisation de l'Egypte.

Reste la question du tribut. Le Khédive envoie un tribut annuel au Sultan, nous le savons. Il ne nous paraît pas un seul instant que l'on puisse voir dans ce fait un obstacle à la neutralisation. Certainement les sommes envoyées à Constantinople pourront servir à la Porte, lors d'une guerre, et leur envoi nuira à ses adversaires quels qu'ils soient. Mais pourrait-on voir là, de la part de l'Egypte, un acte d'hostilité, une violation de la neutralité ? certainement non, car alors il n'y aurait plus de neutralité possible. Il s'agit en l'espèce pour le Khédive de remplir une obligation toute pacifique, d'envoyer à son suzerain une marchandise qui n'a même pas le caractère d'un subside de guerre ; il

(1) Firman de juin 1873, *Archiv. dipl.*, 1875, I, p, 356 et s., et Martens-Samwer, XVIII, p. 629.

serait contraire au bon sens de voir en ce fait un obstacle à la neutralisation.

Enfin, la Turquie n'a pas le droit de s'opposer à ce que l'Egypte soit neutralisée. Elle n'a pas un droit général de contrôle sur son ancienne province devenue Etat ; elle a seulement des droits particuliers correspondant à des obligations nettement déterminées. Si ces obligations sont bien remplies, la Porte n'a rien à voir pour le surplus.

Nous estimons donc être en possession de la solution juridique et pratique que nous recherchions. Il appartient au concert européen de régler la question d'Egypte, de la façon que nous venons d'indiquer, selon le droit, et sans qu'il rencontre des difficultés insurmontables. L'Angleterre s'inclinerait devant les traités, devant ses promesses solennelles, et devant la volonté des puissances. La Turquie, dont les droits seraient respectés, s'inclinerait aussi, ou protesterait, mais ce serait en vain, car ses intérêts particuliers ne sauraient être mis en balance avec les intérêts généraux du monde civilisé.

Les puissances déclareraient, sous leur garantie, la neutralisation de l'Egypte ; celle-ci n'aurait plus besoin de l'ingérence de l'Europe à l'intérieur pour être forte et prospère ; elle se gouvernerait seule ; ses hommes d'Etat, élevés en Europe, imbus de la civilisation occidentale, présentent toutes les garanties de savoir, d'habileté et de compétence. Le Khédive gouvernerait sans tutelle, avec les hommes de son choix ; il pourrait, comme transition, conserver les institutions mixtes internationales, avec faculté de nommer, à chaque vacance, un indigène ou un étranger, suivant ce qui lui conviendrait. Il continuerait certainement à payer les intérêts de la dette, soucieux de ne plus revoir les jours d'occupation, de quasi-conquête étrangère.

Ainsi, l'Egypte, devenue prospère, libre, sans crainte pour l'avenir, cessant d'être pour les nations fortes un champ de bataille et un objet de convoitise, poursuivrait sa destinée nouvelle. L'Europe y gagnerait la disparition d'une difficulté grosse de périls. La paix serait affermie. Il y aurait de par le monde un peu plus de justice.

BIBLIOGRAPHIE

Archives diplomatiques.

Livres Jaunes.

G.-F. DE MARTENS. — Nouveau recueil général de Traités. Gœttingue.

DE CLERCQ. — Recueil des Traités de la France. Paris.

H. BABLED. — Le renouvellement des pouvoirs des tribunaux de la
réforme. *Revue générale de droit international public*, 1899 et 1900.

BENEDETTI. — Essais diplomatiques (Nouvelle série). — La Question
d'Egypte. Paris, 1897, 1 vol.

BLANCHARD. — L'Affaire de Fachoda et le droit international. *Revue
générale de droit international public*, 1899, p. 380.

BLUNTSCHLI. — Droit international codifié. Traduction Lardy, Paris,
1874, 1 vol.

BONFILS. — Manuel de droit international public. Paris, 1894, 1 vol.

BORELLI. — Choses politiques d'Egypte. Paris, 1896, 1 vol.

BOURGUET. — La France et l'Angleterre en Egypte. Paris, 1897, 1 vol.

CALVO. — Le droit international théorique et pratique. Berlin, 1887-
1896, 6 vol.

CARNAZZA-AMARI. — Droit international public (Traduction Monta-
nari-Revest). Paris, 1880, 1 vol.

G. CHARMES. — Un essai de gouvernement européen en Egypte. —
Formation du Ministère anglo-français. *Revue des Deux-Mondes*,
1879, XXXIV, p. 778.

DEBIDOUR. — Histoire diplomatique de l'Europe (1814-1878). Paris,
1891, 2 vol.

J.-L. DELONCLE. — La Question de Fachoda. Avant et Après. *Revue
politique et parlementaire*, 1898, XVIII, p. 277.

F. DESPAGNET. — Cours de droit international public. Paris, 1899, 1 vol.

— Essai sur les protectorats. Paris, 1896, 1 vol.

— Au sujet de la convention anglo-égyptienne du 19
janvier 1899. *Revue générale de droit international
public*, 1899, p. 169.

— Chronique au sujet des événements du Sud-Africain.
Revue générale de droit international public, 1900.

ENGELHARDT. — Considérations historiques et juridiques sur les Protectorats, *Revue de droit international et de législation comparée*, 1892, p. 374.

— Le droit d'intervention et la Turquie, *Revue de droit international et de législation comparée*, 1880, p. 365.

— Situation de la Tunisie au point de vue international. *Revue de droit international et de législation comparée*, 1881, p. 331.

D'ESTOURNELLES DE CONSTANT. — La politique française en Tunisie. Le Protectorat et ses origines (1854-1891). Paris, 1 vol.

LÉON FAUCHER. — La question d'Orient d'après des documents anglais. *Revue des Deux-Mondes*, 1841, décembre, p. 882.

FUNCK-BRENTANO et SOREL. — Précis de droit des gens. Paris, 1877, 1 vol.

GROTIUS. — De jure belli et pacis. Paris, 1867, 3 vol.

GUILLAUMOT. — L'Egypte moderne en droit international. Les procès mixtes en Egypte avant et après la réforme judiciaire. Thèse, Paris, 1891.

GUIZOT. — Mémoires pour servir à l'histoire de mon temps.

D'HARCOURT. — L'Egypte et les Egyptiens. Paris, 1893.

HEFFTER. — Le droit international de l'Europe, annoté par Geffcken. Berlin-Paris, 1883, 1 vol.

HEILBORN. — L'Angleterre et le Transvaal. *Revue générale de droit international public*, 1896, p. 26.

KAUFFMAN. — Le droit international et la dette publique égyptienne. *Revue de droit international et de législation comparée*, 1890 et 1891.

KLÜBER. — Droit des gens moderne de l'Europe, revu, annoté et complété par Ott. Paris, 1874, 1 vol.

LAURENT. — Relation historique des affaires de Syrie (1840-1842). Paris, 1846, 2 vol.

LAWRENCE. - Commentaire sur les éléments du droit international et sur l'histoire des progrès du droit des gens de Wheaton. Leipzig, 1868-1880, 4 vol.

LESUR. — Annuaire historique universel (1831-1847). Paris, 1833-1848, 17 vol.

F. DE MARTENS. — Traité de droit international (traduction Léo). Paris, 1883-1887, 3 vol.

F. MARTENS. — La Question égyptienne et le droit international, *Revue de droit international et de législation comparée*, 1882, p. 355.

MERRUAU. — L'Egypte et le gouvernement d'Ismaïl-Pacha. *Revue des Deux-Mondes*, 1876, XVI, p. 920.

MURAT. — Le contrôle international sur les finances de l'Egypte, de la Grèce et de la Turquie. Thèse de Paris, 1899.

NEUMANN. — Eléments du droit des gens moderne (Traduction Riedmatten). Paris, 1886, 1 vol.

NOTOVITCH. — L'Europe et l'Egypte. Paris, 1898, 1 vol.

PATUREAU-MIRAND. — Les tribunaux mixtes en Egypte. Thèse de Poitiers, 1899.

H. PENSA. — L'Egypte et le Soudan égyptien. Paris, 1895, 1 vol.

PHILLIMORE. — Commentaries upon international law. London, 1871-1874, 4 vol.

PISANI. — Les Anglais en Egypte *Correspondant*, 1898, p. 1080.

PLAUCHUT. — L'Egypte et l'occupation anglaise. *Revue des Deux-Mondes*, 1888, novembre, p. 904.

POLITIS. — Les emprunts d'Etat en droit international. Thèse de Paris, 1894.

POLITIS — La Caisse de la dette égyptienne; ses pouvoirs, sa responsabilité. *Revue générale de droit international public*, 1896. p. 245.

PRADIER-FODERÉ. — Traité de droit international public. Paris, 1895-1897, 7 vol.

DE SARREPONT. — Le Soudan égyptien. *Revue britannique*, 1884, p. 135.

SIRMAGIEFF. — De la situation des Etats mi-souverains au point de vue du droit international. Thèse de Paris, 1889.

SOUCHON. — A propos de la conversion de l'unifiée égyptienne. *Revue politique et parlementaire*, 1895, IV.

TRAVERS-TWISS. — Le droit des gens ou des nations, considérées comme communautés politiques indépendantes. Paris, 1887, 2 vol.

VATTEL. — Droit des gens. Paris, 1830, 2 vol.

*** — L'Egypte et les Firmans. *Revue générale de droit international public*, 1896, p. 291.

UN ANCIEN JUGE MIXTE. — L'Europe et l'Egypte.

Vu : *le Président de la Thèse,*

F. DESPAGNET.

Vu : *le Doyen,*

BAUDRY-LACANTINERIE.

Vu et permis d'imprimer

Bordeaux, le 2 avril 1901.

Le Recteur de l'Académie,

G. BIZOS.

TABLE DES MATIÈRES

www.ingramcontent.com/pod-product-compliance
Lightning Source LLC
Chambersburg PA
CBHW060120200326
41518CB00008B/880